법학총서

생활과 법률

[제 2 판]

박 정 기
김 선 복
고 명 식
최 명 구
정 병 윤
공저

法 文 社

제 2 판 머리말

본서가 나온 지 벌써 6년이라는 시간이 경과하였다. 비법학도의 법학교육을 위한 교재가 없다는 점에서 본서를 출간하게 되었지만, 공저자들이 각 전공분야를 담당하여 집필을 하였기에 의도와 달리 많은 내용이 포함되어 본서를 기초로 법학을 공부하는 비법학도에게는 짧은 시간 내에 전체의 내용을 파악하기가 곤란하다는 지적이 있었다. 또한 본서의 출판이후에 우리 법이 많이 개정 또는 제정되어 기존의 내용과 상이하므로 이를 일치시키기 위한 작업이 필요하게 되어 개정판을 발간하게 되었다.

개정 내용으로는 먼저, 본서의 내용 중 중복이 되는 부분을 삭제하였고, 민법 편에서는 2005년 개정된 내용을 반영하여 개정된 부분을 추가하였으며, 사례 중 일부를 다시 정리하였다. 상법 편에서는 교양수업에 적합하도록 내용을 간략하게 정리하였고, 새롭게 등장한 상행위 등에 대하여는 간략하게 서술하였다. 형법 편에서는 학생들의 이해를 도모하고자 그 구성을 달리함과 더불어 사례를 추가하였다.

끝으로 본서를 기꺼이 출판해 주신 법문사 배효선 사장님과 어려운 여건 속에서 이 책이 나오기까지 많이 수고해 주신 영업부 김영훈 차장님, 정성어린 편집과 교정을 담당해 주신 김용석 선생님을 비롯한 여러분들께도 진심으로 감사를 드린다.

2006년 8월

공저자

머 리 말

"인간은 사회적 동물이다." "사회가 있는 곳에 법이 있다"라는 말은 법, 인간과 사회와의 관계를 잘 나타낸다. 인간이 사회생활을 영위하기 위해서는 반드시 질서를 유지하는 것이 필요하다. 법은 종교, 관습, 도덕 등의 사회규범과 함께 인간의 행위를 조종함으로써 사회의 질서를 유지하는 기능을 담당한다. 그래서 예링은 "법은 인간공동생활의 조건"이라고 하였다. 이와 같이 현대사회에서 인간생활은 법과 완전히 떼어서 생각할 수 없으므로 법의 무지로 인하여 피해를 보지 않기 위해서는 법률지식으로 철저히 무장하는 것 이외의 다른 방법이 없다고 본다. 더구나 우리 나라와 같이 법률서비스비용이 많이 들 뿐만 아니라 법률가의 도움을 제대로 받기도 어려운 나라에서 기본적인 법률지식을 갖추고 있는 것은 삶의 지혜이다. 이 때문에 거의 모든 대학이 비법학도를 위하여 교양과목으로 법학개론, 생활법률 및 여성과 법률 등의 강좌를 개설하고 있다.그러나 교양법학을 강의하면서 항상 아쉽다고 느낀 것은 비법학도의 법학교육을 위한 마땅한 교재가 없다는 점이다. 시중에 나와 있는 대부분의 교양법학교재가 법학도나 이해할 수 있는 법학이론을 내용으로 하고 있어 법학을 전공하지 않은 학생들은 한 학기 동안 강의내용을 완전히 이해하지 못하게 되어 법학에 대한 흥미를 잃게 된다. 이에 필자들은 비법학도를 위한 법학교재의 필요성을 절감하였고, 그래서 그 동안의 강의경험을 토대로 「생활과 법률」이라는 저서를 펴내게 된 것이다.본서의 특징은 우리의 일상생활에서 빈번히 발생하는 기초적인 사례를 선정하여 법적 문제점이 무엇이고 이를 어떻게 해결할 것인지를 알기 쉽게 설명하였다는 점이다. 특히 각 사례에서 기본적인 개념을 설명한 후 최근의 이와 관련된 판례를 소개함으로써 비법학도가 법적 사고를 통하여 법률문제를 해결할 수 있는 능력을 배양할 수 있게 하였다. 본서는 우리 일상생활에서 자주 적용되는 민법, 상법, 민사소송법 및 형사법에 관한 사례를 중심으로 서술되었다. 끝으로 본서를 기꺼이 출판해주신 법문사 배효선 사장님과 어려운 여건 속에서 이 책이 나오기까지 많이 수고하신 영업부 김영훈 과장님, 정성어린 편집과 교정을 담당해 주신 편집부 이선욱 선생님을 비롯한 여러분들께도 깊이 감사드린다.

2001년 3월
저 자

차　　례

제 1 편　생활과 법률일반

제 3 장 물 권 법 (87~106)

제 4 장 채 권 법 (107~158)

제 3 편 가족관계와 법

제 4 편 상사관계와 법

제 5 편 민사분쟁과 법

제 3 장 형법각론 (360~392)

제 1 편

생활과 법률일반

제 1 장 법의 본질
제 2 장 법과 도덕
제 3 장 법 원
제 4 장 법의 분류
제 5 장 법의 효력과 한계
제 6 장 법의 적용과 해석

제 1 장
법의 본질

I 법의 어원

한자어로 되어 있는 法이란 말은 약자이다. 원래 법이란 글자의 어원은 중국 한자의 물 수(水)와 해태 치(廌) 그리고 갈 거(去)라는 세 글자의 합성으로 이루어진 글자이다. 이때 "물"은 평평함을 의미하며 이는 곧 평등, 공평과 그 뜻이 통한다. 그리고 중국 고사에서 유래한 "해태"는 중국 고대 상상 속의 동물로서, 재판을 할 때 재판석 앞에 앉아 있다가 죄지은 자를 뿔로 받았다고 하여 선악시비의 준별과 정의를 의미한다. 그리고 "去"는 악을 제거하는 응징적 요소로서의 의미를 가지며 다른 한편 국가에 의한 법적용의 강제성을 가리킨다.

한편 서양에서의 법이란 개념은 "나누어 준다"란 뜻의 네모(υεμω)에서 유래한 말로서 그리스어로는 노모스(υομοζ)라고도 한다. 라틴어로는 법을 이우스(jus)라고 하는데 이 말의 뜻은 법·권리·올바른 것이라는 의미를 함축하고 있으며 정의라는 의미를 함께 내포하고 있다. 이 밖에 독일어의 레히트(recht)나 프랑스어의 드로와(droit) 역시 같은 뜻으로 쓰이고 있다. 그렇다면 법이란 어떻게 생겨났을까? 생각건대 법이라는 개념을 도출하기 위해서는 사람이 2인 이상 공동생활을 한다는 것을 전제로 하지 않으면 안 된다. 왜냐하면 법이란 사람이 사회라는 공동체를 구성하여 살아가는 과정에서 서로가 지켜야 할 규범으로서, 만약 혼자서 살아간다면 모든 행동에 대한 책임은 오로지 자신에 대해서만 지면 되므로 법이란 필요하지 않기 때문이다. 한편, 공동생활을 하면서 필요한 재화 역시 대개 공동으로 생산하였을 것이다. 원시사회에 있어서 사냥의 경우를 생각해 보자. 만약 토끼와 같은 작은

짐승을 사냥한다면 다른 사람의 도움 없이 혼자서도 충분히 가능할 것이다. 그러나 곰이나 멧돼지를 사냥하는 경우에는 문제가 달라진다. 이때에는 여러 명이 공동으로 참여하여 각자가 맡은 바에 따라 임무를 수행하여 사냥을 하여야 한다. 그리고 사냥이 끝난 후에는 이를 분배하여야 할 것이다. 이때, 생산된 재화, 즉 사냥물을 누가 어떤 기준으로 분배할 것인가의 문제가 발생하게 된다. 그래서 재화를 획득함에 있어서 각자가 기여한 정도를 고려하여 분배되는 몫과 분배의 기준을 산정하였을 것이다. 바로 이러한 분배의 기준이 원시적인 형태의 법이라 할 수 있고, 분배를 하는 자와 분배를 받는 자의 관계는 훗날 계급의 분화로 발전하였을 것이다.

Ⅱ 법이란 무엇인가

1. 법은 규범이다

법은 규범(norm)이다. 법규범은 당위의 법칙으로서 자연 속에서 사는 만물을 지배하는 자연법칙과 구별된다. 자연법칙이란 "사람은 반드시 죽는다", "물은 위에서 아래로 흐른다"는 것과 같이 어떤 원인으로부터 일정한 결과가 반드시 생긴다는 필연의 법칙으로서 몰가치적인 존재(Sein)의 세계이다. 자연법칙을 인과법칙 또는 존재법칙이라고도 부른다. 자연법칙은 예외를 인정하지 않는다. 그러므로 물이 위에서 아래로 흐르지 아니하면 자연법칙은 파괴된다. 이와는 달리 법규범은 "부모는 자식을 양육해야 한다"고 명령하거나 "살인을 하여서는 안 된다"고 금지한다. 이러한 금지 또는 명령을 어기는 자에게는 일정한 제재가 가해져야 한다. 법규범은 일정한 요건이 구비되면 일정한 효과가 귀속되어야 한다는 관계를 의미하는 것처럼 어떠한 목적을 가지고 있는 가치관계적인 당위(Sollen)의 개념이며, 경우에 따라서는 규범위반이라는 사실이 미리 예상된, 항상 예외가 잠재되어 있는 개념이란 점에서 예외가 인정되지 않는 자연법칙과 구별될 수 있다. 그리고 이러한 반규범적인 현상이 발생했을 경우 법은 제재를 가함으로써 사회의 질서를 회복하는 기능을 수행하게 된다.

2. 법은 사회규범이다

인간이 공동생활을 하지 않고 혼자서도 살아갈 수 있다면 법이라는 것은 없었을 것이다. 그러나 인간은 사회적 동물로서 가족, 마을, 공공단체 및 국가 등의 공동체의 구성원이 되어 다른 사람들과 공동생활을 하고 있다. 이러한 공동생활 속에서 인간은 한편으로 다른 구성원들에게 도움을 주기도 하고, 다른 한편으로 이들로부터 도움을 받으면서 살아가면서 사회관계를 형성하며 사회생활의 질서를 유지하기 위해 사회규범이 필요하다. 사회생활의 질서유지는 그 구성원들의 생존과 직결된 중요한 문제로서 이러한 사회생활의 질서를 유지하여 주는 것이 법의 가장 중요한 기능이라 할 것이다. 법은 도덕, 관습 및 종교와 더불어 사회규범에 속한다. 사회생활이 복잡하지 않고 단순했던 초기사회에서는 사회질서를 유지하기 위하여 하나의 종합적인 사회규범으로 충분하였다. 그러나 인류역사가 발전하여 사회생활이 복잡해지면서 사회규범은 법, 도덕, 관습 및 종교로 분화되었다.

3. 법은 강제규범이다

법은 강제성을 지니는 규범에 속한다. 규범의 실효성을 보장하기 위해 법규범을 위반하는 자에 대해서 제재가 가해지는 것이다. 강제성을 가지지 아니한 법은 사회질서의 유지라는 본래의 기능을 수행할 수 없을 것이다. 왜냐하면 법의 금지명령을 위반하여도 전혀 처벌되지 않는다고 한다면 누구도 법을 준수하지 않을 것이기 때문이다. 예링은 “강제를 수반하지 아니한 법은 불타지 않는 불 또는 비치지 않는 등불과 마찬가지로 그 자체 모순이다”라고 하며, 법은 강제를 본질적 요소로 한다고 하였다.

제 2 장
법과 도덕

I 법과 도덕의 구별

사실 법과 도덕은 명확하게 개념이 규정되어 구별되지는 않는다. 특히 고대사회에서는 법과 도덕의 구별은 없었고, 도덕적 비난의 대상이 되는 행위를 한 자에게는 그 사회의 관습이 인정되는 범위 내에서 일정한 제재를 가할 수 있었다. 말하자면 법과 도덕의 개념에 관해서 고대에는 개념적인 구별이 존재하지 않았으며, 종교, 도덕, 법률과 같은 규범들은 서로 분리되지 않고 하나로 존재하고 있었다. 그러나 세월이 흐름에 따라 사회질서가 다원화되고 법질서를 전담하는 기관이 생겨나게 되었으며 법과 도덕이 분화하게 되었던 것이다. 마침내 고도로 다원화된 산업사회인 오늘날에는 모든 도덕적 비난의 대상이 되는 행위를 한 자에게 법적으로 규율하기에는 많은 문제점이 따르게 되고 도덕적 영역과 법의 영역은 구별되고 있다. 그러나 말처럼 법과 도덕의 구별이 쉬운 것인지, 더 나아가 그것이 애당초 가능한 것인지는 여전히 의문이 남는다. 그것은 법과 도덕이 본래 같은 규범에서 출발한 태생적 공통점을 가지고 있어 영역이 상당부분 교차 내지는 중복되어 있고 현실적으로 구별이 불가능한 경우가 많기 때문이다. 자연법론자들 역시 "자연법은 실정법을 초월한 영구불변의 인류의 대도"로서 법과 도덕은 일치하므로 서로 구별될 수 없다고 한다.

그러나 국가가 정하는 일정한 입법절차를 거쳐서 제정된 법과 법원에 의해서 현실적으로 적용되고 있는 규범만을 법으로 보고 자연법을 부인하고 있는 법실증주의자들은 법과 도덕을 구별하는 것이 가능하다고 본다.

아래에서 제시하고 있는 법과 도덕의 구별개념은 법과 도덕의 가시적 차이점에 관한 것으로서 일반적으로 인정되고 있는 것이나 이것이 법과 도덕을 구별짓는 유일한 근거는 아니라는 점을 밝혀 둔다. 법과 도덕은 토마지우스에 의해서, 그리고 나중에 칸트에 의해서 처음으로 구별되기 시작하였다. 그러나 그 구별기준에 대해서 견해가 항상 일치하는 것은 아니다.

1. 타율성과 자율성

법은 타율성을 가지는 데 반해 도덕은 자율성을 본질로 한다는 견해이다. 즉 법은 외부에서 강요하기 때문에 준수되는 규범인 데 반하여 도덕은 외부에서 강요하지 않더라도 스스로 자각하여 실천하는 규범이라는 것이다. 그러나 법과 마찬가지로 도덕도 외부에서 강제하는 면이 존재하지 않는 것은 아니다. 예컨대 노인에게 자리를 양보하기 싫으나 주위의 시선이 두려워 양보하는 것처럼 도덕의 영역에도 외부의 타율적 규제가 존재할 수 있다.

2. 외면적 행위와 내면적 행위

법은 인간의 외면적 행위를 규율하고 반면, 도덕은 인간의 내면적 행위를 규율한다는 것이다. 그러나 법도 고의, 과실, 목적, 선의 및 악의와 같은 내면적 행위를 규율하는 경우가 많으며 도덕도 도덕적인 행위를 요구함으로써 외면적 행위를 강조한다. 이 구별기준도 타당하지 않다.

3. 양면성과 단면성

법은 권리와 의무·채권과 채무처럼 서로 대립하는 양면성을 규율하는 구조로 되어 있지만 도덕은 주로 의무만이 존재할 뿐 그러한 의무에 대한 반대급부인 권리라는 것이 없다는 것이다. 그러나 이것은 일반적인 구분에 불과하고 법이라고 해서 항상 권리와 의무로 구성되어 있는 것만은 아니다. 예를 들어 민법상 자식에 대한 부모의 친권은 '권(權)'이라고 표시하여 외견상은 권리처럼 보이나 그 실재는 자녀를 보호하고 양육하여야 할 의무로 구성되어 있다. 그러므로 이러한 구별은 타당하지 않다.

4. 국가에 의한 강제적 통제의 유무

법은 국가에 의한 강제를 본질로 하고 있는 데 반하여 도덕은 국가에 의해 강제되지 않는 점에서 구별된다는 견해이다. 법을 위반하게 되면 국가는 행위자에게 민법이나 형법 기타 법률에 의하여 제재를 가한다. 그러나 도덕규범에 위반한 행위를 하면 사회적인 비난의 대상이 될 뿐, 이에 대하여 국가에 의한 제재는 허용되지 않는다. 예를 들어 자식이 부모를 잘 섬기지 않는다고 해서 국가가 이에 간섭하여 통제를 가할 수는 없으며 단지 도덕적 비난의 대상이 될 뿐이다. 예를 들어 추운 겨울 자기 집 앞에 쓰러져 잠든 걸인을 구조하지 않고 방치한 결과 그 걸인이 사망하였다면 집주인은 도덕적인 비난만을 받을 뿐 법적으로 아무런 제재를 받지 않는다. 판례도 비슷한 사례에서 요구조자에 대한 구조의무, 즉 보증인적 지위에 있지 아니하면 유기치사죄가 성립하지 않는다고 판시하고 있다. 그런데 이와 관련하여 미국을 비롯한 유럽의 여러 나라들은 구호행위로 인하여 자신에게 손해가 발생하지 않음에도 불구하고 구호행위를 하지 않은 자를 처벌하는 '선한 사마리아인 법'을 채택하고 있다. 최근 우리나라에서도 생명이 위험한 사람을 구조하는 과정에서 고의나 중대한 과실 없이 피해를 주게 되어도 구호자에게 민·형사상의 책임을 묻지 않는 '구호자보호에관한법률'이 추진 중이다.

Ⅱ 법과 도덕과의 관계

이상에서 살펴본 바와 같이 법과 도덕은 이론상 그 구별을 시도해 볼 수 있을 뿐이지 실제 명확히 그 개념을 구별하기는 불가능하다. 왜냐하면 법과 도덕은 다 같이 사회생활을 규율하는 통제규범으로서의 역할을 하고 있고, 따라서 이들 양자의 기능은 상당 부분 중복되어 있기 때문이다. 옐리네크가 말하기를 "법은 최소한의 도덕"이라고 하였다. 이 말은 도덕의 내용 중 그 내용을 강제할 필요가 있는 최소한의 부분을 법으로 규정한다는 뜻이다. 그렇다고 해서 도덕이 법을 완전히 포섭한다는 말은 아니며 법과 도덕은 서로 보완하는 관계에 있다고 할 것이다. "부모에게 효도해야 한다", "은혜를 갚아야 한다" 등은 국가권력에 의해 강제될 수 없는 것으로서 순전히 도덕에 해당하는 것들이다. 한편 슈몰러는 "법은 최대한의 도덕"

이라고 하였다. 이는 도덕이 사회생활의 전면에 걸쳐 확대됨을 의미한다. 즉 도덕이 실효적으로 이루어지게 하기 위하여 도덕이 법적으로 강제된다는 것이다. 그밖에 법의 내용이 도덕의 내용으로 수용되어 법과 도덕이 일치하는 경우가 있다. 예컨대, 교통법규 및 보건법규가 오랜 시간에 걸친 시행으로 국민의 생활 속에 깊숙이 자리를 잡아서 교통도덕과 보건도덕으로 전화되어 법과 도덕이 일치하는 경우가 있다. 라드부르흐는 이를 "도덕왕국에의 법의 귀화 또는 전화"라고 하였다.

제 3 장
법 원

I 법원(法源)의 의의

법의 객관적 존재형식으로서의 법원에는 성문법과 불문법이 있다. 성문법이란 문자로 작성되며 문서의 형식을 갖춘 법을 말한다. 이것은 입법기관에 의해 제정되므로 제정법이라고도 한다. 불문법이란 문서로 작성되지 않은 법을 말한다. 전자에는 헌법, 법률, 명령, 규칙, 조례, 자치법규가 속하고, 후자로는 판례법, 관습법 및 조리를 들 수 있다. 성문법주의는 제정법을 법원으로 하는 주의이고, 불문법주의란 불문법을 법원으로 하는 주의를 말한다. 그러나 성문법주의와 불문법주의의 구별은 절대적인 것이 아니다. 성문법주의를 취하는 국가에서도 불문법을 법원으로 하고 있으며 반면 불문법주의를 취하는 국가에서도 성문법을 법원으로 인정하고 있기 때문이다. 다만 차이가 있다면 그것은 성문법과 불문법 가운데 어느 것이 법원으로 더 강조되는가 하는 것이다. 성문법주의의 장점은 외국법의 계수가 쉽고, 법체계를 통일하기 쉽고, 법의 내용이 명확하며, 법적 안정성을 유지할 수 있다는 것이고, 그것의 단점은 법이 사회로부터 격리될 수 있다는 것과 사회변화에 대한 적응이 어렵다는 것이다. 성문법주의 장점은 불문법주의의 단점이고, 성문법주의 단점은 불문법주의의 장점이 된다.

Ⅱ 성 문 법

성문법은 문서의 형식으로 존재하는 법을 말한다. 일명 제정법이라고도 한다. 우리나라를 비롯한 독일, 프랑스, 일본 등 대륙법계의 국가들은 성문법 특히 법전을 가지고 있다.

성문법은 법을 통일함으로써 법적 질서를 안정시킬 수 있고, 법의 의미와 내용을 명확히 함으로써 구체적으로 법을 시행하기에 유리하다는 장점을 가지고 있다. 그러나 법의 경직화로 말미암아 유동적인 사회에 신속하게 대처할 수 없으며, 입법자의 자의에 의하여 법이 만들어지면 일반국민들의 법적 이해관계를 적절히 반영할 수 없게 된다는 단점도 아울러 가지고 있다. 이러한 장·단점은 반대로 불문법의 장단점이 된다.

1. 헌 법

헌법은 국가의 조직 및 작용에 관한 국가의 기본법이다. 헌법은 국가의 최고법규이다. 우리나라는 1948년 7월 12일에 제정되고, 그 해 7월 17일에 공포되어 지금까지 9차에 걸쳐 개정된 헌법을 가지고 있다. 헌법은 이중적 개념을 가지고 있어 한편으로는 헌법은 국가의 조직·구조·체제 등의 뜻으로 쓰이나 다른 한편으로는 한 나라의 권력관계라는 정치적 사실이나 통치방식과 기본권보장을 규율한 법규범을 뜻하기도 한다.

헌법은 최고규범성을 지니는 한 국가의 최고규범으로, 법률·명령 등 하위법령의 입법기준·해석기준이 되고 이에 위반되는 하위법령·처분·재판 등은 무효가 된다. 각국의 헌법은 헌법의 최고규범성을 보장하기 위하여 위헌법률심사기관을 두고, 헌법개정의 경우 일반법률이나 명령의 개정보다 훨씬 어렵게 하도록 규정하고 있다. 헌법은 존재형식 또는 법형식을 기준으로 성문헌법과 불문헌법으로 구분된다. 성문헌법은 성문화된 형식적 헌법전을 말하는데 세계 대부분 국가가 성문헌법을 가지고 있다. 이에 비하여 영국·캐나다·뉴질랜드·이스라엘 등은 불문헌법국가이다.

2. 법 률

법률은 성문법의 한 형식으로서 국회의 의결을 거쳐서 대통령이 서명하고 공포하여 성립하는 법률을 가리킨다. 넓은 의미에서 법 일반을 일컫기도 하지만, 좁은 의미에서는 입법기관이 적법한 절차에 따라 제정한 성문법을 말한다.

법률안은 국회의원과 정부가 제출한다. 국회의장은 이를 본회의에 보고하고 소관상임위원회에 회부하여 심사·토의·가결된 뒤, 본회의에서 재적과반수 출석과 출석과반수 찬성으로 가결된다. 법률안에 대해서 정부의 이의가 없을 때는 15일 이내에 공포하고, 이의가 있을 때는 환부거부한다. 그러나 재의결되면 즉시 공포하여야 한다. 법률에 특별한 규정이 없으면 공포 후 20일이 지남으로써 효력이 발생한다. 법률은 헌법의 하위법이므로 헌법에 위반하면 무효가 된다.

3. 명 령

명령은 국회의 의결을 거치지 않고 행정기관에 의하여 제정되는 성문법이다. 명령은 법률의 하위법이므로 원칙적으로 명령에 의하여 법률을 개폐할 수 없다. 명령은 제정권자가 누구이냐에 따라 대통령령, 총리령, 부령으로 나누어진다.

4. 자치법규

지방자치단체가 법령의 범위 안에서 제정한 법령이다. 지방자치단체는 법률에 의하여 인정된 자치권에 따라 지방자치단체의 조직, 사무, 주민의 권리의무에 관한 법규를 제정할 수 있다. 자치법규에는 조례와 규칙이 있다. 조례는 지방자치단체의 의회가 의결을 거쳐 제정한 것이고, 규칙은 지방자치단체의 장이 제정한 것이다.

5. 조 약

조약이란 국제법상 완전한 주체가 될 수 있는 국가 상호간에 문서로 한 합의를 말한다. 넓은 뜻으로는 협약, 규약, 헌장, 규정, 협정, 결정서, 의정서, 선언, 약정, 교환공문, 잠정협정 등을 총칭하며, 좁은 뜻으로는 조약 가운데 특별히 구체적으로 조약이라는 명칭이 붙은 것을 말한다. 조약은 국회의 동의와 대통령의 비준 및 공포를 거쳐야 하고, 국내법상 법률과 동일한 효력을 갖는다.

Ⅲ 불 문 법

불문법이란 문장으로 표현되지 아니한 법을 말한다. 입법기관의 제정절차를 거치지 아니한 법으로서 비제정법이라고도 한다. 일반적으로 관습법, 판례법, 조리를 불문법이라고 한다.

1. 관 습 법

(1) 의 의

관습법이란 자연적으로 발생한 관행이나 관습이 반복하여 이루어짐으로써 일반인들이 관습에 대하여 법적 확신을 가지게 되어 성립하는 불문법이다. 단순한 관습도 사회규범이긴 하지만 아직 법이 아니기 때문에 관습에 대하여는 국가가 강제성을 보장해 주지 않는다. 그러나 관습법은 엄연하게 법으로 존재하는 것이므로 국가가 강제성을 보장해 준다.

(2) 성립요건

관습법이 성립하기 위해서는 먼저 관행이 있어야 한다. 관행이란 사회내부에서 오랜 세월에 걸쳐 계속 반복됨으로써 널리 승인되어 있는 사실적인 행위양식을 말한다. 다음으로 이러한 관행이 수범자의 법적 확신에 의하여 법적 규범으로 승인·강행되기에 이르러야 한다. 이러한 법적 확신이 있다는 점에서 법적 확신이 결여되어 있는 사실인 관습과 구별이 된다. 마지막으로 이러한 관행이 선량한 풍속 또는 사회질서에 위반되지 않아야 한다. 이러한 요건을 갖추게 되면 관습법은 법원성(法源性)이 인정되고 따라서 재판의 근거가 된다.

(3) 관습법의 효력

관습법은 어떠한 효력을 가지는가. 관습법이 성문법을 개폐할 수 있는가, 아니면 성문법이 없는 경우 관습법은 보충적으로만 효력을 가지는 것인가 하는 문제이다.

우리 민법 제1조에서는 「민사에 관하여 법률에 규정이 없으면 관습법에 의하고…」라고 하고 있으며, 상법 제1조에서는 「상사에 관하여 본법에 규정이 없으면 상관습법에 의하고, 상관습법이 없으면 민법의 규정에 의한다」라고 규정하고 있다. 이들 규정을 보면 관습법은 원칙적으로 성문법에 대하여 보충적 효력을 가지고 있음을 알 수 있다. 그러나 상관습법은 상법에 대하여는 보충적 효력을 가지지만, 민법이라는 성문법에 대하여는 개폐적 효력을 가진다는 것을 알 수 있다.

2. 판 례 법

판례란 구체적인 사건에 대하여 법원이 내린 최종적인 판단을 말하고, 동일한 취지의 판례가 반복됨으로써 국민이 판례를 사실상 법규범으로 인정하게 되면 이를 판례법이라 한다. 영미법계에서는 선례구속성의 원칙이 인정되므로 판례는 가장 중요한 법원이 된다. 그러나 대륙법계에서는 성문법주의를 채택하여 법관이 재판을 할 때 다른 판결에 구속되지 않는 것이 원칙이다. 우리 헌법은 제103조에서 「법관은 헌법과 법률에 의하여 그 양심에 따라 독립하여 심판한다」고 하여, 이러한 원칙을 명문으로 선언해 놓고 있다. 따라서 판례는 법이론상 법원성을 인정하기 곤란하다. 하지만 법관이 판결을 내릴 때 비슷한 사례의 판례를 참고하여 판결을 내리는 경우가 보통이므로 판례는 사실상의 구속력을 갖는다고 할 수 있다.

3. 조 리

현대사회생활에서 발생하는 법률관계는 그 양상이 매우 복잡하고 다양하므로 성문법을 아무리 치밀하게 만들어 두어도, 이로써 적용하기 곤란한 문제는 남아 있기 마련이다. 뿐만 아니라 성문법으로 대처할 수 없는 문제에 대하여 적용할 관습법이나 판례법도 존재하지 아니하는 경우가 있다. 이와 같이 구체적인 법률문제에 적용할 어떠한 법도 존재하지 아니하는 경우를 법의 흠결이라고 한다. 그런데 법의 흠결이 있다고 하여 법원이나 법관은 재판을 거부할 수 없다. 이와 같이 구체적 사건에 적용할 법이 흠결된 경우, 보충적으로 적용할 법규범을 바로 조리라고 한다.

조리가 무엇인가에 대하여도 여러 가지 견해가 있지만, 대체로 사물의 본성이 곧 조리라고 할 수 있다. 즉, 사물의 합리적 · 본질적인 법칙이 조리이다. 조리의 구체적인 내용으로는 정의, 형평, 신의성실, 공서양속, 사회통념, 경험법칙 등을 들 수 있다. 우리 민법 제1조에서는 「민사에 관하여 법률에 규정이 없으면 관습법에 의하고 관습법이 없으면 조리에 의한다」라고 하여 조리의 법원성을 인정하고 있다.

제 4 장
법의 분류

I 자연법과 실정법

1. 자 연 법

자연법은 실정법에 대비되는 개념으로서 인간의 선험을 바탕으로 시대와 장소를 초월하여 보편타당성을 지니는 이성에 근거하여 인식되는 법을 말한다. 전통적 자연법론자들은 사람의 가치에 따라 좌우되는 것이 아닌 영구·불변한 진리의 존재를 믿고 이것을 자연의 섭리 또는 신의 질서라고 생각하였다. 그리고 이러한 질서에 순응하여 살아갈 수 있는 근원을 사람의 이성에서 찾고자 하였으며 이 이성을 자연의 이성, 정당한 이성이라고 불렀다. 아울러 실정법의 타당성 여부는 자연법이라는 척도에 의해 평가된다고 보았다. 그러나 17세기 이후 등장한 개인주의·합리주의·공리주의에 바탕을 둔 근세자연법사상은 사람의 이성적 사고와 사교적 본성을 인간의 이성과 일치한다고 보고 이러한 이성의 명령을 자연법이라 하였다. 그리고 자연법은 국가에 의한 실정법보다 먼저 존재한다고 하여 실정법에 대한 가치의 기준이 된다고 하였다. 오늘날에도 자연법에 위배되는 실정법은 무효라고 주장하는 사람들이 있으나, 현실적으로 볼 때 자연법은 실정법을 정립하는 권력에 대한 비판적 기능을 하는 데 그치고 있다.

2. 실 정 법

실정법이란 국가에 의하여 제정된 제정법과 관습법, 판례법 등 경험적인 사실에 의하여 정립되고 현실적으로 시행되고 있는 법을 말한다. 실정법은 자연법과는 달리 절대적 가치기준에 따른 보편타당성을 가지고 있는 것이 아니라 국가와 민족, 시대와 관습 그리고 역사적 배경에 따라 다양하게 나타난다. 즉, 사물이나 인간의 본성에 의거하여 성립하는 영원하고 보편적인 자연법과는 달리 지역과 시대에 따라 다르게 나타나는 상대성을 특징으로 한다.

Ⅱ 국내법과 국제법

1. 개 념

먼저 법은 국내법과 국제법으로 나누어진다. 국내법이란 한 국가에 의해 제정되어 그 국가영역에서만 효력이 있는 법인 데 반하여, 국제법은 국제사회에서 국가, 국제조직 및 개인 상호 간의 관계를 규율하는 법이다. 국제법도 통일된 법체계를 구성하고 있으나 그 통일성은 국내법보다 떨어진다. 국제법은 위반시 이를 제재할 강제력을 확보하고 있지 못하다는 것이 국내법과 다른 점이다. 국내법은 성문법인 헌법, 법률, 명령 및 규칙, 조례 및 자치법규와 불문법인 관습법, 판례법, 조리 등의 형식으로 존재하고, 국제법은 국제조약과 국제관습법을 그 법원으로 하고 있다.

2. 국내법과 국제법의 관계

국제법과 국내법과의 관계를 어떻게 볼 것인가에 관하여 견해가 대립한다. 국제법과 국내법을 하나의 통일된 법질서로 보는 일원론과 양자를 서로 다른 차원의 것으로 보는 이원론이 그것이다. 일원론은 다시 국제법이 국내법의 우위에 있다는 국제법우위론과 국내법이 국제법의 우위에 있다는 국내법우위론으로 나누어진다. 우위의 법에 저촉하는 국내법이나 국제법은 효력이 없다는 것이다. 일반적으로 헌법학자는 국내법우위론을, 국제법학자는 국제법우위론을 주장하고 있다.

Ⅲ 공법과 사법

일반적으로 국가 생활을 규율하는 법을 공법이라 하며 사회생활을 규율하는 법을 사법이라 한다. 이러한 공법과 사법의 구별은 로마법 이래 행하여 온 분류로서 독일인들은 로마법을 계수하기 이전까지는 공법과 사법의 구별을 몰랐다. 사법은 자유로이 법률관계를 창설할 수 있는 계약자유의 원칙이 일반적으로 인정되나, 공법은 그렇지 못하다.

IV 실체법과 절차법

실체법은 권리의무의 실체, 즉 권리의무의 종류·변동·효과 등에 관하여 규율하는 법이다. 법률관계의 성립·인정 등의 절차를 정하는 절차법과 대비된다. 민사실체법으로는 민법·상법 등이, 형사실체법으로는 형법 등이 있다. 헌법은 입법에 관한 실체법과 절차법을 포함하고 있고, 행정법상의 여러 법전도 실체법과 절차법을 모두 포함하고 있는 경우가 많다.

이에 비하여 절차법이란 권리의무의 내용을 실현하기 위한 절차를 규정하는 법이다. 다시 말하면 실체법을 실현하는 절차를 규정한 법이 절차법인 것이다. 실체법과 대응되는 개념이며, 형식법 또는 수속법이라고도 한다. 수단적·기술적 성격을 가지고 있는 것이 특징이며, 보통 소송 또는 재판절차를 규율(規律)하는 법을 일컫는다. 예를 들어 절도죄는 타인의 재물을 절취함으로써 성립하는 범죄인데 실체법인 형법은 사람의 행위가 구성요건에 해당하고 위법하며 책임이 있는가에 대해서 확인하고, 실제로 범죄를 입증하고 형을 부과하는 것은 절차법인 형사소송법이 담당한다.

V 강행법과 임의법

강행법이란 당사자의 의사와 관계없이 법규의 효과가 나타나는 것을 말한다. 일반적으로 공공질서에 관한 규정은 강행규정이며 공법의 규정은 대부분 강행규정이다. 강행규정은 정해진 행위나 상태의 법적 실현을 국가의 기본원칙으로 나타낸 것으로 강행규정의 위반행위는 법적으로 무효가 된다. 한편, 임의법은 어떤 법규가 정한 법적 효과가 당사자의 의사에 의하여 배제될 수 있는 경우의 법규를 말한다. 일반적으로 공공질서에 관한 규정이 아닌 것이 임의법규가 된다. 임의규정은 해당행위에 대해서 당사자가 의사표시를 하지 않을 경우에는 그 보충규정으로, 또 당사자의 의사가 불명확한 경우에는 그 해석규정으로서의 역할을 한다.

Ⅵ 일반법과 특별법

동일사건에 대하여 적용되는 법률이 복수인 경우 널리 일반적으로 적용되는 법을 일반법이라고 하며 이는 보통법·원칙법이라고도 한다. 그러나 법의 효력이 특정한 사람·사물·행위 또는 지역에 국한하여 적용되는 경우가 있는데 이것을 특별법이라 한다. 특별법은 일반법을 제정할 때 예상하지 못한 예외적 사항이 생기거나, 그 법을 그대로 적용하기 어려운 사정이 있게 될 경우 제정된다. 일반법과 특별법의 구별은 법의 적용에 있어서 그 실익이 있다. 즉 특별법은 일반법에 우선하여 적용되며, 일반법은 특별법의 규정이 없는 경우에 한하여 적용된다.

제 5 장
법의 효력과 한계

I 법의 효력

1. 법의 효력의 의의

법의 효력이란 법의 본래적 기능인 법으로서의 구속력을 갖는 것을 말한다. 여기서 구속력이라 함은 법이 사회생활을 지배하는 규범으로서 수범자인 국민들의 실제생활 일반을 규율하여 법적인 의무를 부과하고 구속하는 것을 의미한다. 그러나 이러한 법이 효력을 구비하기 위해서는 강력한 제재만으로는 충분하지 못하며 실효성과 타당성이라는 요건을 갖추어야만 비로소 그 효력을 가진다고 할 수 있다.

2. 법의 효력의 내용

법의 효력의 내용과 관련하여 법의 실효성이란 법이 현실로 지켜져서 실현되는 근거를 말한다. 그런데 법이 실효성이 있기 위해서는 국민들로 하여금 따르고 지켜야 할 규범으로 인정받고, 만약 이러한 법에 대한 규범적대적인 행위를 국민들이 행할 경우 그에 대한 일정한 제재가 가해질 수 있어야 한다. 그러나 법이 이처럼 실효성만 가진다고 하여 바로 효력이 있는 법으로 보는 것은 타당하지 못하다. 왜냐하면 법이 강제적 구속력만 가지고 있을 뿐 그 내용이 수범자인 국민들의 법정서와 동떨어져 타당성을 가지지 못한다면 사회공동생활을 규율하는 규범으로서 기능할 수 없기 때문이다. 따라서 법은 국민이 그 법이 정당하다고 믿고 구속력을 가질 수 있는 정당한 자격인 타당성을 실효성과 아울러 갖추어야 진정한 의미에서 효력이 있는 법이라 말할 수 있다.

Ⅱ 법의 시간적 한계

1. 법의 시행과 폐지

(1) 법의 시행

법은 시행일로부터 폐지하는 날까지 효력을 가지며, 그 기간을 시행기간이라고 한다. 법은 그 시행기간 안에 발생한 사항에 대하여서만 효력을 갖는 것이 원칙이다. 법의 시행과 공포는 다르다. 공포는 관보에 게재하여 국민에게 알리는 것을 말하며, 시행은 「법이 효력을 발생하는 것」을 말한다. 공포일과 시행일 사이에는 여유를 두는 것이 보통이고, 이 기간을 주지기간이라고 한다.

(2) 법의 폐지

법의 폐지는 법이 갖고 있는 효력을 소멸시키는 것을 말하며, 이것은 명시적 폐지와 묵시적 폐지가 있다. 법의 명시적 폐지는 시행기간을 미리 정한 경우에 시행기간이 경과하였거나, 입법기관에서 폐지결의를 하였거나, 신법을 제정하거나 일부를 개정할 때에 생긴다. 한시법은 법률의 효력의 발효시점과 효력상실시점을 명시적으로 규정한 법으로서 그 효력기간이 지나면 폐지되는 법이므로 이 경우는 법의 명시적 폐지에 해당한다.

묵시적 폐지는 법의 규정이 신법에 저촉하거나 특별법에 의하여 일반법의 조문이 사문화하거나 사회실정과의 괴리 때문에 사문화되는 경우 등이 있다. 예를 들어 동일한 사항에 관하여 동일한 효력을 가지는 신법과 구법이 동시에 존재할 때 구법을 명시적으로 폐지하지 않더라도 "신법은 구법을 개폐한다"는 원칙이 적용되어 구법은 자연적으로 폐지되게 된다. 그리고 이와 구별되는 개념으로 '법의 사문화'가 있는데 이는 법을 폐지하지 않았으나 사회의 변화에 입각하여 실질적으로 그 법이 적용되지 못하고 있는 상태를 말한다. 이 경우에는 대체로 법의 실효성이 상실된 것으로 본다.

2. 법률불소급의 원칙

법의 시간적 효력에 관한 원칙 중에서 가장 중요한 것은 법률불소급의 원칙이다. 이것은 어떠한 법이든 시행기간 중에 생긴 사항에 대해서만 적용되고, 시행기간 전후에 생긴 사항에는 적용되지 않는다는 원칙이다. 헌법 제13조 제1항에서는 "모든 국민은 행위시의 법률에 의하여 범죄를 구성하지 아니하는 행위로 소추되지 아니하며…"라고 규정하고 있고, 형법 제1조 제1항에서도 "범죄의 성립과 처벌은 행위시의 법률에 의한다"고 하여 행위 이후에 성립한 법에 의하여 불이익을 받지 아니함을 명시하고 있다.

국민들은 현재 시행되고 있는 법률의 규정을 파악함으로써 어떠한 행위가 법률에 저촉되는지를 알 수 있고, 법률에 위배되지 않는 행동을 하면 불이익을 당하지 않는다는 것을 보장받을 수 있다. 그러나 행위 당시에는 법률에 저촉되지 않았는데 이후 그 행위를 규제하는 법률(사후법)을 제정하고 이를 행위시에 소급적용하여 처벌을 한다면 수범자로서의 국민의 지위는 매우 불안정해질 것이고 앞날에 대한 예측가능성을 보장받을 수 없게 된다. 그러므로 법률의 소급효를 인정하지 않는 것은 국민들의 예측가능성과 법적 안정성을 보장할 수 있는 기능을 한다는 점에서 중요한 의미를 가지는 것이다.

Ⅲ 법의 장소적 한계(속지주의)

1. 의 의

법은 장소적 한계란 실정법이 실제로 적용되는 장소적 범위에 관한 문제이다. 다시 말하면 법이 규범으로서의 실효성을 가지고 실제로 적용될 수 있는 장소적 공간과 관련된 문제로서 일반적으로 한 국가의 전 영역이 법의 적용범위가 되며 원칙적으로 특정국가의 영역 내에서는 그 국가의 법이 적용된다. 그러나 구체적인 경우에 따라서는 비록 특정국가의 영역 내일지라도 그 나라의 법적용이 배제되는 경우가 있는데 이것이 법의 장소적 한계이다.

2. 속지주의

속지주의란 자국의 영역 내에서 발생한 모든 범죄에 대하여 범죄인의 국적 여하를 불문하고 자국의 법을 적용하는 것을 말한다. 헌법 제3조는 "대한민국의 영토는 한반도와 그 부속도서로 한다"고 규정함으로써 원칙적으로 한반도와 그 부속도서 내에서는 우리나라의 법이 적용되는 것으로 하고 있다. 따라서 실제 적용가능성을 떠나서 북한 지역에서 발생한 범죄에 대해서도 대한민국의 형법을 적용할 법적인 근거는 확보되어 있다. 속지주의는 외국인이 우리나라에서 범죄를 범했을 경우 우리나라의 형법을 적용할 수 있는 근거가 된다는 점에서 의미가 있다.

3. 속지주의의 예외

형법 제4조는 "본법은 대한민국 영역 외에 있는 대한민국의 선박 또는 항공기 내에서 죄를 범한 외국인에게 적용한다"고 하여 비록 범죄지가 대한민국의 영역 밖이라 하더라드 대한민국 국적의 선박이나 항공기 내에서 범죄가 발생하면 대한민국의 형법이 적용된다. 이와 같이 우리나라의 선박이나 항공기 내에서 발생한 범죄에 관하여는 범죄지가 어디인가를 불문하고 우리나라의 형법을 적용하는 것을 속지주의의 특수한 원칙으로서 기국주의라 부른다.

속지주의의 예외와 관련하여 치외법권이 문제될 수 있다. 치외법권이란 타국 영토 안에 있으면서도 그 나라 통치권의 지배를 받지 않는 국제법상의 권리를 말하는데 일반적으로 외국의 대사관이나 영사관, 문화원 등이 치외법권지역으로 알려져 있다. 그러나 이와 같은 치외법권 개념은 과거 식민지 시대에 강대국이 약소국을 침략하기 위해서 도입된 개념이며 오늘날에는 인정되지 않는다. 따라서 대한민국의 영역 내에 있는 외국공관이나 문화원 내에서 발생한 범죄에 대해서도 대한민국의 형법이 적용될 것이다.

Ⅳ 법의 인적 한계(속인주의)

1. 의 의

형법이 어떤 사람에게 적용되는가의 문제를 형법의 인적 적용범위라고 하며 속인주의란 자국민의 범죄행위에 대해서는 범죄지 여하를 불문하고 자국의 형법을 적용하는 원칙을 말한다. 다시 말해서 속지주의와 달리 우리나라의 국적을 가진 사람이라면 우리나라뿐만 아니라 외국에서 범죄를 범하였다 하더라도 우리나라의 형법을 적용하는 것을 속인주의라 한다.

2. 예 외

(1) 국내법상 예외

1) 대통령

대통령은 내란 또는 외환의 죄를 범한 경우를 제외하고는 재직 중 형사상의 소추를 받지 아니한다. 그러므로 비록 대통령이 범죄를 범하였다 하더라도 내란이나 외환의 죄만 아니면 형사상의 소추를 받지 않는다. 그러나 이는 '재직 중'에 소추를 받지 아니한다는 의미이며, '재직 후'에는 책임을 물을 수 있다.

2) 국회의원

국회의원은 국회에서 직무상 행한 발언과 표결에 관하여 국회 외에서 책임을 지지 아니한다.

(2) 국제법상 예외

1) 치외법권을 가진 자

국제법상 치외법권을 가지는 외국의 원수와 외교관, 그 가족 및 내국인이 아닌 수행원에 대해서는 우리나라의 형법이 적용되지 않는다.

2) 외국의 군대

대한민국과 협정이 체결되어 있는 외국의 군대에 대해서는 우리나라의 형법이 적용되지 않는다. 예를 들어 주한미군의 범죄에 대해서는 대한민국정부와 미합중국정부 간의 군대지위에 관한 협정에 의하여 공무집행중의 미군범죄에 관해서는 우리나라의 형법이 적용되지 않는다.

제 6 장
법의 적용과 해석

Ⅰ 법의 적용

사람의 생활관계를 규율하기 위하여 제정된 실정법은 언어로 구성된 추상적 명제의 형식을 취하고 있다. 그러므로 어떤 구체적 사실이 발생하였을 때 실정법의 어느 규정이 그 사실에 들어맞는지를 음미, 판단하여야 한다. 법의 적용이라는 것은 이러한 음미의 작업과 그 결과로써 내려진 판단을 말한다. 실정법은 일정한 사실이 존재할 때에 특정한 효과가 발생한다는 논리적 관계를 기술한 것이므로 구체적 사안 중에 그 요건에 해당하는 사실이 존재하면 그 사안에 관하여는 법정된 효과가 생긴다. 따라서 법의 적용은 원칙적으로 법규를 대전제로 하고 구체적 사실을 소전제로 하여 그에 대한 판단이 내려지는 삼단논법의 공식을 취한다. 즉 ① 삼단논법의 대전제인 관계법규의 의미 내용이 분명하지 않은 것이 있을 때에는 그 점을 명확히 하고, ② 사안 중에서 법규의 요건에 해당할 만한 사실을 찾아내고, ③ 이렇게 하여 인정된 사실이 법규의 요건에 해당하는가를 판단하는 작업을 하여야 한다.

Ⅱ 법의 해석

실정법규는 추상적인 용어로 구성되어 있고 그 용어는 개념이 애매하고 문장으로서도 불완전한 것이 많다. 그러므로 이 법규를 구체적 사안에 적용할 수 있도록 그 의미 내용을 명확한 것으로 만들고, 보다 상세한 것으로 만드는 작업을 필요로 한다. 이것을 법의 해석이라고 한다. 법의 해석은 크게 유권해석과 학리해석으로 나누어진다.

1. 유권해석

국가 또는 그 기관이 행한 해석을 말하며 공적 구속력을 갖는다. 공권적 해석 또는 강제적 해석이라고도 하며, 학리해석 즉 문리해석, 논리해석과 대응된다. 이것은 해석하는 기관에 따라 입법해석, 행정해석, 사법해석의 세 가지로 다시 나누어진다.

(1) 입법해석

입법자가 하는 해석이며 법문으로 어떤 용어의 해석을 내리는 것을 말한다. 예를 들어 '물건'이라는 개념에 대해서 민법 제98조는 "본법에서 물건이라 함은 유체물 및 전기 기타 관리가능한 자연력을 말한다"고 규정하고 있는 것이 입법해석이다. 그러나 엄밀히 말하자면 이것은 민법 안에 '물건'이라는 개념에 대한 해석규정을 둔 것으로서 본래 의미의 법해석은 아니다.

(2) 행정해석

행정청이 내리는 해석이며 상급행정청은 법령의 집행에 관하여 하급행정청에 대하여 그 의의를 해석하여 훈령을 내리거나 하급행정청의 신청 또는 질의에 대하여 지령을 발한다. 이러한 해석은 일반적 구속력은 없지만 같은 계통의 행정청 상호간에는 일정한 구속력을 갖는다.

(3) 사법해석

법원이 재판을 통하여 내리는 해석이며 보통 판결의 형식으로 나타난다. 이것은 당해 사건에 한하여 소송당사자에게 최종적인 구속력을 가진다. 법률상의 구속력은 없지만 사실상의 구속력이 있으며 특히 대법원의 해석은 하급심을 구속한다.

2. 학리해석

법문 자체 또는 입법의 취지, 그 법을 적용할 구체적 사실 등을 기초로 하여 언어학적 또는 논리학적인 방법에 의하여 법률용어의 의의를 밝히는 것을 말한다. 이것에는 문리해석과 논리해석의 두 가지가 있다.

(1) 문리해석

법령의 문장·문구의 의의를 기초로 하여 문자 그대로 해석하는 방법을 말한다. 해석의 기본방향이기는 하나 법령의 참뜻을 잘못 파악하거나 사회실정의 변종을 무시하여 구체적 타당성을 잃은 해석이 되는 경우도 있다. 이러한 위험을 피하기 위하여 논리해석이 필요하게 된다.

(2) 논리해석

법령 제정의 목적이나 조문과 조문의 관계 및 다른 법령의 관계 등을 검토하여 모든 논리적인 방법에 의하여 해석하는 방법이다. 이 논리해석에는 다음과 같은 몇 가지가 있다.

1) 확장해석

법규정을 보통의 뜻보다 넓게 해석하는 방법이다. 예를 들면 존속살해죄에 있어서 직계존속의 의미를 법률상의 직계존속뿐만 아니라 사실상의 직계존속도 포함한다고 해석하면 확장해석이 되는 것이다.

2) 축소해석

법규정을 보통의 뜻보다 좁게 해석하는 방법이다. 앞서 들었던 예에서 존속의 의미를 법률상의 직계존속만을 의미하거나 아니면 어머니만을 직계존속으로 좁혀 해석하는 것이 축소해석이 된다.

3) 반대해석

법문에 규정되어 있는 사항을 기초로 하여 법 규정의 이면에 숨어 있는 내용을 캐내어 해석하는 방법이다. 민법 제3조는 "사람은 생존한 동안 권리와 의무의 주체가 된다"고 하고 있는데 이를 반대로 해석하면 생존하지 않는 사람, 즉 사자(死者)는 권리와 의무의 주체가 되지 않는다고 해석되는 것과 같다.

4) 유추해석

사건의 경우에 해당하는 규정이 없더라도 비슷한 규정을 적용할 수 있게 해석하는 방법을 말한다. 예를 들어 「말을 매지 마시오」라는 법률의 규정은 있지만, 소를 매어도 되는지에 관한 법률의 규정은 없을 때, 소와 말은 같은 가축이고 덩치나 배설의 습성이 비슷하기 때문에 말에 관한 법을 소에도 적용할 수 있다고 해석한다면, 이는 유추해석에 해당된다.

5) 물론해석

법규정에 명시되어 있지 아니한 사항에 대하여 사물의 성질상 당연히 그 규정에 해당하는 것으로 해석하는 경우이다. 예를 들어 「10톤 이상 트럭 통행금지」라는 법이 있다면, 10톤 이상의 탱크는 물론 통행이 금지된다는 해석을 할 수 있다.

제 2 편

재산관계와 법

제 1 장 재산법의 개념

I 민법의 의의

1. 사법(私法)으로서의 민법

> 甲은 자신의 승용차를 운전하던 중, 속도를 지나치게 내어 달렸기 때문에 도로를 횡단중이던 乙을 피하지 못하고 치게 되었다. 그 결과 乙은 중상을 입었다.

교통사고는 우리가 자주 접하게 되는 사건이다. 예문과 같은 사안에서는 어떠한 법적인 문제가 일어날 수 있는가. 우선 가해자 甲은 경찰에서 조사받게 되고, 벌금 혹은 금고·징역 등의 형벌이 법원의 판결에 기하여 과해지게 된다(형법 제268조, 업무상과실상해). 또한 도로교통법 위반을 이유로 면허가 취소되거나 정지되거나(행정처분) 하는 것도 생각된다(도로교통법 제78조 1항 4호). 게다가 甲은 피해자인 乙로부터 치료비나 위자료 등의 손해배상을 청구당하게 될 것이다(민법 제750조, 불법행위). 우리 주변에는 여러 가지 사건이나 문제가 생기지만, 이와 같이 하나의 사실에 대하여, 하나의 법 분야만이 아니라 몇 개의 다른 법 분야의 법률이 관계되는 경우가 적지 않다.

예문에 관하여 생각해 보면, 甲에게 형벌이 과해지는 경우와 甲의 면허가 정지되는 경우에서는 어느 것이나 국가(또는 지방자치단체)의 사인(私人) 甲에 대한 권력행사가 문제되어 있다. 이에 대하여 甲이 피해자 乙로부터 손해배상을 청구당하는 경우에는 甲과 乙 사이의 사인간의 권리와 의무가 문제되어 있다. 이와 같이 보면 전자와 후자의 법률관계의 모습에는 기본적인 차이가 나타난다.

현행법의 체계는 이러한 두 영역을 구별하여 이를 기초로 하여 구축되어 있다. 전자, 즉 국가나 지방자치단체와 사인간의 관계 혹은 국가나 지방자치단체 상호간의 관계 등을 규율하는 법영역을 「공법」이라고 한다. 후자, 즉 사인간의 생활관계를 규율하는 법영역을 「사법」이라고 한다. 여기에서는 교통사고를 모델케이스로 설명하였지만, 일상의 사업활동이나 소비생활 등에 관해서도 몇 개의 법분야에 관계되는 경우가 있다. 거기에서도 마찬가지로 법률관계는 우선 이러한 두 영역으로 분류되고 정리되게 된다. 「공법」과 「사법」의 영역의 구별, 이것은 법률을 공부하고자 할 때 먼저 이해해 두어야 할 문제이다.

지금부터 다루고자 하는 민법은 이상의 분류에 따르면 말할 것도 없이 사인간의 생활관계를 규율하는 사법이다. 그리고 사법의 영역은 권력적인 질서의 원리가 지배하는 공법의 영역과 달리 자유·평등을 그 지도원리로 한다.

2. 사법의 일반법으로서의 민법

甲은 1년 후에 돌려받을 약속으로 乙에게 100만원을 빌려 주었다. 甲은 약속한 기일에 얼마를 돌려받을 수 있을까?

① 이자를 연리 8%로 받기로 하는 약속으로 빌려준 경우
② 이자를 받기로 하는 약속이 없었던 경우
③ 이자를 받기로 하는 약속은 하였지만 이율에 대한 약속은 없었던 경우

예문에 관하여 생각해 보면, ①의 경우와 같이 이자에 관하여 명확한 약속이 있는 경우에는 말할 것도 없이 A는 약속대로의 원리합계금액(즉 108만원)의 반환을 요구할 수 있다. 문제는 ②의 경우와 같이 금전의 대차(물건을 빌려주고 빌려받는 것을 대차라고 한다)는 있었지만, 그 때 이자에 관하여 약속이 행해지지 않았던 경우이다. 금전의 대차는 소비대차라고 하는 계약유형에 해당된다. 그것에 관한 민법의 규정을 보면 빌린 금액과 같은 금액의 금전을 반환하면 된다고 규정되어 있다(제598조). 즉 이자의 약속이 없으면 무이자라고 하는 것이다. 이에 대하여 상법에 의하면, 사인의 거래 가운데 상인간의 금전의 대차(통상은 상행위에 해당된다)에서는 법정이자를 청구할 수 있다고 규정되어 있다(상법 제55조). 즉 그 경우에는 이자의 약속이 없다고 하더라도 이자부의 대차라고 하게 된다.

여기에서는 금전의 대차의 경우의 이자청구권이라고 하는 하나의 문제에 대하여 무이자라고 하는 민법의 규정과 이자부라고 하는 상법의 규정이라는 서로 다른 두 규정이 존재한다. 이와 같이 어떤 하나의 사실을 민법만이 아니라, 같은 사법에 속하는 영역의 다른 법률의 규정도 규율의 대상으로 하고 있고, 더욱이 규율의 내용이 다른 경우가 있다.

하나의 사실에 대하여 내용이 다른 복수의 사법이 존재하는 경우, 그 내용의 어느 것이 독립하여 적용된다고 해석되고, 그래도 특히 지장이 생기지 않는 경우도 있다. 그렇지만 예문의 ②와 같이 무이자인가 이자부인가라고 하는 문제의 경우에는 그 내용상 민법과 상법의 규정을 동시에 적용할 수 없다.

그러나 여기에서 법규정의 충돌이 일어나서 해결할 수 없게 된다고 하는 염려는 없다. 즉 이 두 가지 규정은 각각 다른 국면에서 적용되기 때문이다. 조문의 문언에서 알 수 있는 바와 같이 이자부라고 하는 상법의 규정은 「상인간」의 금전의 대차에 관해서만 적용된다. 적용되는 국면이 특히 한정되어 있지 않은 민법의 규정(무이자)은 그 이외의 일반의 금전의 대차에 적용된다.

이와 같이 동일한 문제에 관하여 일반적으로 적용되는 법규정과 특정의 국면에 있어서만 적용되는 법규정이 있는 경우, 그 양자는 「일반법」과 「특별법」의 관계에 있다고 말하고, 「특별법은 일반법에 우선한다」고 하게 된다.

그리고 예문의 ③과 같이 이자에 관해서 약속이 없는 경우, 일반의 금전대차의 경우에는 그 이율이 5%로 되고(민법 제379조), 상인간의 경우에는 6%로 된다(상법 제54조). 이러한 규정도 「일반법」과 「특별법」의 관계에 있다고 하게 된다.

민법과의 관계에서 가장 주요한 특별법은 상사에 관한 영역전반을 다루는 상법이다(상법 제1조 참조). 기타 민법의 소유권의 규정에 대한 집합건물의 소유 및 관리에 관한 법률, 임대차의 규정에 대한 주택임대차보호법, 고용의 규정에 대한 근로기준법, 불법행위의 규정에 대한 실화책임에 관한 법률 등 민법에 대한 각종의 특별법이 있다.

일반법과 특별법이라고 하는 정리방법은 두 가지 법규정의 상대적인 관계를 나타내는데 불과하다. 예를 들면 상법은 민법의 특별법의 하나이지만, 각종의 상사특별법은 상법의 특별법인 것이다. 여기서 특히 주의하여야 할 것은 민법은 사법의 영역 전체를 커버하는 원칙적인 룰을 제공하는 것이고, 다른 법률에 특별한 규정이 없는 경우에는 최종적으로 적용되는 법이라고 하는 것이다. 즉 민법은 「사법의 일반법」이다. 따라서 상법이나 노동법 등 다른 분야를 배우기 전에 우선 민법에 정해져 있는 원칙적인 룰을 확실히 이해해 두는 것이 중요하다.

3. 실체법으로서의 민법

甲은 1년 후에 받기로 하는 약속으로 乙에게 100만원을 빌려 주었다. 甲이 약속 기일에 돌려 줄 것을 요구하였지만 乙은 이에 응하지 않는다.
① 乙이 수일 전에 甲의 가족에게 이자를 포함하여 전액 건네주었다고 하여 청구에 응하지 않는 경우
② 乙이 「지불하라고 하지만 돈이 없다」고 하여 청구에 응하지 않는 경우

예문에 관하여 생각해보면, 약속 기일이 되면 물론 甲은 乙에게 금전을 돌려 줄 것을 청구할 수 있다. 그러나 ①의 경우와 같이 乙이 이미 돌려 주었다고 하여 거절하고 있는 경우에는, 乙의 주장이 정말인가, 혹은 그 주장대로라고 하여도 가족에 대한 금전의 지불이 甲에 대한 금전의 반환이라고 할 수 있는가라고 하는 주장의 대립이 생길 것이다. 甲이 권리를 실현함에는 당사자의 권리나 의무의 존부를 우선 명백히 하기 위한 법제도가 필요하다. 그 중심이 되는 제도가 재판(소송)이다.

또한 ②의 경우와 같이 乙이 甲에게 권리가 있다고 하는 것을 인정하면서도 청구에 응하지 않는다고 하는 경우도 생각된다. 이 경우 방법이 없는 것일까. 그렇다면 甲에게 권리가 있다고 하여도 그 의미가 없다. 이와 같이 乙이 이유 없이 의무를 이행하지 않는 경우에 대비하여, 乙의 권리를 강제적으로라도 실현하는 법제도가 준비되어 있지 않으면 안 된다. 이를 위한 제도가 강제집행제도이다.

이와 같이 사인간의 법률관계가 문제되는 경우, 어떠한 경우에 권리나 의무가 발생하는가 하는 것과, 어떻게 하여 그 권리나 의무의 존재를 명백히 하고 최종적으로 그것을 어떻게 하여 실현하는가 하는 것을 구분하여 생각할 수 있다.

Ⅱ 민법의 체계

1. 민법전과 민법체계

민법 제 몇 조라고 하는 경우의 민법은 말할 것도 없이 「민법」이라고 하는 명

칭을 가진 법률을 의미한다. 이러한 의미의 민법은 제1조부터 제1118조에 이르는 조문으로 구성되는 체계화된 법전의 형식을 가지는 것으로 「민법전」이라고도 한다(이를 형식적 의의의 민법이라고 한다). 그러나 대학에서 민법을 공부하는 경우의 「민법」은 이 「민법전」을 중심으로 하여 일정범위의 특별법도 포함한 사인간의 법률관계를 규율하기 위한 법체계 전체를 가리킨다(이를 실질적 의의의 민법이라고 한다).

2. 민법체계의 구조

甲은 乙로부터 주택을 임차하는 계약을 체결하였다. 그런데 甲이 乙로부터 그 주택의 인도를 받기 전에 乙은 그것을 丙에게 매각하고 소유권등기를 丙에게 이전해 버렸다.

민법이라고 하면 흔히 상속이라든가 이혼의 문제를 먼저 떠올리는 사람이 적지 않다. 그러나 예문과 같이 주택의 소유권이나 임대차의 문제도 물론 민법의 영역의 문제이다. 민법은 사인간의 법률관계를 규율하는 법이지만, 그 규율의 대상으로 되는 사인간의 생활관계는 넓은 범위에 걸친다. 거기에는 토지의 경계, 물품구입대금의 결제, 교통사고의 치료비의 부담, 이혼 후의 자녀의 양육, 父의 유산의 분할 등등 그야말로 다양한 문제가 포함되어 있다.

민법전은 이와 같은 다양한 사인간의 생활관계를 복잡하게 규율하고 있는 것이 아니라, 이른바 크게 두 영역으로 나누어 정리하고 있다. 즉 재산관계와 가족관계의 두 가지로 대별하여 규율하고 있는 것이다. 그 구별에 따라서 전자를 대상으로 하는 영역을 재산법이라고 하고, 후자를 대상으로 하는 영역을 가족법이라고 한다.

법전의 편별에서 말하면, 제2편의 「물권」, 제3편의 「채권」이 재산법에, 제4편의 「친족」, 제5편의 「상속」이 가족법에 속한다. 제1편의 「총칙」은 형식적으로는 전편에 통하는, 즉 민법 전체에 걸치는 원칙적 규정들을 두고 있다. 그러나 실질적으로는 재산법의 총칙으로서의 성질이 강하여, 강의의 체계 등에서는 재산법으로서 다루어지는 것이 일반적이다. 그리고 친족법 가운데에도 이혼의 경우의 재산분할청구권과 같이 재산에 관한 규정도 적지 않고, 상속법은 그야말로 재산관계의 승계를 규율하는 것이다. 그러나 어느 것이나 재산법과 같이 경제거래상의 합리성을 기초로 하는 것이 아니라, 가족관계를 기초로 하는 것이어서 그와 같은 관점에서 독립한 법영역으로서 다루어지는 것이다.

재산관계에 관련되는 법적인 문제는 실로 각양각색이지만 민법의 정리방법을 예문에 따라서 생각해보자.

먼저 丙이 乙로부터 취득한 권리는 그 주택 자체를 직접적으로 자유로이 사용・수익・처분할 수 있는 권리(소유권, 제211조), 즉 「물건에 대한 권리」이다. 이에 대하여 甲이 가지고 있는 권리에 관하여 보면, 그것은 乙에 대하여 「계약대로 그 주택을 사용하게 하라」고 청구할 수 있는 권리(임차권, 제618조), 즉 「사람(人)에 대한 권리」에 불과하다. 따라서 이 사안에서는 甲은 丙이 주택의 소유권자로 된 이상, 특별한 사정이 없는 한 丙에 대해서는 아무런 법적 주장을 할 수 있는 기초가 없다. 甲은 乙에 대하여 계약위반에 기한 책임을 물을 수 있는 것에 그친다.

민법전은 이와 같이 재산상의 권리 가운데 먼저 물건에 대하여 그것을 직접적으로 지배할 수 있는 권리를 「물권」으로 하고, 제2편에서 그 내용과 귀속이나 처분에 관한 규정을 두고 있다. 다음으로 사람에 대하여 그 행위(급부)를 청구할 수 있는 권리를 「채권」으로 하여, 제3편에서 그 성립이나 효력에 관하여 규정을 두고 있는 것이다. 그리고 민법전에서는 이와 같이 「물건」에 대한 소유권을 중심으로 하는 「물권」이 재산법의 주축의 하나로 되어 있지만, 오늘날에는 음악이나 디자인 등의 창작물, 혹은 기업비밀이나 컴퓨터 프로그램 등 「물건」이 아니라 「정보」의 복제나 사용에 관련되는 이익이 재산적인 권리로서 승인되어 중요한 위치를 점하여 오고 있다(지적재산권).

이와 같이 민법전은 사법관계를 크게 재산법과 가족법으로 대별하고, 더욱이 재산법을 물권법과 채권법으로, 가족법을 친족법과 상속법으로 나누어 규정하고 있다. 민법을 공부하는 경우에도 이 민법전의 구성에 따라서 이를 기초로 이해하게 된다. 그렇다면 제1편의 「총칙」은 이러한 구성 중에서 어떻게 자리매김할 것인가.

민법전의 총칙은 통칙, 인(人), 법인, 물건, 법률행위, 기간, 소멸시효의 7장을 두고 있으며, 총 184조로 이루어져 있다. 이것은 민법의 총칙이므로 이에 이어지는 제2편으로부터 제5편까지에 관련되는 공통의 룰이 정해져 있다. 그러나 이미 설명한 바와 같이, 총칙의 대부분의 규정은 재산법을 염두에 둔 것이고, 이들 규정이 바로 적용되는 것은 재산법의 영역이다. 따라서 실질적으로는 민법총칙은 재산법에 관한 공통의 룰을 정하는 것이고, 민법의 체계상으로도 통상은 물권법, 채권법과 함께 재산법으로서 자리매김되어 있다.

Ⅲ 사회생활관계 · 법률관계와 권리 · 의무

> 甲은 乙 소유의 중고컴퓨터를 50만원에 구입하기로 하는 계약을 하였지만, 乙은 약속한 인도기일이 경과하여도 甲에게 그 컴퓨터를 인도하지 않는다.

사람은 각양각색의 상황 속에서 타인과 접촉하여 사회적 관계를 가지면서 생활하고 있다. 이에는 다양한 이해관계가 서로 얽혀 있지만, 양자의 관계를 법적인 측면에서 본 경우, 그 관계를 법률관계라고 한다. 예문에서도 甲과 乙 양자는 컴퓨터의 거래라고 하는 하나의 경제관계에 있다. 乙이 그의 컴퓨터를 인도하지 않는다는 사태가 발생한 경우 매수인 甲은 매도인 乙에 대하여 어떠한 법적 주장을 할 수 있는가가 문제된다. 이와 같이 양자의 관계는 사회생활관계의 한 측면인 법률관계(여기에서는 계약관계)로서 파악할 수 있게 된다.

법률관계와 구별해야 할 개념으로 호의관계가 있다. 호의관계란 호의로 어떤 이익을 주고받는 사회생활관계를 말한다. 호의관계는 법률관계 밖에서 시작하여 이에서 끝나는 수가 많고 이러한 경우에는 아무런 법률관계가 생기지 않는다. 그러나 호의관계에 수반하는 손해가 발생한 경우, 그 손해를 누구로 하여금 부담하게 하는 것이 타당한가의 문제가 일어날 수 있다. 예컨대 주유소에서 단골에게 휘발유를 거저 주었으나 그 휘발유의 질이 너무 조악하여 엔진에 고장이 생긴 경우, 이웃집 부인들이 외출할 때에 서로 상대방의 아이를 보아주기로 약속하여 이를 실천하던 중 부주의로 아이가 다친 경우, 지나가던 행인이 자동차의 후진을 도와 신호를 보냈으나 잘못 신호하여 사고가 발생한 경우, 특히 근래에 이르러 빈발하게 된 호의동승, 즉 호의로 자동차를 무료로 태워주고 가다가 과실로 사고가 발생하여 승차한 사람이 사망하거나 부상을 당한 경우, 이러한 사회생활관계를 호의관계라 하여 이에 대한 법적 규율을 거부하는 것이 타당한가 하는 것이 문제된다. 특히 근래에 이르러 사고보험이 많으므로 흔히 이러한 손해는 일응 보험회사에 의하여 전보된 후에 가해자에게 구상하므로 결국은 법률문제화되는 것이다.

위 예문에서 甲과 乙의 계약관계를 보면, 甲은 乙에 대하여 그 컴퓨터의 인도를 청구할 수 있는 권리를 가지고, 乙은 甲에 대하여 그것을 인도할 의무를 부담하고 있다(제563조). 문제는 乙이 이 의무를 이행하지 않기 때문에 甲의 권리가 실현될 수 없다는 점에 있다. 물론 다른 한편으로는 乙은 甲에 대하여 50만원의 지급을 청구할 수 있는 권리를 가지고, 甲은 乙에 대하여 그 지급의무를 부담하고 있다. 모든 법률관계는 이와 같이 권리와 의무로 구성된다.

Ⅳ 사권의 분류

1. 사권은 이익과 작용의 측면을 가진다

사권은 기본적으로 두 측면을 가진다. 하나는 그것에 의하여 얻어지는 이익(내용)의 측면이고, 또 하나는 그것을 실현하기 위하여 권리자에게 주어진 힘(작용)의 측면이다. 예를 들면 甲이 乙에 대하여 매매의 목적물인 컴퓨터의 인도를 청구할 수 있는 경우, 甲의 권리는 컴퓨터를 받아서 그 사용 등을 할 수 있다고 하는 이익(내용)의 측면과, 甲이 乙에 대하여 인도를 청구할 수 있다고 하는 힘(작용)의 측면이 있다.

이익의 측면으로부터는, 그것이 권리자에게 어떠한 생활상의 이익을 가져올 것인가, 침해된 경우에 어떠한 내용의 보호를 받을 것인가, 혹은 하나의 재산으로서 그것을 타인에게 양도할 수 있는가 등이 문제된다. 작용의 측면으로부터는 그 권리는 어떻게 하여 실현(행사)되는가, 실현이 방해된 경우에 그 구제를 위하여 어떠한 절차가 준비되어 있는가 등이 문제된다. 사권에 관해서는 다양한 관점에 의하여 여러 종류로 분류된다.

2. 권리의 내용에 의한 분류

사권을 그 내용에 따라 분류해 보면 재산권 · 인격권 · 가족권(신분권) · 사원권 등으로 나눌 수 있다.

(1) 재 산 권

경제적 이익을 내용으로 하는 권리이다. 물권 · 채권 및 지적재산권이 이에 속한다. 물권(物權)은 물건을 직접 지배하여 이익을 얻는 배타적 권리이다. 우리 민법이 인정하는 물권에는, 소유권과 점유권, 용익물권으로서 지상권 · 지역권 · 전세권, 그리고 담보물권인 유치권 · 질권 · 저당권의 8종이 있다. 광업권(광업법 제5조, 제12조) · 어업권(수산업법 제2조, 제24조)과 같이 물건을 직접 지배하지는 않으나 다른 자를 물리치고 독점적으로 물건을 취득할 수 있는 권리는 준물권이라 한다. 채권은 특정인(채권자)이 다른 특정인(채무자)에 대하여 일정한 행위(이를 급부라고 한다)를 할 것을 요구하는 권리이다. 이에 대하여 지적재산권은 저작 · 발명 등의 정신적 · 지능적 창조물에 대한 권리이며, 특허권 · 실용신안권 · 의장권 · 상표권 · 저작권 등이 이에 속한다.

(2) 인 격 권

권리자 자신을 객체로 하는 권리를 말한다. 따라서 인격권은 그 인격과 분리될 수 없다. 생명권 · 신체권 · 성명권 · 초상권 · 정조권 등이 그것이다.

(3) 가족권(신분권)

친족권과 상속권을 통틀어 가족권이라 한다. 친족권은 친권 · 후견권 · 부양청구권 등과 같이, 친족관계에 있어서의 일정한 지위에 따르는 이익을 누리는 것을 내용으로 하는 권리이다. 이러한 친족권은 의무적 색채가 강하다. 상속권은 일정한 친족적 지위에서 상속개시 후 상속인이 가지는 권리로서 재산권의 성격이 강한 가족권이다.

(4) 사 원 권

단체의 구성원이 그 구성원이라는 지위에 의거하여 단체에 대하여 가지는 권리를 통틀어서 사원권이라고 한다. 사단법인의 사원의 권리 · 주식회사의 주주의 권리 등이 그 예이다.

3. 권리의 작용에 의한 분류

사권을 그의 작용 즉 효력의 차이를 기준으로 분류해 보면, 지배권 · 청구권 · 형성권 · 항변권 등으로 나눌 수 있다.

(1) 지 배 권

타인의 행위를 개입시키지 않고 일정한 객체에 대하여 직접 지배력을 발휘할 수 있는 권리이다. 물권・지적재산권 및 친족권의 대부분은 이에 속한다. 지배권은 타인의 침해를 배척할 수 있는 효력, 즉 배타성을 가지는 것이 원칙이다.

(2) 청 구 권

타인에게 일정한 행위 즉 작위 또는 부작위를 요구하는 권리이다. 채권은 모두 청구권이다. 그 밖에도 물권・지적재산권・친족권・상속권 등으로부터도 청구권이 발생할 수 있다. 청구권에도 물권적 청구권과 채권적 청구권이 있는데, 전자는 누구에게나 주장할 수 있는 것이고, 후자는 특정인에게만 주장할 수 있는 것이다.

(3) 형 성 권

권리자의 일방적 의사표시로 어떤 권리의 발생・변경・소멸 기타의 법률상의 효과를 발생시키는 권리이다. 법률행위의 동의권(제5조, 제10조)・취소권(제140조 이하)・추인권(제143조 이하)・계약의 해제권(제543조)・상계권(제492조) 등이 이것이다.

(4) 항 변 권

타인의 청구권의 행사를 거절할 수 있는 권리이다. 항변권은 상대방에게 청구권이 있음을 부인하는 것이 아니라, 도리어 그것을 전제하고 다만 그 행사를 배척하는 것이다. 항변권에는 청구권의 행사를 일시적으로 막을 수 있는 연기적 항변권과, 영구적으로 막을 수 있는 영구적 항변권이 있다. 민법이 인정하는 연기적 항변권으로는 동시이행의 항변권(제536조)・보증인이 가지는 최고 및 검색의 항변권(제437조)이 그 예이고, 영구적 항변권으로는 상속인의 한정승인의 항변권(제1028조)을 들 수 있다.

예컨대 매매계약을 한 경우에, 매수인은 매도인이 채무를 이행할 때까지는 대금채무를 이행하지 않아도 되고, 매도인은 매수인이 대금채무를 이행할 때까지는 목적물 이전의 채무를 이행하지 않아도 된다. 만약 매수인이 대금은 내지 않고 목적물을 이전해 달라고 청구하는 경우에는, 매도인은 매수인이 채무를 이행할 때까지 자기의 이행을 거절할 수 있다. 이를 동시이행의 항변권이라 한다.

4. 의무의 개념

의무는 일정한 행위를 해야 할 또는 해서는 안 될, 법률상의 구속이다. 해야 할 의무를 작위의무, 해서는 안 될 의무를 부작위의무라고 부른다. 부작위의무 중에서 특히 타인의 일정한 행위를 참고 받아야 할 의무를 인용의무라고 한다. 의무도 또한 공법상 의무와 사법상 의무로 구별된다.

권리와 의무는 마치 동전의 양면처럼 서로 대응하는 것이 보통이다. 이 대응은 채권과 채무의 대응에서 가장 잘 알 수 있다. 그러나 언제나 반드시 그러한 것은 아니다. 권리가 대응하지 않는 의무도 있고, 의무가 대응하지 않는 권리도 있다.

제 2 장
민법총칙

I 권리의 행사

1. 신의성실의 원칙

민법상의 신의성실의 원칙이란 법률관계의 당사자는 상대방의 이익을 배려하여 형평에 어긋나거나 신뢰를 저버리는 내용 또는 방법으로 권리를 행사하거나 의무를 이행하여서는 안 된다는 추상적 규범을 말한다.

이러한 신의성실의 원칙은 로마법에 그 기원을 두고 있으며 특히 채권법분야에서 최고원칙으로 삼아 왔었다. 그러나 오늘날에는 민법의 전 영역, 상법 등 사법뿐 아니라 사회법, 공법분야에도 적용되고 있다.

◘ 사례연구 — 대금 중 아주 경미한 부분을 이행하지 않은 경우

• **사안의 내용** 甲은 자기소유의 중고 승용차를 300만원에 팔기로 乙과 매매계약을 체결하였다. 乙은 이 계약내용에 따라 약정기일에 2,970,000원은 지급하고 당해 승용차를 인도받았으나, 나머지 30,000원은 미지급상태였다. 甲은 乙의 미지급을 이유로 계약을 해제할 수 있는가?

• **사안의 해결** 甲・乙간의 매매계약체결로써 乙은 甲에게 승용차매매대금을 지급할 의무가 생기게 된다. 그런데 만일 乙이 대금지급을 하지 않는 경우에 甲은 상당한 기간을 정하여 그 이행을 최고(催告)하고 그 기간 내에도 이행하지 않는 때에는 甲은 당연히 매매계약을 해제할 권리를 갖게 되는데 이를 채무불이행에 따른 계약해제권이라고 한다. 그러나 위 사례에서 보는 것처럼 매매대금 중 극히 일부에 지나지 않는 금전을

지급하지 않았다는 이유만으로 계약을 해제하려는 것은 상대방의 신뢰를 해치는 것이 되어 정의관념에 합치되지 않는다.

따라서 甲의 계약해제권은 신의성실의 원칙에 비추어 효력이 없게 된다. 그러나 乙은 승용차의 소유권자로서 권리를 행사할 수 있으나, 나머지 매매대금 30,000원 및 약정기일 이후의 법정이자를 포함한 금액은 당연히 지급해야 한다. 만일 甲이 받지 않는다고 하면 공탁하면 된다.

참고조문

제2조(신의성실) ① 권리의 행사와 의무의 이행은 신의에 좇아 성실히 하여야 한다.
② 권리는 남용하지 못한다.

2. 권리남용금지의 원칙

권리남용이라 함은 외형상으로는 권리의 행사인 것과 같이 보이나, 구체적인 사안에서 실질적으로 검토해 볼 때, 권리의 공공성·사회성에 반하여 정당한 권리의 행사로서 인정할 수 없는 행위를 말한다. 그렇다면 어떤 것이 정당한 권리행사이고, 어떤 것이 권리남용인지는 구체적인 사안마다 개별적으로 살펴보아야 한다.

사례연구 — 경계침범을 이유로 건물철거를 요구하는 경우

• **사안의 내용** 甲은 부모로부터 물려받은 대지 500평에 대해 어떤 사업을 하면 돈을 많이 벌 수 있을까 하고 곰곰히 생각한 끝에 주차빌딩을 건축하기로 마음먹었다. 그리고 먼저 측량을 해 본 결과 인접한 乙의 5층건물이 甲의 대지를 약 1.5평가량 침범한 사실을 알게 되었다. 노발대발한 甲은 부당히 침범당한 대지의 소유권자임을 내세워 자기의 대지를 침범한 乙의 건물철거 및 침범한 대지의 반환을 청구하였다. 乙은 甲의 청구에 따라 건물을 철거하고 대지를 乙에게 반환해야 하는가?

• **사안의 해결** 乙은 불법으로 甲의 토지를 침범하여 사용·수익하고 있으므로 외형상으로는 甲의 소유권에 기한 방해제거청구(건물철거 및 반환청구)는 자기의 권리행사처럼 보일 수 있으나, 실질적으로 살펴보면 그렇지 않음을 알 수 있다. 즉 甲과 乙의 토지가 갖는 공공성 및 사회성, 양자의 이익형량, 침해의 정도, 보상가능성 등의 객관적 요건과 권리자의 가해의 의도나 목적 등과 같은 주관적 요건을 판단의 기초로 볼 때, 500평 중에 불과 1.5평가량 침범하고 있음에 불과하고 그 침범부분이 없더라도 甲의 사업에 큰 지장을 초래하는 것도 아니다. 따라서 甲의 청구는 권리남용이 되고 乙은 이에 응하지 않아도 된다.

다만 이 경우에도 甲은 乙의 1.5평에 대한 부당이득반환청구는 가능하다. 그리고 당사자간의 합의로 이 부분에 대해 임대차계약을 하거나 지상권설정을 할 수 있음은 물론이다.

Ⅱ 권리의 주체

1. 권리자와 의무자로서의 「人」 — 권리능력

(1) 권리능력(법적 인격)이란

일반적으로 계약관계라든지 친자관계라든지 하는 경우, 거기에는 사람과 사람의 관계가 문제된다. 실은 모든 사법상의 문제는 어느 경우에나 사람과 사람과의 관계 혹은 사람과 재산과의 관계로 이해할 수 있다. 예를 들면 사람과 사람이 계약을 체결한다. 그 결과 한 사람은 대가로서의 금전을 취득하고, 다른 한 사람은 목적물의 소유자가 된다. 혹은 교통사고로 손해배상청구권을 취득하는 것도 사람이고, 그 의무를 부담하는 것도 사람이다. 이와 같이 사람을 중심으로 보면 법적인 관계는 누구의 권리 혹은 누구의 의무라고 하는 형태로 분해된다. 여기에서는 그와 같은 권리나 의무의 귀속주체로 될 수 있는 지위 혹은 자격(법적 인격)의 문제를 검토한다. 이를 권리나 의무의 귀속주체로 될 수 있는 능력이라는 관점에서 보아 「권리능력」이라고 한다.

◘ 사례연구 — 로봇에게도 권리능력은 인정되는가?

• **사안의 내용** 영화 「바이센테니얼맨」에 등장하는 NDR114라는 로봇은 인간과 매우 유사한 모습을 하고 있고 지능도 가지고 있다. 이 로봇은 자기명의로 예금통장도 가지고 있고 자기 집도 가지고 있다. 그리고 끝에는 인간과 결혼도 하고자 한다. 이러한 것이 가능한가?

• **사안의 해결** 아무리 로봇이 정교하여 인간과 전혀 다를 바 없다고 하여도 「사람」이 아닌 이상, 권리능력을 가질 수 없어서 은행과 거래를 한다거나 주택을 소유한다거나 혼인을 한다거나 하는 어떠한 법적인 행위도 할 수 없다. 어디까지나 영화에서나 가능한 일이다.

(2) 권리능력은 모든 사람에게 평등하다

위와 같은 의미를 가지는 법적 인격 혹은 권리능력은 우리들의 사회에서는 그 구성원 즉 모든 사람에게 구비되어 있다는 것은 자명한 일이고 논란의 여지가 없을 것이다.

민법 제3조는 「사람은 생존한 동안 권리와 의무의 주체가 된다」고 규정하고 있다. 따라서 사람으로서 생존하기 시작하는 때, 즉 출생한 때로부터 모든 사람은 권리능력을 취득한다. 이러한 것은 확실히 우리들의 사회에서는 자명한 것이다. 그러나 역사적으로 보면, 노예제사회에서는 물론이고 봉건제사회에서도 모든 사람에게 평등하게 법적 인격이 주어진 것은 아니다. 자유평등을 이념으로 하는 근대시민사회가 탄생하고부터 모든 사람에게 평등하게 법적 인격이 주어지기에 이른 것이다.

(3) 사람은 언제부터 사람인가 — 권리능력의 발생시기

민법은 사람은 생존한 동안 권리와 의무의 주체가 된다고 규정하고 있으므로, 출생한 때로부터 모든 사람은 권리능력을 취득한다. 그런데 사람은 일정한 프로세스를 거쳐서 탄생하는 것이므로 「출생」은 그 프로세스 가운데 어느 시점을 의미하는가를 명백히 해 둘 필요가 있다. 이에 대해서는 출산의 생리적 과정을 중심으로 다음과 같은 기준이 제시되고 있다.

① 분만의 진통이 시작되었을 때(진통설), ② 태아가 모체에서 일부노출하였을 때(일부노출설), ③ 모체에서 완전히 분리하였을 때(출산의 완료, 전부노출설), ④ 독립하여 호흡을 시작하였을 때(독립호흡설).

이러한 단계 중에서 어느 시점을 출생으로 볼 것인가에 따라서 상속관계자의 이해에 영향을 주고, 또 성년에 달하는 시점, 출생신고의 신고기간의 시기를 결정하는 데에 중요한 역할을 한다. 민사와 관련하여 통설은 전부노출설이다. 그러나 형법에서는 낙태죄와 살인죄를 엄밀하게 구별하기 위해 진통설이 통설로 되어 있다.

민법과 형법에서는 「태아」인가 「사람」인가를 구별하는 시점에 관하여 해석상 차이가 있다. 그것은 양자의 관점이 다르기 때문이다. 민법에서는 어느 시점에서, 모체로부터 독립한 새로운 권리・의무의 귀속점인 「사람」이 출현하였다고 볼 것인가 하는 점이, 형법에서는 어느 시점부터, 「사람」의 생명의 침해에 해당된다고 보아 살인죄에 의한 중한 형벌로 대처하여야 할 것인가 하는 것이 문제되어 있다.

태아는 모체 내에 있는 장차 자연인으로서 출생할 것을 기대할 수 있는 것으로서, 그 발육의 정도는 상관없다(따라서 모체로부터 일부노출하였을 뿐이고 전부노출하지 않은 것도 태아이다). 그런데 사람의 권리능력은 출생한 때로부터 취득된다는 위의 원칙을 관철한다면, 태아는 아직 권리능력을 취득하지 않은 것이 되어 태아에게 불리한 경우가 생긴다. 예를 들면 父가 사망한 지 몇 시간 후에 출생한 子는 상속권이 없는 것으로 된다. 그렇게 되면 태아의 출생 전에 사망한 父의 재산은 다른 상속인에게 귀속하고 태아는 한푼도 상속할 수 없다. 결국 태아는 얼마 후에 사람으로 태어나게 될 것이 예상되면서 출생의 시기가 조금 늦는다는 우연한 사정 때문에 권리 취득을 못하게 되는 불공평한 결과가 발생하게 된다. 그래서 많은 나라에서는 태아에 대해서 사람이 아니지만, 권리능력을 인정하고 있다. 이러한 권리능력을 인정함에 있어서 태아와 관련된 모든 법률관계에서 태아에게 권리능력을 인정하는 나라가 있는가 하면(일반적 보호주의), 문제가 되는 특별한 경우에 한하여 개별적으로 태아에게 권리능력을 인정하는 규정을 두고 있는 나라도 있다(개별적 보호주의).

우리 민법은 후자의 방법을 채택하여, 예외적으로 태아의 권리능력이 인정되는 경우를 열거하여 규정하고 있다. 그 규정들의 내용은 대체로 태아가 태아인 동안에 제3자로부터 위법한 침해를 받아 그 손해의 배상을 청구하는 것과 상속이 개시되어 상속을 받는 것으로 대별할 수 있다.

(4) 사람은 언제까지 사람인가 — 권리능력의 종기

사람은 사망에 의하여 권리능력을 잃게 된다. 사망에 의하여 상속이 개시되고, 상속에 의하여 그 사람에게 속했던 일체의 권리의무는 상속인에게 이전한다(제997조, 1005조). 출생의 경우와 마찬가지로 여기에서도 사망의 시점이 문제된다. 전통적으로는 사망이란 심장의 영구적인 정지(심장사)를 말한다. 이에 관해서는 형법의 해석에서도 마찬가지이다. 그러나 최근에는 의학의 발달로 이른바 뇌사를 사망의 기준으로 하는 경향이 있다.

(5) 2인 이상이 사망한 경우 그 순위 — 동시사망의 추정

사람이 사망한 시점을 명확히 하는 것은 특히 상속문제와 관련하여 중요한 의미를 가진다. 그런데 자동차사고나 항공기사고 등과 같이 복수의 사람이 하나의 사고로 사망하게 된 경우에 그들이 사망한 순서를 알 수 없는 경우가 적지 않다. 이와 같이 2인 이상이 동일한 위난으로 사망한 경우에 사망의 순서를 증명할 수 없는 경우에는 동시에 사망한 것으로 추정한다(제30조). 이 경우 동시 사망자 상호간에는 상속이 생기지 않게 된다.

2. 거래행위자로서의 「人」 — 의사능력과 행위능력

계약의 구속력의 기초로서 거기에 요구되는 능력이 「자기의 행위의 결과를 인식하고 판단할 수 있는 정도의 정신적인 능력」이다. 이를 「의사능력」이라고 한다. 이 의사능력이 결여된 경우에는 그 계약은 무효이다.

의사능력의 정도는 법률행위의 종류에 따라 구체적으로 그 능력의 정도에 차이를 두고 있다. 예를 들면 과자나 옷을 살 때 필요한 판단능력의 정도와 부동산을 매수할 때 필요한 변별능력의 정도가 각각 다르다. 따라서 10살짜리 아이가 과자를 사는 계약의 경우에는 그 거래를 하는 데에 필요한 능력의 정도는 갖추었다고 할 수 있다. 그러나 10살짜리 아이가 상속 받은 부동산을 판다고 하면, 이러한 부동산 거래의 내용에 대해서 적절한 판단을 할 수 없을 것이다.

확실히 의사능력이 없는 경우에는 그 행위는 무효라고 하는 것으로 의사능력이 없는 자(이를 의사무능력자라고 한다)는 보호되게 된다. 그러나 행위의 당시에 의사능력이 결여되었다는 것을 그 행위자 자신이 증명하지 않으면 안 된다. 그것은 실제로 매우 곤란한 일이고, 그것이 이 방법에 의한 보호의 문제점이 된다. 반대로 그 거래의 상대방도, 의사능력의 유무가 명백하지 않기 때문에 예측하지 못한 불이익을 입을 염려가 있다. 이와 같이 「의사능력이 없는 경우는 무효」라고 하여도 그것만으로는 충분하지 않다.

그래서 미성년자나 의사능력이 불충분한 일정한 범위의 자에 관하여, 계약 등의 법률행위를 할 수 있는 능력을 일률적으로 제한하여 그것에 의하여 그러한 사람을 획일적으로 보호하고자 하는 방법이 강구된다. 이에 따라 생긴 것이 행위무능력제도이다.

이 제도를 전제로 하여 생각하면, 일반적인 성년자에게는 원칙적으로 계약 등의 법률행위를 단독으로 완전히 유효하게 행할 수 있는 자격이 있다고 말할 수 있다. 이러한 자격을 「행위능력」이라고 한다.

◘ 사례연구 — 만취중에 한 행위도 효력이 있는가?

• **사안의 내용**　甲은 회사 동료들과 함께 자신이 무슨 말을 했는지 그리고 집에는 어떻게 갔는지 모르는, 이른바 필름이 끊길 정도로 술을 마시게 되었다. 그런데 나중에 술이 깨어 동료로부터 들어 보니 甲이 그 술자리에서 곤궁에 빠져 있던 乙에게 돈 500만원을 그냥 주기로 큰소리를 쳤고 그것을 각서로 적어 주었다고 한다. 甲은 乙에게 정말 500만원을 주어야 하는지 매우 걱정이 된다고 한다.

• **사안의 해결**　甲은 술이 만취한 상태이므로 자기가 한 행위에 대한 변별력을 상실한 상태이다. 즉 甲에게는 그 당시 의사능력이 없었다고 할 수 있다. 따라서 甲이 乙에게 한 500만원의 증여계약은 무효이고, 甲은 乙에게 500만원을 줄 필요가 없다. 다만 만약 이 경우에 甲이 乙에게 각서를 써주지 않았다면, 서면으로 하지 않은 증여계약에 해당되어 언제든지 자유롭게 증여계약을 해제할 수 있다.

✤ 참고조문

제555조(서면에 의하지 아니한 증여의 해제)　증여의 의사가 서면으로 표시되지 아니한 경우에는 각 당사자가 이를 해제할 수 있다.

3. 행위무능력자제도

(1) 보호되는 3그룹과 보호의 방법

행위무능력자제도라고 하는 것은 개별적인 거래에 있어서 그때그때 그 능력이 구비되어 있는지 어떤지를 문제삼는 것은 아니다. 미리 특정의 그룹을 정하여, 그 그룹에 해당하는 자 모두에 대하여, 이를 행위무능력자로 하여 획일적으로 보호하는 제도이다. 민법은 이러한 그룹으로서 「미성년자」, 「한정치산자」, 「금치산자」의 3그룹을 보호의 대상으로 하고 있다.

먼저 이러한 자에게 일정한 권한을 가지는 보호자(친권자, 후견인)가 붙는다. 그리고 각각에 관하여 단독으로 완전히 유효하게 할 수 없는 법률행위(주로 계약)의 범위가 정해져 있다. 다음으로 행위무능력자가 실제로 그 제한된 범위의 행위를 단독으로 한 경우에는 사후에 취소할 수 있다고 규정한다. 즉 행위무능력자에게는 법률행위를 할 때에 의사능력이 있었느냐 없었느냐(무효냐 아니냐)와 별도로, 일정한 범위에서 「취소권」이 주어진다. 이 취소권을 행사하는 것에 의하여 그 계약을 하기 전의 재산상태로 되돌리고자 한다면 되돌릴 수 있다(원상회복). 행위무능력자제도는 이와 같은 구조를 통하여 거래에 있어서 적절히 대응할 수 없는 특정한 그룹에 속하는 자를 보호하고, 또한 호적에 그것을 기재하여 공시함으로써 거래의 상대방이 예측하지 못한 불이익을 입지 않도록 하는 제도인 것이다.

(2) 행위무능력자(1) — 미성년자

사람은 만 20세로 성년이 된다(제4조). 만 20세 미만의 자를 미성년자라 한다. 예컨대 1978년 3월 2일 오후 10시에 출생하는 자는 1997년 3월 1일 24시에 성년이 된다. 의사능력을 「자기의 행위의 결과를 인식하고 판단할 수 있는 정도의 정신적인 능력」이라고 한다면, 미성년자라고 하더라도 일정한 연령을 넘기면 통상 그와 같은 능력은 구비하고 있다고 할 수 있다. 그러나 미성년자는 일반적으로는 사회경험이 부족하여 미성숙하고 거래 등에 있어서 충분히 대응하는 능력이 있다고는 할 수 없다. 따라서 민법은 미성년자를 일률적으로 행위무능력자로서 보호하고 있는 것이다.

다만 반드시 20세가 되어야 행위능력자가 된다고 하는 지나친 획일화에서 오는 문제점을 피하기 위하여, 1977년의 민법 개정으로 미성년자라고 하더라도 혼인을 하게 되면 행위능력을 갖는 것으로 하였다(이를 성년의제라고 한다). 이는 남자 18세, 여자 16세 이상이면 혼인할 수 있는데, 만일 20세 미만의 상태에서 남녀가 혼인해서 가정생활을 시작하였는데, 미성년자라고 독자적 가정생활을 영위하게 하지 못하고 법정대리인이 간섭하는 것은 부당한 결과를 가져오기 때문이다.

미성년자가 유효하게 법률행위를 하기 위하여는 부모 등의 법정대리인의 동의를 얻는 것이 필요하다(제5조 1항). 사전에 동의가 있으면 그것은 완전히 유효한 행위가 된다. 또한 단독으로 법률행위를 한 경우에도 사후에 법정대리인 등이 추인하면, 마찬가지로 처음부터 완전히 유효한 행위가 된다.

미성년자가 단독으로(법정대리인의 동의 없이) 법률행위를 하고, 그리고 추인도 행해지지 않은 경우에는, 미성년자 및 법정대리인은 그 행위를 취소할 수 있다(제5조 2항). 취소의 의사표시를 하면 처음부터 무효였던 것으로 된다. 무효로 되면 이미 일방당사자 혹은 쌍방당사자가 이행을 해버린 경우에는 각각 반환할 의무를 진다. 그러나 행위무능력자의 경우에는 스스로는 현재 이익을 받고 있는 한도에서(현존이익) 반환하면 된다고 규정되어 있다.

미성년자에 의한 법률행위는 원칙적으로 취소할 수 있지만, 예외적으로 단독으로 유효하게 할 수 있는(취소할 수 없는) 몇몇 경우가 정해져 있다. ① 미성년자가 단순히 권리만을 얻거나 또는 의무만을 면하는 행위. 예를 들면 부담이 없는 증여를 받는 경우. ② 법정대리인이 범위를 정하여 처분을 허락한 재산의 처분행위. 예를 들면 하숙생이 부모로부터 생활비로 받은 금전으로 음식물을 사먹는 행위, 용돈으로 좋아하는 CD를 사는 행위. ③ 법정대리인에 의하여 영업이 허락된 경우, 그 영업에 관한 행위. ④ 미성년자가 타인의 대리인으로서 법률행위를 하는 경우. ⑤ 유언행위. 미성년자라고 할지라도 만 17세 이상이면 독자적으로 완전 유효한 유언을 할 수 있다. ⑥ 미성년자는 근로계약의 체결과 근로계약상의 임금을 청구하는 것은 단독으로 할 수 있다.

미성년자의 보호자는 친권자인 부모이다. 부모가 모두 없거나 친권자로 되지 않는 경우에는 후견인이 지정 혹은 선임된다. 미성년자의 법률행위에 관하여 법정대리인의 동의라든가 법정대리인의 추인이라고 하는 경우, 그것은 이 친권자 혹은 후견인의 동의 또는 추인을 의미한다. 친권자도 후견인도 이러한 동의권과 추인권만이 아니라, 미성년자의 대리인으로서 그 재산관리를 할 권한도 가지므로 법정대리인이라고 하는 것이다.

그리고 예를 들면 부모가 미성년자가 소유하고 있는 토지를 임대하여 건물을 지어 사업을 하고자 하는 경우도 있을 수 있다. 이때에는 임차료 또는 임대기간 등의 거래조건을 정함에 있어서 부모와 미성년자의 이해가 상반되게 된다. 이와 같은 경우(이해상반행위)에는 친권자 등의 법정대리인의 동의권이나 대리권은 제한되어 특별대리인을 선임하게 된다.

◘ 사례연구 — 미성년자의 법률행위는 취소할 수 있다는데?

• **사안의 내용**　18세의 대학생 甲은 토플, 토익, 텝스시험에서 일정한 점수를 얻지 못하면 졸업이 되지 않는다는 사실을 알고 열심히 영어공부를 해야겠다고 마음먹고 있던 중, 하교길에 정문앞에서 획기적인 영어학습테이프라고 선전하는 세일즈맨으로부터 어학테이프를 구입하였다. 그러나 막상 집에 가서 그 테이프를 들어보니 종전의 것과 별반 차이가 없었다. 甲은 충동구매를 한 것을 깨닫고 고민에 빠져 있다.

• **사안의 해결**　18세의 甲은 아직 20세가 되지 않은 미성년자이고 또한 영어학습테이프의 구입행위는 단독으로 유효한 법률행위를 할 수 있는 경우에 해당되지 않는다.

따라서 구입행위를 한 미성년자 甲이 스스로 또는 그의 법정대리인인 부모는 甲이 한 영어학습테이프 구입계약을 취소할 수 있다. 이에 따라 부모의 취소행위가 있으면 甲이 한 계약은 처음부터 무효이므로 대금을 지급할 필요가 없다. 물론 그 어학테이프는 현존하고 있으므로 반환하여야 한다.

(3) 행위무능력자(2) — 한정치산자

어떤 사람이 정신상의 능력에 결함이 있어서 판단능력이 충분치 못하거나, 낭비벽이 심해서 그대로 놔두면 자신의 재산을 모두 낭비해버리거나 쉽게 그 재산을 모두 잃어버릴 염려가 있는 경우가 있다. 이러한 사람들을 보호하기 위한 제도가 한정치산제도이다. 한정치산자라 함은 심신이 박약하거나, 재산을 낭비하여 자기나 가족의 생활을 궁박하게 할 염려가 있는 자로서 가정법원으로부터 한정치산선고를 받은 자를 말한다.

한정치산선고를 받기 위해서는 두 가지 요건을 충족하여야 한다. 이는 실질적 요건과 형식적 요건을 말한다.

실질적 요건으로는 다음의 두 가지가 있으며, 이 중 하나의 요건을 갖추어야 한다. 첫째, 본인의 심신이 박약하여야 한다. 심신이 박약하다는 것은 정신능력의 정도가 심신상실의 정도에는 이르지 않으나 그 판단력이 불완전한 상태에 있는 자를 말한다. 둘째, 낭비자란 전후의 분별없이 재산을 낭비하여 자기나 가족들의 생활을 어렵게 할 염려가 있는 자를 말한다. 이 경우에는 낭비로 인하여 자기 및 가족의 생활을 궁박하게 한다는 점에 그 보호의 필요성이 있는 것이므로 그 낭비의 목적이나 금액의 다소는 문제가 되지 않는다. 예컨대, 도박이나 경마를 심하게 하여 재산을 다 날리는 등의 비난받을 만한 행위를 한 경우는 물론, 신앙심이 투철하여 전재산을 교회에 무분별하게 헌납한다든지 이웃돕기를 위하여 지나치게 많은 성금을 내어 자기 및 가족의 생계를 어렵게 하였다면 한정치산선고의 대상이 될 수 있다.

형식적 요건이란 본인·배우자·4촌 이내의 친족·후견인 또는 검사로부터 한정치산선고의 청구가 있어야 한다는 것을 말한다.

가정법원은 이러한 청구가 있고, 본인에게 정신능력의 흠결이 있으면 반드시 한정치산선고를 하게 되며, 한정치산을 받았다는 사실은 본인의 호적부에 기재되며 아울러 그의 법정대리인인 후견인이 누구라는 사실도 호적부에 기재된다.

한정치산자의 보호기관인 법정대리인은 후견인이며, 한정치산자의 행위능력은 이미 설명한 미성년자의 그것과 같다.

◘ 사례연구 — 한정치산의 선고

• **사안의 내용** 甲은 경마에 미쳐 돈이 생기는 대로 경마장에 달려 간다. 그것도 부족하여 자신의 재산을 처분하여 경마를 하려고 하는 눈치이다. 가족들은 생계가 점점 어려워지고 있는데, 이를 방지할 방법은 없을까?

• **사안의 해결** 甲의 경우, 낭비벽이 심해 자기 및 가족의 생활을 궁박하게 할 정도면 한정치산선고를 받을 대상자이다. 한정치산자가 되기 위해서는 반드시 가정법원의 한정치산의 선고가 필요하다. 따라서 본인·배우자·4촌 이내의 친족·(미성년자나 금치산자의) 후견인 또는 검사가 甲의 한정치산의 선고를 가정법원에 청구하여 한정치산선고가 내려지게 되면 한정치산선고를 공고하고 호적부상에 공시된다. 이때로부터 甲은 한정치산자가 되고, 한정치산자의 행위능력은 미성년자의 행위능력과 동일하다. 따라서 그 법정대리인의 동의를 얻으면 한정치산자는 단독으로 완전 유효한 법률행위를 할 수 있고, 그렇지 않으면 법정대리인이 한정치산자가 단독으로 행한 법률행위를 나중에 취소할 수 있다.

(4) 행위무능력자(3) — 금치산자

성년에 달한 자라 할지라도 정신능력에 고도의 결함이 있어서 정상적인 재산상의 행위를 할 수 없는 자에 대하여는 금치산선고를 받도록 하여, 후견인으로 하여금 그를 보호토록 하고 있다. 즉 심신상실의 상태에 있는 자에 대하여는 가정법원이 일정한 절차에 따라 금치산의 선고를 하여야 하는데, 이러한 금치산선고를 받은 자를 금치산자라고 한다.

금치산선고를 받기 위해서는 두 가지 요건이 구비되어야 한다.

첫째는 실질적 요건으로 본인이 심신상실의 상태에 있어야 한다. 여기서 심신상실이란 정신능력의 정도가 의사능력을 결여하는 것을 말한다. 즉 자기의 행위의 결과를 인식하지 못하는 자를 말한다. 즉 대개 7세 이하 정도의 정신능력에 있는 자이다.

둘째는 형식적 요건으로 본인·배우자·4촌 이내의 친족·후견인 또는 검사가 가정법원에 선고를 청구하는 것을 말한다.

위의 두 요건이 갖추어지면 법원은 반드시 금치산선고를 하여야만 한다.

금치산자에 대한 능력의 제한은 무능력자 중에서 가장 광범위하다. 즉 금치산자는 독자적으로 행위할 수 있는 능력이 없으므로, 금치산자가 단독으로 행한 법률행위는 본인 또는 후견인이 언제나 취소할 수 있다. 이는 후견인의 동의를 얻어서 한 경우에도 마찬가지이다. 다만 신분행위는 후견인의 동의를 얻어 할 수 있다. 또한 의사능력이 회복되어 있는 때에 한하여 유언은 금치산자가 단독으로 할 수 있다.

금치산자에게는 후견인을 두어야 한다. 후견인은 금치산자를 요양·감호하고, 그 재산을 관리하며, 그 재산에 관한 법률행위에 대하여 금치산자를 대리한다. 그리고 미성년자가 한정치산자와는 달리, 금치산자가 한 행위에 대하여 후견인은 언제나 취소할 수 있다. 따라서 금치산자의 후견인에게는 동의권은 없다.

4. 무능력자의 상대방의 보호

(1) 불안정한 상대방의 지위

행위무능력자제도는 단독으로 법률행위를 한 경우에 취소권을 준다고 하는 방법으로 무능력자를 보호하고 있다. 예를 들면 행위무능력자가 매도인으로서 부동산의 매매계약을 단독으로 체결한 경우를 생각해 보자. 매수인인 상대방 입장에서 보면, 느닷없이 계약이 취소되어 목적으로 하고 있었던 부동산을 손에 넣을 수 없게 되어 생각하지 못했던 손해를 입는다고 하는 경우도 생길 수 있다. 그러나 이러한 불이익은 행위무능력자를 보호하는 결과로서 할 수 없는 것이어서 상대방도 이를 감수할 수밖에 없다.

그러나 상대방에 있어서는 또 하나의 문제가 있다. 이 제도에서는 행위무능력자측은 우선 취소하여 그 계약을 확정적으로 무효로 할 수도 있고, 혹은 추인하여 확정적으로 유효로 할 수도 있다. 더구나 행사기간이 경과할 때까지는(추인할 수 있는 날로부터 3년, 법률행위를 한 날로부터 10년) 취소도 추인도 하지 않아 불확정한 채로 (이를 유동적 유효라고 한다) 둘 수도 있다. 즉 취소하든지 추인하든지 어느 것인가를 선택하기까지는 상대방인 매수인은 그 부동산을 손에 넣을 수 있을 것인가 지극히 불안정한 지위에 놓이게 된다.

(2) 상대방의 최고권

이러한 것을 고려하여 민법에서는 상대방을 위하여 무능력자에 대하여 추인하느냐 하지 않느냐의 회답을 구하여 유효·무효의 결착을 보는 수단이 준비되어 있다. 이것이 상대방의 최고권이라고 부르는 권리이다. 구체적으로는 다음과 같은 절차를 거치게 된다.

무능력자의 상대방은 무능력자에 대하여 1월 이상의 유예기간을 주고 취소할 행위를 제시하여 이를 추인할 것인가의 여부를 확답하도록 최고할 수 있다. 이때의 최고의 상대방은 무능력자가 능력자가 된 후에는 본인이다. 그렇지 않은 때에는 그 법정대리인에 대하여 최고할 수 있다. 일단 최고에 대하여 무능력자 측에서 기간 내에 확답을 한 때에는 확답한 대로 법률관계가 확정된다. 그러나 확답이 없는 경우에는 다음의 경우로 나누어 볼 수 있다.

최고를 받은 자가 단독으로 추인할 수 있는 경우로서, 무능력자가 능력자로 된 후에는 본인에 대하여 최고를 한 경우에 그 행위는 추인(취소권의 포기)한 것으로 본다. 이에 반하여 무능력자가 능력자로 되지 않은 때에는 법정대리인이 최고의 상대방으로 된다. 이때 법정대리인이 단독으로 추인할 수 있는 행위인 경우에는 추인한 것으로 본다. 그러나 법정대리인이 단독으로 추인할 수 없는 행위로서 특별한 절차를 요하는 행위에 대하여 한 최고의 경우에는 그 행위를 취소한 것으로 본다.

(3) 상대방의 철회권 · 거절권

무능력자의 상대방은 계약 당시에 무능력자임을 알지 못하였을 때에는 무능력자측에서 추인이 있을 때까지 그 의사표시를 철회할 수 있다.

무능력자의 단독행위에 대하여는 무능력자 편에서 추인하기 전에 이를 거절할 수 있다. 거절의 경우에는 무능력자의 상대방의 선의 · 악의는 묻지 않는다고 해석하지만 철회의 경우에는 상대방은 선의이어야만 한다. 위의 철회나 거절의 의사표시는 무능력자 자신에 대하여도 할 수 있다.

(4) 무능력자의 사술에 의한 취소권의 상실

무능력자가 능력자인 것처럼 보이기 위하여 상대방을 속인 경우에는 이미 이러한 미성년자를 보호할 필요가 없으므로, 그 행위는 취소할 수 없는 것이 된다. 무능력자의 취소권이 부인되기 위해서는 다음과 같은 요건이 갖추어져야 한다.

첫째, 무능력자가 상대방으로 하여금 능력자로 믿게 했거나 법정대리인의 동의가 있는 것으로 믿게 하여야 한다. 전자의 경우에는 무능력자 모두가 해당되나, 후자의 경우에는 금치산자는 제외된다. 왜냐하면 금치산자의 법률행위는 비록 법정대리인의 동의를 얻었다 할지라도 취소할 수 있기 때문이다.

둘째, 사술을 사용하여야 한다. 이러한 사술은 소극적인 행위 즉 단순한 진술이라든가 묵비와 같은 것도 사술에 해당되느냐에 대하여 학설은 단순한 침묵도 사술이 될 수 있다고 한다. 이에 대하여 판례는 주민등록증이나 호적등본을 위조하는 등의 적극적인 수단을 사용하여야 한다고 한다. 그리고 미성년자나 한정치산자가 그 법정대리인의 동의서를 위조한 경우에도 사술로서 인정된다. 따라서 유흥비를 마련하기 위하여 미성년자 甲이 법정대리인의 동의서를 위조하여 자신의 컴퓨터를 판 경우, 후에 법정대리인이 이를 알고 컴퓨터를 돌려달라고 했을 때, 甲은 사술을 쓴 미성년자로서 취소권이 박탈되므로 더 이상 법률행위를 취소할 수 없다. 따라서 甲으로부터 매수한 상대방은 컴퓨터를 돌려줄 필요가 없다.

셋째, 상대방이 무능력자의 사술에 의하여 능력자로 믿거나 법정대리인의 동의가 있었다고 믿었어야 한다.

이러한 세 가지 요건이 충족되면 무능력자 본인은 물론이고, 그의 법정대리인이나 기타의 취소권자도 무능력을 이유로 그 행위를 취소하지 못한다.

◘ 사례연구 — 무능력자의 사술

• **사안의 내용** 만 18세인 甲은 아버지로부터 상속받은 집을 가지고 있었다. 甲은 학교공부는 흥미가 없어서 이 집을 밑천으로 하여 장사를 하고 싶은데, 어머니는 극구 반대하였다. 할 수 없이 甲은 어머니 몰래 이 집을 팔 작정으로 어머니의 동의를 받은 것처럼 동의서를 위조하여 乙에게 보여 주었다. 乙은 이를 믿고 甲으로부터 그 집을 매수하였는데, 그 후에 어머니가 이를 알고 甲이 체결한 부동산의 매매계약을 취소하려고 한다. 이에 대하여 乙은 甲이 자신을 속이고 법정대리인의 동의를 받았다고 하였으므로 취소권을 행사하지 못한다고 주장한다. 이 경우 甲의 어머니는 취소할 수 있는가? 그리고 만약 甲이 단순히 자신은 이미 군대를 갔다 왔다고 말한 경우는 어떤가?

• **사안의 해결** 무능력자가 사술로써 능력자로 믿게 하였거나 법정대리인의 동의가 있는 것으로 믿게 한 때에는 (미성년자나 한정치산자의 경우) 그 행위를 취소하지 못한다. 따라서 甲이 위조된 동의서를 乙에게 제시한 것은 분명히 甲이 사술을 쓴 것이므로 甲의 어머니는 매매계약을 취소하지 못한다. 다만 문제되는 것은 미성년자 甲이 군대에 갔다 왔다고 한 진술이 사술로서 인정될 수 있는가의 여부이다. 판례는 단순히 자신이 능력자라고 말한 것만으로는 사술을 쓴 것으로 인정하지 않는다. 따라서 후자의 경우에는 사술을 쓴 것으로 인정되지 아니하므로 甲의 어머니는 매매계약을 취소할 수 있다.

5. 부재와 실종

(1) 실종선고제도

예를 들면 어느 남성이 돈을 벌기 위하여 고향을 떠났지만, 어느 시점부터 전혀 연락이 되지 않아 몇 년이나 생사불명의 상태가 계속되고 있는 경우를 생각해 보자. 남은 가족은 언제까지나 그가 돌아오기를 기다리면서 그의 재산을 관리하여야 할 것인가. 그의 처는 언제까지나 그를 남편으로 하여 생활하지 않으면 안 될 것인가. 이와 같은 경우, 가정법원은 일정한 요건하에서 그 남성을 사망한 것으로 간주하는 선고(실종선고)를 할 수 있다. 이에 의하여 고향에 남아 있는 그의 재산에 관해서는 상속이 개시되고, 처는 재혼하여 새로운 생활을 시작할 수 있게 된다. 이것이 실종선고제도이다.

실종선고는 배우자나 상속인이 되는 자 등의 이해관계인이나 검사의 청구에 의하여 가정법원이 한다. 이에는 다음의 두 경우가 있다. 첫째는 부재자의 생사를 5년 이상 알지 못하는 경우이다. 이는 보통의 경우의 실종으로 보통실종이라 한다(제27조 1항). 둘째는 전지(戰地)에 임한 자(전쟁실종), 침몰한 선박 중에 있던 자(선박실종), 추락한 항공기 중에 있던 자(항공기실종), 기타 사망의 원인이 될 위난을 당한 자(위난실종) 등의 생사를 1년 이상 알지 못하는 경우이다. 이는 사망의 확률이 특히 큰 사변으로 생사불명이 된 것으로 특별실종이라 한다(제27조 2항).

실종선고가 내려지면 그 자는 사망한 것으로 간주되므로, 상속이 개시되어 그 재산은 상속인에게 승계되고, 혼인은 해소되어 배우자는 재혼할 수 있게 된다. 사망한 것으로 간주되는 것은 실종선고가 내려진 시점이 아니라, 보통실종의 경우는 5년간의 기간이 만료된 때이고, 특별실종의 경우는 전쟁이 종지한 때, 선박이 침몰한 때, 항공기가 추락한 때, 위난이 종료한 때로부터 1년의 기간이 만료된 때이다.

◘ 사례연구 — 고기잡이 나선 남편이 돌아오지 않는데?

• 사안의 내용 甲은 참치잡이 어선의 선장으로 많은 재산을 모았다. 甲은 휴가를 이용하여 乙과 결혼하였다. 신혼여행을 다녀온 후 甲은 다시 참치를 잡으러 가게 되었는데, 출항한 지 얼마 되지 않아 태풍을 만나 배가 침몰하였다. 곧 구조에 나섰으나 선박의 잔해만 찾았을 뿐 생존자도 시체도 찾지 못하였다. 이로부터 1년 이상

지났지만 甲의 생사는 알 수 없었다. 乙은 어떻게 하여야 할 것인가?

• **사안의 해결** 甲은 침몰한 선박 중에 있던 자로서 선박이 침몰한 때로부터 1년 이상 생사가 분명하지 않으므로 乙은 가정법원에 실종선고를 청구할 수 있다. 가정법원은 실종선고를 하기에 필요한 요건을 갖추었다고 판단하여 실종선고를 내리면, 甲은 선박이 침몰한 때로부터 1년이 경과한 날에 사망한 것으로 간주된다. 그렇게 되면 乙은 甲의 재산을 상속할 수 있고, 甲과의 혼인이 해소되었으므로 재혼도 할 수 있다.

(2) 실종선고의 취소와 그 효과

실종선고가 내려진 후에, 실종자가 생존하고 있음을 안 경우에는 그 법률관계도 부활되지 않으면 안 될 것이다. 또한 실종선고에 의한 사망의 시점과 다른 시점에 사망하였다는 것이 확실히 밝혀진 경우에는, 그 시점을 사망시로 하여 다시 상속 등의 법률관계를 정리하여 고칠 필요가 생길 것이다. 이 경우 가정법원은 본인 또는 이해관계인의 청구에 의하여 실종선고를 취소하지 않으면 안 된다.

이 취소에 의하여 실종선고는 처음부터 없었던 것으로 되므로, 그것에 의한 상속의 개시나 혼인의 해소 등도 없었던 것으로 된다. 그러나 이 원칙을 그대로 관철하면, 실종선고에 의하여 일단 시작한 새로운 법률관계에 혼란을 초래하게 된다. 그리하여 민법은 이 원칙에 대하여 다음의 두 가지 예외를 두고 있다.

첫째 실종선고에 의하여 직접 재산을 얻은 자(상속인 등)는 그 재산을 잃게 되지만, 그 반환의무는 취득한 재산 전부가 아니라, 현재 이익을 얻고 있는 한도(현존이익)에서 반환하면 된다. 토지를 상속한 자는 그 토지를 반환하지 않으면 안 되지만, 그 토지를 매각하여 그 대금 중 일부를 해외여행 등으로 사용해 버린 경우에는 그 잔금을 반환하면 된다. 그러나 그 자가 실종자의 생존을 알고 있었던 경우에는 취득한 재산 전부에 이자를 붙여서 반환하고 손해가 있으면 이를 배상하여야 한다

둘째 실종선고 후에 실종자의 재산을 취득한 자, 예를 들면 실종선고에 의하여 상속된 토지를 매수한 자(전득자)가 실종자의 생존을 알지 못했던(선의의) 경우에는 그 전득자에 대해서는 취소의 효력은 생기지 않는다. 즉 그 전득자는 그 토지를 반환하지 않아도 된다.

6. 법인제도

(1) 법인이란

모든 개인은 이 사회의 독립한 구성원이어서, 평등하게 권리자로 되거나 의무자로 되는 자격(권리능력)을 가지고 있다. 그러나 우리들의 사회의 구성원은 이 개인에 한하는 것은 아니다. 가까운 우리 생활을 보아도 개인 사이에 거래하는 경우는 오히려 적은 편이다. 은행으로부터 예금을 찾아, 소비조합에서 잡지를 사고, 극장에서 영화를 보고, 패스트푸드점에서 식사를 한다. 은행이나 소비조합 등 여기에 등장하는 거래의 상대방은 어느 것이나 개인이 아니다. 그것들은 하나의 독립한 조직체이고, 우리들 개인과 마찬가지로 사회의 구성원으로서 활동하고 있다. 이와 같이 개인 외에 권리·의무의 주체로서의 자격이 인정되어 있는 것을 「법인」이라고 한다.

(2) 사단법인과 재단법인

여기까지는 사람의 단체를 염두에 두고 법인의 설명을 하였다. 실은 일정한 목적하에 결합한 사람의 단체(사단) 외에, 일정한 목적에 제공된 독립한 재산의 집합(재단)도 법인으로 될 수 있다. 각각 사단법인과 재단법인이라고 부른다. 이 양자의 차이는 그 기초가 사람의 단체인가 재산의 집합인가 하는 것뿐이므로 목적이나 사회적인 실체의 차이를 반영하고 있는 것은 아니다. 예를 들면 문화의 진흥이나 국제교류를 목적으로 하는 법인이라고 하여도 사단법인으로서 설립하는 경우도, 재단법인으로서 설립하는 경우도 있다.

(3) 법인의 기관

법인은 법적으로는 자연인과 같은 인격이 부여되어 있다고는 할지라도 자연인과 같이 행동할 수 없다. 다시 말해 법인은 법상의 창조물이기 때문에 자연인과 같이 스스로 법률행위를 할 수가 없다. 따라서 법인을 위해 계약과 같은 법률행위를 해주는 자연인이 필요하게 된다. 즉 법인의 내부에 있는 자연인이 행위를 하고 그 행위가 법인의 행위로 법상 인정되는 제도가 필요하게 된다. 이와 같이 법인의 내부를 관리하고 외부와 계약을 체결하는 등 거래행위를 하는 것은 법인 내부에 있는 자연인에 의하여 행하여진다. 법인의 내부관리나 의사결정 혹은 외부에 대하여 법인을 대표하는 등 자연인이 법인에서 일정한 지위를 갖고 있을 때 그 지위를 법인의 기관이라고 한다. 일반적으로 법인의 기관에는 이사 · 감사 · 총회가 있다.

이사란 대외적으로 법인을 대표하고 대내적으로 법인의 업무를 집행하는 상설적 필수기관이다. 이사가 될 수 있는 자는 자연인에 한한다. 감사는 법인의 재산 및 사무집행의 상태를 감독하는 법인의 임의기관이다. 임의기관이란 이사와는 달리 반드시 두지 않아도 될 기관이라는 뜻이다. 감사가 될 수 있는 자도 자연인에 한한다. 총회는 사단법인을 구성하는 사원 전원으로 구성되는 사단법인의 최고의사결정기관이며 필수기관이다. 재단법인에는 사원이 없으므로 사원총회가 있을 수 없으며, 재단법인의 최고의사는 정관으로 정하여진다.

Ⅲ 권리의 객체

1. 물건의 의의

권리의 객체로서 민법은 물건을 규정하고 있다. 물건은 유체물 및 전기 기타 관리할 수 있는 자연력을 말한다(제98조). 유체물이란 고체 · 액체 · 기체 등을 말한다. 전기 이외에 광 · 열 등 관리할 수 있는 자연력도 물건에 포함된다. 물건은 외계의 일부에 한한다. 따라서 살아있는 사람의 신체는 물건이 아니다. 다만 절단 · 분리된 사람의 신체의 일부나 유해는 물건이다. 물건은 권리의 객체이므로 사람이 지배할 수 없는 태양과 같은 것은 물건이 될 수 없다. 민법은 물건을 동산과 부동산, 주물과 종물, 원물과 과실의 세 종류로 분류하고 있다.

◘ 사례연구 — 시신의 기증

• **사안의 내용** 甲은 의과대학 교수로 재직하고 있다. 甲은 해부용 사체가 부족하여 의과대학생들의 해부실습에 곤란을 크게 느끼고, 자신이 사망하면 시신을 의과대학에 기증하기로 하는 유언을 하였다. 甲의 유언은 구속력이 있는가?

• **사안의 해결** 시신은 민법상 물건에 속한다. 그러나 시신은 다른 물건과 달리 사용 · 수익 · 처분할 수 없고, 오로지 후손들의 매장, 화장 및 제사의 대상만이 될 수 있을 뿐이다. 다만, 공익목적을 위하여 시신을 처분할 수 있으나, 처분권자는 고인뿐만 아니라 상속권자이므로 양자의 동의가 있어야 한다. 따라서 후손들이 마음대로 시신을 의

과대학에 기증하는 처분행위를 할 수 없고, 또한 고인도 생전에 자기 시신을 처분하는 행위를 할 수 없다. 그러나 후손들이 고인의 뜻을 받들어 시신을 의과대학에 기증하는 것은 반사회적이라 할 수 없으므로 가능하다.

참고조문

제98조(물건의 정의) 본법에서 물건이라 함은 유체물 및 전기 기타 관리할 수 있는 자연력을 말한다.

2. 동산과 부동산

부동산이란 토지 및 그 정착물이다. 토지는 그 구성부분인 땅속의 토사·암석 등을 포함한 관념이다. 정착물이란 계속적으로 토지에 부착된 건물, 입목에 관한 법률에 의하여 등기된 수목, 미분리의 과실, 농작물 등을 말한다. 부동산 이외의 물건은 모두 동산이다. 토지에 부착된 물건이라도 묘목과 같이 식물원이나 묘목상회에서 가식중인 수목은 정착물이라 볼 수 없으므로 동산이다.

사례연구 — 남의 땅에 경작한 채소는 누구의 것인가?

• 사안의 내용 甲은 시골에 사는 농부이다. 甲은 주위에 놀리고 있는 땅이 많아 그곳에 채소를 심었다. 채소를 수확할 무렵에 갑자기 땅소유자 乙이 나타나서 자기의 허락을 받지 않고 채소를 심었으므로 그것은 자기 소유라고 주장한다. 그 채소는 누구의 소유라고 할 것인가?

• 사안의 해결 토지에서 재배되거나 경작되는 각종의 농작물은 토지의 정착물이고 따라서 부동산의 일종이다. 다만 이것은 토지의 일부에 지나지 않아서 특별한 사정이 없으면 독립한 물건으로 취급되지 않는다. 그러나 정당한 권원에 의하여 다른 사람의 토지에서 경작한 농작물은 그 토지로부터 독립한 별개의 물건으로 된다. 따라서 아무런 권원없이 타인의 토지에서 경작한 농작물은 독립한 물건이 아니고 그 소유권은 토지소유자에게 귀속된다. 그러나 이러한 설명과 달리 우리 대법원의 판례는 아무런 권원없이 타인의 토지에서 경작·재배한 경우에, 그 농작물의 소유권은 언제나, 그 경작자가 위법하게 토지소유자를 배제해서 경작한 경우에 있어서조차도 그 경작자에게 있다고 한다. 이 판례에 대해서는 학자들 사이에도 찬·반 양론으로 나누어지고 있으나, 어쨌든 판례에 의하면 농작물만은 언제나 경작자의 소유라고 하여야 한다. 따라서 이론상으로 채소의 소유권은 토지소유자 乙에게 있으나, 판례에 의하면 경작자인 甲에게 있다.

참고조문

제99조(부동산, 동산) ① 토지 및 그 정착물은 부동산이다.
② 부동산 이외의 물건은 동산이다.

제256조(부동산에의 부합) 부동산의 소유자는 그 부동산에 부합한 물건의 소유권을 취득한다. 그러나 타인의 권원에 의하여 부속된 것은 그러하지 아니하다.

3. 주물과 종물

물건의 소유자가 그 물건의 경제적 효용에 이바지하기 위하여 자기 소유인 다른 물건을 이에 부속하게 한 때에는, 그 물건을 「주물」이라고 하고, 주물에 부속된 다른 물건을 「종물」이라고 한다. 예를 들면, 시계와 시계줄, 배와 노, 주택과 딴 채로 된 광, 주유소와 주유기, 횟집과 수족관 등의 관계는 주물과 종물의 관계에 있다. 이는 한 쪽이 다른 쪽의 효용을 돕는 관계에 있을 때 법적으로 이들을 함께 취급하여 동일하게 다루는 것이 타당하다는 생각에서 나온 것이다. 종물은 주물의 처분에 따른다(제100조 2항). 즉 당사자가 다른 의사표시를 하지 않는 한, 주물이 팔리거나 저당권이 설정되면 종물도 같이 팔려 가거나 저당권이 설정되는 등 주물에 관한 법률적 변동은 당연히 종물에도 미친다.

사례연구 — 개를 샀으면 개 밥그릇도 주어야 하는가?

• **사안의 내용** 골동품 수집가인 甲은 시골을 여행하던 중 민박을 하게 되었다. 집주인 乙은 개를 한 마리 키우고 있었는데, 개의 옆에는 개 밥그릇이 놓여 있었다. 甲이 개 밥그릇을 보니 그것은 오래된 고려청자였다. 이것은 필경 집주인이 그 개 밥그릇의 가치를 모르고 있음에 틀림없다고 생각하여 그 개를 자기에게 팔도록 권유하였다. 乙은 그 개를 팔 수 없다고 거절하자, 개 밥그릇을 포기할 수 없었던 甲은 시가 30만원 정도의 개를 60만원에 팔라고 간청하였고, 乙은 못이긴 듯이 개를 팔게 되었다. 개값을 치르고 난 뒤 甲은 넌지시 이제 개를 팔았으니 개 밥그릇도 같이 주면 좋겠다고 말을 건네자, 乙은 개 밥그릇 덕분에 개를 몇 마리 팔았는데라고 하는 것이었다. 이 경우에 과연 甲은 개와 함께 개 밥그릇도 산 것으로 인정될 수 있는가?

• **사안의 해결** 개와 개 밥그릇은 주물과 종물의 관계로 볼 수 없다. 즉 개의 일반적인 용도에 특정한 밥그릇이 반드시 따라 다닐 필요는 없기 때문이다. 따라서 개를 샀다고 하여 반드시 개 밥그릇도 샀다고 볼 수는 없다. 더욱이 개를 판 사람과 산 사람이 그 밥그릇의 가치를 알고 있는 한은 더욱 그렇다. 다만 당사자 사이의 특약으로 개 밥그릇까지 함께 매매하는 조건이라면 개 밥그릇도 함께 양도해야 함은 물론이다.

♣ 참고조문

제100조(주물, 종물) ① 물건의 소유자가 그 물건의 상용에 공하기 위하여 자기소유인 다른 물건을 이에 부속하게 한 때에는 그 부속물은 종물이다.
② 종물은 주물의 처분에 따른다.

4. 원물과 과실

과실이란 어떤 물건으로부터 생기는 경제적인 수익을 말한다. 과실을 산출하는 물건을 원물이라고 한다. 과실은 물건의 용법에 의하여 수취하는 산출물인 천연과실과 물건의 사용대가로 받는 금전 기타의 물건인 법정과실로 구분된다(제101조). 달걀 · 우유는 천연과실이고, 집세 · 이자 등은 법정과실이다.

천연과실의 경우에는 원물로부터 분리하는 때에 과실을 수취할 권리를 가지는 자(원물의 소유자나 임차인과 같이 소유자로부터 수익권을 얻고 있는 자 등)가 과실의 소유자로 된다(제102조 1항). 법정과실의 경우에는 이것을 수취할 수 있는 권리의 존속기간 일수의 비율로 취득한다(제102조 2항). 예를 들면 월 정기의 주차장의 소유자가 13일에 토지를 매각하여 인도하였다고 하면, 13일까지의 이용요금은 매도인이, 14일 이후의 이용요금은 매수인이 취득하게 된다. 그리고 이것은 신 · 구권리자 간의 배분을 정하고 있음에 불과하고, 주차장의 이용자에 대해서는 이용요금의 지불기일에 소유자였던 자가 일단 요금 전액을 청구할 수 있고 그 후 당사자간에 위와 같은 기준에 의하여 청산하게 된다.

Ⅳ 법률행위 일반

1. 법률행위의 의의

법률행위란 하나 또는 여러 개의 의사표시라고 하는 법률사실을 불가결의 요소로 하는 법률요건이며, 이 법률요건에 따라 법률효과가 발생된다. 그리고 법률요건은 이를 구성하고 있는 의사표시의 내용에 좇아 그 내용이 형성되므로, 당사자의 의도한 바가 법률요건을 통하여 사법상의 효과를 발생시키는 것이다.

근대 민법의 기본원칙은 사법상의 법률관계의 형성은 각 개인이 의욕한 대로 효과가 발생하여야 한다는 것이다. 이를 사적자치에 근거를 둔 「법률행위 자유의 원칙」이라고 한다.

2. 법률행위의 종류

(1) 단독행위 · 계약 · 합동행위

이것은 법률행위의 요소인 의사표시의 수와 방향에 의한 구별이다.

단독행위란 행위자 한 사람의 한 개의 의사표시로 성립하는 법률행위를 말한다. 단독행위는 다시 동의 · 채무면제 · 상계 · 추인 · 취소 · 해제 · 해지 등과 같이 상대방 있는 단독행의와 유언 · 재단법인의 설립행위 · 권리의 포기 등과 같이 상대방 없는 단독행위로 나누어진다.

계약이란 2인 이상의 당사자가 「청약」과 「승낙」이라는 서로 대립하는 의사표시를 하고, 그 합치로 성립하는 법률행위를 말한다. 민법은 채권편에서 14종의 전형적인 계약에 관하여 규정하고 있으나, 선량한 풍속 기타 사회질서에 반하지 않는 한, 당사자는 어떠한 종류나 내용의 계약일지라도 자유로이 체결할 수 있다.

합동행위란 평행적 · 구심적으로 방향을 같이하는 두 개 이상의 의사표시가 합치하여 성립하는 법률행위로, 사단법인 설립행위가 이에 속한다.

(2) 채권행위 · 물권행위 · 준물권행위

채권행위는 채권의 발생을 목적으로 하는 행위로서 후에 이행의 문제를 남긴다. 증여 · 매매 · 대차 등이 이에 속한다. 물권행위란 물권의 변동을 직접적 목적으로 하는 행위로서 이행이라는 문제를 남기지 않는다는 점에서 채권행위와 다르다. 예컨대 소유권의 이전, 지상권이나 저당권과 같은 제한물권의 설정행위가 이에 해당된다. 그리고 준물권행위란 물권 이외의 권리의 변동을 목적으로 하고 이행이라는 문제를 남기지 않는 법률행위이다. 예컨대 채권양도 · 지적재산권의 양도 · 채무면제 등이 이에 속한다. 채권행위를 「의무부담행위」라고 하고, 물권행위와 준물권행위를 합하여 「처분행위」라고도 한다.

3. 법률행위의 요건

(1) 법률행위의 성립요건

법률행위라고 할 수 있을 만한 것이 있기 위하여 요구되는 최소한의 외형적 ·

형식적 요건이다. 이에는 모든 법률행위에 요구되는 일반적 성립요건과 개별적인 법률행위가 갖추어야 할 특별성립요건으로 나누어 볼 수 있다. 일반적 성립요건에는 당사자, 법률행위의 목적, 의사표시의 세 가지가 있고, 특별성립요건은 개별적인 법률행위의 성립에 필요한 요건으로서 법률의 규정에 의하여 요식성과 요물성이 요구되는 경우이다. 예컨대 법인설립행위, 유언, 어음행위 등은 일정한 형식을 필요로 하며(요식성), 동산질권설정행위, 대물변제계약에는 물건의 인도를 필요로 한다(요물성).

(2) 법률행위의 효력요건(유효요건)

이미 성립한 법률행위가 법률상 효력을 발생하는 데에 필요한 요건을 말하며, 역시 일반적 효력요건과 특별효력요건으로 나누어진다. 법률행위의 내용에 따른 효과를 발생시키기 위한 요건을 효력요건 또는 유효요건이라고 한다. 일반적 효력요건은 어떠한 법률행위도 이를 갖추지 않으면 그 효력이 생기지 않는 요건을 뜻하며 다음의 세 가지가 있다. 즉 (i)당사자가 능력을 가지고 있을 것, (ii)법률행위의 목적이 가능하고, 적법하고, 사회적 타당성을 가지며, 확정할 수 있을 것, (iii)의사표시에 관하여 의사와 표시가 일치하고, 의사표시에 흠이 없어야 할 것의 세 가지 요건을 갖추어야 효력이 발생하게 된다. 특별효력요건은 개별적인 법률행위가 특별히 구비해야만 효력이 발생되는 요건을 말하는데, 예를 들면 조건의 성취, 기한의 도래, 대리권의 존재, 유언자의 사망 등과 같은 요건이다.

4. 법률행위의 목적

(1) 목적의 확정

법률행위의 목적은 확정되어 있거나 또는 확정할 수 있는 것이어야 한다. 목적이 전혀 불확정한 법률행위는 법률이 법률효과가 발생하도록 아무리 도우려고 하여도 불가능하기 때문이다. 목적이 불확정한 법률행위는 외형적으로는 법률행위의 모습을 갖추고 있더라도 무효이다. 다만 법률행위의 목적은 법률행위의 성립 당시부터 엄밀히 확정되어 있을 필요는 없으며, 장차 확정할 수 있는 표준이 정해져 있으면 충분하다. 또한 법률행위의 해석에 의하여 그 내용을 확정할 수 있으면, 불완전한 부분은 당사자의 목적 · 관습 · 임의법규 · 조리에 의하여 보충하여야 한다.

(2) 목적의 가능

내용이 실현불가능한 법률행위는 법적 효과를 귀속시키더라도 무의미하므로 무효로 된다. 불능인가의 여부는 사회관념에 의하여 결정된다. 즉 자연과학적으로 불능한 경우뿐만 아니라, 어떤 목적이 사회관념상 당사자에게 기대될 수 있는 모든 노력에 의하더라도 도달할 수 없다고 인정되는 경우에는 불능이라고 보아야 한다.

◘ 사례연구 — 한강에 빠뜨린 보석을 찾아 주겠다고 했는데?

• **사안의 내용** 영화 타이타닉의 첫 장면에는 보석을 찾아 침몰한 배를 탐사하는 모습이 나온다. 이와 같이 가령 한강에 빠뜨린 보석을 찾아내는 계약을 체결하였다면 이는 유효한가?

• **사안의 해결** 한강에 빠뜨린 보석을 찾아내는 계약에서 현재의 과학기술상 보석을 찾는 것이 가능하다 할지라도, 비용이 더 많이 들게 되면 이는 사회·경제적 관점에서 볼 때 실현불가능한 것이다. 따라서 이 계약은 무효이다.

(3) 목적의 적법

어떤 법률행위의 목적이 강행법규에 반하는 경우에는 무효이다. 강행법규란 선량한 풍속 기타 사회질서와 관계있는 사항을 정한 규정으로 개인의 의사에 의하여 좌우할 수 없는 법규이다. 즉 강행법규란 당사자가 그 규정에 반하는 법률행위에 의하여 달성하려고 하는 효과의 실현에 관하여 국가가 조력을 거부하는 규정을 말한다. 구체적으로는 사회의 기본적 윤리관을 반영하는 규정, 가족관계질서의 유지에 관한 규정, 법률질서의 기본구조에 관한 규정, 제3자 내지 사회 일반의 이해에 직접 중요한 영향을 미치는 것, 거래의 안전을 위한 규정, 경제적 약자의 보호를 위한 사회정책적 규정 등이다.

◘ 사례연구 — 도박의 효력

• **사안의 내용** 甲은 싱글 핸디를 자랑하는 골프광이다. 어느 날 골프장에 가서 乙과 내기골프를 하게 되었다. 그날 따라 내기의 규모가 컸으나 甲은 乙에게 패하여 1,000만원의 빚을 지게 되었다.

1) 甲은 이 빚을 갚아야 하는가?
2) 만약 甲이 1,000만원을 갚았다면 다시 이를 되돌려 받을 수 있을까?

3) 만약 甲이 1,000만원 대신에 자기의 벤츠승용차를 주었다면 어떻게 되는가?

• 사안의 해결 선량한 풍속 기타 사회질서에 반하는 사항을 내용으로 하는 법률행위는 무효이다(제103조). 그 법률행위가 채권행위인 경우에는 이행 전과 이행 후로 나누어 효력을 따져야 한다. 이행 전에는 채권의 효력이 생기지 않고, 따라서 이행할 필요가 없다. 만약 사회질서에 위반하는 법률행위에 의하여 이미 이행이 행해졌다면 어떻게 되는가? 이때에는 이행을 한 자는 그 이행된 급부에 관하여 부당이득으로서 반환을 청구할 수 있을 것같이 보인다. 그러나 임의로 이행한 후에는 원칙적으로 불법원인급여가 되어 반환청구 등의 구제를 청구할 수 없다(제746조 본문). 말하자면 반사회질서의 법률행위의 뒤처리에 관하여서도 법적 보호를 해주지 않는다는 것을 의미한다.

사례는 도박에 진 빚을 토대로 하여 그 노름빚을 변제하기로 한 계약이다. 따라서 그 계약은 사회질서에 반하는 행위로서 무효이다. 사례의 1)의 경우, 甲이 아직 이 빚을 갚지 않았다면 갚을 필요가 없다. 사례의 2)와 같이, 만약 甲이 이러한 사실을 모르고 이미 갚아 버린 경우에는 불법원인급여에 해당되어 돈을 되돌려 받을 수 없다. 또한 사례의 3)과 같이, 노름빚 대신에 벤츠승용차를 주었다면, 甲은 乙에게 부당이득을 원인으로 하여 반환청구를 할 수 없음은 물론, 그 계약이 무효이기 때문에 급부한 승용차의 소유권이 자기에게 있다고 하여 소유권에 기한 반환청구도 할 수 없다. 그리하여 그 반사적 효과로서 급부한 승용차의 소유권은 급부를 받은 상대방 즉, 乙에게 귀속하게 된다.

✤ 참고조문

제746조(불법원인급여) 불법의 원인으로 인하여 재산을 급여하거나 노무를 제공한 때에는 그 이익의 반환을 청구하지 못한다. 그러나 그 불법원인이 수익자에게만 있는 때에는 그러하지 아니하다.

(4) 목적의 사회적 타당성

법률행위의 목적이, 개개의 강행법규에 위반하지는 않더라도 「선량한 풍속 기타 사회질서」에 위반하는 때, 즉 사회적으로 보아서 타당성을 잃고 있는 경우에는 무효이다(제103조). 「선량한 풍속」이란 사회의 일반적 도덕관념을 말하며, 「사회질서」란 국가·사회의 공공적 질서 내지 일반적 이익을 말한다.

무엇이 선량한 풍속 기타 사회질서에 반하는 법률행위이냐에 대하여는 개별적·구체적으로 검토해 볼 수밖에 없지만 대개 다음과 같다. 첩계약과 같은 인륜과 신분질서를 문란케 하는 행위, 성도덕을 문란시키는 것을 목적으로 하는 행위, 경매 또는 입찰에 있어서 부정한 합의를 하는 이른바 담합행위, 부정·불법·범죄행위를 조성하는 것을 목적으로 하는 행위, 공무원이 정당한 직무를 행함에 있어서 뇌물을 받는 계약, 사법(司法)을 방해하는 계약, 도박에 관한 계약, 과도한 영업제한에 관한 계약, 생존의 기초가 되는 재산의 처분행위, 불공정 법률행위(제104조) 등과 같은 행위 등이다.

사례연구 — 첩계약은 유효한가?

• **사안의 내용** 甲은 3대 독자로서 乙과 결혼한 지 10년째 되지만 아직 아이가 없다. 병원에 알아 보니 甲의 처 乙에게 문제가 있어 아이를 가질 수 없다고 한다. 그래서 甲은 후손을 얻기 위하여 사전에 乙의 동의를 얻어 丙이라는 여인과 동거하게 되었다. 甲은 丙이 아들을 낳아 주면 1,000만원을 주기로 약속하였는데, 이러한 약속은 유효한가?

• **사안의 해결** 甲과 丙이 한 약속은 일부일처제를 손상시키는 약속(이러한 약속을 첩계약이라 한다)으로 무효이다. 비록 甲의 처 乙이 동의를 하였다고 하더라도 이러한 계약이 무효로 되는 데에 아무런 상관이 없다. 다만 이 사례와 직접 관련이 없지만, 첩계약의 종료에 따른 금전지급계약·출생한 자녀의 양육비 등에 관한 약정은 경우에 따라 유효한 것으로 해석되어 있다.

참고조문

제103조(반사회질서의 법률행위) 선량한 풍속 기타 사회질서에 위반한 사항을 내용으로 하는 법률행위는 무효로 한다.

V 의사표시

1. 의 의

자유로운 의사에 기하여 자발적으로 법률관계를 형성할 수 있다는 사적자치의 원칙은 구체적으로 법률행위와 의사표시라는 제도를 통하여 나타난다. 법률효과의 발생을 원하는 의사를 표시하는 행위를 의사표시라고 하고, 이 의사표시를 불가결의 요소로 하여 법률효과를 발생시키는 법률요건을 법률행위라고 한다.

(1) 의사표시는 효과의사와 표시행위로 이루어진다

법률상의 효과를 발생시키고자 하는 의사를 (내심의) 효과의사라고 하고, 이것을 외부로 표명하는 것을 표시행위라고 한다. 예를 들면 서점에서 「생활법률」의 교과서를 사는 경우를 생각해보자. 「생활법률」의 교과서를 표시되어 있는 가격으로 사고 싶다, 즉 대금과 교환으로 자기의 물건으로 하고 싶다고 하는 것이 효과의사이고, 책을 카운터에 가지고 가서 내미는 행위가 표시행위에 해당한다. 표시행위는 통상은 언어에 의하는 경우가 많지만, 언어만이 표시행위는 아니다. 이 예와 같이 책을 아무 말 없이 내밀어도 그것이 카운터에서 행해졌을 때에는 그 책을 사겠다고 하는 의사의 표시라고 이해된다(묵시의 의사표시라고 한다).

(2) 법률행위는 의사표시를 핵으로 한다

1개의 의사표시만에 의하여 그 의사표시대로 법률효과가 발생한다고는 할 수 없다. 예를 들면 상점에서 가격할인의 교섭을 하고 있는 경우를 생각해보자. 손님이 10만원이라고 가격표시가 되어 있는 옷을 8만원이라면 사겠다고 하는 의사표시(청약)를 하여도, 그 옷을 8만원에 매매하는 계약이 성립하는 것은 아니다. 상점의 주인이 그 가격이라도 좋다고 하는 의사표시(승낙)를 하여야, 즉 매도인과 매수인의 의사표시가 합치해야 비로소 법률효과가 발생하게 된다. 위의 서점의 예에서도 표시가격으로 사고 싶다고 하는 청약에 대하여, 그 조건으로 판다고 하는 승낙이 합치하고 있다고 보는 것이다. 계약의 경우에는 언제나 복수의 합치된 의사표시가 필요하다.

법률행위라고 하는 개념은 이와 같이 의사표시를 중심적인 요소로 하여 법률효과를 발생시키는 여러 가지 경우를 포괄하는 추상적인 개념이므로 이해하기 어려운 부분도 있다. 그리하여 특별한 예를 들지 않는 한, 법률행위라고 하는 용어가 사용되어 있는 경우에는 법률행위 가운데 가장 중요한 계약, 특히 일상생활과 밀접한 관련이 있는 매매계약을 연상하면 될 것이다.

2. 불완전한 의사표시

(1) 의사주의와 표시주의

「생활법률」이라는 책을 살 생각이었는데, 잘못하여 「법과 생활」이라는 책을 사버린 경우를 생각해보자. 매수인이 서점의 카운터에서 「법과 생활」을 내밀은 행위는 통상은 그 책을 사고 싶다고 하는 의사를 표시한 것으로 이해되므로, 그 책의 매매계약이 일응 성립한다. 그러나 법률효과가 발생하는 근거를 의사에 구하는 입장에서 보면, 「법과 생활」이 아니라 「생활법률」을 구입할 의사였던 매수인은 교환을 청구할 수 있다고 하여도 좋을 듯하다. 한편으로 예를 들면 책의 주문에 응하여 도매상에 발주하였다고 하면 교환은 서점의 입장에서 보면 불이익으로 된다.

즉, 많은 경우, 법률행위에는 상대방이 있고, 표의자의 내심의 의사는 상대방으로서는 알 수 없다. 그리하여 표의자의 의사만을 문제삼을 것이 아니라, 상대방은 표의자의 언어나 행동 등에 의하여 전달된 바에 의하여 표의자의 의사를 이해하고 그것을 신뢰하여 행동한다고 하는 점도 고려하지 않으면 안 된다. 내심의 효과의사와 표시(정확하게는 표시로부터 알 수 있는 효과의사)가 서로 다른 경우에, 표의자의 의사를 중시하는 입장을 의사주의라고 하고, 표시에 대한 상대방의 신뢰를 중시하는 입장을 표시주의라고 한다.

의사주의의 입장을 관철하면, 의사와 합치하지 않는 표시의 효력은 부정된다. 위의 예에서는 「생활법률」을 사고자 하는 의사표시의 효력이 부정되기 때문에, 매매계약도 무효로 되어 매수인은 책을 반품하여 대금을 돌려 받을 수 있다. 이에 대하여 표시주의의 입장에 서면, 표시한 대로의 효력이 발생한다. 따라서 매매계약은 유효가 되어 매수인은 대금을 돌려 받을 수 없게 된다.

우리 민법은 표시에 대응하는 효과의사가 결여되어 있는 경우(의사와 표시의 불일치 또는 의사의 흠결이라고 한다)로서, 진의 아닌 의사표시(비진의표시)·허위표시·착오를 규정하여, 그 의사표시는 무효로 되거나 취소할 수 있는 것으로 한다. 한편 표시에 대응하는 효과의사는 일응 존재하지만, 자유로운 의사의 형성을 방해받은 경우(의사표시의 하자라고 한다)로서, 사기·강박을 들고, 그 의사표시는 취소할 수 있는 것으로 한다. 이러한 민법의 의사표시의 규정은 의사주의와 표시주의 양자의 절충주의를 취하고 있다.

(2) 의사와 표시의 불일치

1) 진의 아닌 의사표시(비진의표시)

표시행위가 표의자의 진의와 다른 의미로 이해된다는 것, 즉 의사(내심의 효과의사, 진의)와 표시(표시상의 효과의사)가 일치하지 않는다는 것을 표의자 스스로 알면서 하는 의사표시를 진의 아닌 의사표시 또는 비진의표시라고 한다.

진의 아닌 의사표시는 원칙적으로 표시된 대로 효력을 발생한다. 그러나 상대방이 표의자의 진의 아님을 알았거나 알 수 있었을 때에는 무효이며, 이 경우의 무효는 선의의 제3자에게 대항하지 못한다.

◘ 사례연구 — 원하지 않은 사표 제출

• **사안의 내용** 회사의 상사와 의견이 충돌한 甲은 회사에 사표를 제출하였다. 사표를 제출할 때 甲의 본심은 사표수리가 되지 않을 것이라고 굳게 믿고 있었다. 그러나 회사에서는 본인의 의사이니 할 수 없다고 하여 사표를 수리하고 말았다. 이 경우 회사의 사표수리는 유효한가?

• **사안의 해결** 甲은 본심과는 달리 형식상으로 사표를 제출하였다고 하더라도 회사로서는 甲의 본심을 알기 어려웠을 것이므로 사표의 수리는 유효하다. 이와 같이 사표를 제출하는 일은 제출자의 본심과 상관없이 수리되는 경우가 있으므로 신중을 기하여야 한다.

참고조문

제107조(진의 아닌 의사표시) ① 의사표시는 표의자가 진의 아님을 알고 한 것이라도 그 효력이 있다. 그러나 상대방이 표의자의 진의 아님을 알았거나 이를 알 수 있었을 경우에는 무효로 한다.
② 전항의 의사표시의 무효는 선의의 제3자에게 대항하지 못한다.

2) 허위표시

허위표시란 상대방과 통정하여서 하는 진의 아닌 의사표시를 말한다. 즉 표의자가 진의가 아닌 거짓의 의사표시를 하는 데 관하여 상대방과의 사이에 합의가 있는 경우이다. 채무자가 자기 소유의 부동산에 대한 채권자의 강제집행을 벗어나기 위하여 타인과 서로 짜고서 그 자에게 매도한 것으로 하고 등기명의를 옮기는 경우, 사실은 증여인데 증여세를 면하기 위하여 당사자 쌍방이 합의로 매매계약을 맺는 경우와 같은 행위를 하는 경우이다.

이러한 경우 민법은 당사자 사이에 이루어진 법률행위를 무효로 하고, 선의의 제3자에 대하여는 무효로 대항할 수 없다고 규정하였다. 여기서 제3자란 당사자와 그 포괄승계인(상속인 인수한 회사) 이외의 자로서 허위표시로 무효가 될 법률행위를 전제로 하여 새로운 원인에 의하여 독립된 이해관계를 갖게 된 자를 의미한다. 이 때 제3자가 선의인 시점은 법률행위시에 몰랐으면 족하다.

◘ 사례연구 — 서로 짜고 한 법률행위는 유효한가?

• **사안의 내용** 甲은 채무를 많이 지고 있는 자로서 그의 채권자로부터 강제집행을 면하기 위하여 그 소유 부동산을 乙과 합의 하에 허위로 매매계약서를 꾸며 소유권이전등기를 하였다. 이러한 경우 甲과 乙의 행위의 효력은?

• **사안의 해결** 甲과 乙은 진정으로 매매를 하고자 하는 의사의 합치 없이 허위의 매매계약을 체결하고 소유권이전을 하였으므로 이는 민법 제108조에 따라 당사자 사이의 매매는 언제나 무효이다. 그러나 일반적으로 이러한 통정의 의사표시를 제3자가 입증하기란 대단히 곤란하다. 따라서 이 경우의 甲의 채권자들을 보호하기 위해서 민법은 이러한 경우 채권자들이 甲과 乙간의 법률행위를 취소할 수 있는 길을 열어주고 있다. 즉 채권자취소권에 의하면, 甲의 채권자들은 乙이 목적물을 취득할 당시에 甲의 채권자들을 해한다는 사실을 알고 있었다는 사실을 입증할 수 있으면 甲과 乙 사이의 매매를 취소하고 원상으로 회복할 것을 법원에 청구하여 甲의 명의로 회복시킨 후 이에 대하여 강제집행을 할 수 있다. 물론 제108조에 의해 문제를 해결할 수도 있다.

참고조문

제108조(통정한 허위의 의사표시) ① 상대방과 통정한 허위의 의사표시는 무효로 한다.
② 전항의 의사표시의 무효는 선의의 제3자에게 대항하지 못한다.

제406조(채권자취소권) ① 채무자가 채권자를 해함을 알고 재산권을 목적으로 한 법률행위를 한 때에는 채권자는 그 취소 및 원상회복을 법원에 청구할 수 있다. 그러나 그 행위로 인하여 이익을 받은 자나 전득한 자가 그 행위 또는 전득 당시에 채권자를 해함을 알지 못한 경우에는 그러하지 아니하다.
② 전항의 소는 채권자가 취소원인을 안 날로부터 1년, 법률행위 있은 날로부터 5년 내에 제기하여야 한다.

3) 착 오

착오란 내심의 효과의사와 표시행위 사이의 불일치를 말한다. 법률행위의 중요부분에 관하여 표의자가 착오로 말미암아 의사표시를 한 경우, 이러한 의사표시는 취소할 수 있다. 다만 착오를 이유로 취소할 수 있기 위해서는 표의자에게 중대한 과실이 없어야 한다.

어떤 경우에 법률행위의 중요부분의 착오라고 할 수 있을 것인가에 대하여는, 첫째 주관적으로 표의자가 그러한 착오가 있었다는 것을 알았더라면 그 의사표시를 하지 않았으리라고 인정되어야 하고, 둘째 객관적으로 보통 일반인이 표의자라 하더라도 그러한 의사표시를 하지 않았을 것으로 인정되어야 할 정도로 중요한 것이어야 한다. 예컨대 사람의 동일성에 관한 착오는 법률행위의 성질상 현실매매의 경우에는 중요부분의 착오가 아니지만 할부거래의 경우에는 중요부분의 착오가 된다. 또 객체의 성질에 관한 착오는 물건의 성질에 관한 착오로써 그러한 착오가 없었다면 그런 의사표시를 하지 않았을 것이라고 생각되면 중요부분의 착오이다.

착오에는 내용의 착오, 표시상의 착오, 동기의 착오의 세 가지가 있다. 내용의 착오는 표시행위가 갖는 의미를 잘못 이해 내지 인식한 것을 말한다. 예컨대 캐나다달러 100＄를 미국의 100＄로 표시하고 캐나다달러가 미국달러를 표시하는 줄로 잘못 안 경우이다. 즉 자기가 쓰고자 했던 표시 그대로 했으나 그 의미를 잘못 인식한 경우이다. 표시상의 착오는 예컨대 1,000,000원이라고 써야 할 것을 100,000원이라고 잘못 표시한 경우와 같은 것이다. 동기의 착오는 내심의 효과의사를 결정하게 된 동기에 착오가 있는 경우이다. 즉 내심의 효과의사를 결정하는 데 영향을 미치는 요소에 대한 착오가 있는 경우이다. 동기의 착오도 착오의 한 유형으로 보아서 취소할 수 있을 것인가에 대하여는 견해의 대립이 있다.

◘ 사례연구 — 표시의 착오

• **사안의 내용** L홈쇼핑은 고객 甲에게 자사의 카탈로그를 송부하였다. 甲은 그 중 상품번호 1211번, 금액 86,000원으로 적힌 진주반지를 구입하고자 생각하여 주문서에 상품번호를 기재하여 주문하였다. 그런데 그 상품가격은 860,000원인데 카탈로그에 잘못 표기된 것이었다. 그 후 L홈쇼핑은 甲에게 그 반지를 송부하였다. 이 경우 L홈쇼핑은 어떻게 하여야 할 것인가?

• **사안의 해결** L홈쇼핑이 카탈로그를 송부한 것은 청약의 의사표시가 아니라 청약의 유인으로 보아야 한다. 왜냐하면 주문이 들어 왔을 때 L홈쇼핑이 그 주문에 응할 것인지의 여부를 결정할 수 있기 때문이다. 甲의 주문은 카탈로그에 기재된 대로 86,000원에 진주반지를 사겠다는 청약의 의사표시로 볼 수 있다. 그리고 L홈쇼핑이 그 반지를 송부한 것은 카탈로그에 기재된 가격으로 그 물건을 팔려는 승낙의 의사표시로 볼 수 있다. 따라서 그 진주반지에 관하여 L홈쇼핑과 甲과의 사이에 카탈로그 가격에 의한 매매계약이 성립된다. 그러나 L홈쇼핑이 승낙의 의사표시를 함에 있어서 표시행위 자체에는 착오가 존재하지 않았으나 그 표시행위의 의미를 잘못 이해(860,000원으로 알고 물건을 송부하였기 때문)한 내용상의 착오가 존재한다. 따라서 L홈쇼핑은 제109조에 의하여 그 가격 표시의 잘못이 계약의 중요부분에 관한 것이며, 자신에게 중대한 과실이 없음을 입증하여 그 매매계약을 취소할 수 있을 것이다.

✤ 참고조문

제109조(착오로 인한 의사표시) ① 의사표시는 법률행위의 내용의 중요부분에 착오가 있는 때에는 취소할 수 있다. 그러나 그 착오가 표의자의 중대한 과실로 인한 때에는 취소하지 못한다.

② 전항의 의사표시의 취소는 선의의 제3자에게 대항하지 못한다.

(3) 하자 있는 의사표시

표의자가 자신의 진의에 상당하는 표시를 하였지만 진의의 결정 자체가 타인의 사기나 강박에 의하여 이루어짐으로써 의사표시가 자유롭지 못한 경우를 하자 있는 의사표시라고 한다. 사기나 강박에 의한 의사표시가 이에 속하며, 표의자를 보호하기 위하여 취소권이 주어진다. 다만 선의의 제3자에게 대하여는 대항하지 못한다.

사기에 의한 의사표시를 이유로 취소할 수 있기 위해서는 착오를 유발시키는 기망행위가 있어야 하며, 표의자가 그것에 의해 착오에 빠져 의사표시를 하여야 하며, 사기자에게 기망행위를 한다는 인식과 상대방이 착오에 빠져 의사표시를 한다는 인식이 있어야 한다. 통상 기망수단은 신의칙에 반하는 것이어야 한다. 따라서 일반적으로 상술상 사용되는 과장광고, 선전 등은 위법한 것이 아니다.

또한 강박을 이유로 취소하기 위해서는 강박자가 상대방에게 해악을 고지하여 상대방이 이로 인해 두려움에 빠져 의사표시를 해야 하며, 이에 대한 고의를 가지고 있어야 한다. 그러므로 강박자에게는 강박을 한다는 인식과 상대방이 강박으로 인해 의사표시를 한다는 인식이 있어야 한다.

이러한 기망 및 강박은 제3자가 행할 수도 있는데, 이때에는 표의자의 상대방이 제3자가 기망 내지 강박을 한다는 사실을 알았거나 알 수 있었을 경우에만 취소할 수 있다.

◘ 사례연구 — 협박에 의하여 매매계약을 체결하였다면?

• **사안의 내용** 甲은 음식점 영업을 하면서 돈을 많이 벌어 곳곳에 부동산을 가지고 있다. 어느 날 동네에서 유명한 깡패인 乙이 찾아 와서 말하길 甲이 가지고 있는 부동산 한 곳을 자기에게 싸게 팔지 않으면 甲의 외동딸을 가만두지 않겠다고 협박하므로, 어쩔 수 없이 甲은 乙에게 부동산 한 곳을 매각하였지만, 억울한 생각에 그것을 되찾으려 한다. 어떻게 하면 되는가?

• **사안의 해결** 乙이 甲에게 甲의 딸에게 해악을 끼치겠다고 고지하여 어쩔 수 없이 甲이 乙에게 부동산을 매각한 것이므로, 이는 강박에 의하여 의사표시를 한 경우에 해당한다. 따라서 甲은 강박으로부터 벗어난 날로부터 3년 내에 매매를 취소할 수 있다. 이 경우, 甲에 대한 강박의 정도가 甲의 의사결정의 자유를 완전히 제압할 정도로 강한 경우에는 그 의사표시는 이미 의사능력이 없는 상태에서 행하여진 것이므로 그 자체로서 무효인 법률행위가 되기도 한다.

✤ 참고조문

제110조(사기, 강박에 의한 의사표시) ① 사기나 강박에 의한 의사표시는 취소할 수 있다.
② 상대방 있는 의사표시에 관하여 제3자가 사기나 강박을 행한 경우에는 상대방이 그 사실을 알았거나 알 수 있었을 경우에 한하여 그 의사표시를 취소할 수 있다.
③ 전2항의 의사표시의 취소는 선의의 제3자에게 대항할 수 없다.

3. 의사표시의 효력발생

의사표시는 상대방이 있는 경우도 있고, 없는 경우도 있으므로, 상대방이 없는 의사표시는 의사가 밖으로 표시되면 즉시 효력이 발생하지만, 상대방이 있는 의사표시의 경우에는 상대방에게 도달하였을 때, 의사표시가 효력을 가지는 것이 원칙이다. 도달이란 의사표시가 상대방이 요지할 수 있는 객관적 상태에 놓이는 것, 즉 상대방의 지배권 내에 들어가는 것을 말한다. 예컨대 편지가 우편함에 투입되거나 다른 동거인 등에 교부되었을 때에는 상대방이 어떤 사정으로 이것을 요지하지 않더라도 도달한 것으로 효력이 생긴다. 다만 예외적으로 발신주의를 취하는 경우도 있다. 예컨대 청약에 대한 승낙, 무능력자측의 최고에 대한 확답, 무권대리에 있어서 상대방의 최고에 대한 확답 등이다.

의사표시의 도달주의와 관련하여 발신한 의사표시가 도착하지 않거나 연착한 경우 그 불이익은 표의자가 부담하며, 의사표시가 도달하여 효력을 발생하기 전에는 자유롭게 철회할 수 있다.

4. 법률행위의 대리

(1) 대리의 기본구조와 기능

대리란 타인(대리인)이 본인의 이름으로 법률행위를 하거나 또는 의사표시를 수

령함으로써 그 법률효과가 직접 본인에 관하여 생기는 제도를 말한다. 원래 법률효과는 표의자에게 귀속되는 것이 원칙이지만, 대리의 경우는 표의자인 대리인에게 법률행위의 효과가 귀속되는 것이 아니라 본인에게 그 효과가 귀속된다는 점에 특징이 있다. 예를 들면 甲의 대리인 乙이 컴퓨터 1대를 甲의 이름으로 丙으로부터 100만원에 구입하면 실제 매매계약을 체결하는 자는 乙이지만, 그 법률효과(매매대금의 지급 등)는 직접 甲에게 발생한다.

그리고 일상생활에서는 대리라고 하는 용어는 친척의 결혼식에 부친의 대리로서 출석한다고 하는 경우에도 사용되지만, 민법의 의미에서의 대리는 법률행위의 대리에 한하고, 결혼식에 출석한다고 하는 법률행위 이외의 행위는 대상으로 되지 않는다. 주주총회에 주주의 대리인으로서 출석하는 경우는 의결권을 행사하는 것이 대리행위의 목적이므로 민법의 의미에서의 대리이다.

대리에는 어떤 종류의 거래에 익숙하지 않은 자가 부동산업자나 변호사와 같은 전문가에게 대리권을 수여하여 그 교섭을 맡기거나, 어떤 경영자가 종업원에게 일정한 사항이나 일정한 지역 내의 거래에 관한 대리권을 수여하여 직무를 수행하게 하는 경우와 같이 본인이 스스로의 의사로 대리인을 선임하고 대리권을 수여하는 경우가 있다. 이러한 경우를 임의대리라고 한다. 임의대리의 기능은 본인이 그 거래활동의 범위를 스스로의 의사로 확대하기 위한 법 제도라는 것에 있다(사적 자치의 확대).

한편 미성년자의 친권자 혹은 후견인은 그 미성년자의 재산에 관한 법률행위에 관하여 대리권을 가지고 있다. 이와 같이 본인과의 관계에서 일정한 지위에 있는 자에게 법률이 대리권을 주고 있는 경우를 법정대리라고 한다. 법정대리의 기능은 권리능력은 인정되고 있지만 의사능력이나 행위능력이 결여되어 있기 때문에 자기의 재산상의 사무처리를 스스로 행할 수 없는 자를 위하여 그 자에 대신하여 타인이 사무처리를 하는 것을 가능하게 하는 점에 있다(사적자치의 보충).

양자는 모두 타인의 의사표시의 효과가 본인에게 귀속하는 점에서는 공통하고, 대리로서 일반적으로 논해지지만, 위에서 본 바와 같이 그 기능이 매우 다르므로 법률상의 취급이나 해석상의 취급에 차이가 있다. 대리에 관한 법률문제의 대부분은 임의대리에 관한 것이다.

토지 소유자 A가 C에 대하여 토지의 매각을 청약하는 경우에 가격이나 계약조건을 적은 서면을 우편으로 송부하고, 우편배달부 B가 C에게 배달하였지만 B를 A

의 대리인이라고 하지 않는다. 서면을 배달한 B가 A의 종업원이거나 A의 친구라 하더라도 마찬가지이다. 또한 B가 서면이 아니라 구두로 A의 의향을 C에게 전하였다고 하여도 다르지 않다. 이러한 경우 거래의 상대방, 가격, 계약조건을 모두 A 본인이 결정하고 있고, B는 A의 의사를 문서로 전달하거나(전달기관), 구두로 표시하는(표시기관) 기능만을 하였을 뿐이므로, 본인에 대신하여 의사를 결정하는 대리인과 구별하여 사자(使者)라고 한다. B가 가격에 관하여 교섭의 권한을 수여받고 있는 경우는 대리인이다. 사자인 B가 가격을 잘못 C에게 전달한 경우는 A 본인이 잘못 말한 것과 마찬가지로 A의 표시의 착오의 문제가 되지만, 대리인인 B가 가격을 잘못 말한 경우는 대리인 B에 관한 의사표시의 착오의 유무가 문제된다.

유언, 혼인, 인지 등의 가족법상의 행위를 대리인에 의하여 행하는 것은 원칙적으로 허용되지 않는다.

(2) 무권대리

대리인이 대리행위를 하기 위해서는 대리권이 존재하여야 한다. 그런데, 대리인이 본인을 위한 행위임을 표시하고 행위를 하였으나, 대리권이 없었던 경우에 이를 무권대리라고 한다.

본인의 입장에서 대리권이 없는 자의 대리행위이기는 하나 자신에게 유리할 수도 있다. 이런 경우 본인의 의사에 따라 효력을 귀속시켜도 무방하다. 따라서 원칙적으로 무권대리는 본인에 대하여 무효이지만, 상황에 따라서 그 효력은 유동적이게 된다. 나아가 무권대리라 할지라도 상대방의 입장에서 대리인에게 대리권이 있는 듯한 외관이 갖추어져 있는 경우(표현대리)도 있지만, 그렇지 않은 경우(협의의 무권대리)도 있다. 전자의 경우에는 상대방을 보호해야 할 필요성이 있으므로 본인이 책임을 진다.

무권대리의 경우 본인에게 추인권, 추인거절권을 부여하는 것 이외에도 상대방에게는 철회권을 부여하고 있고, 나아가 상대방은 무권대리인에게는 이행 내지는 손해배상책임을 묻도록 하고 있다.

사례연구 — 대리권 없이 처분한 땅은 돌려 받을 수 있는가?

• 사안의 내용　甲은 10년 전에 아버지로부터 땅을 상속받았다. 상속을 받을 당

시에는 땅의 가격이 얼마되지 않았기에 관리를 하지 않았다. 이후 토지개발 등으로 가격이 많이 상승하여 땅을 처분하려고 하였으나 3년 전에 친척인 乙이 甲의 대리인임을 사칭하여 그 땅을 모두 처분해 버렸다. 甲은 이 땅을 찾아 올 수 있는가?

• **사안의 해결** 甲은 乙에게 땅을 팔아 달라고 대리권을 수여한 적이 없음에도 불구하고 乙이 땅을 처분한 것은 무권대리에 해당되어, 甲에게는 그 행위의 효과가 귀속되지 않는다. 그러나 그러한 무권대리라 하더라도 본인이 추인하게 되면 대리행위시에 소급하여 효력을 가진다. 따라서 甲은 무권대리를 주장하여 乙로부터 땅을 매수한 자에게 소유권이전등기말소를 청구하여 땅을 돌려 받거나, 아니면 乙의 무권대리행위를 추인하여 乙에게 매매대금을 돌려 줄 것을 청구할 수 있다.

참고조문

제130조(무권대리) 대리권없는 자가 타인의 대리인으로 한 계약은 본인이 이를 추인하지 아니하면 본인에 대하여 효력이 없다.

(3) 표현대리

표현대리란 사실상 대리인에게 대리권이 없으나 상대방의 입장에서는 대리권이 존재한다고 믿을 만한 상황이 있었고 그러한 상황이 발생된 데 본인의 책임이 어느 정도 있었을 때, 상대방 보호를 위해 대리권의 부존재를 이유로 본인에게 대리행위의 효과가 귀속되는 것을 부인할 수 없도록 하는 제도를 말한다.

한편 표현대리가 성립하더라도 표현대리는 무권대리이므로 본인은 추인권·추인거절권·상대방은 최고권 및 철회권을 갖는다. 다만 표현대리인에게 이행책임을 물을 수 있을 것인가의 여부는 견해에 따라 달라진다.

표현대리의 종류에는 대리권수여의 표시에 의한 표현대리, 권한을 넘은 표현대리, 대리권소멸 후의 표현대리가 있다.

사례연구 — 월권대리의 효력

• **사안의 내용** 甲은 乙에게 자신의 부동산을 담보로 제공하고 은행으로부터 금전을 대출해 줄 것을 부탁하면서 등기에 필요로 한 서류를 넘겨주었다. 부동산등기에 필요로 한 서류를 넘겨받은 乙은 그 부동산을 丙에게 처분하였다. 이 행위의 효력은 어떠한가?

• **사안의 해결** 저당권설정에 대한 대리권이 있는데, 이를 넘어 부동산매각이 이루어진 경우이다. 즉 저당권설정이라는 기본대리권이 존재하는데 이를 넘어서 부동산매각이 이루어진 월권대리가 이루어진 것이다. 이에는 상대방이 월권대리에 대하여 대리권이 있다고 믿을 만한 정당한 이유가 있느냐가 관건이 된다. 대리인이 본인의 인장을 지참한 경우에는 대체로 상대방이 대리인의 행위에 대하여 대리권이 있다고 믿을 만한 정당한 이유가 있다고 인정한다. 따라서 부동산매각에 대하여는 권한을 넘은 표현대리를 인정하여 본인이 책임을 져야 한다.

✤ 참고조문

제126조(권한을 넘은 표현대리) 대리인이 그 권한 외의 법률행위를 한 경우에 제3자가 그 권한이 있다고 믿을 만한 정당한 이유가 있는 때에는 본인은 그 행위에 대하여 책임이 있다.

5. 법률행위의 무효와 취소

(1) 의 의

법률행위의 무효란 법률행위가 존재하나 처음부터 효력을 가지지 못하는 것을 말한다. 따라서 무효인 법률행위는 누구의 주장을 기다리지 않고도 처음부터 효력이 없는 것이다. 취소란 법률행위가 흠은 가지고 있으나 일단 효력은 발생한다. 그러나 특정인이 의사표시에 존재하는 하자를 주장하면 소급적으로 효력을 갖지 못하게 되는 것을 말한다.

(2) 무효의 원인

① 당사자의 의욕에 따라 법률행위가 무효로 된다. 진의 아닌 의사표시에 있어서 상대방이 표의자의 진의 아님을 알았거나 알 수 있었을 경우, 표의자와 상대방이 통정하여 허위로 가장행위를 한 경우

② 법률행위를 할 수 있는 권한을 가지지 못한 경우에 무효로 된다. 대리권 없는 자의 대리행위

③ 법률행위의 내용과 관련하여 무효로 되는 경우: 선량한 풍속 기타 사회질서에 반하는 법률행위, 불공정한 법률행위

④ 판단력이 없는 자가 법률행위를 하였으므로 이에 대하여 법률효과를 부여하면 개인의 존엄과 가치에 반하게 되는 경우: 의사무능력자가 한 법률행위

⑤ 목적이 불능이어서 법질서가 실현시킬 수 없는 경우: 원시적 불능을 목적으로 하는 법률행위

⑥ 법률상 요구되는 형식을 갖추지 못하여 법률행위가 무효로 되는 경우: 유언행위, 국토이용관리법상 허가를 받아야 하는 경우에 허가를 취득하지 못하고 있는 경우

(3) 취소의 원인

① 행위무능력자(미성년자 · 한정치산자 · 금치산자)가 법정대리인의 동의를 받지 않고 한 법률행위

② 표의자가 법률행위의 중요부분에 착오에 빠져서 한 의사표시

③ 사기 · 강박에 의한 의사표시를 한 경우

(4) 무효행위의 전환

무효행위의 전환은 법률행위가 본래 당사자들이 의욕한 대로 법률효과가 발생하지 못하는 무효이지만 그 무효행위가 다른 법률행위로서의 요건을 갖추고 있을 경우에, 당사자들이 그러한 다른 법률행위를 의욕하였으리라고 인정될 때에는 다른 법률행위로서 효력이 발생되는 것을 말한다.

◘ 사례연구 — 입양을 하면서 친생자로 출생신고를 해 버렸는데?

• **사안의 내용** 甲과 乙은 자식이 없어 사회복지시설에서 생후 3개월 된 丙을 데려다가 친생자로 허위의 출생신고를 하여 자식으로 호적에 등재하여 20년간 길러 왔다. 그러던 중 甲과 乙이 사망하자, 甲의 동생 丁이 丙의 친생자출생신고는 무효라고 주장하고, 이에 따라 甲과 丙 사이에는 친생자관계가 아니므로 丙은 甲의 상속인이 될 수 없다고 주장하였다. 따라서 甲에게는 직계존속도 없으므로 甲의 재산은 丁이 상속하여야 한다고 주장한다.

• **사안의 해결** 丙은 甲과 乙 사이에 낳은 자식이 아니므로 친생자로 출생신고를 한 것은 무효이다. 그러나 이러한 무효행위에 대하여 甲과 乙은 자신들의 친생자는 아니지만 丙을 자기 자식으로 생각하고 키우려고 하였다. 그러므로 甲과 乙이 한 친생자출생신고는 무효라 하더라도, 타인의 자식인 丙을 자신의 자식으로 기르려고 하였으므로, 당사자들은 친생자로 입적이 안 되면 입양이라도 원하고 있음을 인정할 수 있다. 그러므로 친생자출생신고는 무효이지만 입양의 법률행위로서는 효력을 발생한다. 즉 무효인 친생자출생신고가 유효의 입양으로 전환된 것이다. 따라서 丙은 甲의 재산을 상속할 수 있다.

Ⅵ 법률행위의 부관(조건과 기한)

1. 의 의

내년에 대학입시에 합격한다면 3월부터 매월 10만원의 장학금을 지급한다고 하는 약속을 독지가가 한 경우, 이것은 증여계약이고 약속한 때에 계약은 유효하게 성립하게 된다. 그러나 계약체결과 동시에 효력이 발생하는 것은 아니다. 왜냐하면 내년 대학에 합격하여야 비로소 매월 10만원을 수령할 권리가 발생하기 때문이다.

이와 같이 법률행위의 효력의 발생을 지금 즉시가 아니라, 장래에 기다린다고 하는 의사표시를 붙인 법률행위를 하거나, 또는 채무의 이행시기를 장래의 어느 시기로 정하는 것도 사적자치의 원칙으로부터 허용된다. 입시의 합격과 같이 장래 발생할지 하지 않을지 불확실한 경우가 조건이고, 확실한 경우가 기한이다.

2. 조 건

조건이란 법률행위의 효력의 발생 또는 소멸을 장래의 불확실한 사실의 성부에 의존케 하는 법률행위의 부관이다. 조건에는 정지조건과 해제조건이 있다.

정지조건이란 조건이 성취되면 법률행위가 효력을 가지게 되는 것을 말한다. 예컨대 네가 대학에 합격하면 승용차를 사주겠다고 하는 경우, 증여계약의 효력발생은 대학합격을 정지조건으로 하는 것이다.

해제조건이란 조건의 성취로 이미 발생된 법률행위의 효력이 소멸하는 것을 말한다. 예컨대 대학입학시 앞으로 학점이 3.0 이하로 떨어지면 장학금 지급을 중단한다고 할 때, 장학금수혜계약은 이미 효력을 발하고 있으나 학점 3.0 이하가 되었을 때 조건이 성취되어 그 계약의 효력이 상실되는 것을 말한다.

◘ 사례연구 — 신의칙에 반하는 행위로 조건을 성취했다면?

• **사안의 내용** 甲은 乙에게 학점이 3.8 이상을 취득하면 해외여행을 시켜 주겠다고 약속하였다. 그런데 평소에 공부는 하기 싫으면서 해외여행을 하고 싶었던 乙은 시험시간에 부정행위를 하여 학점을 3.8 이상 받았다. 이러한 경우 乙은 甲에게 해외여행을 시켜달라고 요구할 수 있는가?

• **사안의 해결** 乙이 학점을 3.8 이상 받을 수 있는지 없는지는 확정지을 수 없다. 따라서 3.8 이상의 학점을 받는다는 것은 장래 발생할 것이 불확실한 사실이므로 이는 조건이다. 또한 장학금지급이라는 효력이 발생하는 것을 내용으로 하므로 정지조건이다. 그런데 乙은 그 조건의 성취를 위하여 신의칙에 반하는 행위를 하였다. 민법에서는 조건의 성취에 관하여 부정한 행위를 한 때에는 조건이 불성취로 의제하는 규정을 두고 있다. 따라서 乙은 3.8 이상의 학점을 받지 못한 것으로 되고, 甲은 조건의 불성취를 주장하여 해외여행을 시켜줄 것을 거부할 수 있다.

3. 기 한

기한이란 법률행위의 효력의 발생·소멸 또는 채무의 이행을 장래에 발생하는 것이 확실한 사실에 의존케 하는 부관이다. 기한은 장래의 사실의 발생이 확실하다는 점에서 불확실한 조건과는 다르다. 기한에는 기한이 도래했을 때 법률행위의 효력이 발생하는 시기와, 계약즉시 효력이 발생하지만 기한이 도래했을 때 법률행위의 효력이 소멸하는 종기가 있으며, 어떤 사건이 일어나는 시점이 특정되어 있는 확정기한과 그렇지 않은 불확정기한이 있다.

◘ 사례연구 — 신의칙에 반하는 기한의 성취의 효력

• **사안의 내용** 甲은 乙의 아버지 丙을 자기 아버지 이상으로 따르고 또한 丙의 사업을 적극적으로 도왔으며, 乙과도 친형제 못지 않게 지냈다. 그래서 乙은 아버지가 돌아가시면 아버지 사업의 경영권을 甲에게 주겠다고 문서로 약속하였다. 그런데 욕심 없이 그렇게 착하게 살던 甲이었지만 서서히 욕심이 생기기 시작하였다. 그러던 어느날 甲은 자기가 사장자리에 하루빨리 앉고 싶어서 丙을 살해하였다. 甲은 이제 乙로부터 경영권을 자기 앞으로 넘겨 달라고 하는데, 이에 따라야 하나?

• **사안의 해결** 사람은 누구나 한번은 사망하게 마련이다. 따라서 乙의 아버지 丙이 돌아가시면이라는 부관은 장래 발생할 것이 확실한 사실이므로, 조건이 아니라 기한에 해당한다. 다만 그 사실이 언제 일어날지는 불확정하므로 이를 불확정기한이라고 한다.

그런데 조건이나 기한의 성취로 이익을 받을 당사자는 신의성실에 반하여 조건이나 기한을 성취시켜서는 안 된다. 이러한 경우 민법은 조건이 불성취한 것으로 의제하고 있다(제152조 2항). 기한에 대해서는 이러한 규정이 없으나 유추적용해야 할 것이다. 따라서 甲은 형법상의 살인죄는 별론으로 하더라도 민법상으로는 기한의 불성취가 의제되므로 乙로부터 경영권을 넘겨달라고 할 수는 없는 것이다.

✤ 참고조문

제150조(조건성취, 불성취에 대한 반신의행위) ① 조건의 성취로 인하여 불이익을 받을 당사자가 신의성실에 반하여 조건의 성취를 방해한 때에는 상대방은 그 조건이 성취한 것으로 주장할 수 있다.
② 조건의 성취로 인하여 이익을 받을 당사자가 신의성실에 반하여 조건을 성취시킨 때에는 상대방은 그 조건이 성취하지 아니한 것으로 주장할 수 있다.

Ⅶ 기 간

1. 기간의 의의

기간은 어떤 시점에서 다른 시점까지 계속하는 때의 구분을 말한다. 시간의 경과는 예컨대 성년, 최고기간, 실종기간, 기한, 시효 등 다른 법률사실과 합하여 중요한 법률효과가 생기는 일이 있다. 기간은 시간적 계속의 관념을 필요로 하는 점에서 일정한 시점 또는 시기를 의미하는 기일과 다르다.

2. 기간의 계산방법

기간의 계산 방법에는 시·분·초의 단위를 사용하여 계산하는 방법(자연적 계산방법)과 일·주·월·년의 단위를 사용하여 계산하는 방법(역법적 계산방법)의 두 가지가 있다.

민법은 기간을 시 이하의 단위로 정한 경우에는 즉시로 기산한다. 회의실을 3시간 빌리는 경우, 빌린 시점으로부터 3시간 경과하면 기간이 만료한다. 3월 1일 오전 10시로부터 15시간이라고 하는 경우에는 기산점은 1일 오전 10시이고, 만료점은 2일 오전 1시가 종료한 때이다.

이에 대하여 일 이상의 단위로 정한 경우에는 기간이 오전 영시로부터 시작하는 경우를 제외하고 기간의 초일을 산입하지 않고 익일을 1일째로 계산하여 기간의 말일의 오후 24시를 기간의 만료로 한다. 예를 들면 3월 31일의 오후 3시에 1주일 후에 갚는다는 약속으로 돈을 빌린 경우, 4월 7일의 오후 24시까지 돈을 갚아야 한다. 그리고 1개월 후에 갚는다고 하는 약속의 경우는 4월에는 31일이 없으므로 30일이 만료일로 된다. 기간의 말일이 공휴일에 해당하는 때에는 기간은 그 익일로 만료한다.

그리고 주의할 것은 연령계산에 있어서는 출생일을 산입한다. 따라서 1960년 1월 1일 오후 6시에 출생한 사람은 1980년 1월 1일 오전 영시로부터 성년이 된다.

◘ 사례연구 — 기간의 계산방법

• **사안의 내용** 4월 1일 오전에 가전제품 판매점에서 컴퓨터를 구입하였다. 그런데 익년 4월 1일 오후에 컴퓨터가 사용 중에 고장이 났다. 컴퓨터에는 제조업체의 보증서가 첨부되어 있어서 구입한 날로부터 1년 이내이면 구입한 판매점 또는 제조업체의 서비스센터에서 무료로 수리한다고 적혀 있었다. 그리하여 4월 1일의 저녁에 컴퓨터와 보증서를 가지고 판매점으로 수리를 의뢰하러 갔다. 무료로 수리받을 수 있을까? 수리하기 위해 간 시점은 엄밀히 생각하면 구입시점으로부터 1년을 넘고 있다.

• **사안의 해결** 기간을 계산함에 있어 컴퓨터를 구입한 날, 즉 초일(4월 1일)은 산입하지 않는다. 따라서 기간이 만료되는 것은 4월 1일의 오후 24시이다. 그러므로 구매자가 수리를 의뢰한 시점은 구입일로부터 1년 이내이다.

♆ 참고조문

제155조(본장의 적용범위) 기간의 계산은 법령, 재판상의 처분 또는 법률행위에 다른 정한 바가 없으면 본장의 규정에 의한다.

제156조(기간의 기산점) 기간을 시, 분, 초로 정한 때에는 즉시로부터 기산한다.

제157조(기간의 기산점) 기간을 일, 주, 월 또는 년으로 정한 때에는 기간의 초일은 산입하지 아니한다. 그러나 그 기간이 오전 영시로부터 시작하는 때에는 그러하지 아니하다.

제158조(연령의 기산점) 연령계산에는 출생일을 산입한다.

Ⅷ 소멸시효

1. 소멸시효의 의의

시효는 일정한 사실상태가 일정한 기간 계속되는 경우에 이 사실상태가 진실한 권리관계와 일치하느냐의 여부를 묻지 않고, 그대로 그것을 존중하여 권리관계로 인정하려는 제도이다.

시효제도를 인정하는 것은 일정한 사실상태가 계속되는 경우, 그것을 정당한 것으로 신뢰하여 이를 바탕으로 이루어지는 각종의 법률관계를 무효화하는 데에서 오는 사회질서의 혼란을 방지하고, 진실한 권리관계인지 아닌지를 판별할 수 있는 입증이 어려우며, 또한 권리 위에 잠자는 자는 보호할 필요가 없다는 등의 이유 때문이다.

시효에는 취득시효와 소멸시효가 있다. 전자는 타인의 물건을 일정기간 점유함으로써 그 물건에 대한 권리를 취득하는 시효이고, 후자는 자기의 권리를 일정기간 행사하지 않음으로 해서 권리를 상실하는 시효이다.

2. 소멸시효의 요건

소멸시효로 권리가 소멸하려면 다음의 세 가지 요건이 갖추어져야 한다. 권리가 소멸시효의 독적이 될 수 있어야 하고, 권리의 불행사가 있어야 하며, 그 권리불행사의 상태가 일정기간 계속되어야 한다.

(1) 소멸시효에 걸리지 않는 권리

항구적 권리로서 소유권, 소유권에 기한 물권적 청구권, 사실상 지배상태로부터 인정되는 점유권, 피담보채권과 운명을 같이하는 담보물권 그리고 제척기간에 걸리는 형성권 등이 있다. 또한 신분적 권리도 소멸시효에 걸리지 않는다.

(2) 10년의 소멸시효

일반적인 채권의 소멸시효기간은 10년이다. 또한 판결 등으로 확정된 채권도 10년의 소멸시효에 걸린다. 그러므로 단기소멸시효에 걸리는 채권이라도 판결을 받은 경우에는 10년의 소멸시효에 걸린다. 다만 상행위로 생긴 채권은 5년의 소멸시효에 걸린다.

(3) 3년의 소멸시효

① 이자, 부양료, 급료, 사용료 기타 1년 이내의 기간으로 정한 금전 또는 물건의 지급을 목적으로 한 채권

② 의사, 조산사, 간호사 및 약사의 치료, 근로 및 조제에 관한 채권

③ 도급받은 자, 기사 기타 공사의 설계 또는 감독에 종사하는 자의 공사에 관한 채권

④ 변호사, 변리사, 공증인, 공인회계사 및 법무사에 대한 직무상 보관한 서류의

반환을 청구하는 채권

⑤ 변호사, 변리사, 공증인, 공인회계사 및 법무사의 직무에 관한 채권

⑥ 생산자 및 상인이 판매한 생산물 및 상품의 대가

⑦ 수공업자 및 제조자의 업무에 관한 채권

(4) 1년의 소멸시효

① 여관, 음식점, 대석, 오락장의 숙박료, 음식료, 대석료, 입장료, 소비물의 대가 및 체당금의 채권

② 의복, 침구, 장구 기타 동산의 사용료의 채권

③ 노역인, 연예인의 임금 및 그에 공급한 물건의 대금채권

④ 학생 및 수업자의 교육, 의식 및 유숙에 관한 교주, 숙주, 교사의 채권

(5) 20년의 소멸시효

채권 및 소유권 이외의 재산권은 20년으로 시효소멸한다.

사례연구 — 돈을 빌려준 지 12년이 지났는데 받을 수 있는가?

• **사안의 내용**　甲은 乙에게 돈 100만원을 빌려 주고 1년 후에 받기로 약속하고 차용증서도 받아 두었다. 그런데 乙은 12년이 지난 지금까지도 돈을 갚지 않고 있다. 甲은 소송을 해서라도 돈을 돌려 받고 싶은데 가능한가?

• **사안의 해결**　甲은 乙에게 금전채권을 가지고 있다. 민법은 개별적인 권리마다 소멸시효기간을 두고 있는데, 일반적인 채권은 10년의 소멸시효에 걸리게 하고 있다. 어떤 권리의 소멸시효기간이 완성되면 그 권리는 자동적으로 소멸한다. 따라서 甲이 乙에 대하여 가지고 있던 채권은 이미 소멸시효기간이 만료되었으므로 소멸하였고 달리 청구할 방법이 없다.

그리고 소멸시효기간은 일정한 사유가 있으면 중단되기도 한다. 이를 소멸시효의 중단사유라고 하는데 민법은 참고조문과 같은 사유를 규정하고 있다. 소멸시효는 한번 중단되었다가 다시 진행되는데, 이때에는 중단되기 전에 진행된 기간은 산입하지 아니하고 중단사유가 종료한 때로부터 다시 진행한다.

참고조문

제168조(소멸시효의 중단사유)　소멸시효는 다음 각호의 사유로 인하여 중단된다.

1. 청　구

2. 압류 또는 가압류, 가처분
3. 승 인

제178조(중단 후의 시효진행) ① 시효가 중단된 때에는 중단까지에 경과한 시효기간은 이를 산입하지 아니하고 중단사유가 종료한 때로부터 새로이 진행한다.
② 재판상의 청구로 인하여 중단한 시효는 전항의 규정에 의하여 재판이 확정된 때로부터 새로이 진행한다.

제 3 장 물 권 법

1. 물권법의 정의

물권법이란 "물건에 대한 배타적 지배를 규율하는 법"을 말한다. 여기 배타적이란 "특정인이 소유하는 물건을 타인이 함부로 침해하지 못하는 것"을 일컫는다. 물권법은 민법 제2편에 규정하고 있으며, 강행규정이 많다. 민법 제2편은 총칙 · 점유권 · 소유권 · 지상권 · 지역권 · 전세권 · 유치권 · 질권 · 저당권의 9개 장으로 구성되어 있다. 특별법으로는 상법 · 국토이용관리법 · 부동산실권리자명의등기에 관한 법률 · 집합건물의 소유 및 관리에 관한 법률 · 농지법 · 가등기담보등에 관한 법률 · 공장저당법 · 광업재단저당법 · 자동차저당법 · 항공기저당법 · 중기저당법 · 입목에 관한 법률 · 유실물법 · 광업법 · 수산업법 · 산림법 · 부동산등기법 등이 있다.

2. 물권의 정의

물권은 "민법이 규정하는 재산권 중의 하나로서, 특정한 물건을 직접 지배하는 배타적인 권리"이다. 여기서 직접지배란 "권리의 실현을 위하여 타인의 행위를 요하지 않는다는 것"을 뜻한다. 물권에는 점유권, 소유권 그리고 제한물권이 있고, 제한물권은 용익물권과 담보물권이 있으며, 용익물권에는 지상권 · 지역권 · 전세권이 담보물권에는 유치권 · 질권 · 저당권이 있다.

물권의 특징으로는 첫째, 재산권 중 소유권은 헌법의 보장을 받는 기본권에 관계됨으로써, 공공필요에 의하여 이를 제한하려면 헌법이 정하는 방법에 의해야 한다. 둘째, 소유권과 제한물권은 본질적으로 대립하지만, 소유권은 제한물권에 의하여 일시적 제한을 받을 뿐 종국적으로 다시 전면적 지배로 환원된다. 셋째, 물권은 법적 정당성을 의미하는 관념적 지배가능성을 갖는다.

3. 점 유 권

(1) 점유의 정의

점유란 "물건의 사실상 지배"를 말하며 여기서 사실상 지배는 사회관념상 물건이 어떤 사람의 지배 내에 있다고 할 수 있는 객관적 관계를 말한다. 즉, 물건을 유형적·물리적으로 갖고 있는 것이 필요한 것이 아니라, 거래통념상 어떤 물건이 어떠한 사람의 지배 내에 있는 것으로 인정되어, 타인이 함부로 이를 침해할 수 없는 관계를 말한다.

점유의 유형에는 자주점유(自主占有)·타주점유(他主占有), 간접점유·직접점유, 단독점유·공동점유, 선의점유·악의점유, 하자있는 점유·하자없는 점유, 과실(過失)있는 점유·과실(過失)없는 점유 등이 있다.

(2) 점유권의 정의

점유권이란 "물건의 사실상 지배상태를 바탕으로 부여된 권리 및 기타 이익"을 포괄적으로 일컫는 말이다.

점유권은 어떤 물건에 대한 사실적인 지배상태를 일단 권리로서 보호하여 사력(私力)에 의한 교란을 금지함으로써 사회의 평화질서를 유지하기 위한 제도이다. 실질적인 권리인 본권(本權)(점유할 권리)과는 구별된다. 여기서 본권이란 "점유를 정당하게 하는 권리 중 물권(예: 소유권, 전세권, 지상권 등)"을 말한다. 점유권과 본권을 동시에 가지고 있는 것이 원칙(예: 소유자가 자기의 물건을 점유하고 있는 경우)이나, 본권이 있으나 점유권이 없는 경우(예: 도난당한 물건의 소유자인 경우), 본권은 없으나 점유권이 있는 경우(예: 도인(盜人)의 경우) 등이 있을 수 있다.

4. 소 유 권

(1) 소유권의 정의

소유권이란 "어떤 물건을 전면적·일반적으로 지배하는 물권으로, 소유자가 그 소유물을 자유로이 사용·수익·처분할 수 있는 권리"(제211조 참조)이다. 소유권은 재산권의 근간을 이루는 권리로서, 물건을 부분적·일시적으로 지배하는 제한물권과 대립한다. 이러한 소유권은 존속기간이 없고, 소멸시효에도 걸리지 않는다.

소유형태에는 일반소유와 공동소유로 나눌 수 있고, 공동소유에는 공유·총유·합유가 있다. 공유란 "2인 이상이 하나의 물건을 각자의 지분에 의하여 공동소유하는 형태"를 말하고, 총유란 "법인이 아닌 사단의 사원이 집합체로서 물건을 소유하는 공동소유의 형태"이며, 합유란 "여러 사람이 조합을 결성하여 조합재산에 속하는 물건을 소유하는 공동소유의 형태"이다.

(2) 소유권의 제한

토지소유권은 정당한 이익이 있는 범위 내에서 토지의 상하에 미친다(민법 제212조). 토지소유권은 정당한 이익이 있는 범위 내에서만 인정되기 때문에, 소유권의 제한에 관한 법률과 관계없이 소유자의 어떠한 이익도 침해하지 않는 범위 내에서는 지상이나 지하에 있어서의 타인의 사용을 금지할 수 없다. 만약 정당한 이익이 없는 경우에도 이를 금지하게 되면, 권리남용에 해당될 수 있을 것이다. 이렇게 토지소유권은 토지의 완전한 이용을 보장하므로, 지표, 지상 및 지하의 공간에 대하여 소유권의 효력이 미치게 된다.

(3) 취득시효

1) 취득시효의 정의

"취득시효"란 물권 또는 권리를 일정한 기간 점유 또는 준점유하는 자가 그 물권의 소유권 또는 권리를 취득하게 하는 제도이다. 소유권을 취득하는 제도로는 부동취득시효와 동산취득시효가 있고, 권리에 관한 취득시효(제248조)가 있다. 부동산에 관하여는 점유취득시효와 등기부취득시효로 구분한다. 아래에서는 부동산에 관한 취득시효를 중심으로 설명하고자 한다.

2) 부동산의 점유취득시효

"부동산점유취득시효"란 부동산을 점유한 자가 20년간 소유의 의사로 평온·공연하게 점유하여 등기함으로써 소유권을 취득하게 제도이다. 이를 일반취득시효 또는 장기취득시효라고도 한다.

◘ 사례연구 — 취득시효

• 사안의 내용　　1927년 甲의 할아버지와 다른 어른 세 분과 함께 종중의 토지를 명의 신탁해 오고 있던 중 1944년 3월 29일 일본인들이 매매를 원인으로 한 소유권 이

전등기를 하였다. 그 후 해방을 맞자 이 토지는 국고로 귀속되었다고 한다. 하지만 일본인이 소유권을 가지고 있는 동안에도 계속해서 점유를 승계하여 주거생활을 해왔으며, 해방이후 국고로 귀속된 이후에도 20년이 넘게 재산세나 종합토지세를 납부하여 왔다. 이 경우 이 토지는 甲의 소유가 되는 것인가?

• **사안의 해결** 甲이 소유권을 가지려면 「20년간 소유의 의사로 평온·공연하게 부동산을 점유하는 자는 등기함으로써 소유권을 취득한다」는 조항에 적합해야 한다.

일본인이 소유권자이었던 때는 자신의 소유가 아님을 알면서 사용·수익하였기 때문에 타주점유라고 볼 수 있다. 그 후 해방으로 이 토지가 국유재산으로 되고 20년 이상 재산세와 종합토지세를 내어왔기 때문에 자주점유가 되어 소유권을 가진다고 주장하고 있으나, 이 경우의 타주점유가 자주점유로 전환됨이 타당한가에 대해서는 의문이 있다.

타주점유가 자주점유로 전환하기 위하여는 새로운 권원에 의하여 다시 소유의 의사로 점유하거나 자기에게 점유시킨 자에게 소유의 의사가 있음을 표시하여야 할 것인데, 점유자의 점유도중 소유자가 변경되었거나, 점유자가 그 토지 위에 가옥을 지어 살면서 그 부분에 대한 재산세나 종합토지세를 납부하였다는 것만으로는 새로운 권원에 의하여 다시 이를 점유하게 되었다거나 자신의 점유에 소유의 의사가 있음을 표시하였다고 볼 수 없기 때문에 甲의 점유는 타주점유라고 볼 수 있다.

따라서 甲의 점유는 타주점유이므로 점유취득시효에 해당하지 않아 소유권을 취득할 수 없다.

참고조문

제245조 ① 20년간 소유의사로 평온·공연하게 부동산을 점유한 자는 등기함으로써 그 소유권을 취득한다.

3) 등기부취득시효

"등기부취득시효"란 소유자가 아니면서 소유자로 등기된 자가 10년간 평온·공연·선의·무과실로 소유의 의사로 점유한 경우에는 소유권을 취득하게 하는 제도이다. 점유자의 선의는 추정되지만(제197조), 선의·무과실은 추정되지 않는다. 그러므로 무과실은 시효취득을 주장하는 자가 이를 입증하여야 한다.

◘ 사례연구 — 등기부취득시효

• **사안의 내용** A는 5년 전 甲으로부터 임야를 매수하여 소유권이전등기를 마친 후 계속하여 점유를 하고 있으나, 최근에 乙이 자기의 임야라고 주장을 하면서 자신에게 넘겨달라고 한다. 등기부에 의하면, 乙이 13년 전까지 소유자로 되어 있고, 그 후 乙로부터 丙이 매수하고 11년 전에는 丙으로부터 甲이 매수하여 소유권이전등기한 것으로 되어 있다. 그러나 乙은 丙에게 위 임야를 매도한 사실이 없으며, 丙의 등기는 서류를 위조한 원인무효라고 주장한다.

• **사안의 해결** 부동산을 소유자로 등기한 자는 10년간 소유의 의사로 평온·공연·선의·무과실하게 그 부동산을 점유한 것으로 추정되면, 점유자의 승계인은 자기의 점유만을 주장하거나 자기의 점유와 전 점유자의 점유를 아울러 주장할 수 있고, 전 점유자의 점유를 아울러 주장하는 경우에는 그 하자도 승계하는 것이다(제197조, 제199조).

위의 사례의 경우에 乙이 주장한 대로 위 임야에 대한 丙에게로의 소유권이전등기가 원인무효라고 하더라도 A와 甲의 점유 및 소유자로 등기된 기간을 합하여 10년이 넘는 점과 무과실을 입증하게 되면 乙과 A의 점유가 소유의 의사로 선의·평온·공연한 것이라는 추정을 깨뜨리지 않는 한 A는 온전하게 임야의 소유권등기를 유지할 수 있다.

✤ 참고조문
제245조 ② 부동산의 소유자로 등기한 자가 10년간 소유의 의사로 평온·공연·선의이며 과실없이 그 부동산을 점유한 때에는 소유권을 취득한다.

(4) 소유권유보

"소유권유보"란 매매대금의 전부를 지불하기 전에 매매목적물의 점유는 매도인에서 매수인으로 이전하고 매매대금을 담보하기 위하여 목적물의 소유권을 매도인이 유보하는 형식을 말한다. 따라서 소유권유보부매매에서는 매수인이 매매대금을 완납하기 전에는 매도인이 소유권을 가지고 있게 된다. 이와 같은 소유권유보부매매는 할부거래에서 많이 이용되고 있다.

따라서 대내적으로는 매수인이 매매목적물을 점유·이용하고 있으나, 대외적으로는 매수인이 매매대금을 부담하면서 목적물을 소유하고 있는 것이 된다. 그러므로 만약 매수인이 제3자에게 처분한 경우에는 매매대금의 담보를 부담하는 소유권을 취득하게 된다.

사례연구 — 소유권유보부 매매에서의 소유권

• **사안의 내용** 甲회사는 스틸제품을 생산하는 회사로 제품생산을 위한 원료를 구입하기 위해 乙철강회사와 매매계약을 체결하였다. 그러나 일시불로 재료값을 지불할 수 없었기 때문에 제품을 생산하여 판매한 수입으로 조금씩 갚아나가기로 계약을 하였다. 하지만 乙회사와의 계약이었기 때문에 제3자에게 위와 같은 사정을 공시하지는 않았다. 甲회사는 원료를 이전받아 정당하게 사용·수익해 왔으며 대금도 계속 지불하고 있으므로 소유권을 정당하게 행사할 수 있는가?

• **사안의 해결** 甲회사와 乙회사와의 계약을 소위 소유권 유보의 특약이라고 한다. 그 내용은 동산의 매매계약을 체결하면서, 매도인(乙회사)이 대금을 지급받기 전에 목적물을 매수인(甲회사)에게 인도하지만 대금이 모두 지급될 때까지는 목적물의 소유권은 매도인에게 유보되며 대금이 모두 지급된 때에 그 소유권이 매수인에게 이전된다는 것이다. 이와 같이 소유권유보의 특약을 한 경우, 목적물의 소유권을 이전한다는 당사자 사이의 물권적 합의는 매매계약을 체결하고 목적물을 인도한 때 이미 성립하지만 대금이 모두 지급되는 것을 정지조건으로 하므로, 목적물이 매수인에게 인도되었다고 하더라도 특별한 사정이 없는 한, 매도인은 대금이 모두 지급될 때까지 매수인뿐만 아니라 제3자에 대하여도 유보된 목적물의 소유권을 주장할 수 있으며, 이와 같은 법리는 소유권유보의 특약을 한 매매계약이 매수인의 목적물 판매를 예정하고 있고, 그 매매계약에서 소유권유보의 특약을 제3자에 대하여 공시한 바 없고, 또한 그 매매계약이 종류물을 목적물로 하고 있다 하더라도 마찬가지로 동일하다.

참고조문

제147조(조건성취의 효과) ① 정지조건있는 법률행위는 조건이 성취한 때로부터 그 효력이 생긴다.

제188조(부동산물권양도의 효력, 간이양도) ① 부동산에 관한 물권의 양도는 그 동산을 인도하여야 효력이 생긴다.

② 양수인이 이미 그 동산을 점유한 때에는 당사자의 의사표시만으로 그 효력이 생긴다.

제568조(매매의 효력) ① 매도인은 매수인에 대하여 매매의 목적이 된 권리를 이전하여야 하며 매수인은 매도인에게 그 대금을 지급하여야 한다.

② 전항의 쌍방의무는 특별한 약정이나 관습이 없으면 동시에 이행하여야 한다.

(5) 구분소유권

"구분소유권"이란 한 동의 건물 중 구조상 독립성 및 이용상 독립성을 가진 전유부분을 목적으로 하는 소유권을 말한다. 여기서 "구조상 독립성"이란 구분소유권의 목적인 전유부분이 비전유부분과 벽·천장·문·창 등에 의하여 구조상 구분되어 있는 것을 가리킨다. 또한 "이용상 독립성"이라 함은 그 부분이 독립된 출입구에 의하여 외부로 통할 수 있어서 독립적으로 주거 · 점포 · 사무실 · 창고 등으로 사용할 수 있는 것을 말한다. 구조상 독립성과 이용상 독립성이 있어야 비로소 구분소유권으로서 구분등기를 할 수 있게 된다.

1) 전유부분

구분소유권의 목적인 건물부분이 전유부분이다(집합건물법 제2조 3호). 즉, 전유부분은 1동의 건물의 일부분으로서 구조상 · 이용상 독립성이 인정되는 부분건물이다. 부동산등기법상 등기되는 부분이 전유부분이다.

2) 공용부분

"공용부분"이란 ① 전유부분을 제외한 부분으로서 건물부분(예: 지붕, 계단, 복도, 승강시설 등), ② 전유부분에 속하지 않는 부속물(예: 전기배선, 저수탱크 등), ③ 전유부분이지만 규약으로 공용부분으로 분류된 건물부분 및 부속건물(예: 창고, 차고 등) 등이다. 이는 성질상 · 구조상 법정공용분분과 규약공용부분으로 나눈다. 법정공용부분은 위 공용부분의 개념 중 ①과 ② 부분이고, 규약공용부분은 ③으로서, 법정공용부분은 부동산등기용지상 등기할 필요가 없으나, 규약공용부분은 그 취지를 등기해야 한다. 그 이유는 공시방법으로 제3자에게 알릴 필요가 있기 때문이다.

공용부분에 대한 구분소유자의 공유지분은 그의 전유부분의 면적에 따라 비율이 정해진다. 물론 규약에 의하여 달리 정할 수 있다. 공용부분은 전유부분의 처분에 수반하도록 되어 있기 때문에 공유지분만 전유부분과 분리하여 처분할 수 없다(집합건물법 제13조).

3) 대지사용권

"대지사용권"이란 전유부분을 소유하기 위하여 건물의 대지에 대하여 가지는 권리를 말한다(집합건물법 제2조 6호). 이러한 대지사용권으로는 대지를 목적으로 하는 소유권, 지상권, 전세권, 임차권 등이 있다.

대지권은 대지사용권 중 등기되어 있는 권리로서 부동산등기법상 용어이다. 대지권은 언제나 대지사용권을 포함하지만, 대지사용권은 반드시 대지권인 것은 아니다. 예컨대, 부동산임차권이 대지사용권으로서 등기되어 있지 않은 경우에는 대지사용권에 불과하고 대지권은 아니다.

또한 구분소유자는 규약으로 달리 정하지 않는 한, 대지사용권을 전유부분과 분리하여 처분할 수 없다. 왜냐하면 대지사용권과 전유부분은 일체로서 처분해야 하기 때문이다.

◘ 사례연구 — 구분소유권의 객체

• 사안의 내용 乙은 공구판매상을 하기 위해서 甲회사 건물의 1층의 107호와 108호를 분양받았다. 원래 분양을 받을 당시에는 이 건물의 1층은 도면상으로만 비슷한 넓이의 8칸으로 나누고 101호부터 108호까지 번호를 붙인 다음 독립된 구분건물로 건축물관리대장에 등재되어 있었기 때문에 분양을 받은 후에 106호와 구분할 수 있는 칸막이를 설치하고 107호와 108호는 구분하지 않고 하나의 점포로 이용하여 왔다.

그런데 사정이 생겨 약정된 잔금 중 일부를 미납하자 甲회사는 108호에 대해서는 소유권이전등기를 마쳐주었으나, 107호에 대해서는 임의로 乙은행 앞으로 근저당권 설정등기를 마쳐 두고 4년 뒤 법원의 경매절차를 통해서 107호를 낙찰받아 낙찰을 원인으로 한 소유권이전등기를 마쳤다. 그러면 乙은 107호에 대한 소유권을 잃게 되는 것인가?

• 사안의 해결 이 경우는 구분소유권의 객체에 관한 문제로, 건물의 일부분이 구분소유권의 객체가 되기 위해서는 그 부분이 구조상으로나 이용상으로 다른 부분과 구분되는 독립성이 있어야 하기 때문에 구조상의 구분에 의하여 독립성이 없다고 인정되는 경우 구분소유권의 객체가 될 수 없다.

따라서 이 사건 건물 신축 당시부터 현재까지 등기부상으로 구분되어 있는 107호와 108호를 사실상 구분할 수 있는 고정된 경계표지나 구분시설이 설치된 적이 없었고, 이 사건 건물 중 乙이 108호와 함께 공구판매점으로 사용하는 107호는 구조상으로나 실제 이용상으로 구분되지 아니하는 하나의 건물로서 비록 건축물관리대장상 그 일부인 107호 부분이 별개의 구분건물로 등재되고 이에 기하여 소유권보존등기가 마쳐졌다고 하더라도, 이는 구분소유의 목적이 될 수 있는 구조상 및 이용상의 독립성을 갖추지 못한 건물의 일부에 대한 것으로서 이에 관한 소유권보존등기도 무효라고 할 수 있다. 그러므로 乙은 소유권을 상실하지 않는다.

✣ 참고조문

제215조 (건물의 구분소유) ① 수인이 한 채의 건물을 구분하여 각각 그 일부분을 소유한 때에는 건물과 그 부속물중 공용하는 부분은 그의 공유로 추정한다.
② 공용부분의 보존에 관한 비용 기타의 부담은 각자의 소유부분의 가액에 비례하여 분담한다.

집합건물의소유 및 관리에 관한 법률 제1조(건물의 구분소유) 1동의 건물 중 구조상 구분된 수개의 부분이 독립한 건물로서 사용될 수 있을 때에는 그 각 부분은 이 법이 정하는 바에 따라 각각 소유권의 목적으로 할 수 있다.

5. 지 상 권

지상권이란 "타인의 토지에 건물 기타 공작물이나 수목을 소유하기 위하여 그 토지를 사용할 수 있는 용익물권"(제279조)을 말한다. 일종의 차지권(借地權)이다.

지상권은 일반지상권 · 구분지상권, 지중지상권 · 공중지상권, 약정지상권 · 법정지상권 등으로 구분할 수 있다. 구분지상권은 일반지상권과 달리 "지하 또는 지상의 공중 중 상하의 범위를 정하여 건물 기타 공작물(예: 터널 · 지하철 · 송전시설 · 광고시설 등)을 소유하기 위한 지상권"(제289조의 2)을 말하며, 지중지상권 또는 공중지상권은 "지하의 일정한 공간 또는 공중의 일정한 공간을 지상권의 객체로 하는 것"을 말하고 약정지상권은 "토지소유자와 지상권자의 물권적 합의에 의해 설정하는 지상권"을, 법정지상권은 "법률의 규정 또는 관습법에 의하여 성립되는 지상권"을 일컫는다.

사례연구 — 지상권의 지료

• **사안의 내용** 丙은 선친으로부터 물려받은 땅을 조금 가지고 있었는데, 어느 날 같은 동네에 살고 있는 甲으로부터 양계장을 운영하려고 하니 땅을 빌려 달라는 부탁을 받았다. 그래서 丙은 서로 모르는 사이도 아니고, 또 마땅히 그 땅을 사용할 일도 없고 해서 흔쾌히 이를 수락하였다. 당시 乙은 甲에게 존속기간 10년, 월 10만 원의 지료를 받을 것을 조건으로 지상권의 설정등기를 해주었으나 지료에 관한 등기는 하지 않았다. 그런데 얼마 후 甲의 친구 乙이 甲의 지상권을 양수하였다. 지상권을 양수한 乙이 3개월이 지나도 丙에게 지료를 지급하지 않자 丙은 乙에게 지료를 청구하였는데 乙은 지료의 등기가 없었다는 이유로 丙에게 지료의 지급을 거부하였다. 乙의 주장은 타당한가?

• **사안의 해결** 지상권은 임차권과는 달리 지상권설정자의 동의없이 타인에게 그 권리를 양도하거나 그 권리의 존속기간 내에 그 토지를 임대할 수 있다. 이 경우 유상인 지료에 관하여 지료액 또는 그 지급시기 등의 약정은 이를 등기하여야만 그 뒤에 토지소유권 또는 지상권을 양수한 사람 등 제3자에게 대항할 수 있고, 지료에 관하여 등기되지 않은 경우에는 무상의 지상권으로서 지료증감청구권도 발생할 여지가 없게 된다. 따라서 丙의 경우 지료에 관한 등기를 하지 않았기 때문에 지상권의 양수인인 乙에게 지료의 지급을 청구할 수 없다. 참고로 지상권에 있어서 지료의 지급은 지상권의 요소가 아니기 때문에 지상권 설정시 지료에 관한 유상약정이 없으면 무상으로 간주되어 지료를 청구할 수 없다.

♆ 참고조문

제279조(지상권의 내용) 지상권자는 타인의 토지에 건물 기타 수목을 소유하기 위하여 그 토지를 사용하는 권리가 있다.

제282조(지상권의 양도, 임대) 지상권자는 타인에게 그 권리를 양도하거나 그 권리의 존속기간 내에 그 토지를 임대할 수 있다.

◘ 사례연구 — 법정지상권

• **사안의 내용** 丙은 강제경매절차에서 어느 한 건물을 경락받게 되어 그 대금을 모두 지급하여 그 건물이 丙의 소유가 되었다. 어느날 전혀 알지 못하는 甲이 찾아와서 건물의 법정지상권을 이유로 丙이 산 건물의 철거와 대지의 인도를 요구하고 있다. 나중에 알고 보니 丙이 산 건물이 甲의 아버지 乙의 소유였다고 한다. 대지와 건물이 원래 乙의 소유였으나 乙이 대지만을 甲에게 증여하고, 그 위에 구 건물을 헐고 다시 신축하려고, 甲에게 증여하기 전에 건축허가까지 모두 받아놓은 상태였다고 한다. 하지만 건물에 가압류등기가 경료되어 그 건물을 철거하지도 신축하지도 못하는 상황에 이르렀다고 한다. 丙이 경매절차에서 그 건물을 산 것은 모든 사람들이 다 알고 있는 사실이다. 이제 와서 甲이 丙에게 그러한 요구를 할 수 있는가?

• **사안의 해결** 건물 철거의 합의에 따른 관습법상 법정지상권의 발생을 인정하는가의 문제이다. 관습법상 법정지상권은 건물의 소유를 위하여 타인의 토지를 사용하는 것을 본질적 내용으로 하는 권리이므로, 토지와 건물이 동일한 소유자에게 속하였다가 매매 기타 원인으로 인하여 양자의 소유자가 다르게 되었으나 당사자 사이에 건물 철거의 합의가 없어야만 취득할 수 있다.

토지와 건물의 소유자가 토지만을 타인에게 증여한 후 구 건물을 철거하되 그 지상에 자신의 이름으로 건물을 다시 신축하기로 합의한 경우, 그 건물 철거의 합의는 건물 소유자가 토지의 계속 사용을 그만두고자 하는 내용합의로 볼 수 없기 때문에 관습법상의 법정지상권발생을 배제하는 효력이 인정되지 않는다고 볼 수 있다.

♆ 참고조문

제279조(지상권의 내용) 지상권자는 타인의 토지에 건물 기타 공작물이나 수목을 소유하기 위하여 그 토지를 사용하는 권리가 있다.

제366조(법정지상권) 저당물의 경매로 인하여 토지와 그 지상건물이 다른 소유자에게 속한 경우에는 토지 소유자는 건물 소유자에 대하여 지상권을 설정한 것으로 본다. 그러나 지료는 당사자의 청구에 의하여 법원이 이를 정한다.

6. 지 역 권

지역권이란 "일정한 목적을 위하여 타인의 토지를 자기의 토지의 편익에 이용하는 용익물권"(제291조)이다. 예컨대, 甲토지에 들어가기 위해서 乙토지를 통행해야 할 필요가 있거나, 甲농지에 물을 끌어들이기 위해서 乙토지를 거쳐 인수(引水)해야 할 필요가 있는 경우에, 甲토지의 편익(즉, 통행 또는 인수)을 위하여 乙토지를 이용할 수 있는 용익물권이다. 여기에서 편익을 제공받는 토지인 甲토지를 요역지(要役地), 편익을 제공하는 토지인 乙토지를 승역지(承役地)라고 한다.

지역권의 유형으로는, 작위지역권(作爲地役權)·부작위지역권(不作爲地役權), 계속지역권·불계속지역권, 표현지역권·불표현지역권 등이 있다.

7. 전 세 권

전세권이란 "전세금을 지급하고 타인의 부동산을 점유하여, 그 부동산의 용도에 좇아 사용·수익하며, 전세권이 소멸하면 그 부동산의 전부에 대하여 후순위권리자 기타 채권자보다 전세금이 우선변제를 받을 수 있는 특수한 용익물권"(제303조 1항)이다. 이렇게 전세권은 용익물권이지만, 한편으로는 담보물권의 성질도 갖는다. 즉, 전세권은 타인의 부동산을 이용하는 용익물권의 성질도 갖지만, 부동산의 소유자가 전세권자로부터 일시에 전세금을 받는 것은 부동산을 담보로 융자를 받는 것과 같은 기능을 하고, 이와 더불어 전세권자의 전세금반환청구권에 우선변제권이 인정됨으로써 담보물권의 성질을 갖는다.

◘ 사례연구 — 주택임차권과 경매

• **사안의 내용** 甲은 경매절차에서 한 부동산을 낙찰허가 받았다. 그 부동산은 이미 선순위근저당권과 대항요건을 갖춘 임차권 그리고 후순위근저당권의 순으로 설정이 되어 있었는데, 후순위근저당권자의 경매신청으로 문제가 생겼다. 甲은 이 부동산의 대항력을 갖춘 임차권이 선순위의 근저당권이 확보한 담보가치의 보장을 위해 낙찰로 인하여 당연히 대항력이 상실되는 것으로 알고, 임차권의 부담이 없는 부동산으로 생각하여 낙찰을 받았다. 그런데 甲이 낙찰허가결정선고를 받고 대금지급기일이 정해진 상태에서 대금을 지급하기 며칠 전, 선순위근저당권이 말소등기로 인해 소멸해 버렸다. 그래서 임차권의 부담을 안게 되었고, 이를 이유로 법원에 매각허가결정의 취소를 구하는 소를 제기했는데, 원심이 이를 기각하여 재항고를 하기에 이르렀다.

• **사안의 해결** 주택임대차보호법 제3조에 정한 대항요건을 갖춘 임차권보다 선순위의 근저당권이 있는 경우에는, 낙찰로 인하여 선순위근저당권이 소멸하면 그보다 후순위의 임차권도 선순위근저당권이 확보한 담보가치의 보장을 위하여 그 대항력을 상실하는 것이지만, 낙찰로 인하여 근저당권이 소멸하고 낙찰인이 소유권을 취득하게 되는 시점인 낙찰대금지급기일 이전에 선순위 근저당권이 다른 사유로 소멸한 경우에는, 대항력 있는 임차권의 존재로 인하여 담보가치의 손상을 받을 선순위근저당권이 없게 되므로 임차권의 대항력이 소멸하지 않게 된다. 따라서 낙찰인으로서는 민사집행법 제127조에 1항에 의하여 매각허가결정의 취소신청을 할 수 있다.

참고조문

민사집행법 제127조(매각허가결정의 취소신청) ① 제121조 제6호에서 규정한 사실이 매각허가결정의 확정 뒤에 밝혀진 경우에는 매수인은 대금을 낼 때까지 매각허가결정의 취소신청을 할 수 있다.

사례연구 — 후순위저당권실행시 임차인의 저항

• **사안의 내용** 丙은 1988년 8월 30일에 아파트를 한 채 구입하였다. 이날 소유권 이전등기를 마치고, 10월 1일에는 전입신고도 마쳤다. 5년이 지난 1993년 10월 23일에 丙이 전세로 살기로 하고 甲에게 아파트를 팔기로 계약하고 12월 23일에 매매잔금도 지불하였다. 그러나 소유권은 즉시 이전되지 않고 1994년 3월 9일자로 甲에게 이전되었다. 얼마 후 2번 근저당권 설정자인 S건설에서 임의경매를 신청해 乙이 낙찰을 받았다며, 집을 비워달라고 한다. 그래서 전세금 1억을 주면 내놓겠다고 했더니 전세금을 돌려줄 의무가 없다며, 빨리 집을 비워 달라는 것이다. 전세금이 우선 변제되어야 하는 것 아닌가?

• **사안의 해결** 주택임대차보호법 제3조 1항에 의하면 주민등록이 대항력의 요건을 충족시킬 수 있는 공시방법이 되려면 단순히 형식적으로 주민등록이 되어 있다는 것만으로는 부족하고, 주민등록에 의하여 표상되는 점유관계가 임차권을 매개로 하는 점유임을 제3자가 인식할 수 있는 정도는 되어야 한다. 丙은 계속하여 거주를 하였기 때문에 매매계약시가 아닌 소유권 이전시부터 대항력을 갖는다고 할 수 있다.

다음으로 후순위저당권의 실행으로 목적부동산이 경락된 경우에는 민사집행법 제91조에 의하여 선순위저당권까지도 당연히 소멸하는 것이므로, 이 경우 비록 후순위저당권자에게는 대항할 수 있는 임차권이라 하더라도 소멸된 선순위저당권보다 뒤에 등기되었거나 대항력을 갖춘 임차권은 함께 소멸한다. 즉, 甲에게 소유권이 이전된 시기가 1번 근저당권과 2번 근저당권 설정 사이에 있었기 때문에 2번 근저당권의 실행으로 1번 근저당권과 함께 임차권도 소멸되었다고 할 수 있다. 따라서 乙에 대하여 임차권의 효력을 주장할 수 없다. 그러므로 전세금을 되돌려 받을 수는 없다.

참고조문

주택임대차보호법 제3조 ① 임대차는 그 등기가 없는 경우에도 임차인이 주택의 인도와 주민등록을 마친 때에는 그 익일부터 제3자에 대하여 효력이 생긴다. 이 경우 전입신고를 한 때에 주민등록이 된 것으로 본다.

8. 유 치 권

유치권이란 "타인의 물건 또는 유가증권을 점유한 자가 그 물건 또는 유가증권에 관하여 생긴 채권을 변제받을 때까지, 그 물건 또는 유가증권을 유치할 수 있는 권리"(제320조 1항)이다. 예컨대 시계수리를 위해 시계수리점에 시계를 맡겼을 경우, 시계수리점 주인이 수선료를 받을 때까지 시계의 인도를 거절하는 권리나, 임차인이 임차물을 위하여 지출한 비용을 받을 때까지 임차물을 보유할 권리 또는 유가증권의 수치인이 그 임치에 관한 보수를 받을 때까지 그 유가증권을 임치할 권리 등이 여기에 해당한다. 이 유치권은 유치권자의 당사자의 의사와 관계없이 법률상 당연히 성립하는 법정담보물권이다.

사례연구 ― 유치권의 성립

• **사안의 내용** 乙은 보증금 1,000만원을 지불하고 기한의 약정 없이 대지가 딸린 건물을 임대인 甲으로부터 임차하여 살고 있었다. 그동안 甲의 요청에 의하여 임차한 건물의 지붕과 내부를 수리하였고, 乙 스스로도 임차한 건물에 연결하여 건물을 한 동 증축하였다. 그후 10년이 경과하여 甲과의 임대차 계약을 해지하게 되어, 甲에게 지붕과 내부수리비를 포함한 증축한 건물의 비용에 해당하는 유익비 300만원을 지급해 줄 것을 요구하였으나, 甲은 乙이 증축한 건물이 자신의 대지 위에 아무런 권원 없이 지은 것이라 하여 유익비를 지급하지 못하는 것은 물론, 乙이 증축한 건물의 철거까지 요구하는 등 막무가내이다. 乙은 甲에게 유익비상환청구권에 터잡은 유치권을 행사하려고 한다. 乙의 주장이 받아들여질 수 있는가?

• **사안의 해결** 임대차에 있어서 임차인이 유익비를 지출한 경우에는 임대인은 임대차 종료시에 그 가액의 증가가 현존한 경우에 한하여 임차인이 지출한 금액이나 그 증가액을 상환하여야 한다. 이것을 유익비라고 하는데 이러한 유익비는 임대인의 동의가 없거나 임대인의 의사에 반하여 지출된 경우라도 원칙적으로 임대인은 비용상환의무

를 부담한다. 乙이 증축한 건물은 임대차의 목적물인 기존의 건물과 불가분적 일체관계를 이루고 있고, 이로 인하여 기존 건물의 가액이 증가한 것으로 보여진다. 그러므로 乙은 유익비에 터잡은 유치권을 행사할 수 있으며 이러한 유치권은 임차건물의 유지 · 사용에 필요한 범위 내에서 임차대지부분에도 그 효력이 미치게 된다.

✤ 참고조문

제626조(임차인의 상환청구권) ② 임차인이 유익비를 지출한 경우에는 임대인은 임대차 종료시에 그 가액의 증가가 현존한 때에 한하여 임차인이 지출한 금전이나 그 증가액을 상환하여야 한다. 이 경우에 법원은 임대인의 청구에 의하여 상당한 상환기간을 허여할 수 있다.

9. 질 권

질권이란 "채권자가 그 채권의 담보로서 채무자 또는 제3자(물상보증인)로부터 동산 또는 재산권을 채무변제가 있을 때까지 유치함으로써, 채무변제를 간접적으로 강제하는 동시에 그 변제가 없을 경우엔 그 동산 또는 재산권으로부터 우선변제를 받을 수 있는 담보물권"(제329조)이다. 예컨대 甲이 乙로부터 3만원을 빌리고 그 담보로서 자기시계를 맡겼을 경우, 乙은 빌려준 원금과 이자를 받을 때까지 그 시계를 유치하여 반환을 거절할 수 있고, 甲이 이행지체를 하면 그 시계를 경매하여 경락대금으로 다른 채권자보다 우선하여 변제를 받을 수 있다.

질권의 종류에는 질권의 목적물이 무엇인가에 따라, 동산질권, 권리질권, 부동산질권으로 나눈다. 현재 우리나라 민법에는 동산질권과 권리질권만 규정하고 있다. 또한 적용법규에 따라 민사질, 상사질, 전당포질로 나누기도 한다.

10. 저 당 권

저당권이란 "채무자 또는 제3자(물상보증인)가 채무담보로 제공한 부동산 기타의 목적물의 점유를 채권자에게 이전하지 않고 변제(채무를 갚는 것)가 없는 경우에, 그 목적물토부터 우선변제를 받을 수 있는 담보물권"(제356조)이다. 예컨대, 甲이 채권자로서 乙에게 3,000만원을 빌려주고, 담보물로 乙의 집을 저당잡았을 경우(등기부상 저당권설정등기), 乙은 담보물인 집을 계속 점유하여 사용할 수 있으나 乙이 원금과 이자를 갚지 않았을 경우에는 甲은 건물에 설정된 저당권등기를 실행하여(경매) 경락대금으로부터 우선변제를 받을 수 있다.

저당권은 질권과 함께, 원칙적으로 당사자간에 계약으로 성립하는 약정담보물권이며, 예외적으로 법정저당권(제649조)이 있다.

저당권의 종류로는 일반저당권, 근저당권 그리고 포괄근저당권 등이 있다. 일반적으로 금융기관에서는 채무자의 재산에 대하여 근저당권을 많이 이용하고 있다.

◘ 사례연구 — 저당권자의 일괄경매청구권

• **사안의 내용** 乙은 甲으로부터 건물을 사들이고 소유권이전등기도 경료하였다. 당시 토지는 저당권이 설정된 상태였는데, 그 후 얼마되지 않아 저당권자가 토지와 건물을 일괄하여 경매를 청구한 것이다. 토지에 저당권이 있은 후 건물을 축조하면 저당권자는 토지와 건물을 일괄하여 경매를 청구할 권한이 생기기 때문이라고 한다. 그럼 乙 소유의 건물도 경매처분되는 것인가?

• **사안의 해결** 민법 제365조에 의하면 토지를 목적으로 한 저당권을 설정한 후 그 저당권설정자(甲)가 그 토지에 건물을 축조한 때에는 저당권자가 토지와 건물을 일괄하여 경매를 청구할 수 있도록 규정하고 있다. 이 조항의 취지는 저당권은 담보물의 교환가치의 취득을 목적으로 할 뿐 담보건물을 신축할 수 있는데, 후에 그 저당권의 실행으로 토지가 제3자에게 경락될 경우에 건물을 철거하여야 한다면 사회경제적으로 현저한 불이익이 생기게 되어 이를 방지할 필요가 있으므로 이러한 이해관계를 조절하고, 저당권자에게도 저당 토지 상의 건물의 존재로 인하여 생기게 되는 경매의 어려움을 해소하여 저당권의 실행을 쉽게 할 수 있도록 한 데에 있다고 풀이된다. 하지만 이 규정의 취지에 비추어 보면 민법 제365조에 기한 일괄경매청구권은 저당권설정자가 건물을 축조하여 소유하고 있는 경우이어야 한다. 그런데 경매개시결정 당시 건물의 소유권이 甲이 아닌 제3자 즉 乙에게 귀속된 사실이 인정되기 때문에 당해 건물에 대하여는 민법 제365조에 의한 일괄경매를 할 수 없다.

✤ 참고조문

제365조(저당권상의 건물에 대한 경매청구권) 토지를 목적으로 저당권을 설정한 후 그 설정자가 그 토지에 건물을 축조한 때에는 저당권자는 토지와 함께 그 건물에 대하여도 경매를 청구할 수 있다. 그러나 그 건물의 경매대가에 대하여는 우선변제를 받을 권리가 없다.

◘ 사례연구 — 근저당권말소등기의 회복등기

• **사안의 내용** 丙은 甲의 부동산에 관하여 근저당권을 가지고 있었으나 丙도

모르는 사이에 乙이 등기서류를 위조하여 丙 명의의 근저당권 등기를 불법으로 말소하고, 그 이후에 다른 사람의 명의로 근저당권 설정등기를 하였다. 뒤늦게 이 사실을 안 丙은 법원에 그 부동산에 관하여 처분금지가처분 결정신청을 하여 등기를 마치고 甲을 상대로 말소된 丙 명의의 근저당 설정등기에 대한 회복등기를 구하는 소를 제기하여 법원으로부터 승소판결을 받았다. 그런데 승소판결을 받기 전, 제3의 근저당권자의 경매개시 신청으로 인하여 그 부동산이 이미 또 다른 사람에게 경락되어 버렸다. 이런 경우 부동산의 현소유자를 상대로 소멸한 근저당권에 관한 말소등기의 회복등기를 구할 수는 없는가?

• **사안의 해결** 부동산이 경매절차에서 경락되면 그 부동산에 존재하였던 근저당권은 당연히 소멸하는 것이므로, 근저당권설정등기가 원인 없이 말소된 이후에 그 근저당 목적물인 부동산에 관하여 다른 근저당권자 등 권리자의 경매신청에 따라 경매절차가 진행되어 경락허가결정이 확정되고 경락인이 경락대금을 완납하였다면, 원인 없이 말소된 근저당권은 이에 의하여 소멸하게 된다. 따라서 위 경매절차에서 실제로 배당받은 자에 대하여 부당이득반환청구로서 그 배당금의 한도 내에서 그 근저당권설정등기가 말소되지 아니 하였더라면 배당받았을 금액의 지급을 구할 수 있을 뿐이고, 이미 소멸한 근저당권에 관한 말소등기의 회복등기를 위하여 현소유자를 상대로 그 승낙의 의사표시를 구할 수는 없다.

✤ 참고조문

제357조(근저당권) ① 저당권은 그 담보할 채무의 최고액만을 정하고 채무의 확정을 장래에 보유하여 이를 설정할 수 있 다. 이 경우에는 그 확정될 때까지의 채무의 소멸 또는 이전은 저당권에 영향을 미치지 않는다.

11. 가등기담보

(1) 가등기담보의 정의

가등기담보란 "채권담보를 위하여 채무자(또는 물상보증인)의 부동산에 소유권 이전청구권의 가등기를 해놓고, 채무불이행시 채권자가 청산금의 지급과 상환으로 소유권을 이전받거나 경매를 통해 우선변제받을 수 있는 담보제도"이다.

(2) 가등기의 정의

가등기란 "소유권 · 지상권 · 지역권 · 전세권 · 저당권 · 권리질권 · 임차권 등의 설정, 이전, 변경 또는 소멸의 청구권을 보존하거나, 이들 청구권이 정지조건부 또는 시기부인 때 기타 장래에 있어서 확정된 것인 때에 하는 등기(부동산등기법 제3

조)"이다.

(3) 등기의 정의

등기는 "물권행위 이후 이행하는 부동산물권변동의 요건"이다. 따라서 물권변동이 발생하기 위해서는 물권행위를 한 후 등기를 해야 한다.

등기와 물권행위는 물권변동의 효력을 발생하기 위한 요건이므로, 그 등기가 유효하게 발생하기 위해서는 등기와 물권행위의 내용이 일치해야 한다. 즉, 등기가 부동산등기법이 요구하는 절차상의 요건을 갖추어서 적법하게 행해져야 하며, 등기는 물권행위와 그 내용에 있어서 부합해야 한다.

◘ 사례연구 — 동일한 부동산에 대한 중복등기

• **사안의 내용** 1997년 아버지의 사망으로 상속문제를 해결하기 위해 재산관계를 정리하던 중 강릉시 성남동 일대에 41평의 토지가 1962년 5월 24일 아버지의 명의로 소유권이전등기가 되어 있었다. 그래서 이곳으로 찾아가 보니 이미 이 지역은 1962년 이전부터 도로로 사용되어 왔고, 1973년 3월 17일에 강릉시 소유재산으로 소유권이 귀속되어 현재 도로로 이용되고 있었다. 그래서 사건의 경로를 알아보니, 토지구획정리사업법이 시행된 이후 이 일대에 2,000평의 토지를 소유한 甲이 환지계획변경을 인가받은 다음 1973년 3월 16일 환지처분공고를 하여 소유권이 강릉시에 귀속된 것이라고 한다. 하지만 등기부상 甲의 아버지와 강릉시가 이중으로 소유권을 가지고 있다고 하더라도 甲의 아버지의 소유권이 우선적으로 등기되어 있기 때문에 소유권을 회복할 수 있지 않은가?

• **사안의 해결** 환지처분공고를 제쳐두고, 동일한 부동산에 관한 등기용지가 두 개 이상 존재하는 것이 전제된다면, 甲의 경우처럼 소유권이 중복하여 경료된 경우 먼저 이루어진 소유권 보존등기가 원인무효가 되지 않는 경우에는, 뒤에 이루어진 소유권은 1부동산 1용지주의를 채택하고 있는 부동산등기법 아래에서는 무효가 되어 甲의 소유권을 인정할 수 있다. 그러나 토지구획정리사업법에 의하면 환지처분공고가 있은 날의 익일에 그 관리자의 구분에 따라 국가 또는 지방자치단체에 귀속되게 되고, 한편 환지를 정하지 않은 종전의 토지상에 존재하던 권리는 토지구획정리사업법 제62조 제1항의 규정에 의하여 그 환지처분공고가 있는 날이 종료한 때 소멸하게 된다. 이와 같은 경우 토지가 멸실된 경우의 등기절차(부동산등기법 제112조)에 준하여 종전의 토지의 표시를 주말하여 그 등기용지를 폐쇄하여야 한다. 그러나 환지 전의 이 사건 토지에 관한 甲의 부친 명의의 이 사건 소유권이전등기가 경료된 등기용지는 폐쇄될 것이 폐쇄되지 아니하고 존속할 뿐이므로 이 사건 토지에 대한 소유자라고 볼 수 없다.

✤ 참고조문

부동산등기법 제5조(등기한 권리의 순위) ① 동일한 부동산에 관하여 등기한 권리의 순위는 법률에 다른 규정이 없는 때에는 등기의 전후에 의한다.
② 등기의 전후는 등기용지 중 동구에서 한 등기에 대하여는 순위번호에 의하고 별구에서 한 등기에 대하여는 접수번호에 의한다.

부동산등기법 제15조(물적편성주의) ① 등기부에는 1필의 토지 또는 1동의 건물에 대하여 1용지를 사용한다. 그러나 1동의 건물을 구분한 건물에 있어서는 1동의 건물에 속하는 전부에 대하여 1용지를 사용한다.
② 동일한 등기소의 관할에 속하는 부동산이 등기부를 분설한 수개의 구획에 걸칠 때에는 그 1개 구획의 등기부에만 그 부동산에 관한 용지를 사용한다.

제186조(부동산 물권변동의 효력) 부동산에 관한 법률행위로 인한 물권의 득실변경은 등기하여야 그 효력이 생긴다.

12. 양도담보

(1) 양도담보의 정의

"양도담보"란 채권을 담보하기 위하여 물권의 소유권을 외관상 채권자에게 이전하고, 채무자가 채무(빚)를 다 갚지 않을 경우에 채권자가 그 목적물의 소유권을 확정적으로 취득하고, 만약 채무자가 그의 빚을 다 갚을 때에는 그 목적물을 소유자에게 반환하는 형식의 민법에서 규정하지 않은 담보제도이다.

(2) 법 적 용

가등기담보법이 제정되기 이전에는 판례에 의하여 해당 양도담보의 법적 성질(신탁적 소유권이전설: 양도담보의 설정에 의해서 목적물의 소유권은 채권자에게 이전되지만, 채권자는 그 소유권을 채권담보를 위한 목적의 범위 내에서만 행사해야 할 채무를 부담한다)이 정해졌으나, 위 법의 제정 이후에는 양도담보는 단순히 담보물권인 제한물권으로 해석되고 있다. 이는 법제정이전과 달리 채무자에게 유리한 규정이다.

◘ 사례연구 — 양도담보

• **사안의 내용** A는 양돈업자 甲에게 1,000만원을 빌려주고, 돼지를 담보로 하여 양도담보계약서를 공증받았다. 돼지는 계속하여 甲이 기르고 있었고, 그 후 새끼돼지가 10마리 태어났다. 채무자인 甲은 A에게 정해진 기일에 채무를 갚지 않자, A는 담보로 잡힌 돼지를 처분하려고 하지만, 이로써 채무 전부를 변제받을 수 없을 것 같아 새끼돼지까지 처분하여 채권을 확보하려고 한다. 이것이 가능한가?

• 사안의 해결　　양도담보계약설정당시에는 어미돼지만 담보로 되어 있다가, 그 뒤 출산된 새끼돼지에게도 A의 양도담보권이 미치는가의 문제이다. 판례에 따르면 "돼지를 양도담보의 목적물로 하여 소유권을 양도하되 점유개정의 방법(채무자가 계속하여 기르는 경우)으로 양도담보설정자가 계속하여 점유·관리하면서 무상으로 사용·수익하기로 약정한 경우, 양도담보물로서 원물인 돼지가 출산한 새끼돼지는 천연과실에 해당되어 그 천연과실의 수취권은 원물인 돼지의 사용·수익권을 가지는 양도담보설정자에게 귀속되므로, 다른 특별한 약정이 없는 한 천연과실인 새끼돼지에게는 양도담보의 효력이 미치지 않는다"(대판 1996. 9. 10, 96다25463). 따라서 새끼돼지에 대하여 채권자인 양도담보권자의 채권이 미치지 않아 새끼돼지를 처분하기 위한 강제집행을 할 수 없다. 그러므로 새끼돼지는 채무자이고 양도담보설정자인 甲이 계속 소유하게 된다.

13. 명의신탁

(1) 명의신탁의 정의

명의신탁이란 "명의신탁약정(위임, 위임매매의 형식에 의하거나 추인에 의한 경우를 포함)에 의하여 부동산에 관한 소유권 기타 물권을 보유한 자 또는 사실상 취득하거나 취득하려고 하는 자(명의신탁자)와 타인(명의수탁자)과의 사이에서 대내적으로는 명의신탁자가 부동산에 관한 소유권 기타 물권을 보유하거나 보유하기로 하고, 그에 관한 등기(가등기를 포함)는 그 명의수탁자의 명의로 하는 것"을 말한다.

(2) 명의신탁의 효력

법(부동산실권리자명의등기에 관한 법률)에서 금지된 명의신탁의 약정뿐만 아니라, 등기(물권변동)도 무효라고 규정하고 있다(동법 제4조 1항 참조). 다만, 부동산에 관한 물권을 취득하기 위한 계약에서 명의신탁자가 그 일방당사자가 되고, 그 타방당사자는 명의신탁약정이 있다는 사실을 알지 못하는 경우에는 그러하지 아니한다(동법 제4조 2항). 위의 무효는 제3자(선의, 악의를 불문)에게 대항하지 못한다(동법 제4조 3항).

◘ 사례연구 — 명의신탁

• 사안의 내용　　1993년에 甲(매도인)으로부터 토지를 구입하면서 등기는 본인(명의신탁자)이 아닌 乙(명의수탁자)의 명의로 하였다. 1998년에 乙에게서 소유권을 이전 받으려고 하니 실명등기를 하지 않아 명의신탁이 무효로 되어 乙에게는 이미 권

한이 없고 甲이 乙에게 무효인 명의수탁자 명의의 등기말소를 했을 때 丙이 甲으로부터 소유권을 이전할 수 있다고 한다. 그런데 甲은 乙에게 무효인 명의수탁자 명의의 등기말소를 하려고 하지 않는다. 그러면 丙은 소유권을 이전받지 못하는 것인가? 丙이 甲을 대신해서 乙에게 무효인 명의수탁자 명의의 등기말소를 청구할 수는 없는가?

• **사안의 해결** 1995년 명의신탁으로 인한 부동산 투기 · 탈세 · 위법행위 등을 없애기 위하여 「부동산실권리자명의등기에 관한 법률」을 제정하였다. 동법은 제11조에서 1년의 유예기간을 주고 이 기간 동안 실명등기를 하지 않으면 명의신탁은 무효로 되고 소유권은 매도인에게 넘어가도록 하였다. 그래서 乙에게서 바로 소유권이전등기를 할 수 없었던 것이다. 하지만 동법에서는 매도인과 명의신탁자 사이의 매매계약의 효력을 부정하는 규정을 두고 있지 아니하여 위 유예기간 경과 후로도 매도인과 명의신탁자 사이의 매매계약은 여전히 유효하므로 명의신탁자는 위 매매계약에 기한 매도인에 대한 소유권이전등기청구권을 보전하기 위하여 매도인을 대위하여 명의수탁자에게 무효인 명의수탁자 명의의 등기의 말소를 구할 수 있다.

참고조문

부동산실권리자명의등기에관한법률 제4조(명의신탁약정의 효력) ① 명의신탁약정은 무효로 한다.

② 명의신탁약정에 따라 행하여진 등기에 의한 부동산에 관한 물권변동은 무효로 한다. 다만, 부동산에 관한 물권을 취득하기 위한 계약에서 명의수탁자가 그 일방 당사자가 되고 그 타방 당사자는 명의신탁약정이 있다는 사실을 알지 못한 경우에는 그러하지 아니하다.

③ 제1항 및 제2항의 무효는 제3자에게 대항하지 못한다.

동법 제12조(실명등기의무위반의 효력 등) ① 제11조에 규정된 기간이내에 실명등기 또는 매각처분 등을 하지 아니한 경우 그 기간이 경과한 날 이후의 명의신탁약정 등의 효력에 관하여는 제4조의 규정을 적용한다.

제 4 장

채 권 법

I 채권법의 의의

1. 채권의 의의

채권이라고 하는 것은 채권자가 채무자에게 일정한 급부행위를 청구할 수 있는 권리를 말한다. 이들 채권자와 채무자의 관계를 채권관계라고 하는데 이 채권관계를 규율하기 위한 법을 채권법이라고 한다.

채권과 물권을 민법상의 2대 재산권이라고 하는데 물권과 채권을 비교하여 채권의 특질을 살펴보면 다음과 같다. 첫째 물권은 물권자가 목적물을 배타적으로 지배하는 지배권인 데 반해 채권은 채권자가 채무자에게 일정한 급부행위를 청구할 수 있는 청구권이다. 따라서 채권은 채무자의 성실한 채무이행에 그 행사의 성패가 달려 있다고 할 수 있어 채권법은 채권자와 채무자의 신뢰관계가 고도로 요구되고 신의성실의 원칙이 중요하게 부각되는 분야라고 할 수 있다.

둘째 물권은 물권의 종류와 내용을 엄격하게 규정하고 물권법에 규정된 것과 다른 물권을 임의로 창설하는 것을 금지하는 물권법정주의에 의하고 있으므로 물권법의 규정은 강행규정이 원칙인 데 반해, 채권법의 경우에는 지엽적인 예외를 제외하고는 임의규정이 원칙이다. 따라서 채권법의 분야에서는 계약자유의 원칙(법률행위자유의 원칙)이 지배하는 대표적인 분야라고 할 수 있다.

셋째 물권은 배타성이 주어진 권리여서 하나의 물건에 대해 동일한 내용의 권리가 2개 이상 성립할 수 없는 데 반해, 채권은 배타성이 주어지지 않기 때문에 동일한 채무자에 대해 동일한 종류의 채권이 2개 이상 성립할 수 있다. 또한 물권법의 분야에서는 이 배타성 때문에 물권 상호간의 충돌이 있을 경우 그 성립순위에 따라 우선권이 주어지는 데 반해, 채권법의 분야에서는 채권자평등의 원칙이 인정되어 그 성립순위에 관계없이 평등하게 채권을 행사할 수 있게 된다.

2. 채권의 발생원인

채권은 그 발생원인에 따라 약정채권과 법정채권으로 나누어진다. 약정채권이라고 하는 것은 당사자인 채권자와 채무자 상호간의 의사표시에 의해 채권을 발생시키는 것으로서 약정채권의 발생원인으로 민법이 규정하는 것은 계약이다. 법정채권이라고 하는 것은 당사자의 의사와 관계없이 민법의 규정에 의해서 채권이 발생하는 것으로서 사무관리 · 부당이득 · 불법행위가 그것이다.

Ⅱ 채권법 일반이론

1. 채권의 종류

채권은 그 목적(급부행위의 내용)에 따라서 특정물채권 · 종류채권 · 금전채권 · 선택채권 등으로 나눌 수 있다. 채권법의 분야는 임의규정이 원칙이라서 당사자의 의사에 의해 자유로이 채권의 목적을 정할 수 있으나 채권법도 법률제도의 일부이기 때문에 일정한 제한이 가해진다. 즉 채권의 목적은 강행법규에 위반되지 않는 적법한 것이어야 하고, 사회질서에 위반되지 않는 사회적 타당성을 가져야 하며, 가능한 것이어야 하고, 확정할 수 있는 것이어야 한다.

(1) 특정물채권

특정물채권이란 특정물의 인도를 목적으로 하는 채권을 말한다. 급부의 목적물이 특정되어 있어 다른 물건으로 이행할 수 없다는 것에 그 특징이 있으며, 채무자는 목적물을 인도할 때까지 통상의 주의를 기울여서 보존하여야 한다. 따라서 채무자의 과실에 의해 목적물에 하자가 발생한 경우에는 채권자가 손해배상책임을 부담한다.

◘ 사례연구 — 기계를 인도하기 전에 하자가 발생한 경우

• **사안의 내용** 甲은 가지고 있던 기계 하나를 공장을 경영하는 乙에게 증여하기로 하여 계약을 체결하였다. 그런데 인도하기 전에 甲의 과실로 인해 기계에 하자가 발생하여 잘 작동되지 않았다. 甲은 이 하자를 수리하여 인도하여야 하는가, 아니면 수리하지 않고 인도하여도 되는가?

• **사안의 해설** 특정물채권에 있어서의 목적물 인도의무는 현상 그대로 인도하면 되는 것이 원칙이다. 따라서 채무자는 그 하자의 발생원인이 무엇인가에 관계없이 물건을 하자있는 그대로 수리 없이 인도할 수 있다. 다만 그 하자는 결국 채권자에 의해서 수리되게 되는데 채무자의 과실로 하자가 발생하였을 경우에는 수리비 상당의 손해배상을 채무자에게 청구할 수 있게 되고, 제3자의 과실에 의해 발생하였을 경우에는 그 제3자에게 손해배상청구를 할 수 있다. 따라서 목적물에 대한 하자가 천재지변과 같은 불가항력에 의해서 발생한 경우에는 채권자가 수리비를 최종적으로 부담해야 하며 채무자나 제3자에게 손해배상청구를 할 수 없다.

따라서 사례에서는 수리하여 인도할 책임은 없으며 하자 있는 그대로 인도하면 된다. 다만 그 하자는 채무자의 과실에 의해 발생한 것이므로 채권자는 채무자에게 손해배상청구를 할 수 있게 된다.

참고조문

제374조(특정물인도채무자의 선관의무) 특정물의 인도가 채권의 목적인 때에는 채무자는 그 물건을 인도하기까지 선량한 관리자의 주의로 보존하여야 한다.

(2) 종류채권

종류채권이라고 하는 것은 채무자인 특정의 회사가 생산하는 TV 10대를 채권자에게 인도하기로 하는 채권과 같이 급부의 목적물이 종류와 수량으로만 정해진 채권을 말한다. 즉 종류채권에 있어서는 채무자는 정해진 종류의 물건을 정해진 수량만큼 이행해야 하는 것으로서 이행할 목적물이 채권성립 당시에 특정되어 있지 않은 것이기 때문에 불특정물채권이라고도 한다.

◘ 사례연구 — 도자기가 운송 도중 파손된 경우

• **사안의 내용** 甲이 생산하고 있는 100만원 상당의 도자기 10점을 乙에게 판매하기로 하고 도자기를 乙의 주소에까지 송부하기로 하였다. 그 후 도자기를 운송회사에 의뢰하여 송부하였는데 도중에 교통사고가 발생하여 도자기가 파손되었다. 甲은

다시 도자기를 乙에게 송부하여야 하는가?

• **사안의 해설** 종류채권은 채무자가 이행에 필요한 행위를 완료한 때에 특정물채권으로 변화한다. 그리고 민법상 채무는 지참채무가 원칙이기 때문에 채무자가 목적물을 채권자의 주소지에서 인도한 때에 이행에 필요한 행위를 완료한 것이므로 그 이전에 발생한 사유를 가지고는 채무를 면하지 못한다. 채무자가 목적물을 채권자에게 송부해 주기로 한 경우에도 물건이 채권자에게 도달해야 채무자가 이행에 필요한 행위를 완료한 것이므로 사례에서는 아직 종류채권이 특정물채권으로 변화하지 않았다. 그러므로 사례에서의 채무자는 다시 다른 물건으로 이행해야 할 책임을 부담한다. 다만 다시 이행함으로써 발생한 손해는 운송업자에게 배상청구가 가능하다.

참고조문

제375조(종류채권) ① 채권의 목적을 종류로만 지정한 경우에 법률행위의 성질이나 당사자의 의사에 의하여 품질을 정할 수 없는 때에는 채무자는 중등품질의 물건으로 이행하여야 한다.

② 정한의 경우에 채무자가 이행에 필요한 행위를 완료하거나 채무자의 동의를 얻어 이행할 물건을 지정한 때에는 그때로부터 그 물건을 채권의 목적물로 한다.

(3) 금전채권

금전채권이라고 하는 것은 보통 일정액의 금전을 채무자가 채권자에게 지급해야 할 채권을 말한다. 금전에 해당하는 종류의 물건을 정해진 금액만큼 지급해야 하는 것이기 때문에 종류채권의 일종이라고 할 수 있다. 그리고 일정액의 금전을 지급하면 되는 것이기 때문에 실제로 지급되는 화폐의 종류는 문제가 되지 않으며 채무자는 지급해야 할 액수의 여하를 불문하고 각종의 화폐로 정해진 액수만큼 지급하면 된다.

사례연구 — 달러 대신 우리나라 화폐로 지급하는 경우

• **사안의 내용** 甲은 외국으로부터 일정한 물건을 수입하고 그 대금으로서 1만 달러를 지급하기로 하였다. 그런데 우리나라의 외환수급이 불균형하여 달러를 구할 수 없다. 우리나라 화폐로 대신 지급하는 것이 가능한가?

• **사안의 해설** 금전채권에서 정해진 화폐의 종류가 우리나라의 화폐가 아닌 외국의 화폐인 경우를 외화채권이라고 한다. 그런데 외화채권의 경우에는 우리나라에서 정해진 나라의 화폐를 반드시 구할 수 있다는 보장이 없다. 따라서 민법은 이러한 경우를

대비하여 지급할 때의 지급지의 환율에 따라서 우리나라 화폐로 지급하는 것을 가능하게 하였다. 사례에서는 이와 같은 민법의 규정에 의해 지급할 때의 환율에 따라서 우리나라의 화폐로 지급할 수 있다.

참고조문

제376조(금전채권) 채권의 목적이 어느 종류의 통화로 지급할 것인 경우에 그 통화가 변제기에 강제통용력을 잃은 때에는 채무자는 다른 통화로 변제하여야 한다.

제377조(외화채권) ① 채권의 목적이 다른 나라 통화로 지급할 것인 경우에는 채무자는 자기가 선택한 그 나라의 각 종류의 통화로 변제할 수 있다.

② 채권의 목적이 어느 종류의 다른 나라 통화로 지급할 할 것인 경우에 그 통화가 변제기에 강제통용력을 잃은 때에는 그 나라의 다른 통화로 변제하여야 한다.

제378조(동전) 채권액이 다른 나라 통화로 지정된 때에는 채무자는 지급 할 때에 있어서의 이행지의 환금시가에 의하여 우리나라 통화로 변제할 수 있다.

(4) 선택채권

선택채권이라고 하는 것은 채무자가 가지고 있는 아파트와 단독주택 중에서 하나를 지급하기로 하는 경우와 같이 급부가 선택적으로 정해져 있는 채권을 가리킨다. 즉 정해진 여러 개의 급부가 선택적으로 채권의 목적이 되며 그 중 어느 하나가 선택되어 이행되면 만족되는 채권을 가리킨다. 그리고 선택채권에 있어서 선택권은 특별한 사정이 없는 한 채무자에게 있는 것으로 인정된다.

사례연구 — 청자와 백자 중 하나를 인도하여야 하는 경우

• **사안의 내용** 甲이 가지고 있는 골동품인 청자와 백자 중의 하나를 甲이 선택하여 乙에게 인도하기로 하였다. 그런데 목적물을 선택하여 인도하기 전에 甲의 집을 방문한 옆집 아주머니에 의해 청자가 파손되었다. 甲은 이행이 가능한 백자를 반드시 乙에게 넘겨주어야 하는가, 아니면 불능이 된 청자를 선택하여 이행의무를 면할 수 있는가?

• **사안의 해설** 선택채권에 있어서 선택가능한 급부 중에서 하나가 선택되는 것을 선택채권의 특정이라고 한다. 선택채권의 특정방법에는 선택권의 행사에 의한 특정과 급부불능에 의한 선택 두 가지가 인정된다.

사례에서와 같이 선택적으로 정해진 급부 중에서 일부가 불가능하게 된 것을 급부불능에 의한 특정이라고 하는데, 급부불능에 의한 특정은 선택권이 없는 당사자에 의한 불능의 발생의 경우를 제외하고는 남아있는 급부에 자동적으로 특정된다. 따라서 사례와 같은 경우에 있어서는 이행이 가능한 백자를 인도해야 하며, 청자의 파손으로 인한 甲의 손해는 옆집 아주머니에게 청구하게 된다.

✤ 참고조문

제381조(선택권의 이전) ① 선택권행사의 기간이 있는 경우에 선택권자가 그 기간 내에 선택권을 행사하지 아니하는 때에는 상대방은 상당한 기간을 정하여 그 선택을 최고할 수 있고 선택권자가 그 기간 내에 선택하지 아니하면 선택권은 상대방에게 있다.
② 선택권행사의 기간이 없는 경우에 채권의 기한이 도래한 후 상대방이 상당한 기간을 정하여 그 선택을 최고하여도 선택권자가 그 기간 내에 선택하지 아니할 때에도 전항과 같다.

제385조(불능으로 인한 선택채권의 특정) ① 채권의 목적으로 선택할 수 개의 행위 중에 처음부터 불능한 것이나 또는 후에 이행불능하게 된 것이 있으면 채권의 목적은 잔존한 것에 존재한다.
② 선택권 없는 당사자의 과실로 인하여 이행불능이 된 때에는 전항의 규정을 적용하지 아니한다.

2. 채무불이행

채무가 제대로 이행되지 않아서 채권관계에 분쟁이 발생하는 상태를 채무불이행이라고 한다. 그리고 채무불이행의 종류로 민법상 인정되는 것이 이행지체 · 이행불능 · 불완전이행 · 채권자지체 등이다. 그러나 우리 민법은 과실책임주의를 원칙으로 하고 있기 때문에 채무불이행의 상태가 발생하였다고 하더라도 당사자에게 고의나 과실이 존재하지 않는 한 채무불이행책임을 부담하지 않는다.

(1) 이행지체

이행지체라고 하는 것은 이행기가 도래하고 이행이 가능한 데도 불구하고 채무자의 과실로 아직 이행이 되지 않는 것을 말한다. 이행지체가 발생하면 채권자는 강제이행 및 손해배상을 청구할 수 있으며, 채무자의 책임이 가중되어 채무자에게 과실 없이 목적물이 멸실하는 등 손해가 발생한 경우에도 채무자는 책임을 부담하게 된다. 또한 채권이 계약에 의해 발생한 경우에는 채권자는 그 계약을 해제할 수 있다.

사례연구 — 종업원의 과실로 인도가 늦어진 경우

• 사안의 내용　　甲은 건축자재의 판매를 하고 있는 건축자재상이다. 乙에게 일정량의 건축자재를 납품하기로 하고 甲은 고용하고 있는 종업원에게 건축자재의 수송을 맡겼다. 그런데 이 종업원이 건축자재의 수송 중에 개인적인 일을 보았기 때문에 이행기일보다 몇 일 늦게 건축자재가 배달되었다. 이 경우 甲에게는 아무런 과실도 없는데 이행이 늦어진 데 대해 채권자인 乙에게 손해배상책임을 부담해야 하는가?

• 사안의 해설　　채무불이행에 있어서 민법은 채권자를 보호하기 위하여 채무자 자신에게 과실이 없더라도 법정대리인이나 이행보조자에게 과실이 있는 경우에는 이를 채무자의 과실과 동일시하여 채무자에게 배상책임을 부담시키고 있다. 그리고 여기서 이행보조자라고 하는 것은 채무자가 채무를 이행하는 데 사용하는 제3자를 가리킨다.

따라서 사례와 같은 경우에는 종업원은 채무자의 이행보조자이고 그 이행보조자의 고의에 의해 이행이 늦어졌으며, 그 이행지체에 의해 채권자에게 손해가 발생하였으면 채무자가 채권자에게 그 손해배상책임을 부담해야 한다.

참고조문

제387조(이행기와 이행지체)　① 채무이행의 확정한 기한이 있는 경우에는 채무자는 기한이 도래한 때로부터 지체책임이 있다. 채무이행의 불확정한 기한이 있는 경우에는 채무자는 기한이 도래함을 안 때로부터 지체책임이 있다.
② 채무이행의 기한이 없는 경우에는 채무자는 이행청구를 받은 때로부터 지체책임이 있다.

제392조(이행지체중의 손해배상)　채무자는 자기에게 과실이 없는 경우에도 그 이행지체중에 생긴 손해를 배상하여야 한다. 그러나 채무자가 이행기에 이행하여도 손해를 면할 수 없는 경우에는 그러하지 아니하다.

(2) 이행불능

이행불능이라고 하는 것은 채권이 성립한 이후에 채무자의 과실에 의해 이행이 불가능해지고 그로 인하여 채무가 이행되지 못해 채권관계에 분쟁이 발생하는 상태를 말한다. 이 이행불능의 경우에도 채권자는 채무자에게 손해배상청구권이나 계약해제권을 행사하여 그 책임을 물을 수 있다.

사례연구 — 양주병이 파손된 경우

• 사안의 내용　　甲은 乙에게 가지고 있는 고가의 양주 한 병을 주기로 하였다. 그런데 이행 전에 甲의 집에 강도가 침입하였고 그 강도를 퇴치하는 과정에서 甲은

어쩔 수 없이 그 술병을 사용하여 강도를 타격하였으며, 그로 인해 술병이 파괴되어 이행이 불가능하게 되었다. 이때에 甲의 고의에 의해 불능사실이 발생하였으므로 채권자에게 손해배상책임을 부담해야 하는가?

• **사안의 해설** 채무불이행사실이 채무자의 고의나 과실에 의해 발생하였다고 하더라도 위법성이 존재하지 않는 경우에는 채무불이행책임을 부담하지 않으며, 이행불능에 있어서 위법성을 배제시키는 사유로서 통상적으로 인정되는 것이 정당방위나 긴급피난 등이다. 그러므로 정당방위나 긴급피난과 같은 특별한 사정이 존재하는 경우에는 채무자에게 과실이 있다고 하더라도 이행불능책임을 부담하지 않는다.

사례에서 보는 바와 같이 강도로부터의 긴급한 피해를 피하기 위해 술병을 사용하는 것은 정당방위의 예로 인정될 수 있다. 따라서 위와 같은 사례에서는 이행불능에 위법성이 없는 것으로서 채무자는 이행불능으로 인한 책임을 부담하지 않게 된다.

(3) 불완전이행

불완전이행이라고 하는 것은 채무자가 이행행위는 하였으나 그 이행행위가 불완전하여 채권자에게 손해가 발생하고, 이로 인해 채권관계에 분쟁이 발생하는 것을 가리킨다. 채무자의 과실에 의한 불완전이행의 경우에는 채권자는 통상적으로 완전이행청구권·손해배상청구권·계약해제권 등을 행사할 수 있다.

◘ 사례연구 — 감염된 병아리 때문에 다른 닭까지 폐사한 경우

• **사안의 내용** 甲은 양계장을 운영하고 있는 乙에게 병아리 100마리를 인도하기로 계약하고 그 이행행위로서 100마리의 병아리를 넘겨주었다. 그런데 인도하기 전에 甲의 부주의로 이 100마리의 병아리에게 전염병이 감염되었고, 이행한 이후에 전염병이 이환되어 甲이 인도한 100마리의 병아리는 물론이고 乙이 이미 키우고 있던 10,000마리의 닭까지 폐사하였다. 乙은 甲에게 자기가 키우고 있던 10,000마리에 대한 손해배상까지 요구하고 있는데 이에 응해야 하는가?

• **사안의 해설** 불완전이행이라고 하는 것은 완전한 이행이 되지 않았기 때문에 채권자에게 발생한 손해를 배상시키기 위한 제도이고, 그 손해배상은 그 불완전한 이행으로 발생한 추가적인 손해(확대손해)도 배상의 대상으로 하고 있다.

따라서 위의 사례에서 채권자에게 발생한 닭 10,000마리의 폐사에 대한 손해도 불완전이행으로 인한 손해배상의 범위에 포함되는 것으로서 채무자는 그 배상책임을 면치 못한다.

(4) 채권자지체

채권자지체라고 하는 것은 채무자가 완전하고 성실한 이행행위를 하였으나 채권자가 수령을 거절하거나 수령을 할 수 없는 상태에 빠져 있었기 때문에 채무가 이행되지 못하여 분쟁이 발생한 상태를 말하며 수령지체라고도 한다. 채권자지체의 사실이 발생하면 채무자의 주의의무가 경감되어 중대한 과실이나 고의에 대해서만 책임을 부담하게 되며, 채무자는 채권자에 대해 손해배상청구권이나 계약해제권 등을 행사할 수 있게 된다.

✤ 참고조문

제400조(채권자지체) 채권자가 이행을 받을 수 없거나 받지 아니한 때에는 이행의 제공있는 때로부터 지체책임이 있다.

제402조(동전) 채권자지체중에는 이자 있는 채권이라도 채무자는 이자를 지급할 의무가 없다.

제403조(채권자지체와 채권자의 책임) 채권자의 지체로 인하여 그 목적물이 보관 또는 변제의 비용이 증가된 때에는 그 증가액은 채권자의 부담으로 한다.

3. 채무불이행에 대한 구제

각종의 채무불이행의 효과에 관해서는 이미 살펴보았으며 채권자나 채무자는 채무불이행의 효과로서 인정된 권리를 행사하여 자신에게 발생한 불이익을 구제받을 수 있다. 그런데 채무불이행의 종류를 불문하고 일반적으로 인정될 수 있는 구제방법 중에 채권법상 중요한 것으로 다루어지는 것이 강제이행의 청구와 손해배상의 청구이다.

(1) 강제이행

강제이행이라고 하는 것은 채무가 제대로 이행되지 않을 경우 채권자가 국가의 공권력인 법원의 힘을 빌어 강제적으로 채권의 내용을 실현하는 것을 말한다. 즉 채무가 제대로 이행되지 않을 경우에는 채권자는 원칙적으로 소송을 제기하여 승소의 확정판결을 얻어 채무자에 대한 강제이행을 청구할 수 있는 것이다. 강제이행의 종류로는 직접강제·대체집행·간접강제 등이 인정되고 있다. 직접강제라고 하는 것은 채무의 내용을 법원의 힘을 빌어 그대로 실현하는 것을 가리키고, 대체집행이라고 하는 것은 제3자로 하여금 채무자에 대신하여 이행하게 하고 제3자에게 대신 이행시키는 데 들어간 비용을 채무자에게 청구하는 방법에 의한 것을 가리키며, 간접강제라고 하는 것은 채무자가 이행할 때까지 추가적인 손해배상을 명하는 방법에 의해 심리적으로 이행하지 않을 수 없게 만드는 방법을 가리킨다.

◘ 사례연구 — 건축업자가 건물신축에 착수하지 않는 경우

• **사안의 내용** 甲은 건축업자인 乙로부터 건물을 신축하여 받기로 하고 계약을 체결하였다. 그런데 이행기가 지나도록 乙은 건물의 신축에 착수하지 않고 있다. 甲은 시급히 거주할 집이 필요한데 어떠한 방법으로 강제이행을 시킬 수 있는가?

• **사안의 해설** 직접강제라고 하는 것은 법원의 힘을 빌어 채무의 내용을 직접적으로 실현하는 것을 말한다. 그런데 직접강제는 채무자가 특정한 물건을 인도하기로 한 경우에 법원의 힘에 의해 강제적으로 인도받아 오는 경우와 같이 「주는 채무」의 경우에 가능한 강제이행의 방법이다.

사례에 있어서 채무자가 건물신축행위를 하여야 하는 경우와 같이 「하는 채무」의 경우에 직접강제의 방법에 의해 강제적으로 채무자로 하여금 노역을 하게 하는 것은 인권침해의 소지가 있어 인정되지 않는다. 따라서 통상적으로 「하는 채무」의 경우에는 제3자에게 대신 이행을 시키고 그 비용을 채무자에게 청구하는 방법에 의한 대체집행이 인정된다. 따라서 사례의 경우에는 다른 건축업자에게 건물신축을 대신 시키고 그 비용을 채무자에게 청구할 수 있을 것이다.

다만 「하는 채무」의 일종이라고 하더라도 특정한 유명 연예인이 출연하기로 한 경우와 같이 제3자가 이행하면 원래의 채권의 목적이 달성될 수 없는 부대체적인 「하는 채무」의 경우에는 대체집행이 허용될 수 없고, 간접강제에 의해 이행을 심리적으로 강제하는 수밖에 없을 것이다.

✢ 참고조문

제389조(강제이행) ① 채무자가 임의로 채무를 이행하지 아니한 때에는 채권자는 그 강제이행을 법원에 청구할 수 있다. 그러나 채무의 성질이 강제이행을 하지 못한 것인 때에는 그러하지 아니하다.

② 전항의 채무가 법률행위를 목적으로 한 때에는 채무자의 의사표시에 갈음할 재판을 청구할 수 있고 채무자의 일신에 전속하지 아니한 작위를 목적으로 한 때에는 채무자의 비용으로 제3자에게 이를 하게 할 것을 법원에 청구할 수 있다.

③ 그 채무가 부작위를 목적으로 한 경우에 채무자가 이에 위반한 때는 채무자의 비용으로써 그 위반한 것을 제거하고 장래에 대한 적당한 처분을 법원에 청구할 수 있다.

④ 전3항의 규정은 손해배상의 청구에 영향을 미치지 아니한다.

(2) 손해배상

채무불이행으로 채권자에게 손해가 발생한 경우에는 채무자에 대하여 손해배상을 청구할 수 있다. 이행지체의 경우에 이행이 늦어졌기 때문에 발생한 손해의 배상을 지연배상이라고 하고, 이행불능의 경우와 같이 이행이 되지 않아서 발생한 손해의 배상을 전보배상이라고 한다. 그리고 우리 민법은 손해배상의 방법에 관해 금전배상주의를 원칙으로 하고 있기 때문에 손해배상은 채권자에게 발생한 손해를 금전적으로 평가하여 일정액의 금전지급을 청구하는 방법으로 행해진다.

사례연구 — 기한까지 납품하지 못하여 발생한 손해

• **사안의 내용** 甲은 주방기구를 납품하는 도매상으로서 乙에게 일정량의 주방기구를 판매하기로 하고 계약을 맺었다. 그런데 甲이 정해진 기한까지 납품하지 못하는 사건이 발생하였다. 나중에 알고 보니 乙은 주방기구를 소매하는 자로서 甲에게서 납품받은 주방기구를 건축업자인 丙에게 소매로 팔기로 하였는데, 甲이 제때에 납품하지 못하여 丙과의 계약을 이행할 수 없게 되었으며, 乙은 丙과의 계약에서 얻을 수 있었던 100만원의 이익금까지 배상을 하라고 甲에게 요구한다. 이에 응해야 하는가?

• **사안의 해설** 손해배상에 있어서 배상의 대상이 되는 손해는 통상의 손해를 한도로 한다. 일정한 물건을 인도하기로 하였으나 그 불이행으로 인하여 손해가 발생하였으면 그 물건의 가격이 통상의 손해이며 그 한도로 배상책임이 정해지는 것이 원칙이다. 그 이외의 손해가 있다고 하더라도 그 손해는 통상의 손해에 포함되지 않는 특별손해가 되는 것으로 이 특별손해는 채무자가 알았거나 알 수 있었을 때 한하여 배상의 대상이 된다.

사례에서 乙이 丙과의 계약을 이행하지 못하여 발생한 이익금 100만원에 관한 손해는 특별손해라고 하여야 하며, 甲으로서는 乙이 소매업자라는 것 및 丙과 계약을 맺은 사실을 채무불이행 이후에 알았으며 그전에는 알 수 없었다면 배상의 대상에서 제외되어야 할 것이다.

참고조문

제390조(채무불이행과 손해배상) 채무자가 채무의 내용에 좇은 이행을 하지 아니한 때에는 채권자는 손해배상을 청구할 수 있다. 그러나 채무자의 고의나 과실 없이 이행할 수 없게 된 때에는 그러하지 아니한다.

제393조(손해배상의 범위) ① 채무불이행으로 인한 손해배상은 통상의 손해를 그 한도로 한다.

② 특별한 사정으로 인한 손해는 채무자가 그 사정을 알았거나 알 수 있었을 때에 한하여 배상의 책임이 있다.

제394조(손해배상의 방법) 다른 의사표시가 없으면 손해는 금전으로 배상한다.

4. 책임재산의 보전제도

채무자가 채무를 이행하지 않는 경우에 채권자에게 강제이행이나 손해배상의 청구가 인정된다고 하더라도 이는 채무자에게 재산이 있을 경우에 가능한 것이며, 강제이행이나 손해배상의 대상이 되는 채무자에게 재산이 없을 경우에는 채권자는 결국 성공적으로 강제이행이나 손해배상청구를 할 수 없게 된다. 민법은 이러한 상황이 존재할 경우에 이를 부분적으로나마 타개하여 채권자의 채권을 보호하기 위해 일정한 제도를 마련해 놓고 있는데, 채권자대위권제도와 채권자취소권제도가 그것이다.

(1) 채권자대위권

채권자대위권이라고 하는 것은 채무자가 다른 재산이 없고 제3자에 대해서 일정한 재산적 가치가 있는 권리를 가지고 있는 경우에, 채권자가 자기 채권의 만족을 얻기 위하여 이 채무자가 제3자에 대해서 가지고 있는 권리를 대신 행사할 수 있는 권리를 말한다. 채무자에게 다른 재산이 있는 경우에는 채권자대위권의 행사가 인정되지 않는 것이 원칙이며, 따라서 채권자대위권의 행사는 채무자의 무자력을 요건으로 하는 것이 원칙이다.

◘ 사례연구 — 채무자가 다른 사람에게 받을 권리가 있는 돈

• **사안의 내용** 甲은 乙에 대해 1억 원의 채권을 가지고 있는 사람이다. 그런데 이행기가 도래하여도 乙이 이행하지 않아서 乙의 집에 가본 결과 이렇다 할 재산을 가지고 있지 못하였다. 그런데 나중에 들으니 乙이 丙에 대해 받을 돈이 있다고 한다. 甲이 이 돈을 대신 받아서 가질 수 있는가?

• **사안의 해설** 채권자대위권은 채무자가 제3자에 대해서 가지고 있는 권리를 대신 행사할 수 있는 권리를 말한다. 따라서 사례에서 채권자는 乙이 丙에 대해서 가지고 있는 금전채권을 대신 행사하여 자기 채권의 만족을 얻을 수 있으며, 남는 돈이 있을 경우에는 채무자에게 반환하면 된다.

참고조문

제404조(채권자대위권) ① 채권자는 자기의 채권을 보전하기 위하여 채무자의 권리를 행사할 수 있다. 그러나 일신에 전속한 권리는 그러하지 아니하다.
② 채권자는 그 채권의 기한이 도래하기 전에는 법원의 허가 없이 전항의 권리를 행사하지 못한다. 그러나 보존행위는 그러하지 아니하다.

(2) 채권자취소권

채권자취소권이라고 하는 것은 채무자가 자기가 가지고 있는 재산을 제3자에게 넘겨주어 결국 채권자가 강제이행이나 손해배상청구를 할 수 없게 만든 경우에, 채권자가 이 재산을 넘겨주는 사해행위를 취소하고 제3자에게 넘어간 재산을 반환시켜 자신의 채권을 만족시킬 수 있게 하는 제도이다. 이것 역시 채권자대위권과 같이 채무자가 다른 재산을 가지고 있지 않은 경우에 인정되는 제도이나, 채권자대위권의 경우와는 달리 재산을 취득한 제3자를 보호하기 위해 반드시 채권자취소소송을 제기하여 재판상 행사하는 것만이 인정된다.

사례연구 — 강제집행을 면하기 위하여 재산을 처분한 경우

• **사안의 내용** 甲의 채무자인 乙이 甲의 강제이행이나 손해배상청구를 피하기 위해 자신이 가지고 있는 재산을 제3자인 丙에게 처분하고, 결국 무자력의 상태가 되어 甲이 채권을 행사할 수 없게 되었다. 그런데 丙은 乙로부터 재산을 정당한 가격으로 취득하였고 취득할 당시에 그 재산의 취득으로 인해 결과적으로 甲의 채권이 행사될 수 없게 된다는 사실을 몰랐다고 주장한다. 채무자 乙의 처분행위를 취소하고 丙이 취득한 재산의 반환청구를 위한 소송을 제기하면 승소할 수 있겠는가?

• **사안의 해설** 채권자취소권을 행사하기 위해서는 채무자와 재산을 현재 가지고 있는 제3자가 채권자의 채권이 침해된다는 사실을 알고 처분행위를 했을 경우이어야 한다. 따라서 사례에서와 같이 현재 처분된 재산을 소유하고 있는 제3자가 채권자의 채권이 실질적으로 침해된다는 사실을 모르고 재산을 취득한 경우에는 채권자취소권을 행사할 수 없게 된다. 따라서 사례에서의 채권자는 처분된 재산을 가지고 있는 제3자에 대해 채권자취소권을 행사하기 위한 소를 제기한다고 하더라도 승소할 가능성은 없어 보인다.

♣ 참고조문

제406조(채권자취소권) 채무자가 채권자를 해함을 알고 재산권을 목적으로 한 법률행위를 한 때에는 채권자는 그 취소 및 원상회복을 법원에 청구할 수 있다. 그러나 그 행위로 인하여 이익을 받은 자나 이전한 자가 그 행위 또는 이전 당시에 채권자를 해함을 알지 못한 경우에는 그러하지 아니하다.

5. 다수당사자의 채권관계

채권관계에 있어서는 채권자나 채무자가 2인 이상이 되는 경우가 있다. 이처럼 채권자나 채무자 또는 양 당사자가 모두 2인 이상이 되는 경우를 다수당사자의 채권관계라고 한다. 이 다수당사자의 채권관계 중에서 민법상 중요한 문제로 대두되는 것이 연대채무와 보증채무이다. 또한 보증채무의 특수한 형태로서 신원보증이라고 하는 것도 존재한다.

(1) 연대채무

연대채무라고 하는 것은 채무자가 2인 이상인 경우에 채권자가 이 2인 이상의 채무자 각자를 상대로 동시에 또는 별도로 채권 전액을 청구할 수 있는 채무를 가리킨다. 그러므로 연대채무는 채권자의 채권의 효력을 강화하는 제도라고 할 것이다. 한편 연대채무에 있어서 연대채무자들이 부담하는 채무는 채권자의 채권을 만족시킨다는 공동의 목적을 가지고 있으므로 일부의 연대채무자가 채무를 이행하면 그 이행한 한도 내에서 채권자의 채권이 소멸하게 된다.

◘ 사례연구 — 연대채무자 1인이 채무를 전부 이행한 경우

• **사안의 내용** 甲은 乙과 함께 丙으로부터 쌀 10포대를 구입하여 5포대씩 나누어 갖기로 하고 그 대금 100만원에 대해서는 丙에게 연대채무를 부담하기로 약속하였다. 이에 丙은 甲에게 전액의 청구를 하였고 甲은 100만원의 대금을 전액 지급하여 丙의 채권을 소멸시켰다. 甲은 乙에게 어떠한 청구를 할 수 있는가?

• **사안의 해설** 연대채무에 있어서 연대채무자 상호간에 있어서는 내부적인 부담부분이라고 하는 것이 인정된다. 그리고 채무를 이행하여 채권을 소멸시킨 연대채무자는 동료 연대채무자에게 각자의 부담부분에 따른 구상청구가 가능하다. 사례에서는 채무자들이 쌀 10포대를 구입하여 5포대씩 나누어 가졌으므로 특별한 사정이 없는 한 내부적인 부담비율은 50 대 50이 된다. 따라서 그 중 한 채무자가 전액의 변제를 하여 채

권을 소멸시켰을 경우에는 동료 연대채무자에게 내부적인 부담비율에 따라 50만원의 구상청구가 가능하다.

참고조문

제413조(연대채무의 내용) 수인의 채무자가 채무전부를 각자 이행할 의무가 있고 채무자 1인의 이행으로 다른 채무자도 그 의무를 면하게 되는 때에는 그 채무는 연대채무로 한다.

제414조(각 연대채무자에 대한 이행청구) 채권자는 어느 연대채무자에 대하여 또는 동시나 순차로 모든 연대채무자에 대하여 채무의 전부나 일부의 이행을 청구할 수 있다.

제425조(출재채무자의 구상권) ① 어느 연대 채무자가 변제 기타 자기의 출재로 공동면책이 된 때에는 다른 연대채무자의 부담부분에 대하여 구상권을 행사할 수 있다.
② 전항의 구상권은 면책된 날 이후의 법정이자 및 피할 수 없는 비용 기타의 손해배상을 포함한다.

(2) 보증채무

보증채무라고 하는 것은 채권자의 채권을 담보하기 위해 채무자가 채무를 이행하지 않을 경우 제3자가 채무자 대신에 채무를 이행하기로 약속한 경우에, 이 제3자가 부담하는 채무를 가리킨다. 원래의 채무자를 주채무자라고 부르고 주채무자를 대신하여 채무를 이행하기로 한 제3자를 보증인이라고 한다. 그리고 보증인이 주채무자를 대신하여 채무를 이행한 경우에는 주채무자를 상대로 구상청구를 할 수 있다.

사례연구 — 채권자가 보증인에게 먼저 청구하는 경우

• **사안의 내용** 甲은 채무자 乙을 위해 보증계약을 체결하여 보증채무를 부담하였다. 그런데 채권자는 주채무자인 乙에게 충분한 재산이 있는 데도 불구하고 보증인이 甲에게 먼저 청구하여 채무를 이행하라고 요구하고 있다. 甲은 채권자에게 보증채무를 부담한 보증인이므로 채권자의 청구대로 이행하여야 하는가? 주채무자인 乙에게 먼저 청구하고 받지 못하는 한도에서 자신에게 청구하라고 할 수는 없는가?

• **사안의 해설** 일반적으로 보증인에게는 최고·검색의 항변권이라는 것이 인정되어 있으며 이것에 의해 보증인은 주채무자에게 강제집행이 용이한 재산이 있음을 증명하여 주채무자에게 먼저 청구하거나(최고의 항변권), 주채무자의 재산에 대해 먼저 강제집행을 할 것을(검색의 항변권) 주장할 수 있다. 따라서 사례에서 보증인은 주채무자에게 집행이 용이한 재산이 있음을 이야기하여 먼저 주채무자에게 청구할 것 또는 먼저

주채무자의 재산에 대해 집행할 것을 요구할 수 있으며, 그렇게 하였더라도 채권자가 지급받지 못한 것이 있는 경우에 한해서 책임을 부담한다.

다만 보증채무의 특수한 형태로서 연대보증이라고 하는 것이 있으며 이 연대보증의 경우에는 보증인에게 최고·검색의 항변권이 인정되지 않는다. 그리고 현재 대부분의 금융기관에서 행해지고 있는 보증은 대부분이 연대보증이다. 따라서 위의 사례에서 보증인과 채권자 사이에 행해진 보증계약이 연대보증계약이라서 보증인이 부담한 보증채무가 연대보증채무인 경우에는 먼저 주채무자에게 청구 또는 집행할 것을 요구할 수 없으며, 채권자의 청구대로 이행하여야 한다.

참고조문

제428조(보증채무의 내용) ① 보증인은 주채무자가 이행하지 아니하는 채무를 이행할 의무가 있다.
② 보증은 장래의 채무에 대하여도 할 수 있다.

제437조(보증인의 최고, 검색의 항변) 채권자가 보증인에게 채무의 이행을 청구한 때에는 보증인은 주채무자의 변제자력이 있는 사실 및 그 집행이 용이할 것을 증명하여 먼저 주채무자에게 청구할 것과 그 재산에 대하여 집행 할 것을 항변할 수 있다. 그러나 보증인이 주채무자와 연대하여 채무를 부담한 때에는 그러하지 아니하다.

제441조 (수탁보증인의 구상권) 주채무자의 부탁으로 보증인이 된 자가 과실 없이 변제 기타의 출재로 주채무를 소멸하게 한 때에는 주채무자에 대하여 구상권이 있다.

제444조(부탁없는 보증인의 구상권) ① 주채무자의 부탁 없이 보증인이 된 자가 변제 기타 자기의 출재로 주채무를 소멸하게 한 때에는 주채무자는 그 당시에 이익을 받은 한도에서 배상하여야 한다.
② 주채무자의 의사에 반하여 보증인이 된 자가 변제 기타 자기의 출재로 주채무를 소멸하게 한 때에는 주채무자는 현존이익의 한도에서 배상하여야 한다.
③ 전항의 경우에 주채무자가 구상한 날 이전에 상계원인이 있음을 주장한 때에는 그 상계로 소결할 채권은 보증인에게 이전된다.

(3) 신원보증

신원보증이라고 하는 것은 피용자와 사용자 사이에 고용계약이 체결되는 경우에 장래 피용자의 행위로 사용자에게 발생할지도 모를 손해를 담보하기 위하여 제3자가 보증채무를 부담하는 것을 가리킨다. 그런데 신원보증은 보통 사회적인 인간관계에 의해 어쩔 수 없이 해주는 것이 보통이므로 우리나라는 신원보증법이라고 하는 특별법을 제정하여 신원보증인의 보호를 꾀하고 있다.

◘ 사례연구 — 신원보증의 보증기간과 해지방법

• **사안의 내용** 甲은 취직하는 조카를 위해 어쩔 수 없이 신원보증을 해 주었다. 그런데 그 조카의 행실이 점점 불량해지는 기미가 보이기 시작한다. 甲은 언제까지나 신원보증채무를 부담해야 하는가? 신원보증계약을 해지할 수 있는 방법은 없는가?

• **사안의 해설** 신원보증법에 따르면 피용자가 업무를 하는 데 있어서 불성실하거나 하는 등의 사유가 있을 경우에는 사용자는 신원보증인에게 그러한 사실을 통지하도록 하고 있으며, 그러한 통지가 있었거나 사용자의 통지가 없더라도 스스로 그러한 사실을 알았을 경우에는 신원보증인은 신원보증계약을 해지할 수 있게 하고 있다. 따라서 위의 사례에서 신원보증인은 사용자를 상대로 신원보증계약의 해지를 할 수 있다.

또한 신원보증계약을 해지하지 않는다고 하더라도 원칙적으로 신원보증계약은 기간을 정하지 않은 경우에는 2년이 존속기간으로 되어 있고, 계약으로 기간을 정한 경우에도 2년을 초과하지 못하게 되어 있다. 따라서 신원보증계약을 갱신하지 않는 한 취직한 후 위와 같은 기간이 지난 이후에 발생한 사실에 대해서는 신원보증인은 책임을 부담하지 않는다.

✤ 참고조문

신원보증법 제3조(신원보증계약의 존속기간 등) ① 기간을 정하지 아니한 신원보증계약은 그 성립일부터 2년간 효력을 가진다.

② 신원보증계약의 기간은 2년을 초과하지 못한다. 이보다 장기간으로 정한 경우에는 그 기간을 2년으로 단축한다.

③ 신원보증계약은 이를 갱신할 수 있다. 다만, 그 기간은 갱신한 날부터 2년을 초과하지 못한다.

제4조(사용자의 통지의무) ① 사용자는 다음 각호의 1에 해당하는 경우에는 지체없이 신원보증인에 통지하여야 한다.

1. 피용자가 업무상 부적격자이거나 불성실한 행적이 있어 이로 말미암아 신원보증인의 책임을 야기할 염려가 있음을 안 때
2. 피용자의 업무 또는 업무수행의 장소를 변경함으로써 신원보증인의 책임을 가중하거나 그 감독이 곤란하게 될 때

② 사용자가 고의 또는 중과실로 제1항의 통지의무를 게을리하여 신원보증인이 제5조에 의해 해지권을 행사하지 못한 경우 신원보증인은 그로 인하여 발생한 손해의 한도에서 의무를 면한다.

제5조(신원보증인의 계약해지권) 신원보증인은 다음 각호 1에 해당하는 사유가 있을 때에는 계약을 해지할 수 있다.

1. 사용자로부터 제4조 제1항의 통지를 받거나, 신원보증인이 스스로 제4조 제1항 각호의 1에 해당하는 사유가 있음을 안 때

2. 피용자의 고의 또는 과실이 있는 행위로 발생한 손해를 신원보증인이 배상한 경우
3. 기타 계약의 기초되는 사정에 중대한 변경이 있는 경우

6. 채권관계의 변동

채권관계는 재산관계이고 채권도 물권과 같이 재산권이므로 채권이나 채무가 기존의 채권자나 채무자로부터 동일성을 유지하면서 다른 사람에게로 이전될 수 있으며 이렇게 채권이나 채무가 이전하는 것을 채권관계의 변동이라고 한다. 그리고 채권관계의 변동 중에서 채권이 채권자로부터 제3자에게로 이전하는 것은 채권양도라고 하고, 채무가 채무자로부터 제3자에게로 이전하는 것을 채무인수라고 한다.

(1) 채권양도

채권이 구채권자로부터 새로운 채권자인 제3자에게로 동일성을 유지하면서 이전하는 것을 채권양도라고 한다. 그리고 이 채권양도에 의해 새로운 채권자가 채무자에게 채권을 행사하기 위해서는 양도인인 구채권자가 채무자에게 양도의 통지를 하거나, 채무자가 채권양도에 대해 승낙을 하였어야 한다.

◘ 사례연구 — 상호 채권·채무가 있는 경우 채권의 양도

• 사안의 내용 甲은 乙에게 100만원의 채무를 부담하고 있었다. 그리고 반대로 甲은 乙에게 50만원의 채권을 가지고 있었기 때문에 50만원만 갚으면 되는 것으로 생각하고 있었다. 그런데 어느 날 乙이 丙에게 채권을 양도하였다는 사실을 甲에게 통지를 해 왔고, 이어 丙이 100만원을 甲에게 청구하였다. 그래서 丙에게 甲이 생각하고 있던 대로 50만원만을 지급하려고 하였으나 丙은 100만원을 전부 지급하라고 주장하고 있다. 甲이 丙에게 지급해야 될 금액은 얼마인가?

• 사안의 해설 채권양도에 있어서는 원칙적으로 채무자는 구채권자에게 가지고 있는 모든 권리를 가지고 새로운 채권자에게 대항할 수 있다. 따라서 사례의 경우에 있어서는 채무자가 구채권자에게 가지고 있던 채권을 가지고 신채권자에게 대항할 수 있으며, 채무자는 50만원의 금액만을 지급하면 될 것으로 생각된다. 다만 채무자가 채권양도에 있어서 자기가 구채권자에게 50만원의 채권을 가지고 있으므로 50만원만 이행할 책임이 있다는 사실을 신채권자에게 이야기함이 없이 승낙한 경우에는 그 권리를 신채권자에게 행사할 수 없게 되어 전액의 이행책임을 부담하게 된다.

♣ 참고조문

제449조(채권의 양도성) ① 채권은 양도할 수 있다. 그러나 채권의 성질이 양도를 허용하지 아니하는 때에는 그러하지 아니하다.

② 채권은 당사자가 반대의 의사를 표시한 경우에는 양도하지 못한다. 그러나 그 의사표시로써 선의의 제3자에게 대항하지 못한다.

제450조(지명채권양도의 대항요건) ① 지명채권의 양도는 양도인이 채무자에게 통지하거나 채무자가 승낙하지 아니하면 채무자 기타 제3자에게 대항하지 못한다.

② 전항의 통지나 승낙은 확정일자 있는 증서에 의하지 아니하면 채무자이외의 제3자에게 대항하지 못한다.

제451조(승낙, 통지의 효과) ① 채무자가 이의를 보류하지 아니하고 전조의 승낙을 한 때에는 양도인에게 대항할 수 있는 사유로써 양수인에게 대항하지 못한다. 그러나 채무자가 채무를 소멸하게 하기 위하여 양도인에게 급여한 것이 있으면 이를 회수할 수 있고 양도인에 대하여 부담한 채무가 있으면 그 성립되지 아니함을 주장할 수 있다.

② 양도인이 양도통지만을 한 때에는 채무자는 그 통지를 받은 때까지 양도인에 대하여 생긴 사유로써 양수인에게 대항할 수 있다.

(2) 채무인수

채무인수라고 하는 것은 기존의 구채무자를 대신하여 신채무자인 제3자가 채무를 이행하기로 약속하는 것을 말한다. 채무가 구채무자에게서 제3자인 신채무자에게 동일성을 유지하면서 이전하기 때문에 채권자는 신채무자에게 이행할 것을 청구할 수 있다. 채무인수의 경우에는 채무자의 자력에 변동이 있는 것이기 때문에 신채무자와 채권자 사이에 인수계약이 체결되거나 또는 채권자의 승낙이 있는 경우에만 유효하게 된다.

◘ 사례연구 — 채무를 인수한 자가 재산이 없는 경우

• **사안의 내용** 채권자 甲은 채무자인 乙과 제3자인 丙이 채무인수계약을 체결하겠다는 사실을 알려와 이에 승낙을 하였다. 그 후 이행기가 되어 채무를 인수한 새로운 채무자인 丙에 대하여 채권의 이행청구를 하였으나 그가 재산이 없기 때문에 채권행사가 불가능하였다. 甲이 현재 충분한 재산을 가지고 있는 구채무자인 乙에게 다시 채무의 이행을 청구하는 것이 가능한가?

• **사안의 해설** 채무인수에는 면책적 채무인수와 병존적 채무인수 두 가지가 있다. 면책적 채무인수는 구채무자의 채무는 소멸하고 오로지 신채무자만이 채권자에 대해 채무를 부담하는 경우를 말하는 것이고, 병존적 채무인수라고 하는 것은 신채무자에게 채무가 인수되었다고 하더라도 구채무자의 채무가 소멸하지 않아 채권자는 신채무자

는 물론이고 구채무자에게도 채권의 이행청구를 할 수 있는 경우를 말하는 것이다. 그리고 당사자 사이에 면책적 채무인수인지 병존적 채무인수인지에 관해 특별한 의사표시가 없는 경우에는 채권자의 보호를 위해 병존적 채무인수로 해석하는 것이 보통이다. 따라서 사례에서는 면책적 채무인수로 한다는 특별한 의사표시가 없는 것으로 생각하여 병존적 채무인수에 해당하는 것으로 볼 수 있어, 채권자는 구채무자에게 다시 이행청구를 하는 것이 가능하다고 할 것이다.

참고조문

제453조(채권자와의 계약에 의한 채무인수) ① 제3자는 채권자와의 계약으로 채무를 인수하여 채무자의 채무를 면하게 할 수 있다. 그러나 채무의 성질이 인수를 허용하지 아니하는 때에는 그러하지 아니하다.
② 이해관계 없는 제3자는 채무자의 의사에 반하여 채무를 인수하지 못한다.

제454조(채무자와의 계약에 의한 채무인수) ① 제3자가 채무자와의 계약으로 채무를 인수한 경우에는 채권자의 승낙에 의하여 그 효력이 생긴다.
② 채권자의 승낙 또는 거절의 상대방은 채무자나 제3자이다.

7. 채권의 소멸

채권이 절대적으로 그리고 객관적으로 존재하지 않게 되는 것을 채권의 소멸이라고 한다. 민법이 채권편에서 채권의 일반적인 소멸원인으로 규정하는 것은 변제 · 대물변제 · 공탁 · 상계 · 경개 · 면제 · 혼동의 일곱 가지이다. 물론 채권의 소멸원인이 되는 것은 이에 한정되는 것이 아니다. 법률행위의 취소 · 소멸시효의 완성 · 계약의 해제나 해지 · 존속기간의 종료 등도 채권의 소멸원인으로 열거될 수 있다. 여기서는 민법 채권편에서 규정하고 있는 일반적인 소멸원인에 관해서만 본다.

(1) 변 제

채무자가 채무의 내용대로 이행행위를 하여 채권을 소멸시키는 행위를 말한다. 예컨대 채권자가 채무자에 대해서 100만원의 금전을 받을 수 있는 채권을 가지고 있는 경우에 채무자가 이 100만원을 지급하여 채권을 소멸시키는 것을 말한다. 채권의 소멸원인 중에 가장 원칙적인 것이라고 할 수 있다.

(2) 대물변제

채권자와 채무자의 계약으로 원래의 급부를 대신하여 다른 급부를 이행함으로써 채권을 소멸시키는 행위를 말한다. 예컨대 1억원의 금전채무를 이행해야 할 채무자가 채권자와의 계약으로 1억원의 금전 대신에 자신이 가지고 있던 주택을 대신 이행하는 것과 같은 것이다.

(3) 공 탁

채권자의 소재를 알 수 없는 것과 같이 채무자가 즉시 이행할 수 없는 사정이 있는 경우에 이행할 금전이나 유가증권 또는 기타의 물건을 채무자가 공탁소에 보관시키는 것을 말한다. 공탁은 여러 가지 원인으로 행해지는데 채무자가 변제에 대신하여 공탁하는 것을 변제 공탁이라고 한다. 공탁이 행해지면 채권자의 기존의 채권은 소멸하고 채권자는 대신에 공탁물교부청구권을 취득한다.

(4) 상 계

채권자와 채무자가 이행기가 도래한 동일한 종류의 채권을 상호간에 가지고 있는 경우에 당사자의 일방적인 의사표시에 의해 대등액에서 채권을 소멸하게 하는 것을 말한다. 예컨대 채권자가 채무자에게 100만원의 채권을 가지고 있고 채무자는 채권자에게 80만원의 채권을 가지고 있는 경우에, 채무자의 의사표시에 의해 80만원의 한도 내에서 당사자 쌍방의 채권을 소멸시키는 경우와 같은 것이다.

(5) 경 개

채권자와 채무자의 계약에 의해 구채권관계를 소멸시키고 새로운 채권관계를 발생시키는 것을 말한다. 예컨대 상인인 채권자가 채무자에 대해 100만원의 외상대금채권을 가지고 있는 경우에 채무자와의 계약에 의해 100만원의 채무이행 대신에 1개월 동안 채권자의 상점에서 채무자가 일을 하기로 하는 것과 같은 경우를 말한다. 이 경개계약이 체결되면 구채권관계에서 존재하였던 채권 · 채무는 소멸하게 된다.

(6) 면 제

채권자가 일방적인 의사표시에 의해 채무자의 채무를 면제시키는 행위를 가리킨다. 이 면제의 의사표시가 행해지면 당사자 사이에 존재하였던 채권 · 채무는 소멸하게 된다.

(7) 혼 동

채권자와 채무자의 지위가 동일인에게 귀속되게 되는 것을 혼동이라고 한다. 예컨대 채권자인 甲회사가 채무자인 乙회사를 합병하여 채권이 소멸하는 경우와 같은 것이다.

Ⅲ 계 약

1. 계약의 성립

계약이라고 하는 것은 당사자의 의사표시에 의해 채권을 발생시키는 행위를 말하며 원칙적으로 청약과 승낙에 의해 성립한다. 내용의 여하를 불문하고 일방 당사자에 의해 먼저 행해지는 의사표시를 청약이라고 하고, 이에 응하여 행해지는 상대방의 의사표시를 승낙이라고 한다. 이 계약이 채권의 발생원인 중에서 불법행위와 함께 가장 중요한 것이며 계약과 불법행위를 채권의 2대 발생원인이라고 한다.

(1) 계 약 금

계약을 체결함에 있어 일방당사자에 의해 상대방에게 지급되는 일정액의 금전을 계약금이라고 한다. 계약금의 지급은 여러 종류의 계약에 있어서 행해지지만 주로 행해지는 것은 매매계약을 체결할 때이며, 통상적으로 계약금을 지급하는 자는 매수인이다.

◘ 사례연구 — 계약금을 지급한 후 계약을 해제하는 경우

• 사안의 내용　甲은 조경업자 乙로부터 100만원 상당의 조경수를 매입하기로 하고 20만원의 계약금을 지급하였다. 그런데 집에 와서 생각해보니 그 조경수가 별로 마음에 들지 않았다. 이 매매계약을 해제할 수 있는가? 계약을 해제한다면 계약금은 돌려 받을 수 있는가?

• 사안의 해설　원칙적으로 계약의 해제는 상대방이 채무불이행행위를 했을 경우에만 가능하다. 그러나 예외적으로 계약금이 지급된 경우에는 채무불이행행위가 없다고 하더라도 당사자가 이행에 착수하기 전까지 계약금을 지급한 자는 계약금을 포기하여, 계약금을 지급받은 자는 그 배액을 상환하여 계약을 해제할 수 있다. 이러한 계약금의

성격을 해약금으로서의 계약금이라고 하며 우리 민법은 특별한 사정이 없는 한 계약금은 해약금의 성격을 갖는 것으로 하고 있다. 따라서 사례에서는 매수인은 계약을 해제할 수 있으나 계약금을 돌려 받지는 못한다.

✤ 참고조문

제565조(계약금) ① 매매의 당사자 일방이 계약당시에 금전 기타 물건을 계약금, 보증금 등의 명목으로 상대방에게 교부한 때에는 당사자간에 다른 약정이 없는 한 당사자의 일방이 이행에 착수할 때까지 교부자는 이를 포기하고 수령자는 그 배액을 상환하여 매매계약을 해제할 수 있다.

② 제551조(해지, 해제와 손해배상)의 규정은 전항의 경우에 이를 적용하지 아니한다.

(2) 약 관

약관이라고 하는 것은 보통 일정한 기업이 일반인을 상대로 동일한 종류의 계약을 다수 체결하는 경우에 대비하기 위해 계약내용을 미리 부동문자로 작성해 놓은 것을 말한다. 기업이 다수의 거래행위를 하면서 일일이 계약내용을 상대방과 협의하는 것은 상당히 번거로운 일이므로 약관에 의한 계약체결을 주로 이용하는 것이다. 그런데 이 약관의 내용이 작성자에게는 유리하고 상대방에게는 불리한 경우가 상당히 많아 법률적으로 문제가 되어 왔다. 그리하여 우리나라는 약관의 규제에 관한 법률이라는 특별법을 제정하여 상대방의 보호에 응하고 있다.

◘ 사례연구 ― 보험약관을 설명하지 않고 계약을 체결한 경우

• **사안의 내용** 甲은 乙보험회사와 암보험계약을 체결하였다. 그런데 불행하게도 암이 발병하여 보험금을 청구하였으나, 보험회사는 보험계약시나 그 이후에 전혀 甲에게 보여주지 않았던 약관의 내용을 문제삼아, 甲이 가지고 있는 암이 보험금지급의 대상에서 제외되는 종류의 암이라고 주장한다. 보험금의 청구가 불가능한가?

• **사안의 해설** 약관의 규제에 관한 법률에 따르면 약관작성자가 약관에 의해 계약을 체결할 때에는 상대방에게 일반적으로 예상되는 방법에 의해 약관을 명시하여야 하고, 약관의 중요한 내용에 관해서는 상대방이 이해할 수 있도록 설명해야 한다고 하여, 명시의무와 설명의무를 약관작성자에게 부담시키고 있다. 또한 이러한 명시의무와 설명의무를 이행하지 않은 경우에는 그 약관을 계약의 내용으로 주장할 수 없게 하고 있다. 따라서 사례에서는 보험금지급의 대상에서 제외되는 암의 종류에 관해 약관의 제시나 설명이 없었으므로 보험회사는 그 약관의 내용을 주장할 수 없게 되고, 결국 보험계약자는 보험금의 청구를 할 수 있다고 보아야 한다.

✤ 참고조문

약관의 규제에 관한 법률 제3조(약관의 명시, 설명의무) ① 사업자는 계약체결에 있어서 고객에게 약관의 내용을 계약의 종류에 따라 일반적으로 예상되는 방법으로 명시하고, 고객이 요구할 때에는 당해 약관의 사본을 고객에게 교부하여 이를 알 수 있도록 하여야 한다. 다만, 다른 법률의 규정에 의하여 행정관청의 허가를 받은 약관으로서 거래의 신속을 위하여 필요하다고 인정되어 대통령령이 정하는 약관에 대하여는 그러하지 아니하다.

② 사업자는 약관에 정하여져 있는 중요한 내용을 고객이 이해할 수 있도록 설명하여야 한다. 다만, 계약의 성질상 설명이 현저하게 곤란한 경우에는 그러하지 아니하다.

③ 사업자가 제1항 및 제2항의 규정에 위반하여 계약을 체결한 때에는 당해 약관을 계약의 내용으로 주장할 수 없다.

2. 계약의 효력

계약이 유효하게 체결되면 이제 채권자는 이행기에 약속된 대로의 이행행위를 채무자에게 청구할 수 있는 채권을 취득하게 되고 채무자는 이에 응하여 이행행위를 해야 할 채무를 부담하게 된다. 우리 민법은 이러한 채권 및 채무의 발생이라는 일반적인 계약의 효력 이외에 특수한 효력으로서 몇 가지를 규정하고 있는데 그 중에서 중요한 것이 동시이행의 항변권과 위험부담의 문제이다. 그런데 이 동시이행의 항변권과 위험부담의 문제는 논리적으로 편무계약에는 적용될 수 없고 쌍무계약에 한정된 문제이다. 편무계약이라고 하는 것은 증여계약과 같이 한 당사자에게만 채무를 발생시키는 계약을 말하며 쌍무계약이라고 하는 것은 매매계약의 경우와 같이 양 당사자 전부에게 대가적인 의미가 있는 채무를 발생시키는 계약을 말한다.

(1) 동시이행의 항변권

동시이행의 항변권이라고 하는 것은 쌍무계약에 있어서 특별한 사정이 없는 한 당사자 일방이 자기의 채무이행을 상대방이 자신의 채무를 이행할 때까지 거절할 수 있는 권리를 말한다. 예컨대 매매에 있어서 외상거래를 한다는 특별한 약속이 없는 한 매수인이 대금을 지급할 때까지 매도인이 목적물의 인도를 거절하는 것과 같은 경우이다.

◘ 사례연구 — 매수인이 물건의 인도를 먼저 청구하는 경우

• **사안의 내용** 甲은 가지고 있던 서예 한 점을 乙에게 매도하기로 하고 100만원을 받기로 하였다. 그런데 계약서를 작성할 때 서예의 인도기일은 정하였으나 매매대금의 지급시기에 관해서는 甲의 실수로 명시하지 않았다. 서예작품의 인도기일에 乙이 甲에게 와서 인도할 것을 청구하면서 대금의 지급시기에 관해서는 명시적으로 정한 것이 없으므로 나중에 지급하겠으니 먼저 서예작품을 인도하라고 한다. 甲은 대금을 지급받음이 없이 서예작품을 인도하여야 하는가?

• **사안의 해설** 매매와 같은 쌍무계약에 있어서 외상거래를 한다든가 선금거래를 한다든가 하는 특별한 약속이 없는 한 양 당사자의 채무는 동시에 이행해야 하는 것이 원칙이다. 따라서 특별한 사정이 없는 한, 한 당사자의 채무에 관해서 이행기가 정해져 있으면 반대 당사자의 채무도 그 이행기에 동시에 이행하여야 하는 것이 원칙이다. 그러므로 사례에서와 같이 목적물의 인도기일에 관해서만 정해져 있다고 하더라도 외상거래를 한다는 특별한 약속이 없는 한 대금의 지급기일도 목적물의 인도기일과 같게 정해졌다고 보아야 한다. 결국 매도인은 매수인에게 동시이행의 항변권을 행사하여 대금의 지급을 요구할 수 있으며 대금의 지급이 있을 때까지 목적물의 인도를 거절할 수 있다.

✤ 참고조문

제536조(동시이행의 항변권) ① 쌍무계약의 당사자 일방은 상대방이 그 채무이행을 제공할 때까지 자기의 채무이행을 거절할 수 있다. 그러나 상대방의 채무가 변제기에 있지 아니하는 때에는 그러하지 아니하다.
② 당사자 일방이 상대방에게 먼저 이행하여야 할 경우에 상대방의 이행이 곤란할 현저한 사유가 있는 때에는 전항본문과 같다.

제585조(동일기한의 추정) 매매의 당사자 일방에 대한 의무이행의 기한이 있는 때에는 상대방의 의무이행에 대하여도 동일한 기한이 있는 것으로 추정한다.

(2) 위험부담

채무가 채무자의 과실 없이 이행이 불가능해지면 채무자의 채무는 소멸하고 만다. 그런데 쌍무계약에 있어서는 한쪽 당사자의 채무가 채무자의 과실 없이 이행이 불가능해져 소멸한 경우에 상대방의 채무는 어떻게 되는가 하는 문제가 발생하며 이것이 위험부담의 문제이다. 우리 민법은 소위 채무자 위험부담주의에 의해 상대방의 채무도 소멸한 것으로 함으로써 채무자로 하여금 반대채무를 청구할 수 없게 하여 불가능으로 인한 위험을 채무자에게 부담시키고 있다.

◘ 사례연구 — 매도하기로 한 집이 홍수로 멸실된 경우

• 사안의 내용　甲은 가지고 있는 주택을 乙에게 2억원에 매도하기로 계약을 체결하였다. 그런데 이행을 하기 전에 홍수가 나서 甲의 집이 완전히 파괴되어 이행할 수 없게 되었다. 이 경우 이행할 수 없게 된 사유가 甲의 과실이 아닌데 매매대금을 받을 수 없게 되는 것인가?

• 사안의 해설　우리 민법은 위험부담제도에 관해 채무자 위험부담주의를 취하여 상대방의 채무도 소멸하는 것으로 하여 채무소멸로 인한 위험을 채무자에게 부담시키고 있다. 따라서 사례의 경우에는 채무자의 주택인도의무가 소멸함과 동시에 상대방의 대금지급채무도 소멸하여 채무자는 매매대금을 받을 수 없게 된다. 결국 홍수로 인한 손해를 채무자가 부담하게 되는 것이다. 다만 이행이 불가능해진 사유가 채권자지체 중에 발생하였거나 채권자의 과실에 의해 발생한 경우에는 위험부담이 채권자에게 이전하므로 상대방의 채무는 소멸하지 않고 채무자는 반대급부를 청구할 수 있게 된다.

참고조문

제537조(채무자위험부담의무)　쌍무계약의 당사자 일방의 채무가 당사자 쌍방의 책임없는 사유로 이행할 수 없게 된 때에는 채무자는 상대방의 이행을 청구하지 못한다.

제538조(채권자귀책사유로 인한 이행불능)　① 쌍무계약의 당사자일방의 채무가 채권자의 책임 있는 사유로 이행할 수 없게 된 때에는 채무자는 상대방의 이행을 청구할 수 있다. 채권자의 수령지체 중에 당사자 쌍방의 책임 없는 사유로 이행할 수 없게 된 때에도 같다.

② 전항의 경우에 채무자는 자기의 채무를 면함으로써 이익을 얻은 때에는 이를 채권자에게 상환하여야 한다.

3. 계약의 해제

계약의 해제라고 하는 것은 양 당사자 사이에 존재하였던 계약을 소급적으로 소멸시키는 행위를 가리킨다. 해제에는 소급효가 있기 때문에 처음부터 계약 및 채권 · 채무가 존재하지 않았던 것으로 다루어지는 결과 아직 이행하지 않은 채무는 이행할 필요가 없게 되며 이미 이행한 것이 있으면 원상회복을 청구할 수 있게 된다.

해제와 유사한 개념 중에 해지라고 하는 것이 있다. 해지는 임대차계약이나 고용계약과 같이 이행에 일정한 기간이 필요한 계속적 계약관계에 적용되는 것으로서 해제와 같이 계약을 소멸시키는 것이나, 소급효가 없기 때문에 지금까지 존재하였던 계약관계는 유효한 것으로 인정하고 장래로 향하여 계약을 소멸시키는 것을 말한다. 따라서 소급효와 관련된 내용을 제외하고는 해제에 관한 내용이 그대로 적용된다.

(1) 해제권의 발생원인

해제권은 당사자의 합의에 의해 발생시킬 수도 있으나 보통의 경우에는 상대방의 채무불이행으로 발생한다. 즉 당사자 사이에 특별한 약속이 없더라도 채무자가 이행지체 또는 이행불능과 같은 채무불이행 행위를 하면 채권자는 해제권을 취득한다.

◘ 사례연구 — 이행기에 인도하지 않은 경우 계약해제 여부

• **사안의 내용** 甲은 백화점에서 양복 한 벌을 사기로 하여 계약을 하고 2일 후에 배달해 받기로 하였다. 그런데 약속한 날짜에 양복이 배달되지 않았다. 지금 생각해보니 양복이 썩 마음에 드는 것도 아니고 하여 계약을 해제하려고 한다. 백화점에서 약속한 날짜에 배달해 주지 않았다는 것을 이유로 하여 계약을 즉시 해제할 수 있는가?

• **사안의 해설** 이행이 가능한 데도 불구하고 이행기가 지나도록 채무자가 이행하지 않는 이행지체의 경우에는 채권자가 계약을 해제할 수 있으나 이행지체 즉시로 해제권이 취득되는 것은 아니다. 이행지체의 경우에는 채무자에게 한 번 더 이행의 기회를 준 후에 그래도 이행되지 않는 경우에 비로소 계약을 해제할 수 있는 것이 원칙이다. 즉 이행지체의 경우에 채권자는 상당한 기간을 정하여 채무자에게 한 번 더 이행의 최고를 하고 그 기간 안에도 이행이 되지 않는 경우에 비로소 계약을 해제할 수 있는 것이다. 따라서 사례에서는 백화점이 배달약속을 어겼다고 하여 즉시로 계약을 해제할 수 있는 것은 아니고, 상당한 기간을 정하여 한 번 더 청구를 하고 그 기간 안에도 이행이 없는 경우에 비로소 계약을 해제할 수 있게 된다.

다만 이행지체로 인한 해제권의 행사의 경우에도 예외적으로 정기행위의 경우에는 상당한 기간을 정한 최고 없이 이행지체 즉시로 계약을 해제할 수 있다. 정기행위라고 하는 것은 결혼식에 사용하기 위한 예복의 구입에서와 같이 이행기가 지나면 이행하더라도 채권자가 계약을 목적을 달성할 수 없는 경우를 말한다. 이 경우에는 이행기가 지나서 이행해 보아야 계약의 목적이 달성될 수 없기 때문에 이행지체 즉시로 계약을 해제할 수 있게 한 것이다. 또한 이행불능으로 인한 해제의 경우에도 논리적으로 다시 이행할 수 없기 때문에 상당한 기간을 정한 최고의 필요 없이 이행불능 즉시로 계약해제가 가능하다.

✤ 참고조문

제544조(이행지체와 해제) 당사자 일방이 그 채무를 이행하지 아니하는 때에는 상대방은 상당한 기간을 정하여 그 이행을 최고하고 그 기간 내에 이행하지 아니한 때에는 계약을 해제할 수 있다. 그러나 채무자가 미리 이행하지 아니할 의사를 표시한 경우에는 최고를 요하지 아니한다.

제545조(정기행위와 해제) 계약의 성질 또는 당사자의 의사표시에 의하여 일정한 시일 또는 일정한 기간 내에 이행하지 아니하면 계약의 목적을 달성할 수 없을 경우에 당사자 일방이 그 시기에 이행하지 아니한 때에는 상대방은 전조의 최고를 하지 아니하고 계약을 해제할 수 있다.

제546조(이행불능과 해제) 채무자의 책임 있는 사유로 이행이 불능하게 된 때에는 채권자는 계약을 해제할 수 있다.

(2) 해제의 소급효

앞서 말한 바와 같이 계약의 해제는 법률행위의 취소와 마찬가지로 소급효가 있다. 따라서 계약이 해제되면 계약은 처음부터 존재하지 않았던 것으로 다루어진다.

◘ 사례연구 — 계약해제 전에 매수인이 전매를 한 경우

• **사안의 내용** 甲은 자신의 토지를 乙에게 매도하고 등기의 명의도 이전해 주었다. 그런데 乙은 차후에 지급하기로 하였던 잔금을 지급하지 않아 甲이 계약을 해제하였다. 그런데 甲이 계약을 해제하기 전에 乙이 토지를 丙에게 매도하여 등기이전을 해주었다. 甲은 계약해제의 소급효를 주장하여 丙에게 토지의 반환을 주장할 수 있는가?

• **사안의 해설** 계약은 해제로 인해 소급적으로 존재하지 않았던 것으로 다루어짐은 앞서 말한 바와 같다. 그러나 계약이 해제되기 전에 그 해제된 계약을 기초로 제3자가 권리를 취득한 경우에는 그 제3자의 권리는 보호되도록 하고 있다. 따라서 위의 사례에서 계약해제로 인해 乙의 토지 소유권취득이 소급적으로 무효가 된다고 하더라도 丙의 권리는 보호된다. 결국 丙에 대한 토지의 반환청구는 할 수 없게 되는 것이다.

✤ 참고조문

제548조(해제의 효과, 원상회복의무) ① 당사자 일방이 계약을 해제한 때에는 각 당사자는 그 상대방에 대하여 원상회복의 의무가 있다. 그러나 제3자의 권리를 해하지 못한다.

② 전항의 경우에 반환할 금전에는 그 받은 날로부터 이자를 가하여야 한다.

(3) 원상회복청구권

계약의 해제로 인해 계약은 처음부터 존재하지 않은 것으로 다루어짐으로 인해 이행하지 않은 것을 이행할 필요가 없음은 물론이고 이미 이행한 것이 있으면 반환청구를 할 수 있음은 앞서 본 바와 같다. 이 이행한 것의 반환청구를 할 수 있는 권리를 원상회복청구권이라고 한다.

◘ 사례연구 — 계약을 해제하였는데 일부 소비해버린 경우

• **사안의 내용** 甲은 丙에게 20만원을 받기로 하고 쌀 2포대를 외상으로 매도하였다. 乙이 목적물의 인도를 받은 후에도 외상값을 지급하지 않아 계약을 해제하고 원상회복청구권을 행사하였다. 그런데 乙은 2포대의 쌀 중에 이미 1포대를 소비하였으므로 1포대만을 반환하겠다고 한다. 甲은 2포대 전부를 반환받을 수 없는 것인가?

• **사안의 해설** 계약해제로 인한 원상회복청구권은 말 그대로 계약이 행해지지 않았던 상태로 환원시키기 위한 권리이다. 따라서 이행을 받은 자가 받은 목적물을 일부 소비하고 있더라도 현존이익의 반환이 아니라 애초에 받은 모든 이익을 반환하여야 한다. 다만 반환해야 될 물건이 금전이 아니고 또한 그 물건의 일부를 소비한 경우에는 소비한 물건의 가격에 따른 금전으로 반환하는 것이 원칙이다. 따라서 위의 사례에서는 소비하지 않은 쌀 1포대와 소비한 쌀 1포대의 가격에 해당하는 금전을 반환청구할 수 있게 된다.

참고조문

제548조(해제의 효과, 원상회복의무) ① 당사자 일방이 계약을 해제한 때에는 각 당사자는 그 상대방에 대하여 원상회복의 의무가 있다. 그러나 제3자의 권리를 해하지 못한다.
② 전항의 경우에 반환할 금전에는 그 받은 날로부터 이자를 가하여야 한다.

4. 계약의 종류

사회적으로 볼 때 현재 무수히 많은 종류의 계약들이 행해지고 있고 또한 사회가 발전함에 따라 계속적으로 새로운 종류의 계약들이 속속 탄생하고 있다. 더욱이 채권법의 규정은 임의규정이 원칙이기 때문에 특별한 사정이 없는 한 당사자들이 민법의 규정과는 다른 내용의 계약을 탄생시키는 데 법률적인 장애도 존재하지 않는다. 민법은 사회적으로 행해지는 이러한 무수히 많은 계약들 중에서 가장 빈번하게 행해지고 또한 법률적으로도 중요하게 취급되어야 할 14종의 계약에 관해 명문의 규정을 가지고 있다. 이하에서는 이들에 관해 보기로 한다.

(1) 매 매

매매계약이라고 하는 것은 매도인이 일정한 재산권을 매수인에게 이전하기로 하고 매수인은 그 대금으로 일정한 액수의 금전을 지급하기로 약속하여 성립하는 계약이다. 매매는 증여와는 달리 대가를 받고 재산권을 이전하는 유상계약의 전형적인 것으로서 매매에 관한 규정은 특별한 사정이 없는 한 다른 유상계약에도 적용되도록 하고 있다.

사례연구 — 매수한 TV에 하자가 있는 경우

• **사안의 내용** 甲은 전자제품대리점을 경영하고 있는 乙로부터 TV 한 대를 매수하였다. 그런데 집에 가지고 와서 보니 TV에 고장이 있어서 도저히 방송이 나오지 않았다. 甲은 乙에게 어떤 주장을 할 수 있는가?

• **사안의 해설** 매매계약에 있어서 매도인의 이행행위인 재산권의 이전에 하자가 있어서 매수인이 그 재산권을 제대로 취득하지 못하거나 목적물을 제대로 사용할 수 없게 된 경우에 매도인이 부담하는 책임을 담보책임이라고 한다. 특히 매수인에게 인도된 물건에 하자가 있어서 목적물을 제대로 사용할 수 없는 경우에 매도인이 부담하는 담보책임을 하자담보책임이라고 한다. 하자담보책임의 경우에는 매수인은 매도인에게 완전물급부청구권 · 손해배상청구권 · 계약해제권을 행사할 수 있다. 다만 계약해제권은 목적물에 쉽게 수리할 수 없는 중대한 하자가 있는 경우에만 행사할 수 있다. 위의 사례에서는 TV가 도저히 방송이 나오지 않을 정도의 중대한 하자가 있는 것으로 보여 위에서 이야기한 모든 권리를 행사할 수 있다고 해야 한다. 다만 이들 권리는 매수인이 하자를 안 날로부터 6월 이내에 행사하여야 한다.

참고조문

제580조(매도인의 하자담보책임) ① 매매의 목적물에 하자가 있는 때에는 제757조(제한물권있는 경우와 매도인의 담보책임) 제1항의 규정을 준용한다. 그러나 매수인이 하자있는 것을 알았거나 과실로 인하여 이를 알지 못한 때에는 그러하지 아니하다.
② 전항의 규정은 경매의 경우에 적용하지 아니한다.

제581조(종류매매와 매도인의 담보책임) ① 매매의 목적물을 종류로 지정한 경우에도 그 후 특정된 목적물에 하자가 있는 때에는 전조의 규정을 준용한다.
② 전항의 경우에 매수인은 계약의 해제 또는 손해배상의 청구를 하지 아니하고 하자

자 없는 물건을 청구할 수 있다.
제582조(前2조의 권리행사기간) 전2조에 의한 권리는 매수인이 그 사실을 안 날로부터 6개월 내에 행사하여야 한다.

(2) 증 여

증여라고 하는 것은 증여자가 대가없이 무상으로 재산권 이전의 의사표시를 하고 상대방인 수증자가 이를 받아들임으로써 성립하는 계약이다. 우리 민법상의 증여는 계약으로 되어 있으므로 증여자 한 사람의 의사표시만으로는 수증자의 권리가 발생하지 않고 수증자의 승낙이 있어야 비로소 수증자에게 권리가 발생함을 주의하여야 한다.

사례연구 — 증여계약의 해제

• **사안의 내용** 甲은 고아가 된 조카 乙이 착실한 생활을 할 것으로 믿고 甲이 가지고 있는 조그만 아파트 하나를 증여하기로 약속하여 계약을 체결하였다. 그런데 그 후 乙의 생활태도가 점점 변하여 甲을 구타하는 등 행패를 부리기 시작하였다. 甲은 이전에 한 증여의 계약을 해제하고 싶은데 해제가 가능한가?

• **사안의 해설** 민법은 증여계약에 있어 경솔한 증여를 방지하기 위하여 구두로 증여의 계약을 체결한 경우에는 이행이 있기 전까지는 언제든지 이를 해제할 수 있도록 하고 있다. 또한 서면에 의해 증여계약을 체결한 경우에도 증여자의 재산상태가 현저히 악화되거나 수증자가 증여자나 그 직계혈족에 대해 범죄행위 등의 망은행위를 하는 경우에는 이행이 있기 전까지 역시 해제할 수 있게 하고 있다. 따라서 사례에 있어서는 구두에 의해 증여계약을 체결하였든 서면에 의해 증여계약을 체결하였든 불문하고 아직 이행을 하고 있지 않다면 해제가 가능하다.

참고조문

제555조(서면에 의하지 아니한 증여와 해제) 증여의 의사가 서면으로 표시되지 아니한 경우에는 각 당사자는 이를 해제할 수 있다.

제556조(수증자의 행위와 증여의 해제) ① 수증자가 증여자에 대하여 다음 각호의 사유가 있는 때에는 증여자는 그 증여를 해제할 수 있다.

1. 증여자 또는 그 배우자나 직계혈족에 대한 범죄행위가 있는 때
2. 증여자에 대하여 부양의무가 있는 경우에 이를 이행하지 아니하는 때

② 전항의 해제권은 해제원인이 있음을 안 날로부터 6개월을 경과하거나 증여자가 용서의 의사를 표시한 때에는 소멸한다.

제557조(증여자의 재산상태변경과 증여의 해제) 증여계약 후에 증여자의 재산상태가 현저히 변경되고 그 이행으로 인하여 생계에 중대한 영향을 미칠 경우에는 증여자는 증여를 해제할 수 있다.

제558조(해제와 이행완료부분) 전3조의 규정에 의한 계약의 해제는 이미 이행한 부분에 대하여는 영향을 미치지 아니한다.

(3) 임 대 차

임대차라고 하는 것은 토지나 건물과 같은 물건을 임대인이 임차인에게 빌려주고 그 사용의 대가로 차임을 받기로 하는 계약을 말한다. 임대차계약에 의해 임차인이 취득한 목적물의 사용·수익권을 임차권이라고 한다. 현재 사회적으로는 주택의 임대차가 가장 많은 문제를 제기하고 있는데 이에 따라 주택의 임차인을 보호하기 주택임대차보호법이라고 하는 특별법이 제정되어 있다.

◘ 사례연구 — 임대인이 임대차기간 중 목적물을 양도한 경우

• 사안의 내용 甲은 창고부지로 사용하기 위해 乙로부터 일정한 면적의 토지를 임대차에 의해 빌려 사용하고 있다. 그런데 乙이 몰래 당해 토지를 丙에게 양도하였다. 아직 임대차기간이 종료하지 않았는데도 불구하고 새로운 소유자 丙이 甲에게 목적토지의 반환을 요구하고 있는데 甲은 그 토지를 반환해야 하는가?

• 사안의 해설 물권법상의 지상권이나 전세권과는 달리 임차권을 채권에 불과하다. 따라서 원칙적으로 임차인은 자기의 임차권을 가지고 임대인에게만 대항할 수 있고 제3자에게는 대항할 수 없다. 사례에서 임대인은 乙이고 丙은 임대차계약에 있어서는 제3자에 지나지 않는 것이기에 임대차계약에서 발생한 임차권을 가지고 丙에게 대항할 수는 없다. 결국 丙의 반환요구는 정당하고 임차인 甲은 목적 토지를 丙에게 반환해야 한다.

다만 우리 민법은 임차권이 채권임에도 불구하고 등기할 수 있도록 하고 있으며, 등기를 한 경우에는 제3자에게 대항할 수 있도록 하고 있다. 따라서 위의 사례에서 임차인 甲이 자기의 임차권을 등기하고 있다면 丙에게 대항할 수 있고 임대차기간의 만료시까지 반환을 거부할 수 있게 된다. 한편 목적물이 주택인 경우에는 임차인은 등기를 하지 않더라도 이사를 하고 주민등록의 전입신고를 하면 그 다음날로부터 제3자에게 대항할 수 있는 예외를 주택임대차보호법은 인정하고 있다.

✤ 참고조문

제621조(임대차의 등기) ① 부동산임차인은 당사자간에 반대약정이 없으면 임대인에 대하여 그 임대차등기절차에 협력할 것을 청구할 수 있다.

② 부동산임대차를 등기한 때에는 그때부터 제3자에 대하여 효력이 생긴다.

주택임대차보호법 제3조(대항력 등) ① 임대차는 그 등기가 없는 경우에도 임차인이 주택의 인도와 주민등록을 마친 때에는 그 익일부터 제3자에 대하여 효력이 생긴다. 이 경우 전입신고를 한 때에 주민등록이 된 것으로 본다.

② 임차주택의 양수인(기타 임대할 권리를 승계한 자를 포함한다)은 임대인의 지위를 승계한 것으로 본다.

◘ 사례연구 — 보일러의 고장

• 사안의 내용 甲은 乙이 주인으로 있는 주택에 임대차계약에 의해 세를 들어 살고 있는 임차인이다. 겨울이 되어 난방에 사용하던 보일러가 갑자기 잘 작동되지 않는다. 甲은 집 주인인 乙에게 보일러의 수선이나 교체를 요구하였으나 주인은 甲이 보일러를 사용하다가 고장난 것이니 자기에게는 책임이 없다고 하여 이에 응하지 않는다. 乙에 대해 보일러의 수선이나 교체를 청구할 수 없는가?

• 사안의 해설 임대차계약에 있어서 임대인은 임차인이 목적물을 제대로 사용·수익할 수 있도록 해야 하는 적극적인 채무를 부담한다. 따라서 임차인이 목적물을 제대로 사용할 수 없는 하자가 존재하는 경우에는 당연히 임대인에게 그 하자의 제거를 요구할 수 있다. 비록 그 하자가 임차인의 과실로 발생한 것이라고 하더라도 임차인이 손해배상의 책임을 부담하는 것은 별도로 하고 수선의무는 임대인에게 있다. 따라서 위의 사례에서는 임차인의 장기간의 사용에 의해 발생한 고장이라고 하더라도 당연히 임차인은 임대인에게 보일러의 수선이나 교체를 요구할 수 있으며, 임차인에게 과실을 인정할 만한 특별한 사정이 없는 한 수선이나 교체로 인한 비용도 임대인이 부담해야 한다.

✤ 참고조문

제623조(임대인의 의무) 임대인은 목적물을 임차인에게 인도하고 계약존속 중 그 사용, 수익에 필요한 상태를 유지하게 할 의무를 부담한다.

◘ 사례연구 — 보증금의 반환과 이사

• 사안의 내용 甲은 보증금 5,000만원에 주택임대차계약을 체결하고 乙이 소유한 집을 빌려 주민등록도 이전하여 사용하고 있었다. 그리고 임대차계약서에 등기소

로부터 확정일자도 받아 놓고 있었다. 그 후 임대차 계약기간이 종료하고 甲도 전근을 가게 되어 다른 집으로 이사가기로 결심하고 보증금의 반환을 청구하였다. 그런데 집 주인인 乙은 돈이 없다고 하면서 먼저 이사가고 나중에 보증금을 받아 가라고 한다. 甲은 가진 돈이 없어서 보증금을 반환받지 않으면 새로운 집으로 이사가기가 불가능하다. 어떻게 하면 좋은가?

• **사안의 해설** 채무자의 보증금반환청구권을 보호하기 위해 주택임대차보호법은 많은 규정을 가지고 있다. 먼저 주택임대차계약이 종료하였는 데도 불구하고 임대인이 보증금을 지급하지 않은 경우에는 임차인은 당해 주택에 경매신청을 할 수 있고, 임대차계약서에 확정일자를 받아놓은 경우에는 그 경락대금으로부터 다른 채권자에 우선하여 변제를 받을 수 있다. 또한 임차인이 가진 돈이 있을 경우에는 이사를 가면서 법원에 등기명령을 신청하여 자기 임차권을 등기하여 놓고 나중에 보증금을 반환받으면서 그 등기를 풀어줄 수 있도록 하고 있다. 따라서 위의 사례에서는 임차인은 목적물인 주택에 경매신청을 하고 그 경락대금으로부터 보증금의 우선반환을 받을 수 있다.

✤ 참고조문

주택임대차보호법 제3조의 3(임차권등기명령) ① 임대차가 종료된 후 보증금을 반환받지 못한 임차인은 임차주택의 소재지를 관할하는 지방법원 · 지방법원지원 또는 시 · 군법원에 임차권등기명령을 신청할 수 있다.

② 임차권등기명령의 신청에는 다음 각호의 사항을 기재하여야 하며, 신청의 이유 및 임차권등기의 원인이 된 사실은 이를 소명하여야 한다.

1. 신청의 취지 및 이유
2. 임대차의 목적인 주택(임대차의 목적이 주택의 일부분인 경우에는 그 도면을 첨부한다)
3. 임차권등기의 원인이 된 사실(임차인이 제3조 제1항의 규정에 의한 대항력을 취득하였거나 제3조의 2 제2항의 규정에 의한 우선변제권을 취득한 경우에는 그 사실)
4. 기타 대법원규칙이 정하는 사항

(4) 소비대차

소비대차라고 하는 것은 당사자 일방인 대주가 금전 기타 대체물을 상대방인 차주에게 빌려주고 차주는 동일한 종류 · 품질 · 수량의 물건으로 반환할 것을 약속하는 계약이다. 임대차계약은 건물이나 토지와 같은 비소비물을 대상으로 하는 데 반해 소비대차는 금전이나 곡물과 같은 소비물을 그 대상으로 한다. 예전에는 쌀 · 보리 등 곡물의 대상으로 하는 소비대차도 많이 행해졌으나 현재에는 금전을 대상으로 하는 금전소비대차가 보통이다. 그리고 소비대차는 반드시 이자의 지급을 전제로 하는 것은 아니므로 이자 없는 소비대차도 가능하다.

◘ 사례연구 — 채무를 불이행할 때 대신 인도하기로 한 자동차

• **사안의 내용** 甲은 乙로부터 1,000만원을 금전소비대차에 의해 무이자로 잠시 빌렸다. 그런데 乙은 甲을 믿지 못하겠다고 하면서, 기한까지 돈을 갚지 못할 때를 대비하여 甲이 가지고 있는 자동차를 대신 주겠다는 약속을 하라고 요구하였다. 甲은 자동차의 가격이 2,000만원 정도 한다는 것을 알고 있으면서도 돈이 급하게 필요하고 기한 내에 갚을 자신이 있어 그렇게 하겠다고 약속하였다. 그런데 불행하게도 甲은 돈을 구하지 못하여 기한 내에 돈을 갚지 못했다. 乙이 약속대로 자동차의 인도를 요구하고 있는데 1,000만원의 채무 때문에 2,000만원이나 하는 자동차를 인도하자니 너무 억울하다. 어떻게 하면 좋은가?

• **사안의 해설** 소비대차에서 원래 차용한 물건을 반환하지 못하는 경우에 다른 재산권을 대신 급부하기로 약속하는 것을 대물반환의 예약이라고 한다. 그런데 민법은 경제적인 약자를 보호하기 위해 대물반환의 목적인 재산권의 가액은 예약시의 차용액과 이자의 합산액을 넘지 못하게 하고 있으며 이에 위반하여 차주에게 불리한 것은 무효로 하고 있다. 따라서 위의 사례에서 2,000만원의 가격이 나가는 자동차를 주기로 한 약속은 무효이므로 자동차는 주지 않아도 될 것으로 생각된다.

♆ 참고조문

제607조(대물반환의 예약) 차용물의 반환에 관하여 차주가 차용물에 갈음하여 다른 재산권을 이전할 것을 예약한 경우에는 그 재산의 예약당시의 가액이 차용액 및 이에 붙인 이자의 합산액을 넘지 못한다.

제608조(차주에 불이익한 약정의 금지) 전2조의 규정에 위반한 당사자의 약정으로서 차주에 불리한 것은 환매 기타 여하한 명목이라도 그 효력이 없다.

(5) 교 환

교환이라고 하는 것은 당사자의 일방이 일정한 재산권을 상대방에게 이전하기로 하고 상대방이 그 대가로서 금전 이외의 재산권을 이전해주기로 약속하여 체결되는 계약을 말한다. 고대 물물교환시대의 계약을 생각하면 쉽게 이해가 될 것으로 생각된다.

(6) 사용대차

사용대차라고 하는 것은 당사자의 일방인 대주가 상대방인 차주에게 무상으로 일정한 목적물을 빌려주어 사용·수익하게 하고, 상대방이 일정기간 그 목적물을 사용·수익한 후 반환하기로 약속하여 성립되는 계약이다. 임대차와 다른 점은 건물이나 토지와 같은 물건을 차임을 받지 않고 무상으로 빌려주는 데 있다.

(7) 고 용

고용은 당사자의 일방인 노무자가 상대방인 사용자에 대해 일정한 노무를 제공하기로 약속하고 사용자가 이에 대해 보수를 지급하기로 약속하여 성립하는 계약을 말한다. 예컨대 파출부가 일정한 집에 보수를 받고 일해주기로 약속하는 경우와 같은 것이다. 그러나 상시 5인 이상의 근로자를 사용하는 사업 또는 사업장에서 노무를 제공하는 경우에는 근로계약이라고 하여 민법의 고용계약에 관한 규정보다 근로기준법상의 규정이 우선하여 적용됨을 주의하여야 한다.

(8) 도 급

도급이라고 하는 것은 당사자 일방인 수급인이 상대방인 도급인에 대해 일정한 일의 완성을 약속하고 도급인이 그 완성된 결과에 대해 보수를 지급하기로 약속하여 성립하는 계약을 말한다. 예컨대 수급인이 도급인에게 일정한 건물을 신축해 주기로 약속하는 계약이 도급계약의 전형적인 것이다.

(9) 현상광고

현상광고는 광고자가 불특정 다수인을 상대로 일정한 행위를 한 자에게 일정한 보수를 지급하겠다는 의사표시를 하고 이에 응한 자가 광고에서 정한 행위를 완료함으로써 그 효력이 생긴다. 만약 광고에서 정한 행위를 완료한 자가 많은 경우에는 먼저 그 행위를 완료한 자에게 보수청구권이 주어진다. 한편 여러 명으로 하여금 응모하게 하고 그 중 가장 우수한 자에게 보수를 지급하기로 하는 우수현상광고의 경우에는 응모기간을 정한 때에 한하여 광고가 효력을 갖는다.

(10) 위 임

위임이라고 하는 것은 당사자의 일방인 위임인이 상대방인 수임인에게 일정한 사무의 처리를 부탁하고 수임인이 이를 승낙함으로써 성립하는 계약이다. 예컨대 일정한 자가 심부름센터에 일정한 사무의 처리를 맡기는 계약이 전형적인 위임계약이라고 할 수 있을 것이다. 다만 민법상으로는 위임계약이 보수의 지급을 조건으로 하지 않는 무상계약으로 되어 있으나 실제적으로는 대부분 보수를 지급하는 유상계약의 형태로 행해진다.

(11) 임　　치

임치는 당사자의 일방인 임치인이 상대방인 수치인에게 금전이나 유가증권 기타 물건의 보관을 위탁하고 수치인이 이를 승낙함으로써 성립하는 계약을 말한다. 예컨대 은행의 대여금고계약과 같은 것을 전형적인 임치계약이라고 할 것이다.

(12) 조　　합

조합은 2인 이상이 상호출자하여 공동사업을 경영할 것을 약속함으로써 성립하는 계약을 말한다. 예컨대 2인 이상이 상호출자하여 동업으로 사업을 경영하는 것이 가장 전형적인 조합계약이 될 것이다.

(13) 종신정기금

종신정기금은 당사자의 일방이 자기나 상대방 또는 제3자가 죽을 때까지 정기적으로 금전 기타의 물건을 상대방 또는 제3자에게 지급하기로 하는 계약이다. 예컨대 일정한 자가 부양가족이 없는 자기 삼촌에게 삼촌이 죽을 때까지 매월 얼마씩을 지급하기로 계약하는 것을 그 전형적인 예로 들 수 있을 것이다.

(14) 화　　해

화해는 법적분쟁이 발생한 경우에 당사들이 상호 양보하여 그 분쟁을 해결하기로 약속하는 계약을 말한다. 예컨대 甲과 乙이 일정한 토지의 소유권을 서로 자기에게 있다고 주장하여 법적인 분쟁이 발생하였는데 차후에 서로 합의하여 반씩 나누어 가지기로 약속하는 것과 같은 경우이다.

Ⅳ 사무관리와 부당이득

1. 사무관리

사무관리라고 하는 것은 일정한 자가 법률상의 의무 없이 타인의 사무를 처리하여 주는 것을 가리킨다. 예컨대 길을 잃은 어린 아이를 집에 데려다 보호한 후 친권자를 찾아 주는 경우와 같은 것이다. 사무관리에서 만약 사무처리자가 타인의 사무를 처리하면서 비용이 들어가거나 자신의 과실 없이 손해를 입은 경우에는 비용상환청구권이나 손해배상청구권을 그 타인에 대하여 행사할 수 있다. 따라서 사무관리는 비용상환청구권이나 손해배상청구권과 같은 채권을 발생시키는 원인으로 민법이 규정하고 있는 것이다.

◘ 사례연구 — 집이 침수되지 않게 노력을 한 사람과 그 보수

• **사안의 내용** 甲은 乙의 옆집에 살고 있다. 乙이 해외여행을 간 사이에 이 동네에 홍수가 나서 乙의 집이 침수될 위기에 처해 있었다. 그리하여 甲은 약속한 바는 없었으나 3일 동안을 乙의 집이 침수되지 않게 노력하였다. 甲은 침수를 막기 위한 3일 동안의 노력에 대하여 乙에게 보수를 지급하라고 청구할 수 없는가?

• **사안의 해설** 사무관리에 관한 민법의 규정에는 비용상환청구권과 손해배상청구권은 사무관리자에게 인정하고 있으나 보수청구권에 관해서는 명문의 규정을 가지고 있지 않다. 다라서 사례에서는 乙이 임의로 보수를 지급하는 것은 몰라도 乙에게 보수를 지급하라고 강요할 수는 없는 것이다.

참고조문

제688조 ① 수임인이 위임사무의 처리에 관하여 필요비를 지출한 때에는 위임인에 대하여 지출한 날 이후의 이자를 청구할 수 있다.
② 수임인이 위임사무의 처리에 필요한 채무를 부담한 때에는 위임인에게 자기에 갈음하여 이를 변제하게 할 수 있고 그 채무가 변제기에 있지 아니한 때에는 상당한 담보를 제공하게 할 수 있다.

제739조(관리자의 비용상환청구권) ① 관리자가 본인을 위하여 필요비 또는 유익비를 지출한 때에는 본인에 대하여 그 상환을 청구할 수 있다.
② 관리자가 본인을 위하여 필요 또는 유익한 채무를 부담한 때에는 제688조(수임인의 비용상환청구권 등) 제2항의 규정을 준용한다.
③ 관리자가 본인의 의사에 반하여 관리한 때에는 본인의 현존이익의 한도에서 전2항의 규정을 준용한다.

2. 부당이득

부당이득이라고 하는 것은 법률상 정당한 원인 없이 타인의 재산 또는 노무로 이익을 얻고 이로 인해 그 타인에게 손실을 가하는 것을 말한다. 예컨대 일정한 자가 교통기관에 무임승차하여 부당한 이익을 취득하는 경우와 같은 것이다. 이 경우에 취득하는 이득은 정당한 법률상의 원인이 없는 이득이므로 부당이득이 되고 손실을 당한 자는 그 부당이득을 반환하라고 청구할 수 있게 된다. 즉 부당이득제도는 손실자에게 부당이득반환청구권이라는 채권을 발생시키는 원인으로 민법이 규정하고 있는 것이다.

◘ 사례연구 — 도박으로 인한 빚을 갚은 경우

• 사안의 내용　甲은 乙과 도박을 하여 상당한 금액을 잃고 乙에게 도박으로 인한 빚을 졌다. 그 후 乙의 집요한 요구에 의해 빚진 금액을 지급하였다. 그 후 도박으로 인한 빚은 갚지 않아도 된다는 것을 알았는데 반환청구가 불가능한가?

• 사안의 해설　도박이라고 하는 것은 법률상 정당한 행위가 아니므로 도박행위는 법률상 무효이고 따라서 도박으로부터 발생한 채권·채무도 또한 무효이다. 그러므로 도박으로 인한 채무는 이행할 필요가 없는 것이다. 사례에서 乙은 무효인 채권을 행사하여 이행을 받았으므로 정당한 원인에 의한 이득이라고 할 수 없어 부당이득이라고 하여야 한다. 그러나 도박이라고 하는 것은 법이 인정한 정당한 행위를 하는 것이 아니기 때문에 법률은 도박에 관여한 자들의 요구에 응하지 않는다. 따라서 이행된 도박채무의 반환청구에도 법률은 협력하지 않는 것이다. 따라서 도박채무는 이행할 필요가 없지만 사례와 같이 이미 이행한 경우에는 반환청구하는 것이 불가능하다.

✤ 참고조문

제746조(불법원인급여)　불법의 원인으로 인하여 재산을 급여하거나 노무를 제공한 때에는 그 이익의 반환을 청구하지 못한다. 그러나 그 불법원인이 수익자에게만 있는 때에는 그러하지 아니하다.

V 불법행위

1. 불법행위 일반론

(1) 불법행위의 의의

불법행위라고 하는 것은 가해자가 위법행위로 피해자에게 손해를 가하는 것을 말한다. 예컨대 일정한 자가 타인의 물건을 훼손하여 그 타인에게 손해를 발생시키거나 또는 타인을 구타하여 치료비 등과 같은 손해를 발생시키는 경우와 같은 것이다. 이때 피해자는 가해자에 대하여 자기에게 발생한 손해를 배상해 줄 것을 청구할 수 있다. 즉 불법행위제도는 손해배상청구권이라고 하는 채권을 발생시키는 원인으로 민법이 규정하고 있는 것이다.

(2) 불법행위의 일반적인 성립요건

불법행위는 가해자가 고의·과실에 의한 위법행위로 피해자에게 손해를 발생시키는 행위이다. 이러한 불법행위가 성립되기 위해서는 첫째 가해자에게 고의·과실이 있을 것, 둘째 가해행위에 위법성이 있을 것, 셋째 가해자에게 책임능력이 있을 것, 넷째 피해자에게 손해가 발생하였을 것, 다섯째 가해행위와 손해 사이에 인과관계가 있을 것 등이 일반적인 요건으로 인정될 수 있을 것이다.

◘ 사례연구 — 차를 피하면서 유리창을 파손한 경우

• **사안의 내용** 甲이 어느 날 길을 걷고 있는데 과속으로 달리던 차가 인도로 뛰어 올라왔다. 甲은 이를 피하기 위해 길 옆 상점의 유리창을 깨고 피신하였다. 과속으로 달리던 차는 도망가고 없는 상태에서 상점의 주인은 甲에게 유리창 파손에 대한 손해배상을 청구하는데 손해배상을 해주어야 하는가?

• **사안의 해설** 불법행위로 인한 손해배상청구권이 성립하기 위해서는 가해행위에 위법성이 있어야만 한다. 그리고 불법행위에서 위법성을 제거시키는 사유를 위법성조각사유라고 하는데 정당방위나 긴급피난이 일반적인 위법성조각사유로 인정되고 있다. 즉 정당방위나 긴급피난과 같은 위법성조각사유가 있는 경우에는 불법행위로 인한 손해배상청구권이 성립하지 않는다는 것이다. 정당방위라고 하는 것은 타인의 불법행위를 피하기 위해 부득이하게 일정한 행위가 행해지는 것을 말하는데, 위의 사례에서 甲이 행한 행위가 바로 여기서 말하는 정당방위에 해당될 수 있을 것이다. 따라서 위의 사례에서 甲은 상점의 주인에게 손해배상의무를 부담하지 않는다고 해야 할 것이다.

♣ 참고조문

제750조(불법행위의 내용) 고의 또는 과실로 인한 위법행위로 타인에게 손해를 가한 자는 그 손해를 배상할 책임이 있다.

제761조(정당방위, 긴급피난) ① 타인의 불법행위에 대하여 자기 또는 제삼자의 이익을 방위하기 위하여 부득이 타인에게 손해를 가한 자는 배상할 책임이 없다. 그러나 피해자는 불법행위에 대하여 손해의 배상을 청구할 수 있다.

② 전항의 규정은 급박한 위난을 피하기 위하여 부득이 타인에게 손해를 가한 경우에 준용한다.

(3) 불법행위의 효과

불법행위의 효과는 위에서 이야기한 바와 같이 피해자에게 손해배상청구권을 발생시키는 것이다. 그런데 배상의 대상이 되는 손해는 크게 재산적 손해와 정신적 손해로 나눌 수가 있다. 예컨대 가해자가 피해자를 구타하여 피해자가 치료를 받은 경우에 치료비상당의 손해가 재산적 손해이고, 구타를 당하는 동안과 치료를 하는 동안 피해자가 겪은 정신적 고통에 의한 손해가 정신적 손해이다. 손해배상은 이들 재산적 손해와 정신적 손해 두 가지 모두를 배상의 대상으로 하며 정신적 손해에 대한 손해배상을 특히 위자료의 배상이라고 한다.

◘ 사례연구 — 사실혼과 위자료청구권

• **사안의 내용** 甲은 乙과 동거생활을 하고 있었다. 즉, 甲과 乙은 소위 사실혼 관계에 있었다. 그런데 어느 날 乙이 교통사고로 사망하였다. 甲은 가해자를 상대로 위자료청구권을 행사할 수 있는가?

• **사안의 해설** 위자료의 청구권은 피해자 자신뿐만이 아니라 피해자와 일정한 관계에 있는 사람의 정신적 고통에 대해서도 주어진다. 특히 생명침해의 경우에는 직계존속이나 직계비속 또는 배우자에게 주어짐은 물론이고 판례에 의하면 사실혼의 배우자에게도 주어지고 있다. 따라서 사례에서 피해자와 사실혼 관계에 있던 자는 가해자를 상대로 위자료청구권을 행사할 수 있다. 다만 위자료의 액수는 민법에 명문으로 규정한 바가 없으며 사고의 상황·피해자와 가해자의 사회적 지위 등을 고려하여 법관의 재량으로 정해진다.

✢ 참고조문

제751조(재산 이외의 손해의 배상) ① 타인의 신체, 자유 또는 명예를 해하거나 기타 정신상 고통을 가한 자는 재산 이외의 손해에 대하여도 배상할 책임이 있다.

② 법원은 전항의 손해배상을 정기금채무로 지급할 것을 명할 수 있고 그 실행을 확보하기 위하여 상당한 담보의 제공을 명할 수 있다.

제752조(생명침해로 인한 위자료) 타인의 생명을 해한 자는 피해자의 직계존속, 직계비속 및 배우자에 대하여는 재산상의 손해 없는 경우에도 손해배상의 책임이 있다.

2. 특수불법행위

특수불법행위에는 민법상 인정되는 것과 특별법 또는 학설과 판례에 의해서 인정되는 것이 있다. 민법상 인정되는 특수불법행위로는 책임무능력자의 감독자책임·사용자책임·공작물 등의 점유자 또는 소유자의 책임·동물점유자의 책임·공동불법행위 등이다. 우리 민법은 자기책임의 원칙을 채택하고 있기 때문에 원칙적으로 타인의 행위에 대해서는 책임을 부담하지 않는 것이 원칙이다. 그러나 이러한 자기책임의 원칙만을 강조하다가는 피해자의 구제에 충분하지 않은 경우가 발생할 우려가 있다. 이러한 특별한 사정이 있는 경우에는 타인의 행위에 대해서도 예외적으로 책임을 부담시켜야 할 필요가 발생하는데, 민법상 인정된 특수불법행위는 이처럼 자기의 고의·과실에 의하지 않은 불법행위에 대해서도 책임을 부담하는 예외적인 경우를 위주로 하여 규정되어 있다.

한편 민법의 규정에 의한 것이 아니고 특별법이나 학설 또는 판례에 의해 인정된 특수불법행위가 있다. 이들은 특정한 법익을 보호하기 위해 일반적인 불법행위와는 다른 특별한 요건이나 효과가 인정되는 것들이다. 특히 산업과 기술의 비약적인 발전은 새로운 위험을 속속 만들어 내고 있으며 이러한 위험은 한번의 불법행위로 치명적인 손해를 피해자에게 발생시키거나 다수의 사람들에게 손해를 발생시키게 한다. 따라서 이들의 불법행위에 의한 손해에 대해서는 일반적인 불법행위의 요건만을 가지고는 피해자의 충분한 보호에 미흡하게 되는 것이다. 이들 특별법이나 학설·판례에 의해서 인정된 특수불법행위 중에서 중요한 것이 자동차운행자의 책임·공해로 인한 책임·제조물책임·의료과오에 의한 책임 등이다.

(1) 책임무능력자의 감독자책임

책임능력이라고 하는 것은 채무불이행이나 불법행위에 의한 손해에 대해 법적 책임을 부담할 수 있는 정신적인 능력을 가리키며 우리나라 법률체계는 책임능력을 갖춘 자에 대해서만 손해배상책임을 인정하고 있다. 즉 정신적 능력이 부족한 자에게 위법행위로 인한 모든 책임을 부담시키는 것은 정당하지 않다는 것이다. 그리고 학설 및 판례에 의하면 초등학교 고학년에 이르면 보통 이러한 책임능력이 갖추어진다고 보고 있다. 나아가 성년자라고 하더라도 심신상실의 상태에 있는 자는 책임능력이 없는 것으로 보고 있다.

그런데 이들 책임무능력자에 의한 불법행위는 책임무능력자를 감독할 의무가 있는 자(친권자 또는 후견인)나 감독의무자를 대신하여 책임무능력자는 감독하는 자(유치원장 또는 정신병원장)가 감독행위를 제대로 하는 경우에는 방지할 수 있는 것이다. 따라서 우리 민법은 일정한 자의 불법행위로 피해자에게 손해가 발생하였다고 하더라도 그자가 책임무능력자이기 때문에 손해배상책임을 부담하지 않는 경우에는 감독의무자나 감독의무자를 대신하여 감독권을 행사하는 자에게 손해배상책임을 부담시키고 있다. 다만 감독의무자나 대리감독자가 감독행위에 있어서 과실이 없다는 것은 입증하면 손해배상책임을 면하게 된다.

사례연구 — 가해학생 부모의 손해배상책임 여부

• 사안의 내용　甲은 고등학교에 다니는 아들을 두고 있는 학부모이다. 그런데 甲의 아들이 어느 날 같은 반의 학우에게 구타를 당하여 손해를 입었다. 민법의 해석에 따르면 가해자가 고등학교에 다니는 정도의 연령을 가지고 있으면 책임능력이 인정된다고 하여, 그에게 손해배상청구를 하려고 하였으나 그에게는 전혀 재산이 없었다. 이런 경우 그 가해학생의 부모에게 손해배상청구를 할 수 있는 방법은 없는가?

• 사안의 해설　민법의 명문규정에 의하면 가해자가 책임무능력자인 경우에만 그 친권자인 부모에게 손해배상청구를 할 수 있게 되어 있다. 그러나 가해자가 책임능력자라고 하더라도 만 20세 미만의 미성년자와 같은 경우에는 충분한 자력을 가지고 있지 않은 것이 보통이다. 따라서 판례는 민법의 규정을 확대해석하여 가해자가 미성년자인 경우에는 비록 책임능력자라고 하더라도 친권자에게 손해배상청구를 할 수 있게 하고 있다. 따라서 위의 사례에서와 같이 가해자가 책임능력자라고 하더라도 고등학교에 다니는 미성년자인 경우에는 부모에게 손해배상청구가 가능하다.

✢ 참고조문

제753조(미성년자의 책임능력)　미성년자가 타인에게 손해를 가한 경우에 그 행위의 책임을 변식할 지능이 없는 때에는 배상의 책임이 없다.

제754조(심신상실자의 책임능력)　심신상실중에 타인에게 손해를 가한 자는 배상의 책임이 없다. 그러나 고의 또는 과실로 인하여 심신상실의 초래한 때에는 그러하지 아니하다.

제755조(책임무능력자의 감독자의 책임)　① 전2조의 규정에 의하여 무능력자에게 책임 없는 경우에는 이를 감독할 법정의무가 있는 자가 그 무능력자의 제3자에게 가한 손해를 배상할 책임이 있다. 그러나 감독의무를 해태하지 아니한 때에는 그러하지 아니하다.

② 감독의무자에 갈음하여 무능력자를 감독하는 자도 전항의 책임이 있다.

(2) 사용자책임

사용자책임이라고 하는 것은 피용자를 사용하여 일정한 사무에 종사하게 한 사용자나 사용자를 대신하여 그 업무를 감독하는 자가, 피용자의 사무와 관련된 불법행위에 관하여 손해배상책임을 부담하는 것을 말한다. 이것은 피용자가 손해배상을 할 만한 충분한 자력이 없고 사용자가 피용자보다는 많은 자력을 가지고 있는 것이 보통이기 때문에 피해자를 보호하기 위해 인정된 것이다. 다만 사용자나 대리감독자가 피용자의 선임과 감독에 과실이 없음을 입증하면 손해배상책임을 부담하지 않는다.

◘ 사례연구 — 종업원의 손해배상책임을 부담한 사장과 구상권

• **사안의 내용** 甲은 종업원 10명을 고용하여 이삿짐센터를 운영하고 있다. 그런데 종업원 중의 한 사람인 乙이 음주한 상태에서 이삿짐을 옮기다가 실수로 고가의 이사물품을 파손하였다. 이삿짐 주인의 청구로 甲이 사용자책임을 부담하여 이삿짐의 주인에게 손해배상을 해 주었다. 甲은 종업원 乙에게 충분한 주의를 주었는데도 불구하고 음주상태에서 일을 하다가 손해를 발생시켰으므로, 甲 자신이 모든 책임을 부담하는 것이 억울하다고 한다. 종업원인 乙에게 어떠한 청구를 할 수 없는가?

• **사안의 해설** 사용자책임이 인정된 것은 사무와 관련된 불법행위의 경우에 피해자를 더 잘 보호하기 위한 규정이므로 불법행위를 한 피용자 개인의 책임이 없어지는 것은 아니다. 따라서 피해자는 사용자는 물론이고 불법행위를 한 피용자에게도 손해배상청구를 할 수 있으며, 사용자가 사용자책임을 부담하여 손해배상을 해 준 경우에는 당해 피용자에게 구상청구를 하는 것도 가능하다. 위의 사례에서는 사용자는 불법행위를 당한 피해자에게 손해배상한 것의 전부 또는 일부에 대해 피용자에게 구상청구를 하는 것이 가능하다.

✤ 참고조문

제756조(사용자의 배상책임) ① 타인을 사용하여 어느 사무에 종사하게 한 자는 피용자가 그 사무집행에 관하여 제3자에게 가한 손해를 배상할 책임이 있다. 그러나 사용자가 피용자의 선임 및 그 사무감독에 상당한 주의를 한 때 또는 상당한 주의를 하여도 손해가 있을 경우에는 그러하지 아니하다.
② 사용자에 갈음하여 그 사무를 감독하는 자도 전항의 책임이 있다.
③ 전2항의 경우에 사용자 또는 감독자는 피용자에 대하여 구상권을 행사할 수 있다.

(3) 공작물 등의 점유자 · 소유자의 책임

도로나 교량 또는 건물이나 담과 같은 공작물에 설치 또는 보존상의 하자가 있어 그로 인해 손해가 발생한 경우에는 그 공작물을 관리할 책임이 있는 점유자나 소유자에게 배상책임을 인정하고 있다. 이것을 공작물 등의 점유자 · 소유자의 책임 또는 공작물책임이라고 한다. 다만 점유자와 소유자가 다른 경우에 점유자에게는 손해의 방지에 필요한 주의를 게을리하지 않았다는 것을 입증하면 책임을 부담하지 않게 하여 면책의 가능성이 인정되나, 소유자의 경우에는 그러한 면책사유를 인정하지 않고 있어 무과실책임을 부담하는 것으로 하고 있다.

◘ 사례연구 — 상점간판의 추락으로 발생한 손해와 그 책임

• **사안의 내용** 甲은 길을 가다가 상점의 간판이 떨어져서 상해를 입었다. 그 상점이 입주해 있는 건물의 주인은 乙이고 丙이 그 상점을 빌려서 장사를 하면서 그 건물을 관리하고 있었다. 나중에 알고 보니 丙은 별다른 자력이 없었다. 자력이 풍부한 건물의 주인 乙에게 손해배상청구를 하려고 하는데 이것이 가능한가?

• **사안의 해설** 공작물책임에 있어서 손해배상의 책임자는 점유자 또는 소유자이다. 점유자와 소유자가 동일인인 경우에는 문제가 없으나 점유자와 소유자가 각기 다른 사람인 경우에는 점유자가 1차적인 책임자이고 소유자는 2차적인 책임자에 불과하다. 그러므로 일단 점유자만이 책임을 부담하며 점유자가 손해의 방지에 필요한 주의를 다했다는 것이 인정되어 책임을 부담하지 않는 경우에만 소유자가 책임을 부담하게 되는 것이다. 따라서 위의 사례에서는 처음부터 소유자인 乙에게 손해배상청구를 하는 것은 불가능하며 먼저 점유자인 丙에게 손해배상청구를 하고, 丙에 과실이 없어 이것이 인정되지 않는 경우에 비로소 소유자인 乙에게 손해배상을 청구하는 것이 가능하다.

✤ 참고조문

제758조(공작물등의 점유자, 소유자의 책임) ① 공작물의 설치 또는 보존의 하자로 인하여 타인에게 손해를 가한 때에는 공작물점유자가 손해를 배상할 책임이 있다. 그러나 점유자가 손해를 방지의 필요한 주의를 해태하지 아니한 때에는 그 소유자가 손해를 배상할 책임이 있다.
② 전항의 규정은 수목의 재식 또는 보존에 하자가 있는 경우에 준용한다.
③ 전2항의 경우에 점유자 또는 소유자는 그 손해의 원인에 대한 책임 있는 자에 대하여 구상권을 행사할 수 있다.

(4) 동물점유자의 책임

동물점유자의 책임이라고 하는 것은 동물의 점유자나 점유자에 대신하여 동물을 보관한 자가 그 동물이 타인에게 가한 손해에 대하여 배상책임을 부담하는 것을 말한다. 다만 동물의 종류와 성질에 따라 그 보관에 상당한 주의를 하였다는 것을 입증하였을 경우에는 이들의 책임이 면제된다.

사례연구 — 개가 상해를 입힌 경우

• **사안의 내용** 甲은 사냥개 한 마리를 키우고 있다. 장기간 여행을 할 일이 있어 그 사냥개를 애완동물의 보관업무를 하는 수의사 乙에게 맡기고 여행을 하였다. 그런데 甲이 여행을 하고 있는 동안에 사냥개가 도망쳐서 행인인 丙에게 상해를 입혔다. 피해자 丙은 甲이 개의 소유자임을 이유로 甲에게 손해배상청구를 하는데 손해배상을 해주어야 하는가?

• **사안의 해설** 동물점유자의 책임에 관한 민법의 규정은 소유자의 책임을 인정하는 명문규정을 가지고 있지 않다. 따라서 가해동물의 소유자와 점유자가 다를 경우에는 점유자만이 책임을 부담하는 것이 원칙이다. 또한 점유자가 동물을 제3자에게 보관시킨 경우에도 동물의 종류와 성질에 따라 그 보관에 상당한 주의를 가지고 보관자를 선임·감독한 경우에는 그 동물이 타인에게 가한 손해에 대한 배상책임을 부담하지 않는다고 보아야 한다. 따라서 위의 사례에 있어서의 사냥개의 소유자는 애완동물의 보관업무를 하는 수의사에게 사냥개를 맡긴 것이므로, 특별한 사정이 없는 한 그 보관에 상당한 주의를 가지고 보관자를 선임·감독한 것으로 보여 배상책임을 부담하지 않고, 수의사 乙만이 손해배상책임을 부담한다고 해야 할 것이다.

참고조문

제759조(동물의 점유자의 책임) ① 동물의 점유자는 그 동물이 타인에게 가한 손해를 배상할 책임이 있다. 그러나 동물의 종류와 성질에 따라 그 보관에 상당한 주의를 해태하지 아니한 때에는 그러하지 아니하다.

② 점유자에 갈음하여 동물을 보관한 자도 전항의 책임이 있다.

(5) 공동불법행위

공동불법행위라고 하는 것은 2인 이상이 공동의 불법행위로 피해자에게 손해를 발생시키는 경우를 말한다. 민법의 규정에 의해 공동불법행위책임이 인정되는 것은 2인 이상의 가해자가 공동의 행위로 손해를 야기한 경우뿐만이 아니라, 공동이 아닌 2인 이상의 행위가 각각 독립하여 행해졌으나 어느 행위가 손해를 야기하였는지 알 수 없는 경우 및 가해자에 대해 교사 또는 방조행위를 한 경우에도 공동불법행위책임을 부담시키고 있다. 그리고 이 공동불법행위의 경우에는 피해자를 보호하기 위해 2인 이상의 불법행위자가 연대하여 손해배상책임을 부담하는 것으로 규정하고 있다.

사례연구 — 교통사고로 수술을 받다가 사망한 경우

• 사안의 내용　甲의 부친은 어느 날 횡단보도를 건너다가 乙이 운전하는 자동차에 교통사고를 당하였고, 이후 병원에 긴급하게 후송되어 의사 丙으로부터 수술을 받다가 사망하고 말았다. 甲은 부친의 사망으로 인한 손해배상을 청구하려고 하는데, 교통사고를 야기한 乙은 자신이 일으킨 교통사고는 치명상이 아니었고 의사 丙이 수술을 잘못하여 죽은 것이라고 하면서, 사망에 대한 책임은 자신이 부담할 수 없다고 주장한다. 한편 의사 丙도 자기에게는 책임이 없다고 주장하면서, 甲의 부친이 죽음에 이르게된 치명상은 교통사고에 원인이 있다고 주장한다. 甲으로서는 누가 부친의 죽음에 결정적인 원인을 제공한 것이지 알 수 없는데, 누구를 상대로 사망으로 인한 손해배상청구를 할 수 있는가?

• 사안의 해설　2인 이상의 행위가 있었으나 그 행위 중 어떤 행위가 손해의 원인인지 알 수 없는 경우를 가해자불명의 공동불법행위라고 한다. 그리고 가해자불명의 공동불법행위에도 행위자 전부에게 공동불법행위책임을 물을 수 있도록 하고 있는 것이 우리 민법의 태도이다. 따라서 사례에서 피해자의 아들은 운전자 乙과 의사 丙 전부에게 연대책임을 물어 손해배상청구를 할 수 있다.

참고조문

제760조(공동불법행위자의 책임)　① 수인이 공동의 불법행위로 타인에게 손해를 가한 때에는 연대하여 그 손해를 배상할 책임이 있다.

② 공동 아닌 수인의 행위 중 어느 자의 행위가 그 손해를 가한 것인지를 알 수 없는 때에도 전항과 같다.

③ 교사자나 방조자는 공동행위자로 본다.

(6) 자동차운행자의 책임

자동차는 달리는 흉기로 불리울 정도로 고속으로 달리는 물건이고 실제로도 많은 교통사고를 발생시켜 다수의 피해자를 낳고 있는 것이 현실이다. 우리나라는 이러한 사고의 위험성이 높은 자동차의 운행으로 인해 교통사고가 발생한 경우에 피해자의 보호를 적정하게 하기 위해 자동차손해배상보장법이라는 특별법을 제정하여 자동차사고로 인한 손해배상에 적용하고 있다. 이 자동차손해배상보장법에 따르면 자동차의 운행자는 첫째 운행자 자신 및 운전자가 자동차의 운행에 관해 주의를 게을리 하지 않았다는 것, 둘째 피해자 또는 운행자와 운전자 이외의 제3자에게 고의 또는 과실이 있었다는 것, 셋째 자동차의 구조상의 결함 또는 기능상의 장해가 없었다는 것이라고 하는 3가지 면책사유를 전부 입증한 경우에만 자동차사고로 인한 손해배상책임을 면하는 것으로 하여 자동차운행자에게 상당히 무거운 책임을 부담시키고 있다.

◘ 사례연구 — 시내버스를 타고 가다가 손해를 입은 경우

• **사안의 내용**　甲은 乙운송회사 소속의 시내버스를 타고 가다가 버스가 갑자기 방향을 선회하는 바람에 넘어져서 상해를 당하였다. 甲이 乙운송회사를 상대로 손해배상청구를 하니, 乙운송회사에서는 갑자기 상대편에서 오던 丙의 승용차가 중앙선을 넘어와서 당해 버스에 충돌하는 바람에 버스의 방향이 선회된 것이므로 자신에게는 책임이 없다고 항변하고 있다. 사고의 원인이 되었던 승용차의 소유자 丙을 현재 찾을 수 없는데, 甲은 乙운송회사를 상대로 손해배상청구를 할 수 없는가?

• **사안의 해설**　자동차손해배상보장법의 규정에 따르면 교통사고의 피해자가 자동차의 승객인 경우에는 그 승객의 자살행위나 자해행위와 같은 고의에 의한 손해를 제외하고는 승객을 태운 자동차의 운행자가 절대적으로 책임을 부담하도록 하고 있다. 따라서 위와 같은 사례에서는 사고의 원인이 누구에게 있던 간에 버스회사 乙을 상대로 손해배상청구를 할 수 있다.

✢ 참고조문

자동차손해배상보장법 제3조(자동자손해배상책임)　자기를 위하여 자동차를 운행하는 자는 그 운행으로 인하여 다른 사람을 사망하게 하거나 부상하게 한 때에는 그 손해를 배상할 책임을 진다. 다만, 다음 각호의 1에 해당하는 때에는 그러하지 아니한다.

1. 승객이 아닌 자가 사망하거나 부상한 경우에 있어서 자기와 운전자가 자동차의 운행에 관하여 주의를 게을리하지 아니하고, 피해자 또는 자기 및 운전자외의 제3자에게 고의 또는 과실이 있으며, 자동차의 구조상의 결함 또는 기능에 장해가 없었다는 것을 증명한 때
2. 승객0 사망하거나 부상한 경우에 있어서 그 사망 또는 부상이 그 승객의 고의나 자살행위로 인한 것인 때

(7) 공해책임

종래에 있어 기업의 공해물질의 배출에 의해 대규모의 피해가 발생하여 그 공해책임을 둘러싸고 많은 문제점이 제기되어 왔다. 이러한 공해로 인한 손해의 빈발과 그 대규모성으로 인해 공해의 발생을 사전적으로 예방하기 위하여, 그리고 공해사고가 발생한 경우에 피해자가 가능하면 쉽게 손해배상을 받도록 하기 위하여 많은 특별법들이 탄생하였다. 특히 환경오염으로 인한 불법행위에 있어서는 그 오염

을 야기한 자에게 고의·과실이 없더라도 책임을 지우는 소위 무과실책임을 부담시키고 있다. 그런데 공해에 있어서 문제가 되는 것은 공해와 손해 사이의 인과관계의 입증문제이다. 공해로 인한 피해자는 공해가 손해의 원인이었다는 것을 입증해야 하는데 보통의 경우에는 자연과학적인 지식의 부족으로 입증이 쉽지 않기 때문이다.

◘ 사례연구 — 폐수가 흘러나와 벼가 말라 죽은 경우

• **사안의 내용** 甲은 논농사를 하고 있는 농부이다. 올해 甲이 경작한 벼가 여름에 다 말라죽고 말았다. 甲의 논 위쪽에는 乙이 운영하는 공장이 있는데, 항상 그 공장에서는 폐수가 흘러나와 甲의 논 옆을 지나고 있으며, 그 공장이 가동되기 전에는 벼가 말라죽는 일이 없었고, 또한 올해에는 甲의 논에 병충해도 없었다. 甲은 벼가 말라죽은 이유가 乙의 공장에서 유출되고 있는 폐수 때문이라고 단정하고 乙에게 손해의 배상을 요구하였으나, 乙은 벼가 말라죽은 것이 폐수 때문이라는 명백한 증거를 대라고 하면서 손해배상에 응하지 않고 있다. 甲은 물리나 화학 등 자연과학에 관한 지식이 없어 폐수가 손해의 원인인지 명확히 증명할 방법이 없는데, 손해배상을 받을 수 없는가?

• **사안의 해설** 불법행위에 관한 일반적인 요건은 가해행위와 손해 사이에 사회적 상당성이 있는 인과관계를 요구하고 있고, 그 입증책임은 피해자에게 있는 것이기 때문에, 피해자가 손해배상청구에서 성공하려면 가해행위가 손해의 원인이라는 것을 입증해야만 한다. 그런데 공해와 같은 경우에는 피해자는 보통 공해물질에 포함된 화학물질의 종류·그 화학적인 성질·공해물질의 배출경로 등을 정확히 알 수 없어 공해물질의 배출과 손해 사이의 인과관계를 정확히 증명할 수 없는 것이 보통이다. 따라서 학설과 판례는 개연성이론이라는 것을 정립하여 정확한 인과관계의 입증이 없더라도 가해행위와 손해 사이에 인과관계가 존재할 개연성이 있다는 것의 입증만으로 손해배상청구를 할 수 있게 하고, 가해자가 이에 대한 반증을 제출한 경우에만 손해배상책임을 면제시키고 있다. 따라서 사례에서와 같은 상황에서 피해자에게 손해가 발생한 경우에는 특별한 사정이 없는 한 폐수의 방류가 손해의 원인일 가능성이 상당히 높은 것으로 피해자는 손해배상청구가 가능할 것으로 생각되며, 가해자가 다른 원인에 의해 피해가 발생했다는 것을 명백히 입증하지 않는 한 손해배상청구는 성공할 수 있을 것으로 생각된다.

✤ 참고조문

환경정책기본법 제31조(환경오염의 피해에 대한 무과실 책임) ① 사업장 등에서 발생되는 환경오염으로 인하여 피해가 발생한 때에는 당해 사업자는 그 피해를 배상하여야 한다.
② 사업장 등이 2개 이상 있는 경우에 어느 사업장 등에 의하여 제1항의 피해가 발생한 것인지를 알 수 없을 때에는 각 사업자는 연대하여 배상하여야 한다.

(8) 제조물책임

사회적으로 생산되어 판매되고 있는 물건들 중에서 많은 수의 것이 결함을 가지고 있고 그 결함으로 인해 소비자가 다방면에서 피해를 입는 것을 우리는 종종 보고 있다. 이처럼 생산되어 판매된 물건에 하자가 존재하고 그 하자에 의해 피해자가 손해를 입은 경우에 피해자가 생산자나 판매자를 상대로 손해배상청구를 하고 생산자나 판매자가 이에 대해 책임을 부담하는 것을 제조물책임이라고 한다. 이 제조물책임과 관련하여 피해자가 손해배상청구를 하는데 있어서 발생하는 문제점들을 해결하기 위해 제조물책임법이라는 특별법이 제정되어 있다.

◘ 사례연구 — 장난감 주사기의 결함으로 상처를 입은 경우

• **사안의 내용** 甲의 아이가 문구점에서 산 장난감 주사기를 가지고 놀다가 그 주사기의 결함으로 주사바늘이 튀어나와 눈에 상처를 입고 지금 실명위기에 빠져 있다. 이 주사기를 생산한 제조업자인 乙에게 손해배상청구를 하려고 하는데, 제조과정을 잘 알지도 못하고 당해 주사기가 생산될 때의 상황을 알지도 못하여 제조업자 乙의 과실을 입증하기가 상당히 곤란하다. 이 경우 손해배상을 받아 낼 수 있는 방법이 없는가?

• **사안의 해설** 불법행위의 일반적인 성립요건 중의 하나가 가해자에게 고의 또는 과실이 있어야 한다는 것이다. 즉 불법행위로 인해 피해자에게 손해가 발생하였다고 하더라도 가해자에게 고의 또는 과실이 없는 경우에는 손해배상책임을 부담하지 않는다. 그리고 이 고의·과실의 입증책임은 피해자에게 있기 때문에 일반적인 불법행위에 있어서는 피해자가 가해자의 고의·과실을 입증하지 않는 한 손해배상청구에 성공할 수 없는 것이다. 이러한 피해자의 어려움을 구제하기 위해 제조물책임법은 특별한 면책사유가 없는 한 제조자에게 고의·과실이 없더라도 책임을 부담하도록 하고 있다. 따라서 위와 같은 사례에서는 장난감 주사기에 결함이 있고 그것에 의해 손해가 발생하였다는 것만 입증하면 특별한 사정이 없는 한 손해배상청구에 성공할 수 있을 것으로 생각된다.

✤ 참고조문

제조물책임법 제3조(제조물책임) ① 제조업자는 제조물의 결함으로 인하여 생명·신체 또는 재산에 손해(당해 제조물에 대해서만 발생한 손해를 제외한다)를 입은 자에게 그 손해를 배상하여야 한다.

② 제조물의 제조업자를 알 수 없는 경우 제조물을 영리목적으로 판매·대여 등의 방법에 의하여 공급한 자는 제조물의 제조업자 또는 제조물을 자신에게 공급한 자를 알거나 알 수 있었음에도 불구하고 상당한 기간 내에 그 제조업자 또는 공급한 자를 피해자 또는 그 법정대리인에게 고지하지 아니한 때에는 제1항의 규정에 의한 손해를 배상하여야 한다.

(9) 의료과오책임

의료과오라고 하는 것은 의사의 진료상의 과실로 환자에게 손해가 발생하는 것을 가리킨다. 그런데 이 의료과오에 의한 손해에 있어서는 인체·질병·진료방법에 관한 지식과 정보가 전부 의사에게 있고 환자로서는 그러한 지식이나 정보에 대해 접근하는 것이 불가능한 것이 보통이기 때문에, 그 배상의 청구에 있어서 가해자인 의사의 고의나 과실 그리고 진료상의 과오와 손해 사이의 인과관계를 피해자가 입증하는 것이 거의 불가능에 가깝게 된다. 따라서 의료과오로 인한 손해배상의 청구에 있어서는 의사의 고의·과실의 입증 및 인과관계의 입증 모두가 중요한 문제로 부각된다.

◘ 사례연구 — 수술 중 환자가 사망한 경우 의사의 책임

• **사안의 내용** 甲의 부친은 담석을 제거하기 위해 의사 乙이 운영하는 병원에 입원하여 乙로부터 수술을 받았다. 그런데 수술 2일 후에 甲의 부친이 그만 사망하고 말았다. 甲의 부친에게는 다른 아무런 질병이 존재하지 않았었고, 수술동의서를 甲이 써 주었지만 수술동의서를 써 줄 때 의사는 수술에 의한 사망가능성에 대해서는 아무런 설명이 없었고, 후유증이 거의 없는 간단한 수술이라고 하였다. 그래서 甲은 의사의 진료상의 과실에 의해 사망사고가 발생한 것으로 믿고 손해배상을 청구하였으나, 의사 乙은 자기에게는 진료상의 과실이 전혀 없었고, 사망의 원인은 甲의 부친의 특이체질 때문인 것 같다고 하면서 손해배상에 응하지 않는다. 손해배상을 받을 수 없는 것인가?

• **사안의 해설** 먼저 의사의 과실의 입증에 관해서 본다면 예컨대 수술 후 수술용 가위를 배속에 넣고 상처를 꿰맨 경우와 같이 의사의 과실이 명백한 경우에는 문제가 없으나, 그러한 증거를 찾기가 어려운 경우에는 설명의무라고 하는 개념으로 과실의 입

증문제를 해결하는 것이 판례의 입장이다. 즉 의사가 수술이나 기타 진료행위를 할 경우에는 질병의 종류 · 수술의 종류와 과정 · 수술의 위험성 · 후유증의 종류와 정도 등에 관해 환자 측에게 설명한 후에 수술 기타 진료의 동의를 얻어야 하는데, 이를 의사의 설명의무라고 한다. 만약 이러한 설명의무의 이행이 없었거나 있었다고 하더라도 설명에서 언급되지 않은 결과가 발생한 경우에는 의사에게 과실이 있는 것으로 추정하는 것이 판례의 태도이다.

다음으로 인과관계에 관해서 본다면 의료과오에 있어서도 공해로 인한 불법행위에 있어서와 같이 인과관계에 관한 개연성이론을 인정할 수 있을 것이다. 즉 손해의 원인이 될 만한 다른 특별한 원인이 없고 진료행위와 손해 사이에 인과관계의 가능성이 존재하는 경우에는 인과관계의 입증이 행해진 것으로 볼 수 있을 것이다.

따라서 위의 사례에서는 의사로부터 사망의 가능성에 대한 설명이 없었고, 후유증이 전혀 없는 간단한 수술이라는 설명만으로 수술에 착수한 것이므로 설명의무위반에 의한 과실의 입증이 성공한 것으로 볼 수 있고, 환자에게 사망의 원인이 될 만한 합병증이나 기왕증이 전혀 없었고 건강하였으며 특별한 다른 사망원인도 존재하지 않았다는 것을 입증하면 인과관계의 존재도 인정될 수 있을 것이기 때문에, 피해자측에게 손해배상청구를 인정할 수 있을 것으로 생각된다.

제 3 편

가족관계와 법

제 1 장

가족생활과 가족법

1. 가족법의 의의 · 특성

우리는 누구나 가족구성원의 일원으로서 생활하고 있다. 우리는 가족생활을 바탕으로 하여 국가 · 사회의 조직생활에 참가하고 있으므로 가족은 바로 사회의 기초적 구성 단위로서 중요한 역할을 하고 있다. 이러한 가족관계를 규율하는 법이 가족법이다.

가족관계를 규율하는 가족법은 재산관계를 규율하는 재산법과 다른 특성을 가지고 있다. 먼저 재산법은 그 성질상 사회경제의 변화에 민감하고 진보적인 성향이 강한데 대하여, 가족법은 그 사회의 전통적 관습이나 습속에 의해 지배되기 때문에 보수적 성격이 강하다. 다음으로 재산법은 매매나 임대차 등에서 보는 바와 같이 양당사자의 관계가 타산성과 합리성을 바탕으로 하는데 대하여, 가족법은 부부관계나 친자관계와 같이 성적 · 혈연적 관계를 규율하는 법이므로 비타산적이고 비합리적인 성격을 가지고 있다.

2. 가족법의 구성

우리 나라의 가족법은 민법의 일부로 편제되어 있으며, 친족법과 상속법으로 이루어져 있다. 즉 가족관계를 규율하는 법이 별도의 단행법전으로 되어 있지 않고, 민법전 제4편 「친족」과 제5편 「상속」으로 구성되어 있다.

친족법이란 부부관계 · 친자관계 · 친족관계 등을 포함한 일체의 신분적 공동생활관계를 규율하는 법을 말한다. 민법 제4편의 친족편에는 친족관계, 혼인, 부모와 자, 친권, 후견, 친족회, 친족간의 부양, 호주와 가족, 호주승계 등에 대하여 규정하고 있다. 이 중 호주제도는 2005년 2월 3일에 헌법재판소의 헌법불합치결정을 받았다. 이후 민법개정에 의하여 2007년 12월 31일까지 존속하지만, 2008년 1월 1일부터는 폐지된다.

상속법이란 피상속인과 일정한 친족적 신분관계에 있는 상속인이 피상속인의 사망시에 그 재산을 승계하는 것에 관련된 사항을 정하는 법을 말한다. 민법 제5편의 상속편에는 상속, 유언, 유류분 등에 관하여 규정하고 있다.

제 2 장
친 족 법

I 친족관계

1. 친족의 의의와 종류

친족은 혈연 또는 혼인에 의하여 연결되는 자 사이에 생기는 신분관계를 말한다. 민법상의 친족의 종류에는 배우자, 혈족 및 인척이 있다(제767조).

(1) 혈　　족

혈족이란 혈연에 의하여 성립되는 친족관계를 말한다. 자기의 직계존속(부모, 조부모 등)과 직계비속(아들, 손자 등)을 직계혈족이라 하고, 자기의 형제자매와 형제자매의 직계비속(조카, 생질 등), 직계존속의 형제자매(백부, 숙부, 고모 등) 및 그 형제자매의 직계비속(종형제자매, 고종사촌, 이종사촌 등)을 방계혈족이라 한다(제768조).

(2) 인　　척

인척이란 혼인에 의해서 성립되는 친족관계로, 혈족의 배우자(형제의 처, 고모의 夫 등), 배우자의 혈족(배우자의 부모·형제자매 등), 배우자의 혈족의 배우자(배우자의 백숙부 또는 형제의 처, 배우자의 고모·이모 또는 자매의 夫 등)가 있다(제769조). 혈족의 배우자의 혈족(형제의 처의 부모·형제자매, 자매의 夫의 부모·형제자매 등)은 관습상 사돈에 해당되는데, 1990년의 민법개정으로 이를 인척에서 제외하고 있다.

인척관계는 이혼한 경우 당연히 소멸하지만 배우자 일방의 사망시에는 생존배우자가 재혼하면 인척관계가 소멸된다(제775조). 그러나 당사자가 아닌 그들 사이에서 태어난 아이들과 시집(처가)의 친족 사이의 혈족관계는 아무런 영향이 없다.

(3) 배 우 자

배우자는 혼인관계에 있는 남녀가 서로를 지칭하는 것이다. 민법은 배우자를 친족의 일종으로 규정하고 있지만, 부부에 대해서는 민법 및 기타 법령에서 특별한 효과를 규정하고 있다.

2. 친족의 범위

친족관계로 인한 법률상 효력은 민법 또는 다른 법률에 특별한 규정이 없는 한 ① 8촌 이내의 혈족, ② 4촌 이내의 인척, ③ 배우자에 미친다(제777조).

종래에는 혈족에 있어서는 아버지쪽으로 8촌까지(8촌 이내의 부계혈족), 어머니쪽으로 4촌까지(4촌 이내의 모계혈족)를 친족으로 했던 것을 이제는 어머니쪽까지 8촌으로 늘어나 지금까지 친족이 아니던 모계 5촌이상 8촌까지도 친족범위에 포함되게 되었다. 남녀혈통의 차별을 인정하는 규정의 불합리성을 개정하였다는 점에서는 타당하지만, 지나치게 친족의 범위가 확대되었다는 비판이 제기되고 있다.

인척관계로는 지금까지 시집쪽으로는 시아버지쪽 8촌(부의 8촌 이내의 부계혈족), 시어머니쪽 4촌(부의 4촌 이내의 모계혈족)까지 시집쪽은 광범위하게 남편의 혈족범위를 그대로 친족으로 하던 것을 시아버지와 시어머니쪽 모두 4촌까지, 친정쪽은 처의 부모만을 친족으로 했던 것을 역시 4촌까지로 확대되었다. 따라서 처가 남편쪽으로 법률상 효력을 발생하는 친족범위는 축소되고, 남편은 처의 부모 외에 처남・처제(2촌), 처의 숙부・고모(3촌), 처의 4촌까지도 친족범위로 들어오게 되었다.

3. 촌수의 계산

촌수란 친족관계의 멀고 가까움을 측정하는 척도의 단위이다.

직계혈족에 있어서는 자기로부터 촌수를 알고자 하는 직계혈족(직계존속 또는 직계비속)에 이르는 세수(世數)를 계산하면 된다(제770조 1항). 따라서 자기와 아버지는 1촌, 할아버지는 2촌이 된다.

방계혈족에 있어서는 자기와 촌수를 알고자 하는 방계혈족의 공동시조를 중심으로, 그 공동시조로부터 각자에 이르는 세수(世數)를 각각 합한 수가 곧 촌수이다(제770조 2항). 예를 들면, 자기와 형의 촌수는 자기로부터 아버지에게 올라가는 세수 1촌과 다시 아버지로부터 형에게 내려오는 세수 1촌을 합한 2촌이 된다.

부부간에는 촌수가 없다.

인척의 촌수는 배우자의 혈족에 대하여는 배우자의 그 혈족에 대한 촌수에 따르고, 혈족의 배우자에 대하여는 그 혈족에 대한 촌수에 따른다(제771조). 따라서 처나 夫의 부모는 인척 1촌이고, 夫나 처의 형제자매는 2촌이다.

Ⅱ 혼인관계

1. 혼인제도

혼인관계는 남녀 양성의 결합관계로서 인간의 존재와 더불어 어느 시대, 어느 사회, 어느 민족에게도 존재한다. 혼인의 골격은 부부로서 평생을 함께 할 것을 목적으로 하는 남녀의 결합이며, 인간의 친족보존 본능에 기초한다. 그리고 그것은 하나의 사회제도로서 인정된 형태와 그 목적기능이 시대와 사회가 변함에 따라 다르다. 그러나 반드시 그 사회의 법률이나 도덕, 관습 등의 규율에 의하여 정당한 남녀의 결합관계로서 인정되는 것이어야 한다.

오늘날 대부분의 국가에서는 일부일처제가 혼인의 본위로 되어 있으나, 역사적으로 보면 난혼, 군혼, 일처다부혼, 일부다처혼 등의 유형으로 변천을 가져온 것이다. 그리고 혼인의 목적도 과거에는 남계중심혈통의 유지나 제사와 같은 개인을 무시한 것에 의하였으나, 오늘날에는 혼인당사자를 위한 것으로 변천되었다.

2. 약　혼

(1) 약혼의 의의

약혼이란 장차 혼인할 것을 목적으로 하는 당사자 사이의 계약이다. 그러므로 당사자의 합의만이 필요하고 일정한 형식은 필요로 하지 않는다. 일반적으로는 약혼의 증표로서 예물이나 반지를 교환하는 등의 일정한 형식을 갖추는 경우가 많지만, 민법은 약혼에 관하여 아무런 체결방식을 규정하지 않고 있다. 또한 당사자의 합의를 외부에 공시할 필요도 없다.

약혼은 어디까지나 혼인하고자 하는 양당사자들의 합의로 성립하기 때문에 당사자들의 합의가 없는 약혼은 무효가 된다. 그리고 실질적인 혼인생활을 하면서 다만 혼인신고만을 하지 않고 있는 이른바 사실혼과는 구별된다.

(2) 약혼의 성립요건

약혼이 성립하기 위해서는 양당사자의 합의가 있어야 한다. 따라서 본인 이외의 부모들이 정한 약혼(정혼)은 무효이다. 남자는 만 18세, 여자는 만 16세에 달하여야 약혼할 수 있다(제801조). 성년에 달한 자는 부모나 후견인의 동의 없이 자유로이 약혼할 수 있다. 그러나 남자 만 18세, 여자 만 16세 이상의 미성년자가 약혼할 때에는 부모 또는 후견인의 동의를 얻어야 한다. 금치산자는 부모 또는 후견인의 동의를 얻어 약혼할 수 있다.

이중약혼은 원칙적으로 무효이다. 그러므로 배우자가 있는 자(유부남 또는 유부녀)의 약혼이나 약혼자 있는 자의 약혼은 무효이다(제810조). 예를 들면 법률상의 부부가 오랫동안 별거상태에 있어 사실상 이혼상태에 있는 경우에 이혼절차를 밟은 후에 다른 사람과 부부가 되자는 약혼은 유효하지만, 앞으로 처와 이혼하겠다고 하면서 약혼하는 것은 사회질서에 반한다고 볼 수 있으므로 이와 같은 약혼은 무효이다.

(3) 약혼의 효과

약혼이란 장래에 혼인을 하고자 하는 남녀 당사자간의 계약 즉 혼인의 예약이다. 약혼 당사자는 서로 혼인을 성립시킬 책임이 있으므로 서로 성실하게 교제하여 멀지 않은 장래에 부부공동체를 이룰 의무를 진다. 약혼은 혼인이 아니기 때문에 약혼자 사이에 아무런 친족관계가 발생하지 않는다. 따라서 약혼자는 서로 정교관계를 요구하거나 동거를 요구할 권리도 없고 의무도 없다. 만약 약혼자 사이에서 子를 출생하더라도 그 子는 혼인외의 子가 된다. 다만 子의 출생후 약혼당사자가 혼인을 하게 되면 그 子는 준정(準正)이 되어 혼인중의 子가 된다.

◘ 사례연구 — 약혼의 효과

• **사안의 내용** 甲男과 乙女는 시골에서 어려부터 오빠 동생하면서 서로 잘 따랐다. 乙은 甲의 성공을 위해서라면 자신의 희생은 각오하고 있었던 터라 자신의 대학 진학은 포기하고, 甲의 대학 4년동안을 뒷바라지 하면서 4년을 보냈다. 입사 직전에 甲과 乙은 양가 부모를 모시고 조촐하게 약혼을 하였고, 그 후 甲은 대기업에 입사하게 되었는데, 그 동안 乙의 공은 까마득히 잊어버리고 자신의 성공을 위하여 乙녀가 아닌 회사 간부의 딸과 사귀고 있었다. 이 사실을 알게 된 乙은 더 이상 관계가 깊어지기 전에 혼인을 해야겠다는 생각이 들었다. 이 경우에 乙은 甲과의 약혼의 이

행을 강제할 수 있는 소송을 제기하여 승소할 수는 없을까?

• 사안의 해결 약혼의 본질이 계약이므로 모든 계약은 상대방의 불이행시에 법원에 강제이행을 청구할 수 있음이 원칙이다. 그렇다면 약혼한 당사자 일방인 甲이 약혼대로 혼인하지 않을 경우에도 乙은 약혼의 강제이행을 청구할 수 있을 것이다. 그런데 약혼 당사자의 일방이 이 의무를 이행하지 않더라도 상대방은 손해배상의 청구권을 인정할 뿐이고, 혼인의 강제이행을 청구할 수는 없다. 그 이유는 혼인의 본질이 남녀간의 육체적·정신적 결합인데, 이미 혼인할 의사가 없는 자에게 이를 강제한다는 것은 혼인의 본질에 반할 뿐만 아니라 설령 약혼의 이행강제가 가능하다고 하더라도 혼인의 의사가 없는 자가 동거 및 부양해 가며 혼인의 공동체를 이루어 잘 살아갈 수 있다고 기대할 수도 없기에 그 실익이 없기 때문이다.

따라서 乙은 약혼의 이행 즉 혼인을 강제할 수는 없다. 다만 乙은 약혼 불이행으로 인한 손해배상청구권이 있다.

(4) 약혼의 해제

약혼당사자는 장래 혼인을 할 의무를 지지만, 이 의무는 그 성질상 강제할 수 없기 때문에 일방이 상대방의 의사를 무시하고 약혼을 해제해도 어쩔 수가 없다. 다만 정당한 이유없는 약혼의 파기는 상대방으로부터의 손해배상청구의 원인이 된다. 민법은 정당한 약혼해제사유를 다음과 같이 규정하고 있다(제804조).

① 약혼 후 자격정지 이상의 형을 선고받은 때

② 약혼 후 금치산 또는 한정치산의 선고를 받은 때

③ 성병, 불치의 정신병 기타 불치의 악질이 있는 때

④ 약혼 후 타인과 약혼 또는 혼인한 때

⑤ 약혼 후 타인과 간음한 때

⑥ 약혼 후 1년 이상 그 생사가 불명한 때

⑦ 정당한 이유 없이 혼인을 거절하거나 그 시기를 지연할 때

⑧ 기타 중대한 사유가 있는 때

'기타 중대한 사유'란 예를 들면 연령이나 직업 등의 사기, 약혼후 가족을 부양할 수 없을 정도로 재산상태가 악화된 경우, 상대방 또는 그 부모에 의한 중대한 모욕, 심한 불구자가 된 경우, 약혼전에 자격정지 이상의 형의 선고를 받은 사실이 밝혀진 경우 등이 이에 해당할 수 있다. 그러나 단순한 재산상태의 착오, 상대방의 성격이 다소 불성실하다는 것, 임신불능 등은 정당한 해제사유라고 할 수 없다.

약혼해제의 효과는 당사자의 일방이 과실 있는 상대방에 대하여 이로 인해 발생한 손해배상을 청구할 수 있다(제806조 1항). 과실 여부를 판단함에 있어서는 약혼의 파기에 이르는 경위와 책임, 당사자의 연령과 재산상태 등을 종합적으로 고려하여야 한다. 정당한 사유없이 약혼을 해제한 경우에 그 손해배상의 범위는 약혼의 파기에 의해 발생한 재산적 손해 및 정신적 손해의 양쪽을 포함한다(제806조 2항). 재산적 손해에는 약혼식에 소요된 약혼비용, 혼인 준비에 쓴 비용, 혼인을 위하여 사직한 경우 등과 같이 약혼으로 인한 일실 이익, 중매인에 대한 사례 등이 포함될 수 있다. 한편 정신적 고통에 대해서도 손해배상을 청구할 수 있지만, 그 배상청구권은 행사상의 일신전속권이기 때문에 양도 또는 승계할 수 없다(제806조 3항 본문). 그러나 당사자 사이에 이미 그 배상에 관한 계약이 성립되거나 소송을 제기한 후에는 양도 또는 승계될 수 있다(제806조 3항 단서).

약혼할 때 예물을 교환하는 관행이 사회적으로 널리 행해지고 있다. 이 예물의 수수는 혼인의 성립을 예정하기 때문에 한 증여이며, 혼인이 성립하지 않으면 주지 않았을 증여이다. 따라서 약혼이 혼인에 이르지 못하게 되면 약혼당사자는 서로 교환한 예물의 반환을 부당이득의 법리에 따라 청구할 수 있다. 그러나 약혼의 해제에 책임이 있는 당사자가 자기가 준 예물의 반환청구권을 행사하는 것은 권리남용으로 보아 인정하지 않는다. 따라서 일방당사자에게만 과실이 있는 경우에는, 과실이 없는 당사자는 준 예물의 반환청구권을 가지고, 받은 예물의 반환의무는 없다. 반대로 과실이 있는 당사자는 받은 예물을 반환하여야 하고, 준 예물에 대한 반환청구권은 없다. 만약 약혼당사자 쌍방에게 모두 과실이 있는 경우에는 과실상계의 원리를 적용하여 반환의 정도를 정하면 된다.

혼인이 일단 성립하면, 그 후에 혼인이 해소되더라도 예물 등의 반환문제는 발생하지 않는다. 그러나 혼인 성립 후 극히 짧은 기간 내에 이혼을 한 경우에는 혼인이 성립하지 않은 경우에 준하여 해결하는 것이 형평의 원칙에 합당할 것이다.

민법은 제804조에서 약혼해제의 사유를 규정하고 있는데, 위의 사례의 경우에는 동조 제8호의 "기타 중대한 사유가 있는 때"에 해당하는지가 문제된다. 대법원 판례(대판 1995. 12. 8, 94므1676 · 1683)에 의하면 "약혼은 혼인할 것을 목적으로 하는 혼인의 예약이므로 당사자 일방은 자신의 학력, 경력 및 직업과 같은 혼인의사를 결정하는 데 있어 중대한 영향을 미치는 사항에 관하여 이를 상대방에게 사실대로 고지할 신의성실의 원칙상의 의무가 있다고 하면서, 이러한 신의성실의 원칙에 위반한 행위로 인하여 믿음이 깨어져 애정과 신뢰에 바탕을 둔 인격적 결합을 기대할 수 없으므로, 동조 제8호의 기타 중대한 사유가 있는 때에 해당하여 이로 인한 약혼해제는 적법하다"고 판시하였다. 따라서 乙은 甲의 학력 및 경력의 허위를 이유로 약혼을 해제할 수 있을 뿐만 아니라 위자료도 청구할 수 있다. 다만 乙에게도 甲의 학력이나 경력을 시간을 두고 정확히 확인하지 아니한 채 경솔하게 약혼을 한 과실은 있으므로 위자료 산정에 참작될 것이다.

3. 혼인의 성립

혼인은 가족을 형성하는 기초이며 본인뿐만 아니라 사회에까지 영향을 미치기 때문에 민법은 혼인의 성립에 관하여 일정한 요건을 정하고 있고, 이 요건에 반하는 혼인은 무효 또는 취소할 수 있는 것으로 하고 있다. 따라서 혼인이 성립하기 위해서는 실질적 요건과 형식적 요건을 갖추어야 한다.

(1) 실질적 요건

혼인이 유효하게 성립하기 위해서는 당사자 쌍방은 다음과 같은 실질적 요건을 갖추어야 한다.

1) 당사자간에 혼인할 의사의 합치가 있을 것

혼인할 의사란 부부관계를 성립시킨다는 의사이다. 따라서 당사자의 합의가 없는 부모끼리의 정혼, 혼인하더라도 육체적 결합은 갖지 않는다는 부동거결혼, 부부공동체 형성의 목적이 아닌 다른 목적을 위한 가장혼인(예컨대 혼인외의 자를 혼인중의 자로 하기 위한 혼인 등), 당사자 일방에게만 혼인 의사가 있는 일방적 혼인신고, 어떤 조건부 또는 기한부 혼인 등은 당사자간의 혼인의사의 결여로서 모두 무효이다.

◘ 사례연구 — 당사자 일방에 의한 혼인신고

• **사안의 내용** 甲과 乙은 양가 부모의 반대로 성당에서 결혼식을 한 후에 몇 개월 동안 동거를 하였다. 그런데 甲남의 심한 도박벽을 알게 된 乙은 그 이후 甲과 헤어지게 되었지만 자식도 없었고 혼인신고도 하지 않은 상태라 다소는 홀가분했다. 그런 이후에 전직을 이유로 호적등본을 발급받아 본 결과 甲과 혼인신고가 되어 있었다. 이와 같이 당사자 일방에 의한 혼인신고가 유효한가, 무효라면 구제방법은 무엇인가?

• **사안의 해결** 혼인이 유효하기 위해서는 혼인신고와 같은 형식적 요건을 갖추어야 한다. 그러나 혼인신고가 있었다고 하여 전부 유효한 혼인이 되는 것은 아니고, 그 전제조건으로 혼인할 의사가 있어야 하는데 이 혼인할 의사는 결혼식 때는 물론이요 혼인신고서면을 작성할 때와 이 신고가 수리될 때까지 존재하여야 된다.

우리 나라에서는 일방당사자가에게 혼인할 의사가 없는데도 다른 일방당사자 또는 부모들이 일방적으로 혼인신고를 하는 경우가 있는데, 이러한 경우 혼인의사의 결여로서 원칙적으로 무효이다. 다만 당사자가 사실상 혼인의사를 가지고 있음에도 불구하고 신고를 게을리 하고 있는 경우에는 다른 사람이 신고를 하였다고 하더라도 혼인은 성립한다.

甲이 乙 모르게 한 혼인신고는 무효이므로, 가정법원에 혼인무효확인심판청구를 하여 그 심판이 확정된 후 1개월이내에 심판서등본과 확정증명서를 첨부하여 관할 구청에 호적의 정정신청을 하면 된다.

2) 당사자가 혼인적령에 달하였을 것

민법상 혼인할 수 있는 최저의 연령을 '혼인적령'이라고 하는데, 남자는 만 18세, 여자는 만 16세 이상이어야 한다. 또한 혼인적령에 달하였다고 하더라도 성년, 즉 만 20세에 달하지 않은 사람이 혼인하기 위해 반드시 부모 등의 동의가 있어야 한다.

3) 일정한 근친자간의 혼인이 아닐 것

일정한 근친자간의 혼인을 금하는 이유는 첫째, 동성자는 근친이기에 윤리적인 견지에서, 둘째, 우생학적 견지에서 금하였던 것이다. 물론 여성계 등 폐지론자의 주장은 조선의 사대주의 정책의 결과 중국으로부터 수입한 제도이며, 우생학적 견지에서 동성혼이 열성자라는 근거도 없으며, 지나치게 혼인의 자유를 부정한다는데 있다. 구체적으로 혼인이 금지되는 근친자의 범위는 아래와 같다.

참고조문

제809조(근친혼 등의 금지) ① 8촌 이내의 혈족(친양자의 입양 전의 혈족을 포함한다) 사이에서는 혼인하지 못한다.

② 6촌 이내의 혈족의 배우자, 배우자의 6촌 이내의 혈족, 배우자의 4촌 이내의 혈족의 배우자인 인척이거나 이러한 인척이었던 자 사이에서는 혼인하지 못한다.

③ 6촌 이내의 양부모계(양부모계)의 혈족이었던 자와 4촌 이내의 양부모계의 인척이었던 자 사이에서는 혼인하지 못한다.

♣ 참고조문

제815조(혼인의 무효) 혼인은 다음 각 호의 어느 하나의 경우에는 무효로 한다.

1. 당사자간에 직계인척관계가 있거나 있었던 때
2. 당사자간에 양부모계의 직계혈족관계가 있었던 때

4) 중혼이 아닐 것

민법은 일부일처제를 혼인의 본질로 하기 때문에 배우자 있는 자가 중복해서 혼인할 수 없다. 따라서 기혼자는 현재의 혼인관계가 해소되지 않은 상태에서는 혼인할 수 없다.

(2) 형식적 요건

혼인성립의 요건인 형식적 요건은 혼인신고를 말한다. 혼인은 원칙적으로 호적법이 정하는 바에 따라 신고를 하여야 한다. 따라서 혼인신고를 하지 않고 부부관계를 수십년간 계속해도 법률상 혼인으로 인정되지 않는다.

혼인신고를 하기 위해서는 당사자 쌍방과 성년자인 증인 2인이 연서하고 호적법 제76조에 따른 기재사항을 기재한 혼인신고서를 본인(당사자)의 본적지 또는 주소지나 현재지에서 신고하여야 한다. 이와 같은 신고만 있으면 족하고 결혼식이라든가 하는 의식은 필요가 없다.

4. 혼인의 무효와 취소

(1) 혼인의 무효

혼인의 무효란 성립한 혼인이 어떠한 사유로 처음부터 효력이 발생하지 않는 경우를 말한다. 혼인의 무효가 되는 경우로는 다음과 같은 사유가 있는 경우이다.

① 당사자간에 혼인의 합의가 없는 때

② 혼인이 제809조 제1항의 규정을 위반한 때

③ 당사자간에 직계인척관계가 있거나 있었던 때

④ 당사자간에 양부모계의 직계혈족관계가 있었던 때

혼인이 무효가 되면 무효혼으로부터는 아무런 효과가 생기지 않는다. 따라서 무효인 혼인에 기하여 발생된 상속 기타 권리의 변동은 무효가 되고, 그들 사이에 출생한 자녀도 혼인 외의 출생자가 된다. 나아가 처는 호적정정신청을 하여 친가에 복적한다.

그리고 혼인이 무효가 된 경우에 당사자의 일방은 과실있는 상대방에 대하여 이로 인한 손해배상을 청구할 수 있으며, 그것은 재산상의 손해와 정신상의 손해인 위자료를 포함한다.

◘ 사례연구 — 사촌간의 혼인

• **사안의 내용**　얼마 전에 불의의 사고로 부인을 잃은 변호사인 甲은 2살인 여아와 4살인 남아가 있어서 걱정이 태산이었다. 그런데 甲의 집에서 자취를 하던 회사원인 乙은 평소에 甲의 자녀를 자신의 자녀처럼 잘 돌보와 주었으며, 자녀들 역시 매우 잘 따랐다. 이후 시간이 흐름에 따라 甲은 乙에게 마음이 끌렸고, 乙 역시도 甲을 좋아하게 되어 양가 집안의 동의하에 결혼을 하기로 하고 결혼식장을 예약하였다. 결혼식 전날 일가 친척이 모인 자리에서 甲은 乙의 모가 예전에 해방불명된 甲의 6촌 이모라는 사실을 알게 되었다. 이미 결혼사실을 주변에 다 알렸고, 甲과 乙 모두 상대방을 좋아하는 처지라 결혼을 하고자 하는데 과연 이 혼인이 가능한 것인가?

• **사안의 해결**　甲과 乙의 관계는 방계혈족 7촌에 해당한다. 따라서 甲과 乙간의 혼인은 민법 제815조 제2항에 해당하는 8촌이내의 혈족에 해당함으로 혼인은 무효이므로 혼인은 금지된다.

(2) 혼인의 취소

혼인의 취소란 일단 유효하게 성립한 혼인을 나중에 취소함으로써 그 혼인의 효력을 소멸시키는 것을 말한다. 혼인의 취소는 민법이 정한 다음과 같은 사유가 있어야 한다.

① 혼인적령에 달하지 않은 혼인은 당사자 또는 그 법정대리인이 그 취소를 청구할 수 있다.

② 부모 또는 후견인의 동의를 얻지 않은 미성년자와 금치산자의 혼인은 당사자 또는 그 법정대리인이 취소를 청구할 수 있다. 다만, 그 당사자가 20세에 달한 후 또는 금치산선고가 취소된 후 3월을 경과하거나 혼인중 포태한 때에는 그 취소를 청구하지 못한다.

③ 중혼인 경우에는 당사자 및 그 배우자, 직계존속, 8촌 이내의 방계혈족 또는 검사가 그 취소를 청구할 수 있다.

④ 6촌 이내의 혈족의 배우자, 배우자의 6촌 이내의 혈족, 배우자의 4촌 이내의

혈족의 배우자인 인척이거나 이러한 인척이었던 자 사이에서는 혼인하지 못하지만, 임신을 한 경우에는 취소할 수 없다.

⑤ 6촌 이내의 양부모계(양부모계)의 혈족이었던 자와 4촌 이내의 양부모계의 인척이었던 자 사이에서는 혼인하지 못하지만, 임신을 한 경우에는 취소할 수 없다.

⑥ 혼인 당시에 배우자 일방에게 부부생활을 계속할 수 없는 악질 기타 중대한 사유가 있음을 알지 못하고 혼인한 때에는 그 혼인은 취소할 수 있다. 그러나 그 사유가 있음을 안 날로부터 6월을 경과한 때에는 취소권은 소멸한다.

⑦ 사기 또는 강박으로 인하여 혼인의 의사를 표시한 때에는 취소할 수 있다. 그러나 사기를 안 날 또는 강박을 면한 날로부터 3월을 경과한 때에는 취소권이 소멸한다.

사례연구 — 재혼한 남편의 아들과 친딸의 혼인

• **사안의 내용** 미혼모인 甲은 고통사고를 당하여 기억상실증에 걸리게 되었고, 그로 인하여 자신의 출산사실을 망각하게 되었다. 그후 甲의 딸인 乙은 입양기관은 통하여 미국의 한 가정에 입양되었다. 甲 역시 치료를 받은 후 지인의 소개로 만난 丙과 결혼을 하게 되었으며, 이미 丙에게는 전부인에게서 출생한 丁이 있었다. 이후 25년이 지난 어느 날 丁은 사귀는 여성이라며 乙을 甲에게 소개하였으며, 甲은 자신과 많이 닮은 乙에 대하여 매우 만족하고 혼인을 승낙하였다. 결혼식을 몇일 앞둔 어느 날 甲은 넘어지면서 머리에 충격을 받게 되었고, 그로 인하여 예전의 출산사실을 알게 되었다. 이후 자신의 딸을 찾던 중 乙이 자신의 친딸임을 알게 되었다. 이미 결혼식 날짜를 잡았고 혼인을 허락한 마당에 혼인을 진행시키고자 하는 데 과연 乙과 丁은 혼인을 할 수 있을까?

• **사안의 해결** 혼인은 혼인당사자의 혼인에 대한 합의와 혼인신고로 성립한다. 하지만 예외적으로 혼인을 금지하게 되는데 대표적인 경우가 근친혼이다. 이는 윤리적인 이유와 우성학적인 이유에서 혼인을 금지한다. 근친이라 함은 친족 중 일정범위이내의 자간을 의미하며, 친족은 혈족, 배우자 및 인척으로 구성되다. 또한 혼인이 금지되는 친족의 범위는 8촌이내의 혈족간, 6촌 이내의 혈족의 배우자, 배우자의 6촌 이내의 혈족, 배우자의 4촌 이내의 혈족의 배우자인 인척이거나 이러한 인척이었던 자 간 또는 6촌 이내의 양부모계(양부모계)의 혈족이었던 자와 4촌 이내의 양부모계의 인척이었던 자간이다. 특히, 근친혼을 이유로 금지되는 경우는 현재 근친이거나 과거에 근친이었던 자도 포함된다.

乙과 丁간의 관계는 현재의 친족의 범주에는 속하지 않는다. 즉, 인척은 배우자의 혈족, 혈족의 배우자 및 배우자의 혈족의 배우자만을 의미하기에 혈족의 배우자의 혈족관계인 乙과 丁 사이에는 인척관계가 성립하지 않는다. 하지만 1990년에 민법이 개정되기 전에는 인척의 범주에 상기의 3가지 뿐만 아니라 혈족의 배우자의 혈족도 포함을 시켰기 때문에 乙과 丁은 출생할 당시에 자신들은 알지 못하였지만 인척 2촌관계의 신분을 가지고 있었다. 이후 1990년 민법개정으로 乙과 丁은 인척관계가 소멸하였지만 인척 2촌관계에 있던 자가 된다. 따라서 乙과 丁의 혼인은 금지되며, 혼인을 할 경우에는 무효혼이 아닌 취소할 수 있는 혼인이 된다.

참고조문

구민법 제769조(인척의 계원) 혈족의 배우자, 혈족의 배우자의 혈족, 배우자의 혈족, 배우자의 혈족의 배우자를 인척으로 한다.

부칙 〈제4199호,1990.1.13〉

제1조(시행일) 이 법은 1991년 1월 1일부터 시행한다.

제2조(이 법의 효력의 불소급) 이 법에 특별한 규정이 있는 경우를 제외하고는 이미 구법(민법중 이 법에 의하여 개정 또는 폐지되는 종전의 조항을 말한다. 이하 같다)에 의하여 생긴 효력에 영향을 미치지 아니한다.

제3조(친족에 관한 경과조치) 구법에 의하여 친족이었던 자가 이 법에 의하여 친족이 아닌 경우에는 이 법 시행일부터 친족으로서의 지위를 잃는다.

5. 혼인의 효과

혼인에 의하여 당사자는 부부관계를 성립시키고 이 부부는 하나의 생활공동체를 이룬다. 부부생활은 서로 존중하고 협조함으로써 평화스럽고 원만하게 유지된다.

(1) 혼인의 일반적 효과

1) 친족관계의 발생

부부가 혼인을 하게 되면 서로 배우자라는 신분을 갖게 되며 서로 친족이 된다. 또한 부부는 상대방의 4촌 이내의 혈족과 4촌 이내의 혈족의 배우자 사이에 서로 인척관계가 생긴다.

2) 성년의제

미성년자가 혼인을 하면 성년에 달한 것으로 본다(제826조의 2). 이를 성년의제 제도라고 하며, 1977년의 민법일부개정으로 도입되었다.

3) 부부의 성

우리 나라 사람은 누구나 자신의 부계혈족 고유의 성을 가지고 있으며, 결코 성을 바꿀 수 없었다(성불변의 원칙). 따라서 혼인이 성립하여도 부부는 혼인 전부터 가지고 있던 각자의 성을 그대로 유지한다.

4) 동거 · 부양 · 협조의 의무

부부 사이에는 동거의무가 있다. 즉 거소를 같이 하면서 정신적 · 육체적 동거를 포함하는 개념이다. 따라서 거소를 같이 한다고 하더라도 잠자리를 같이 하지 않거나, 다른 방을 쓰면서 생활하는 것은 동거라고 할 수 없다. 그러나 직업상의 필요나 정신상, 육체상의 일시적 장애, 자녀의 교육상 필요, 그 밖의 사유 등 정당한 이유로 일시적으로 동거하지 않는 경우에는 서로 인용하여야 한다(제826조 1항). 동거장소는 부부의 협의에 의하여 정한다(제826조 2항). 그러나 협의가 이루어지지 않을 경우에는 당사자의 청구에 의하여 가정법원이 정하게 된다(제826조 2항 단서).

나아가 부부는 서로 부양하고 협조할 의무가 있다. 그것은 부부공동생활에서 동고동락하고, 정신적 · 육체적 · 경제적인 각 방면에 있어서 협조하여 원만한 공동생활을 할 의무이다.

그리고 혼인은 부부 상호간의 배타적인 성적 관계를 기초로 하므로, 부부는 서로에 대하여 정조를 지킬 의무를 진다.

사례연구 — 동거의무

• 사안의 내용　　甲과 乙은 중매로 만나서 만난지 불과 1개월만에 결혼을 하게 되었고, 1개월 된 어린아기가 있었다. 그런데 요즘 잦은 의견충돌로 심한 부부싸움을 하게 되었고, 이들 둘은 급기야 이혼까지 염두에 두고 있었다. 그래서 이들은 2주동안 별거하면서 냉각기간을 두기로 합의했다. 그런데 2주가 지난 후에도 乙은 甲의 집으로 돌아오지 않고 있는데 어떻게 해야 하는가?

• 사안의 해결　　2주간의 별거에 대한 약정기간이 경과했음에도 불구하고 돌아오지 않는 것은 부부간의 동거의무 위반에 해당한다. 甲은 동거할 것을 거부하는 乙에 대해 동거청구에 관한 조정을 신청할 수 있다. 조정이 불성립한 경우 동거를 명하는 심판에 대해서는 직접강제나 간접강제는 허용되지 않는다. 다만 부당한 동거의무의 위반은 악의의 유기에 해당되어 제840조 제2호의 재판상 이혼원인이 된다.

(2) 혼인의 재산적 효과

부부관계도 기본적으로 경제생활을 기초로 하고 있으므로 부부간의 재산관계를 명백히 규율하고 있어야 하는데, 이를 부부재산제라고 한다. 우리 민법상의 부부재산제는 부부재산계약제도와 이러한 계약이 없는 경우에 적용되는 법정재산제의 2원적 규정을 두고 있다.

1) 부부재산계약

부부는 혼인을 하면서 그 재산관계에 관하여 자유로이 부부재산계약을 체결할 수 있다(제829조 1항). 부부재산계약의 체결 당사자는 장차 혼인을 하려는 자이며, 이러한 계약을 하는 데 필요한 능력은 혼인을 하는 데 필요한 능력 즉, 의사능력이 있으면 족하다고 보며, 행위능력까지 요하는 것은 아니라고 본다. 부부재산제는 당사자가 임의로 정할 수 있지만 법정재산제와는 다른 내용으로 하여야 한다.

민법은 부부재산계약의 방식에 관하여는 아무런 규정을 두고 있지 않으나, 부부재산계약의 존재를 부부의 승계인 및 제3자에게 대항하기 위해서는 혼인신고시까지 그 등기를 하여야 한다(제829조 4항).

2) 법정재산제

부부가 혼인신고 전에 부부재산계약을 체결하지 않은 한, 그 재산관계는 모두 제830조 내지 제833조의 법정재산제에 의한다.

가) 부부별산제 부부재산제에 대하여는 비교법적으로 여러 형태의 제도가 있다. 즉 부부별산제, 부부공유제, 관리공통제 등이 그 대표적인 것이다. 우리 구민법은 관리공통제를 취하고 있었다. 이는 일단 부부 각자의 재산을 인정하면서도, 남편이 처의 재산에 대하여 점유권, 관리권, 수익권 및 처분권까지도 가지는 제도이었다. 이는 남편에 의한 처에 대한 착취가 가능한 제도로 불합리하여 우리 민법은 부부별산제를 원칙으로 하고 있다.

부부재산의 귀속형태는 첫째, 부부 각자의 소유로 되어 있는 재산, 둘째, 부부의 공유로 되어 있는 재산, 셋째, 명의는 부부의 일방 당사자로 되어 있으나, 그 실질은 공유인 재산, 넷째, 명의는 부부의 일방 당사자로 되어 있으나, 그 실질은 타방 당사자의 특유재산이거나 고유재산인 경우 등으로 나누어 볼 수 있다.

사례연구 — 부부의 재산

• **사안의 내용** 甲은 가난한 농부의 아들이었지만 머리가 좋아 명문대학에 입학하게 되었고, 또한 우수한 성적으로 졸업하여 대기업에 입사한 청년이다. 그런데 乙은 머리는 좋지 않았으나 돈이 많은 집안의 외동딸로서 甲과 乙은 결혼을 하게 되었다. 몇 년이 지나자 乙의 아버지는 돌아가셨고 乙은 상당한 재산을 상속받아서 이를

甲의 명의로 해 두었다. 한편 甲은 대기업에서 퇴사하여 벤처기업을 설립하여 어느 정도 잘 유지되고 있었으나, 얼마 후 벤처기업의 몰락으로 甲의 채권자들이 이 상속재산에 대해서도 가압류신청을 했고 경매절차를 진행하려고 하는데, 실질적으로 乙의 재산인 상속재산에 대해서 乙은 아무런 조치를 취할 수 없는가?

• **사안의 해결** 재산소유의 명의는 부부 중의 일방 당사자로 되어 있으나 그 실질은 타방 당사자의 특유재산에 해당되는 경우이다. 따라서 명의는 남편인 甲의 명의로 해 두었더라도 혼인 중에 乙의 친정 부모의 사망으로 상속받은 재산은 乙의 특유재산에 해당하므로 개인책임의 원칙상 甲의 채권자들은 乙의 재산에 대해 가압류 및 강제집행을 할 수는 없다. 위의 경우 乙은 가압류신청에 대한 이의신청을 하여 강제집행을 면할 수 있다.

✤ 참고조문

제830조(특유재산과 귀속불명재산) ① 부부의 일방이 혼인전부터 가진 고유재산과 혼인중 자기의 명의로 취득한 재산은 그 특유재산으로 한다.
② 부부의 누구에게 속한 것인지 분명하지 아니한 재산은 부부의 공유로 추정한다.

제831조(특유재산의 관리 등) 부부은 그 특유재산을 각자 관리, 사용, 수익한다.

나) 혼인생활비용의 부담 부부가 공동생활을 함에 필요한 비용의 부담에 관하여는 우선 당사자의 약정으로 정할 수 있다. 이에 관하여 당사자인 부부 사이에 특별한 약정이 없으면 부부가 공동으로 부담하여야 한다(제833조). 이와 같이 부부가 통상의 공동생활을 유지하는데 필요한 비용을 혼인공동생활비용이라고 하고, 구체적으로는 가족의 의식주에 관한 비용, 자녀의 출산·양육·교육에 관한 비용, 가족의 의료비, 가족생활의 유지에 필요한 제세공과금 등이 여기에 해당한다. 그리고 공동부담의 원칙을 취한다고 해서 반드시 혼인생활비용을 균등하게 부담해야 한다는 의미는 아니다.

다) 일상가사대리권과 일상가사비용의 연대책임 민법 제827조 및 제832조에 의하면 "부부는 일상의 가사에 관하여 서로 대리권이 있다" 그리고 "부부의 일방이 일상의 가사에 관하여 제3자와 법률행위를 한 때에는 다른 일방은 이로 인한 채무에 대하여 연대책임이 있다"고 규정하고 있다.

구체적으로 어떠한 행위가 일상가사에 해당하는지는 민법에 규정이 없다. 다만 판례는 그 기준에 관하여 "일상가사란 부부의 공동생활상 필요로 하는 통상의 사무를 말하는데, 그 내용, 정도 및 범위는 부부의 사회적인 지위, 직업, 재산, 수입의 능력 등 개별적으로 인정할 현실적 생활능력을 고려하여 가사처리자의 주관적 의사와 함께 객관적으로 결정하여야 한다(대판 1999. 3. 9, 98다46877)"고 판시하고 있다.

구체적으로는 쌀 등의 식료품의 구입, 연료·의복류의 구입, 가옥의 임대차, 집세·방세 등의 지급, 전기요금 등의 지급 등이 여기에 해당될 것이다. 그러나 보통 타당하다고 여겨지는 범위를 넘는 금전을 빌리는 행위, 순수한 직업상의 사무, 배우자의 중요재산을 처분하거나 담보에 제공하는 것, 생활에 맞지 않는 지나친 사치품의 구입 등은 일상가사에 해당하지 않으므로 배우자의 채무에 대해 갚아줄 책임이 생기지 않는다.

◘ 사례연구 — 일상가사대리

• **사안의 내용** 남편 甲이 교통사고로 의식불명이 되어 입원을 하였는데, 남편이 없는 동안에 입원비, 자녀양육비, 생활비 등 비용이 필요하게 된 아내 乙이 이 비용을 마련하기 위해 남편 명의의 유일한 가옥을 적정가격으로 丙에게 매각하고 그 대금으로 이들 비용에 충당하고 나머지는 전세금으로 하였다. 그 후 완치된 甲은 乙의 매매가 대리권 없이 한 법률행위라고 하여 丙에게 가옥을 반환하라고 하는데 丙이 이 가옥을 반환해야 하는가?

• **사안의 해결** 일상가사대리권의 범위 내의 행위라면 부부간에는 연대책임이 있으므로 서로 책임을 져야 하지만, 문제는 일상가사대리권의 범위 외의 행위에 대해서는 어떻게 처리할 것인지가 문제이다. 입원 당시에 甲이 乙의 가사상담에 응할 처지가 못되었고, 또한 입원 전후에 입원비나 자녀교육비, 생활비 등을 마련해 둔 바가 없다면 乙이 甲 소유의 가옥을 권원(權原) 없이 丙에게 매도하였다 해도 이 경우에 乙은 甲의 대리권이 있고, 그 매도대금이 적정가격으로써 입원비, 생활비, 양육비 등에 충당하고 나머지로 전세금에 충당할 생각으로 매도하고 또 그렇게 지출했다면 이러한 사유는 丙이 알았건 몰랐건 간에 객관적으로 보아서 乙에게 대리권이 있다고 믿을 만한 정당한 사유가 된다고 하여 甲에게 책임이 있으므로 丙은 甲에게 가옥의 반환청구에 응하지 않아도 된다.

6. 혼인의 해소

혼인의 해소란 일단 혼인이 완전·유효하게 성립하였으나, 그 후에 발생한 원인에 의하여 혼인이 종료하는 것을 말한다. 이렇게 혼인을 해소시키는 원인에는 배우자의 사망과 이혼의 두 가지가 있다. 배우자의 사망은 혼인을 자연적으로 소멸시키는 것이고 이혼은 인위적으로 혼인을 소멸시키는 것이다. 여기에서는 배우자의 사망과 그에 준하는 실종선고에 대하여 살펴 보고, 이혼에 대해서는 항을 바꾸어 설명한다.

(1) 사망에 의한 혼인의 해소

부부 가운데 일방이 사망하면 혼인은 당연히 해소된다. 부부의 일방이 사망하면 부부 쌍방의 생존을 전제로 했던 모든 법률관계는 원칙적으로 소멸하고, 사망자의 재산에 대해서는 상속이 이루어진다. 나아가 생존배우자는 재혼도 할 수 있음은 물론이다.

혼인중 부부의 일방이 사망하더라도 생존배우자와 사망배우자의 친족 사이에 발생하였던 인척관계는 당연히 종료하지는 않고, 만약 생존배우자가 재혼을 하게 되면 그 인척관계가 비로소 종료하게 된다(제775조). 이 점은 이혼의 경우와 다르다.

(2) 실종선고에 의한 혼인의 해소

부부의 일방이 실종선고를 받게 되면 혼인은 해소된다. 실종선고를 받은 자는 실종기간이 만료한 때에 사망한 것으로 보기 때문이다(제28조).

7. 이 혼

(1) 이혼의 의의

이혼은 완전·유효하게 성립한 혼인을 당사자 쌍방 또는 일방의 의사에 의하여 해소하는 제도이다. 원래 혼인은 남녀간의 영속적인 결합을 목적으로 하고 있으므로, 부부 쌍방이 생존하고 있는 상황에서 혼인관계를 해소하는 이혼은 비정상적인 현상이다. 그러나 여러 가지 사유로 말미암아 더 이상 혼인관계를 유지할 수 없을 때, 억지로 그 혼인관계를 법률상으로 유지시키는 것보다 차라리 그 혼인관계를 해소시키는 것이 나을 지도 모른다. 따라서 대부분의 나라들이 이혼을 법률로서 인정하고 있다.

(2) 협의이혼

1) 협의이혼의 의의

협의이혼이란 부부의 합의에 의하여 성립하는 이혼이다(제834조). 이혼은 호적공무원에게 이혼신고를 하지 않으면 효력이 발생하지 않지만, 혼인의 해소 결정 그 자체는 부부에게 주어져 있다. 따라서 협의이혼은 이혼의 자유 내지 부부의 자율을 존중하는 제도라고 할 수 있으며, 또한 개인의 존엄과 남녀평등이라는 원리를 바탕으로 하고 있다.

2) 협의이혼의 요건

부부는 협의에 의하여 이혼할 수 있다. 그 원인을 묻지 않는다. 다만 협의이혼이 유효하게 성립하기 위해서는 다음과 같은 실질적 요건과 형식적 요건이 필요하다.

가) 실질적 요건　혼인과 마찬가지로 협의이혼의 실질적 요건으로서 이혼의사의 합치가 필요하다. 이혼의사란 혼인의 실체를 영구적으로 해소하려는 효과의사를 말한다. 따라서 부부관계의 영구적 해소라는 이혼의 성질상 이혼의사에는 조건이나 기한을 붙일 수 없다. 한편 금치산자는 의사능력이 있는 한, 이혼합의를 할 수 있는데, 이 때에는 부모 또는 후견인의 동의를 얻어야 된다. 다만 부모 또는 후견인이 없거나 동의를 할 수 없을 때에는 친족회의 동의를 얻어 이혼할 수 있다(제835조).

나) 형식적 요건　협의이혼도 이혼의사의 합치라는 실질적 성립요건 외에 신고라는 형식적 성립요건이 필요하다. 민법은 협의이혼이 성립하기 위해서는 가정법원의 확인을 받아 호적법에 정한 바에 따라서 신고하도록 규정하고 있다(제836조 1항). 신고는 호적법에 정한 바에 의하여 당사자 쌍방과 성년자인 증인 2인이 연서한 서면으로 하여야 한다(제836조 2항).

협의이혼을 하고자 하는 자는 본적지 또는 주소지를 관할하는 가정법원의 확인을 받아 신고하여야 한다. 협의이혼의 의사확인신청은 가정법원에 서면 또는 구술로 할 수 있다. 확인신청이 있는 때에는 가정법원은 당사자 쌍방을 출석시켜 그 진술을 듣고 이혼의사의 존부를 확인하여야 한다. 당사자 쌍방의 이혼의사가 확인되면 가정법원은 확인서를 작성하여야 한다.

이혼신고는 가정법원으로부터 확인서등본을 교부 또는 송달받은 날로부터 3월 이내에 그 등본을 첨부하여 신고인의 본적지 또는 주소지에 하여야 한다. 확인받은 후 신고하지 않고 3월을 경과한 때에는 가정법원의 확인은 그 효력을 상실한다.

3) 협의 이혼의 무효와 취소

가) 협의이혼의 무효　이혼신고가 수리되었으나, 당사자 사이에 이혼합의가 없는 경우에는 그 협의이혼은 무효이다. 예컨대 ① 부부공동생활을 해소할 의사없이 채권자의 집행을 면하거나 또는 혼인외의 출생자를 혼인중의 출생자로 하기 위한 방편으로 부부가 가장이혼을 합의하여 신고한 경우, ② 당사자 일방 또는 쌍방이

모르는 사이에 누군가가 이혼신고를 한 경우, ③ 유효하게 이혼신고서를 작성한 후 그 접수 이전에 호적공무원에게 이혼의사를 철회한 경우, ④ 심신상실자가 이혼신고시에 의사능력이 없었을 경우 등에는 원칙적으로 무효이다. 그러나 이혼신고서의 확인제도가 있으므로 이러한 일은 과거보다는 많지 않을 것이다.

◘ 사례연구 — 가장이혼의 효력

• 사안의 내용　남편인 甲의 사업부도로 채권자들의 빚 독촉에 시달리자 甲은 乙과 상의하에 채권자들의 집행을 면하고 또한 사태가 진정될 때 까지 이혼한 것으로 가장하기 위하여 협의이혼신고를 했는데, 그 후 甲은 丙과 혼인신고를 하고서 잘 살고 있는데, 乙로서는 여전히 甲과 살고 싶은데 방법이 없는가?

• 사안의 해결　만일 가장이혼이 무효라면 甲과 乙의 혼인이 부활하여 甲과 丙간의 혼인은 중혼이 되어 취소의 대상이 된다. 그런데 종래 판례는 가장이혼의 효력에 관해 실질적 의사주의에 의거하여 "서자를 적자로 하기 위한 방편으로 형식상 이혼신고를 하였다 하더라도 신고당시에 당사자 쌍방에게 이혼의 뜻이 없었을 경우에는 그 이혼은 무효"라고 판시하였고, "혼인의 파탄이란 사실도 없이 부부가 동거생활을 계속하면서 통모하여 형식상으로만 협의이혼신고한 경우는 무효"라고 판시한 바가 있다. 그러나 최근 판례(대판 1993.6.11, 93므171)는 형식적 의사설에 의거하여 "혼인 및 이혼의 효력발생 여부에 관한 형식주의하에서의 이혼신고의 법률상 중대성에 비추어 볼 때 협의이혼의 의사는 법률상 부부관계를 해소하려는 의사를 말한다 할 것이므로 일시적으로나마 법률상 부부관계를 해소하려는 당사자간의 합의하에 이혼신고가 된 이상 그 협의이혼에 다른 목적이 있더라도 양자간에 이혼의사가 없다고는 말할 수 없고, 이와 같은 협의이혼은 무효로 되지 않는다"고 판시하고 있다. 따라서 일시적으로나마 이혼신고를 하기로 하는 합의하에 협의이혼신고를 한 사실이 인정되는 이상, 부부관계의 해소는 바라지 않고 단지 장인, 장모를 상대로 임금청구를 하기 위한 목적이 있었다 하더라도 이혼의사가 결여되어 무효라고는 할 수 없다고 하였다.

또한 판례는 법률상 부부가 협의이혼서를 제출하였는데도 당사자간에 혼인생활을 실질상 폐기하려는 의사없이 단지 강제집행 기타 다른 목적을 위한 방편으로 일시적으로 이혼신고를 하기로 하는 합의가 있었음에 불과하다고 인정하려면 누구자 납득할 만한 충분한 증거가 있어야 하고, 그렇지 않으면 이혼 당사자간에 일시적으로나마 법률상 적법한 이혼을 할 의사가 있었다고 인정함이 이혼신고의 법률상 사실상의 중대성에 비추어 상당하다고 판시하였다.

따라서 乙은 이혼의사가 없었음을 누구나 납득할 만한 충분한 증거를 제시하여 이를 입증함으로써 甲乙간의 이혼을 무효화 시킴으로써 甲丙간의 혼인은 중혼관계가 되어 이를 취소할 수 있게 된다.

나) 협의이혼의 취소 사기 또는 강박으로 인하여 이혼의 의사표시를 한 자는 그 취소를 가정법원에 청구할 수 있다(제838조). 취소를 하려면 먼저 조정을 신청하여야 하며 조정이 성립되지 않으면 제소신청을 할 수 있다. 이러한 취소청구권은 당사자가 사기를 안 날 또는 강박을 면한 날로부터 3월을 경과한 때에는 소멸한다(제839조, 제823조). 취소의 효과는 혼인취소의 경우와 달라서 이혼이 없었던 상태로 회복시켜야 하므로 그 소급효가 인정되어야 한다.

(3) 재판상 이혼

1) 재판상 이혼의 의의

재판상 이혼은 당사자의 일방의 청구로 법원이 판결에 의하여 혼인을 해소시키는 것이다. 우리 나라는 대부분 협의이혼이 행해지고 재판상 이혼의 비율은 약 1할에 지나지 않는다. 그러나 재판상 이혼은 당사자 일방의 이혼요구에 대해서 상대방이 이에 응하지 않는 경우에 이혼을 할 수 있는 유일한 방법이며 또한 강제적인 이혼의 방법인 점에서 중요한 의의를 가진다.

2) 재판상 이혼원인

재판상 이혼을 하려면, 즉 이혼을 청구한 쪽이 승소하기 위해서는 법률이 정한 이혼사유(재판상 이혼사유)가 있어야 하고 또 이것을 충분히 증명하여야 한다.

우리 민법 제840조가 규정한 재판상 이혼사유는 다음과 같다.

1. 배우자에게 부정한 행위가 있을 때
2. 배우자가 악의로 다른 일방을 유기한 때
3. 배우자 또는 그 직계존속으로부터 심한 부당한 대우를 받았을 때
4. 자기의 직계존속이 배우자로부터 심한 부당한 대우를 받았을 때
5. 배우자의 생사가 3년 이상 분명하지 아니한 때
6. 기타 혼인을 계속하기 어려운 중대한 사유가 있을 때

이를 분설하면 다음과 같다.

가) 배우자의 부정행위 배우자의 부정한 행위란 '간통'이 전형적인 실례라고 할 수 있으나, 반드시 간통에 국한된다고 할 수는 없다. 이것은 간통이라는 개념보다는 넓은 것이고, 비록 간통에 이르지는 않았으나, 그 행동이 순결의무, 정조의무에 충실하지 못한 것으로 볼 수 있다면 부정한 행위가 된다.

부정한 행위는 물론 그 행위가 자유로운 의사에 의한 경우만을 말한다. 그래서

제3자에 의하여 성폭행(강간)을 당한 경우는 부정한 행위를 저지른 것으로 볼 수 없다.

간통과 같은 부정한 행위는 은밀히 이루어지는 것이기 때문에 이를 증명하기가 무척 어렵다. 그래서 부정한 행위는 추정에 의하는 경우가 많다. 예를 들어 이성과 한 방에서 밤을 지낸 경우, 숙박업소에 함께 투숙한 경우, 아내가 출산하였는데 남편의 자식이 아님이 증명된 경우, 배우자 이외의 사람으로부터 성병에 감염된 경우에는 부정한 행위가 있었다고 추정할 수 있다.

부정한 행위에 대하여 다른 배우자가 사전에 동의하거나 사후에 용서한 때에는 배우자의 부정한 행위를 이유로 하여 이혼을 청구할 수 없다(제841조). 동의나 용서는 명시적 내지는 묵시적인 의사표시로 할 수 있다. 배우자의 부정한 행위를 알고서도 아무 말 없이 부부생활을 계속하는 것은 사후의 묵시적인 용서라고 본다.

부정한 행위를 이유로 이혼을 청구하기 위해서는 시간상의 제약이 있다. 즉 이를 안 날로부터 6월, 그 사유가 있는 날로부터 2년 내에 소송을 제기하여야만 하고, 그 이후에는 이혼청구가 허용되지 않는다.

◘ 사례연구 — 배우자의 부정행위

• 사안의 내용 남편 甲은 아내인 乙 몰래 회사의 여직원인 丙과 불륜관계를 맺고 있다. 甲의 행동이 수상함을 직감으로 알아챈 乙은 지방출장을 핑계 대는 甲을 미행하여 남편의 불륜현장을 목격함에 따라 협의이혼을 요구했다. 그러나 甲은 이에 응하지 않고 있으며, 굳이 이혼을 원한다면 위자료를 내라고 요구하고 있는데 어떻게 해야 하는가?

• 사안의 해결 위 사례에서 乙은 甲의 부정행위를 들어 재판상 이혼청구를 할 수 있다. 또한 혼인파탄의 책임 있는 甲이 이혼의 책임을 져야 하기 때문에 乙은 위자료도 청구할 수 있고 이와 별도로 재산분할을 청구할 수 있다.

나) 악의의 유기 악의의 유기란 배우자의 일방이 정당한 이유 없이 서로 동거·부양·협조하여야 할 부부로서의 의무를 포기하고 다른 일방을 버린 경우를 말한다. 그러나 그 모든 의무에 위반하여야만 이혼원인인 악의의 유기가 되는 것은 아니다. 예컨대 남편이 첩과 함께 살면서 집에는 오지 않으면서 처에게 생활비를

빠짐없이 보내어 부양의무를 이행했다 하더라도 악의의 유기는 성립하는 것이다.

이처럼 악의의 유기는 혼인생활을 상당한 정도로 포기하는 것이기 때문에 상당한 기간 계속되지 않으면 안 된다. 따라서 일상생활에서 흔히 볼 수 있는 단순한 가출정도는 악의의 유기라고 할 수 없다. 또한 건강상, 직업상, 경제상 또는 자녀의 교육상 필요하여 별거하는 것은 유기에 해당되지 않는다. 판례에 의하면 남편이 정신이상의 증세가 있는 처를 두고 가출하여 비구승이 된 경우(대판 1990. 11. 9, 90므583·590)와 혼인신고한 후 약 20일간 동거하다가 농사일이 힘들고 건강이 나쁘다는 이유로 집을 나가 돌아오지 않는 경우(대판 1986. 10. 28, 86므83·84)를 악의의 유기라고 하고 있다.

다) 배우자 또는 그 직계존속에 의한 심히 부당한 대우 배우자 일방의 타방에 대한 심히 부당한 대우는 이혼사유가 된다. 부당한 대우란 신체, 정신에 대한 학대 또는 명예에 대한 모욕을 의미한다. 한편 그것이 심하다는 것은 배우자의 일방이 부부의 동거생활의 계속에 대하여 고통을 느낄 정도를 말한다고 보는 것이 일반적이다. 그러나 무엇이 심히 부당한 대우이냐는 순전히 사회적 통념에 따라 결정된다. 즉 일반인들이 보았을 때, 그 정도면 도저히 혼인생활을 계속 할 수 없는 사정이 되는 경우이다.

한편 이와 같은 심히 부당한 대우는 배우자의 일방의 타방에 대한 경우뿐만 아니라 배우자의 직계존속으로부터 심히 부당한 대우를 받은 경우에도 이혼사유가 된다.

구체적으로 배우자의 직계존속으로부터의 구타나 폭행, 심히 모욕적인 욕설 등이 이에 해당된다. 그리고 서울가정법원의 판결 중에는 혼인신고를 마치고 난 뒤 시어머니가 최고급 냉장고·가구 및 아파트 전세금 등 과다한 혼수를 요구하여 양가 사이에 잦은 불화를 일으키는 등 욕설과 행패를 부리자 이는 민법상 배우자 또는 직계존속으로부터 심히 부당한 대우에 해당한다고 하여 이혼을 인정한 사례가 있다.

판례는 남편이 혼인 초부터 아기를 낳을 수 없다는 트집을 잡아 학대를 하며 이혼을 요구하여 왔고, 이에 응하지 아니하면 자살하겠다고 하면서 실제로 두 차례에 걸쳐 자살한다고 농약을 마시는 소동을 벌여 이에 견디지 못한 처가 집을 나와 친정으로 복귀함으로써 부부 사이가 파탄에 빠졌다면, 이는 재판상 이혼사유인 배우자로부터 심히 부당한 대우를 받은 경우에 해당한다고 판시하고 있다(대판 1990.

11. 27, 90므484 · 491).

◘ 사례연구 ― 배우자의 부당한 대우

• 사안의 내용 甲과 乙은 자식 두 명을 둔 부부이다. 그런데 甲은 술만 마시면 아내를 구타하는 버릇이 있다. 자식들 생각하여 참아 오다가 최근에는 그 증상이 더 심해서 도저히 더 이상은 참을 수가 없어서 가출을 해서 혼자 지내고 있다. 乙은 이혼을 요구하고 있으나 甲은 무단가출을 이유로 이혼에 응하지 않고 있는데 이혼을 할 수 있는 방법은 없는가?

• 사안의 해결 위 사례의 경우 乙은 배우자인 甲의 심히 부당한 대우로 가출을 한 것이기 때문에 제840조 제3호에 해당되어 甲을 상대로 법원에 이혼청구소송을 제기하여 이혼을 할 수 있다.

라) 자기의 직계존속에 대한 배우자의 심히 부당한 대우 자기의 직계존속에 대한 배우자의 심히 부당한 대우, 즉 며느리가 시부모에 대한 심히 부당한 대우 및 사위가 장인, 장모에 대하여 심히 부당한 대우를 한 경우에도 마찬가지로 이혼사유가 된다.

마) 배우자의 3년 이상 생사불명 배우자가 현재까지 3년 이상 생사불명일 경우에는 이혼소송을 제기할 수 있다. 생사불명이란 문자 그대로 생존도 사망도 확인하거나 증명할 수 없는 경우를 말한다. 이 기간은 계속되어야 하는데, 이는 과거에도 생사불명이었지만 현재도 생사불명일 것을 요한다는 것이다. 생사불명의 원인은 묻지 않으며, 다른 사람들이 혼인을 방해하기 위하여 빼돌린 결과, 본인에게는 생사불명이지만 배우자의 가족들은 연락이 되어도 이혼을 할 수 있다.

이때의 이혼소송은 공시송달과 결석판결이라는 절차를 밟아서 행하여진다. 일단 소송에 의해 이혼이 확정되면 배우자가 생존해서 돌아오더라도 이혼의 효력이 소멸하지 않는다.

바) 혼인을 계속할 수 없는 중대한 사유 무엇이 '혼인을 계속하기 어려운 중대한 사유'에 해당할 것인가에 대하여는 법원이 최종적으로 판단하게 될 것이지만, 혼인관계가 심각하게 파탄되어 다시는 혼인에 적합한 생활공동체관계를 회복할 수 없을 정도에 이른 사실이 있고, 이러한 경우에 혼인생활을 강요하는 것이 일방 배우자에게 참을 수 없는 고통이 되는 경우를 말한다고 하겠다. 이를 판단함에 있어서

는 혼인계속의사의 유무, 파탄의 원인에 관한 당사자의 책임 유무, 혼인생활의 기간, 자녀의 유무, 당사자의 연령, 이혼 후의 생활보장, 기타 혼인관계의 제반 사정을 두루 고려하여야 한다.

보통 혼인을 계속하기 어려운 사례로 보는 경우를 보면, 육체적인 파탄원인으로 부당한 피임, 성병의 감염, 이유 없는 성교거부, 성적 불능 등이, 윤리적·정신적 파탄원인으로서는 불치의 정신병, 부부간의 애정상실 또는 성격의 불일치, 수년간 계속된 사실상의 별거, 어린이에 대한 정신적이거나 육체적인 모욕 또는 가해, 신앙의 차이, 또는 광신, 알코올 중독 또는 마약중독 등이, 경제적 파탄원인으로 배우자의 방탕한 생활, 가계를 돌보지 않는 처의 난맥행위나 낭비 또는 지나친 사치 등이 이에 해당하는 것으로 볼 수 있다. 그러나 사소한 불화나 감정의 대립, 한 때 이혼하기로 합의한 후 위자료까지 준 사실이나, 성적 기능이 다소 원활하지 못하다는 사실, 처의 임신불능이나 남편의 무정자증 등은 그 자체로서는 혼인을 계속하기 어려운 중대한 사유라고 볼 수 없을 것이다.

3) 유책배우자의 이혼청구권

우리 민법상 재판상 이혼은 이혼사유가 있는 경우에만 인정한다. 다만 민법이 규정한 재판상 이혼사유가 있는 경우라고 하더라도 혼인을 회복할 수 없을 정도로 파탄시킨 데 대하여 전적으로 또는 주로 책임이 있는 배우자의 이혼청구는 받아들이고 있지 않는다. 이를 이혼에 있어서 유책주의라고 한다.

이에 대하여 혼인이 파탄이 되었으면 누구의 잘못을 따지지 않고 이혼을 인정하는 것을 이혼에 있어서 파탄주의라고 한다. 파탄주의는 이혼의 허용여부를 결정함에 있어서 법관의 재량에 의한 판단을 인정한다는 점과 유책사유가 없는 무책적 이혼원인을 인정하는 점에 특징이 있다. 이는 자유주의 내지는 개인주의적 풍조의 반영으로서 오늘날 많은 국가들이 파탄주의 이혼제도를 채용하고 있으나, 우리 이혼법상 아직은 파탄주의를 전면적으로 수용하고 있지 않고 있다. 그 이유는 만약 그렇게 하며 아직까지는 사회적 지위가 열악한 여성으로서는 사실상의 축출이혼을 당하는 사례가 많아지게 되기 때문이다.

유책배우자의 이혼청구권이란 부부관계 자체는 회복할 수 없을 정도로 파탄되었으나, 혼인의 파탄에 대하여 전적으로 또는 책임을 질 배우자에 의한 이혼청구를 인정할 것이냐 하는 문제이다. 대법원판례는 파탄주의를 무제한으로 인정하지 않고 유책배우자의 이혼청구인 경우에는 이를 제한하려는 입장이다. 다만 유책배우자의 이혼청구라 할지라도 예외적으로 허용되는 경우가 있다.

첫째는 유책배우자로부터 이혼청구를 받은 배우자도 이혼할 의사가 있고 그 의사를 소송중에 표시한 경우나, 속으로 이혼의사는 있지만 단지 이혼청구를 받은 배우자가 오로지 오기나 보복적 감정에 사로잡혀 표면적으로만 이혼을 거부하고 있을 뿐, 실제로는 혼인을 계속할 의사가 없는 행동을 하는 등, 이혼의사가 객관적으로 명백한 경우에는 유책배우자가 청구한 이혼청구라 할지라도 이혼을 허용하고 받아들이고 있다.

둘째는 이혼을 청구하는 사람의 유책성이 문제되는 것은 그 사람의 행위에 기인하여 혼인파탄이 생긴 때에 한하여야 한다. 따라서 다른 원인에 의하여 이미 혼인이 파탄되어 있는 경우에는, 설사 이혼을 청구하는 사람에게 유책적인 행위가 있더라도 그것으로써 이혼청구를 배척하여서는 안된다. 예컨대 혼인이 이미 다른 원인으로 거의 파탄되어 버린 사정하에서 夫가 부정을 하였다고 하여, 夫의 부정만을 들어 夫를 유책배우자라고 하는 것은 타당하지 않다.

셋째는 부부관계는 서로 상호적인 것이므로 혼인파탄의 책임도 많든 적든 부부 모두에게 있는 것이 일반적이다. 그래서 부부 쌍방에게 같은 정도의 파탄의 책임이 있는 경우나 이혼을 청구하는 사람이 이혼을 청구 받는 사람보다 파탄의 책임이 가벼운 때에는 이혼을 당하는 사람에게 이혼의사가 없더라도 이혼청구는 인정하고 있다.

◘ 사례연구 — 유책배우자의 이혼청구

• **사안의 내용**　甲과 乙은 종교상의 이유로 불화가 생겨 甲은 집을 나가 丙女와 동거를 하게 되었다. 그 후 甲은 乙과 협의이혼을 하려고 했으나, 乙이 이에 동조하지 않자 甲은 장기간 별거로 제840조 제6호의 "기타 혼인을 계속할 수 없는 중대한 사유"에 해당한다고 생각하고 이혼소송을 제기하였는데, 과연 乙女는 이에 응해야 하는가?

• **사안의 해결**　판례 및 다수설의 입장은 근본적으로 유책주의이나, 유책배우자의 이혼청구를 법원이 거부한다고 하여 이미 파탄된 가정의 회복이 가능한 것은 아니기에 예외적인 경우에는 유책배우자의 이혼청구를 인정하고 있다. 따라서 예외적인 경우에 해당하지 않는다면 甲의 이혼청구는 배척될 것이다.

(4) 이혼의 효과

이혼의 효과는 말할 것도 없이 혼인의 해소이며, 혼인의 존속을 전제로 했던 일체의 관계가 소멸한다.

1) 일반적 효과

이혼에 의하여 부부라는 배우자관계가 소멸하므로 부부 사이의 정조의무, 동거·부양·협조의 권리의무, 부부재산관계 등은 모두 소멸하고, 처는 원칙적으로 그 친가에 복적하거나 일가를 창립한다(제787조 1항). 혼인에 의하여 배우자의 혈족과의 사이에 생긴 인척관계는 이혼에 의하여 소멸된다. 그리고 재혼이 가능하게 된다.

2) 子에 대한 효과

부부 사이에 출생한 子는 부부가 이혼을 하더라도 혼인중의 출생자로서의 지위를 잃지 않는다. 그러나 子가 미성년자인 경우에는 친권이나 양육권을 공동으로 행사하기 어렵다. 따라서 이혼을 할 때에는 친권자나 양육권자를 정할 필요가 있다.

가) 친권자의 결정 부모가 이혼을 한 경우에는 부모의 협의로 친권을 행사할 자를 정하고, 부모의 협의가 되지 않거나 협의를 할 수 없는 경우에는(예컨대 일방이 행방불명이라든가 의식불명인 경우) 당사자의 청구에 의하여 가정법원이 누가 친권을 행사할 지를 결정한다. 친권자를 변경할 필요가 있는 경우에도 마찬가지이다. 친권자의 지정과 변경의 경우에 미성년자인 子의 이해와 직접 관련되는 사항을 조정함에는 子의 복지가 우선적으로 고려되어야 하며, 子가 15세 이상인 때에는 심판에 앞서 子의 의견을 들어야 한다.

나) 양육자에 관한 사항의 결정 또한 이혼하는 경우의 자녀의 양육자 및 양육에 관한 사항은 부모의 협의로 정하고, 협의가 되지 아니하거나 협의할 수 없는 때에는 가정법원이 당사자의 청구에 의하여 그 子의 연령, 부모의 재산상황 기타 여러 사정을 참작하여 양육에 필요한 사항을 정한다(제837조 2항 전단). 양육에 관한 사항이 결정된 후에라도 子의 이익을 위하여 필요한 경우에는 가정법원은 당사자의 청구에 의하여 언제든지 양육에 관한 사항을 변경하거나 또는 다른 적당한 처분을 할 수 있다(제837조 2항 후단).

이와 같이 일방이 친권자로 정해졌더라도 친권자가 당연히 아이를 양육하는 것은 아니다. 양육에 관한 사항은 친권에 관한 사항과는 달리 합의할 수 있다. 즉 친권은 父가 양육은 母가 하되, 비용부담은 균분한다고 하는 식으로 결정할 수도 있다. 다만 이 경우에도 자녀의 복리가 우선적으로 고려되어야만 한다. 양육자를 결정하는 시기는 대개는 이혼 전에 하는 것이 보통이지만, 이혼 후라 할지라도 상관 없다.

◘ 사례연구 — 친권자 및 양육권자의 결정

• 사안의 내용 甲과 乙은 부부로서 7살과 5살이 된 자식이 있다. 그런데 최근 아내인 乙은 甲의 부정행위를 이유로 이혼소송을 제기하여 이혼을 하게 되었는데, 문제는 甲과 乙이 모두 자식을 기르지 않겠다는 것이다. 이 경우에 자식에 대한 친권자 및 양육권자는 누가 되는가?

• 사안의 해결 부모가 이혼하는 경우 친권은 부모의 협의로 친권을 행사할 자를 정하고, 협의할 수 없거나 협의가 이루어지지 않는 경우에는 당사자의 청구에 의하여 가정법원이 정한다. 따라서 甲과 乙간에 친권에 대한 협의가 이루어지지 않을 것이므로 법원이 개입하여 이를 정할 수밖에 없다.

양육권과 관련해서도 원칙은 부모가 먼저 협의하고, 협의가 이루어지지 않거나 협의할 수 없을 때에는 법원이 결정한다. 甲과 乙간에 양육권에 대한 협의가 이루어지지 않는 경우이므로 법원은 당사자의 청구에 의하여 현재 양육권자는 누구인지, 부모의 재산상황, 양육능력, 교육정도, 자에 대한 애정 등을 종합적으로 고려하여 양육자, 양육방법, 양육비 등을 결정한다.

다) 면접교섭권 면접교섭권이란 이혼 후 그 자녀를 직접 양육하지 아니하는 어버이의 일방이 이혼 후 그 자녀와 직접 면접, 서신교환 또는 접촉하는 권리를 말한다. 우리 나라에서는 1990년의 민법 일부개정을 통해서 도입된 제도로서 비교적 최근에 인정된 것이지만, 서구에서는 오래전부터 인정되어 오던 권리이다. 종래 우리 나라에서는 이혼 후 친권자나 양육자가 아닌 부모는 子의 면전에 떳떳이 나서지 않고 숨어서 지켜보는 것을 미덕으로 여겼기 때문에 면접교섭의 문제는 발생할 여지가 적었다. 그러나 핵가족화가 촉진되고 또 친권에 있어서의 남녀평등이 현실화되는 한편 子의 복리를 위해서도 양부모와의 면접교섭이 필요하다는 인식하에 면접교섭권을 입법화하였다.

자녀의 면접교섭의 방법, 시기 등에 관하여는 부모가 협의하면 그대로 효력이 발생하고, 그러한 협의가 되지 않거나 협의할 수 없을 때에는 가정법원에 청구하면, 법원이 면접교섭권의 행사방법과 범위를 결정한다(제837조의 2).

다만 면접교섭권을 인정한 결과 자에게 좋지 않은 상태가 발생하였을 경우에는 당사자의 청구에 의하여 가정법원은 子의 복리를 위하여 면접교섭을 제한하거나 배제할 수 있다.

◘ 사례연구 — 면접교섭권

• **사안의 내용** 아내인 乙은 한달에 한두번 집에 오는 것이 고작인 선원인 남편과 5세된 여아를 둔 가정주부이다. 그런데 乙은 우연하게 알게 된 丙과 잠시 외도를 하게 되었는데 때마침 남편에게 그 사실이 발각되어 이혼을 하게 되었다. 물론 자식은 甲이 양육하기로 했다. 그런데 乙은 딸이 너무 보고 싶은데, 甲은 자식교육에 좋지 않다는 이유로 다른 곳으로 이사를 가 버렸다. 이혼녀인 乙은 딸을 만나 볼 수 있는 권리는 없는가?

• **사안의 해결** 乙은 딸을 만날 수 있는 권리인 면접교섭권이 1990년 민법의 개정으로 인정되었다. 따라서 이혼하여 양육을 담당하지 않는 부모의 일방은 면접교섭의 방법이나 시기 등에 관해 협의하여 면접교섭할 수 있고, 협의되지 않거나 협의할 수 없을 때에는 가정법원에 청구하여 그 결정에 따라 자식을 면접교섭할 수 있다.

3) 재산상의 효과

부부가 혼인을 하면 가족공동체를 형성함과 아울러 경제공동체도 이룩한다. 우리 민법상 부부재산제는 당사자 사이에 부부재산계약이 없는 한, 별산제가 원칙이다. 따라서 각자의 명의로 된 재산은 그 명의자의 것이다. 따라서 혼인 중에는 누구의 기여에 의하여 그 재산을 취득하였는가를 불문하고 일단 그 명의자의 재산인 것으로 추정한다. 그런데 이혼을 하는 경우에는 부부 공동체는 종료하고, 청산의 단계에 들어간다.

부부가 이혼하는 경우는 당사자 사이에 직접적으로 발생하는 재산문제는 두 가지이다. 즉 첫째는 위자료 문제이며, 둘째는 부부가 혼인중 공동의 협력으로 이룩한 재산의 분할문제이다.

가) 위자료청구권 이혼시 위자료청구권은 배우자 일방이 유책의 상대방에게 정신상 고통에 대한 손해배상으로서 청구하는 권리이다. 위자료청구권이 성립하기 위해서는 상대방에게 고의, 과실과 같은 귀책사유가 있어야 한다. 즉 이혼의 경우에 배우자의 일방이 부정한 행위나 심히 부당한 대우를 하였다거나 하는 경우이어야 한다. 그러나 이혼원인이 예컨대 배우자 일방에게 불치의 정신병이 있어서 도저

히 그 혼인을 계속할 수 없어서 이혼을 하는 경우에는 비록 혼인파탄의 원인을 배우자 일방이 제공하였지만 정신병이 그의 고의나 과실에 의해서 발생한 것이 아니므로 위자료 문제는 발생하지 않는다.

◘ 사례연구 — 위자료청구권

• **사안의 내용**　남편인 甲의 잦은 구타로 인내심의 한계를 느낀 아내인 乙은 이혼을 생각하고 있는데, 이혼하면 甲은 위자료를 청구하겠다고 하는데, 위자료청구권자는 누구이며, 위자료는 어떻게 산정하는가? (甲에게는 5억원의 재산이 있다고 가정한다)

• **사안의 해결**　위자료란 가정파탄을 일으킨 사유로 인하여 타방 배우자가 입은 정신적 고통에 대한 손해배상을 말한다. 따라서 귀책사유(고의, 과실)있는 甲은 위자료를 청구할 수 없고, 乙이 甲을 상대로 위자료청구권을 갖는다.

위자료산정과 관련해서는 남편의 5억재산 중에 1/2 내지 1/3과 같이 획일적으로 산정되는 것이 아니라 유책배우자의 재산의 정도, 가정파탄의 경위, 이혼당사자의 신분 및 사회적인 지위, 혼인기간, 고통의 정도 등 모든 사정을 종합적으로 고려하여 법원이 재량으로 결정하는 것이다.

나) 재산분할청구권　부부가 이혼을 하게 되면 부부의 경제공동체는 해체되고 그 청산이 필요하다. 그런데 종래 1990년 민법의 개정이 있기 전까지는 부부가 이혼하는 경우에 부부재산을 청산하는 제도는 없고 위자료 청구만을 인정하였기 때문에 이혼 후 부부 양당사자의 지위의 형평성이 확보되어야만 진정한 이혼의 자유를 인정하게 된다는 점에서 많은 문제점이 있어, 민법의 일부개정으로 재산분할청구권을 인정하게 되었다.

재산분할청구권이란 부부가 혼인 중 공동협력으로 이룩한 재산에 대하여 이혼시에 그 재산의 명의인에 불구하고, 청산을 청구하는 권리를 말한다. 재산분할청구권이 포섭하는 권리내용의 범위 내지 성질이 어디까지인가 하는 점에 관하여 견해의 대립이 있으나, 재산분할은 부부가 혼인중 공동협력으로 이룩한 재산의 청산과 이혼후의 부양료까지 포괄한다고 보는 것이 통설이다.

재산분할청구는 협의이혼의 경우는 물론 재판을 통해 이혼하는 경우에도 모두 인정된다. 그 분할을 하는 방법은 첫째, 협의이혼하는 당사자는 재산분할을 할 것인가, 한다면 그 액수와 방법은 어떻게 할 것인가를 당사자가 협의하여 결정한다(제839조의 2 제1항). 둘째, 만일 협의되지 않거나 협의할 수 없을 때에는 법원에 재산분할을 청구할 수 있다(제2항). 재산분할청구는 재판이혼청구와 동시에 할 수도 있고, 이혼은 협의이혼의 방식으로 하고 재산분할청구는 소송의 형식으로 따로 할 수도 있다. 법원이 재산분할을 결정함에 있어서는 혼인중의 당사자 쌍방의 협력으로 이룩한 재산의 액수, 그 밖의 사정을 모두 참작하여 분할의 액수와 방법을 정한다.

재산분할청구권의 행사는 이혼한 날로부터 2년 이내에 하지 않으면 권리의 행사기간이 경과하여 할 수 없다(제839조의 2 제3항). 이는 협의에 의한 이혼이든 재판에 의한 이혼이든 마찬가지이다.

재산분할의 대상인 재산은 당사자 쌍방의 협력으로 이룩한 재산이다. 쌍방의 협력이란 부부가 맞벌이를 하여 같이 수익을 얻고 있는 때나 재산취득의 자금제공에 직접 공헌한 경우에는 그 비율에 의한 공유지분의 산정도 가능하지만, 부부의 일방이 노동을 하여 수입을 얻는 경우에는 가사노동 등이 협력이 된다. 한편 경우에 따라서는 배우자 일방의 특유재산도 분할의 대상이 된다. 즉 판례에 의하면 "재산분할의 대상이 된 남편 소유의 부동산 중 대지가 시아버지 소유의 주택을 매각한 대금을 기초로 구입한 것이라고 하더라도 이러한 사정만으로는 그 대지가 '부부 쌍방의 협력으로 이룩한 재산'임을 인정함에 아무런 장애가 될 수 없고, 설사 그것을 남편의 특유재산으로 본다고 하더라도 결혼 이후 남편이 이를 취득하고 유지함에 있어서 처가 적극적이고 헌신적인 가사노동과 가사비용의 조달로 직접, 간접으로 기여하여 특유재산의 감소를 방지한 이상 재산분할의 대상이 된다"고 하고 있다.

◘ 사례연구 — 재산분할청구권

• **사안의 내용** 결혼한 지 10년이 되는 맞벌이 부부인 甲과 乙은 이혼을 했다. 보험설계사를 하면서 받은 월급은 물론 가계비와 남편 명의로 된 주택을 사는데 보탰다. 乙로서는 자신도 주택을 마련하는데 기여한 바가 있으므로 그 재산에 대해 어떤 권리를 행사할 수는 없는가?

• **사안의 해결** 1990년 민법개정으로 재산분할청구권에 관한 조항이 신설되었다. 종래에는 이혼하는 경우 재산관계의 청산은 주로 위자료로써 해결해 왔으나, 현행민법은 별도로 재산분할청구권을 인정하고 있다. 위자료청구권과 재산분할청구권은 그 성질

을 달리하기 때문에 양자를 함께 청구할 수 있으며, 위자료청구권 없는 유책배우자도 재산분할청구권은 가능하다. 따라서 乙은 쌍방이 협력으로 이룩한 甲의 단독명의의 주택에 대해 재산분할청구권을 가짐은 당연한 것이다.

8. 사 실 혼

사실혼이란 사실상 혼인생활을 하면서 법률상의 방식인 혼인신고를 하지 않았기 때문에 법률상의 혼인으로 인정되지 않는 부부관계이다. 사실혼이 성립하기 위해서는 주관적으로는 혼인할 의사가 있어야 하고, 객관적으로는 부부공동생활이라고 인정될 만한 혼인생활의 실체가 있어야 한다.

사실혼의 신분적인 효과는 일반적으로 인정된다. 즉 동거의무, 부양 및 협조의무, 정조의 의무가 있다. 따라서 사실혼의 妻와 정교관계를 맺은 자에 대해 사실혼의 夫는 불법행위로 인한 손해배상청구권을 갖는다.

사실혼의 재산적인 효과는 일상가사대리권, 일상가사채무의 연대책임, 부부의 특유재산, 부부의 누구에게 속한 것인지 분명하지 않은 재산에 대한 공유 추정 규정은 법률혼과 마찬가지로 인정된다. 다만 혼인신고를 전제로 하는 것은 사실혼에는 인정되지 않는다. 즉 호적변동이 생기지 않으며, 사실혼관계에 있는 자가 혼인하더라도 중혼이 되지 않고, 사실혼의 부부는 서로 후견인이 될 권리의무가 없다. 한편 배우자로서 상속권도 없다.

사실혼부부간에 출생한 子는 혼인외의 子가 된다. 모자간에는 법적 친자관계가 발생하나, 부자간에는 인지가 없으면 법적인 친자관계는 발생하지 않는다. 따라서 父의 인지가 없는 사실혼간의 子는 母의 성과 본을 따르고 母家에 입적하게 된다.

◘ 사례연구 — 사실혼

• **사안의 내용** 甲男은 아내와 사별한 뒤 아들, 딸과 함께 살다가 모두 결혼하고 지금은 혼자 살고 있는데, 주위의 권유로 역시 사별한 乙女를 만났다. 과부처지는 과부가 잘 안다고 서로 위로하면서 함께 동거하고 있었는데, 갑자기 甲은 위암으로 병원신세를 지게 되었다. 甲은 사후에 乙에게 재산의 일부를 주겠다고 하였는데, 이 사실을 놓고 재산에 눈먼 자식들은 유언으로 그런 내용을 남겼다고 하더라도 혼인신고를 하지 않은 乙에게는 甲의 유산에 대해서는 어떠한 효력도 없다고 하는데 정말 그러한가?

• **사안의 해결** 동거중인 甲의 사망시 사실혼관계에 있는 乙이 甲의 재산을 이전받는 방법에는 상속과 유증 및 특별연고자에 대한 분여 등 세가지 방법이 있다.

그런데 상속과 관련해서는 혼인신고를 전제로 하는 것에 해당하므로 혼인신고를 하지 않은 사실혼관계에 있는 乙은 甲의 사망시 상속권을 주장할 수는 없다. 다만 甲이 생전에 유언으로 재산의 일부를 乙에게 증여하겠다는 의사표시를 하였다면, 유언의 요식성에 의해 법원의 검인절차를 거쳐 유증받은 재산에 대해 상속인보다 우선하여 그 재산을 이전받을 수 있다. 다만 甲의 유언의 자유도 유류분권(법정상속분의 1/2)에 의해 제한을 받음은 물론이다.

한편 상속권자가 없는 경우에는 피상속인과 생계를 같이 하였거나 피상속인의 요양·간호한 자 또는 기타 피상속인과 특별한 연고가 있었던 자에게 상속재산의 전부나 일부를 나누어 줄 수 있는 특별연고자에 대한 분여 조항을 1990년 개정민법이 신설하였다.

따라서 甲의 재산에 대해 乙은 상속이나, 특별연고자에 대한 분여에 의해 재산을 이전받을 수는 없고, 유증에 의한 재산이전은 가능하다. 다만 유언은 엄격한 요식행위이기 때문에 법원의 검인절차를 거쳐 유효한 유언인 경우 乙은 甲의 재산을 이전받을 수 있다.

Ⅲ 부모와 子

1. 부모와 子의 관계(친자관계)

부부는 자녀가 출생하게 되면 부모로서의 지위를 얻게 된다. 그러므로 부모와 자녀 사이의 친자관계는 자연의 혈족관계, 즉 친생자와 친부모의 관계를 말한다. 그리고 현행 민법에서는 이외에 법정친자관계로서 양자제도를 인정하고 있다.

이와 같이 친자관계에는 자연적인 혈연관계가 있는 친생친자관계와 자연적인 혈연관계는 없지만 법률상 친생친자관계로 의제하는 법정친자관계가 있다. 친생친자관계에서는 다시 혼인관계가 있는 부모로부터 출생한 경우와 혼인관계가 없는 부모 사이에서 출생한 경우에 따라 혼인중의 출생자(혼인중의 子)와 혼인외의 출생자(혼인외의 子)로 나누어진다. 그리고 법정친자관계는 양자와 양부모 사이의 관계, 즉 양친자관계만 인정된다.

친자관계가 있으면 부모는 미성년의 子에 대하여 친권을 가지게 되며, 부모와 子 사이에는 상호 부양의무가 있으며, 또한 부모와 子의 일방이 사망하면 다른 일방은 상속권을 가진다. 친자관계는 개인의 의사를 바탕으로 한 선택에 의하여 형성되는 혼인관계와는 달리 숙명적으로 결정되는 것이기 때문에 훨씬 윤리적인 측면이 강하고 보수적 성격을 가진다.

2. 친 생 자

(1) 부모와 자녀 관계의 확정

사람이 혼인을 하게 되면 보통은 그 결과로 자녀를 출산하게 된다. 그런데 모자관계는 출산이라는 사실 자체로부터 확인할 수 있는 것이므로 사실상 큰 문제가 발생치는 않으나, 부자관계는 그렇지 않다. 즉 어떤 여자가 낳은 자녀의 아버지가 누구인가 하는 문제는 그리 간단히 결정될 수 있는 것은 아니기 때문이다.

혼인한 여자가 자녀를 출산한 경우도 있고 혼인을 하지 않고 자녀를 출산할 수도 있다. 또 경우에 따라서는 미혼인 여자뿐만 아니라 혼인한 여자라 할 지라도 여자의 사생활이 복잡할 경우에는 모 자신도 子의 父가 누구인지 정확히 알 수 없는 경우도 있다. 그렇다고 하여 세상 모든 여자들이 낳은 자녀의 父가 누구인지를 항상 재판을 통해서 일일이 확정할 수는 없다.

그래서 법은 부자관계를 확정할 수 있는 획일적인 기준을 정해 놓고 있다.

첫째, 혼인한 여자가 혼인중 포태하여 혼인성립의 날로부터 200일 후, 혼인 해소의 날로부터 300일 이내에 출생한 자녀는 그의 법률상의 배우자인 남편의 자녀인 것으로 일단 추정한다. 이를 친생추정을 받는 혼인중의 子라고 한다. 혼인성립의 날이란 원칙적으로 혼인신고를 한 날을 의미하지만, 사실혼이 선행된 경우에는 이를 기준으로 한다. 위와 같은 요건을 갖추면 그 子는 혼인중의 출생자이며, 아버지(또는 남편)의 친자식으로 추정된다. 이에 대하여 그렇지 않다고 다투려면, 다투는 측이 친생자가 아니라는 증거를 제시해야 하며, 그 방법도 요건이 매우 엄격한 '친생부인의 소'를 제기하여야 한다.

둘째는 혼인한 여자가 자녀를 출산하였으나 그것이 혼인이 성립한 날로부터 200일이 되기 전에 출생한 경우이다. 이러한 경우에는 夫의 친생자로 추정받지 못한다. 이를 친생추정을 받지 않는 혼인중의 子라고 한다. 혼인성립의 날로부터 200일내에 출생한 자녀에 관하여, 처의 법률상의 배우자인 남편은 자녀가 자신의 호적에 자신이 아버지로 기재되어 있는 경우(혼인한 사람이 자녀를 출생한 경우 일단 이를 父 또는 모가 출생신고를 하여야 한다. 호적법 제51조, 따라서 일단 호적상 父가 아버지가 된다.) 이를 자신의 자녀가 아니라고 부인하는 것은 친생자관계부존재확인의 소를 통해서 할 수 있다. 이는 친생부인의 소와는 달리 소를 제기할 수 있는 기간의 제한이 없다.

셋째는 여자가 혼인을 하지 않고 자녀를 출산한 경우이다. 이를 혼인외의 자라고 하고 원칙적으로 모의 호적에 등재가 된다. 이때 부자관계는 인지절차를 통해서 결정된다. 즉 혼인외의 자녀인 경우에는 인지를 하기 전에는 법률상 父가 없다.

◘ 사례연구 — 별거 중 태어난 자식

• **사안의 내용** 부부인 甲과 乙은 결혼한 지 1년만에 성격차이로 당분한 별거하기로 합의했다. 乙녀는 친정에서 생활하고 있었는데, 2년이 지나도록 단 한번도 만나지도 않았는데, 별거 중에 乙은 자식을 출산했다. 이 경우에도 혼인 중에 태어난 자식은 甲의 자식으로 보아야 하는가?

• **사안의 해결** 민법 제844조 제1항에서는 "혼인 중에 포태한 자는 부의 자로 추정"한다고 규정하고 있다. 따라서 사실상의 이혼상태인 별거상태가 장기간 계속된 경우나 남편의 장기간의 해외출장, 해외유학 등으로 동거하지 않았던 경우에도 아내가 출산한 자식은 민법규정에 의하면 혼인 중 포태한 자이므로 부의 친생자 추정을 받게 된다. 그러나 부의 자가 아님이 명백함에도 불구하고 형식적·획일적으로 부를 정하는 것은 매우 부당하다. 따라서 이러한 경우에는 친생자의 추정이 미치지 않는다고 해석해야 할 것이다. 종전의 판례는 추정되는 포태기간을 호적에 의하여 형식적·획일적으로 정해야 고 했으나, 대판 1983.7.12, 82므59는 전원합의체로 종전의 판례를 폐기하고 학설과 같은 입장을 취하고 있다.

따라서 객관적으로 명백한 별거상태에서 포태한 자는 부의 자로 추정받지 않는다. 따라서 친생부인의 소를 제기하지 않고도 甲의 자식이 아님을 주장할 수 있다.

✤ 참고조문

제844조(夫의 친생자의 추정) ① 처가 혼인중에 포태한 子는 夫의 子로 추정한다.
② 혼인성립의 날로부터 200일후 또는 혼인관계종료의 날로부터 300일내에 출생한 자는 혼인중에 포태한 것으로 추정한다.

(2) 친생부인의 소

친생부인의 소란 혼인중의 자로서 친생자로 추정을 받는 자가 실질적으로는 그 부부사이의 자가 아닌 경우에 이를 바로 잡는 소송을 말한다. 종전에는 친생부인의 소를 제기할 수 있는 자로 부(夫)만을 인정하였으나 개정 민법에서는 부(夫) 뿐만 아니라 처(妻)도 상대 배우자 또는 자(子)를 상대로 제기할 수 있게 하였으며, 제소기간에 대하여도 헌법재판소의 헌법불합치결정에 따라 출생을 안 날로부터 1년이 아닌 친생부인의 소를 제기할 사유가 있음을 안 날로부터 2년내에 제기할 수 있도록 개정하였다. 다만, 친생부인의 소의 상대방이 될 자가 모두 사망한 경우에는 그 사망을 안 날부터 2년내에 검사를 상대로 하여 친생부인의 소를 제기할 수 있다. 다만, 친생부인의 소를 제기할 자가 금치산자인 경우에 후견인이 친족회의 동의를 얻어 소를 제기할 수 있으며, 후견인이 친생부인의 소를 제기하지 아니한 때에는 금치산자는 금치산선고의 취소있은 날로부터 2년내에 친생부인의 소를 제기할 수 있다. 또한 부(夫) 또는 처(妻)가 유언으로 부인의 의사를 표시한 때에는 유언집행자는 친생부인의 소를 제기하여야 한다. 만일 부(夫)가 자(子)의 출생 전에 사망하거나 부(夫) 또는 처(妻)가 제847조 제1항의 기간내에 사망한 때에는 부(夫) 또는 처(妻)의 직계존속이나 직계비속에 한하여 그 사망을 안 날부터 2년내에 친생부인의 소를 제기할 수 있다. 자의 출생 후에 친생자임을 승인한 자는 다시 친생부인의 소를 제기하지 못한다.

(3) 인　지

부모가 혼인을 하지 않고 낳은 자녀를 혼인외의 출생자라고 한다. 예컨대 사통관계에 있는 子라든가, 사실혼관계의 子, 첩관계·무효인 혼인으로부터 출생한 子는 물론이고, 처가 혼인중에 출생하였다 하더라도 재판에 의하여 친생이 부인된 子도 혼인외의 子이다. 그러나 혼인의 취소로 인하여 혼인관계가 해소된 경우에는 그 자는 혼인외의 출생자가 되지 않는다(제824조).

이러한 혼인외의 출생자의 경우에 그 친자관계를 확정하는 절차가 바로 '인지'이다. 인지에는 인지신고만으로 성립하는 임의인지와 소송에 의해서 친자관계를 확정하는 강제인지가 있다. 인지할 수 있는 사람은 생부(또는 생모)이다. 인지받을 수 있는 사람은 혼인외의 출생자이어야 한다. 사실상 혼인외의 출생자라 할지라도 이미 다른 사람의 자로 호적에 등재되어 그 사람의 친생자로 추정되는 경우에는 그 사람으로부터 친생부인된 후에만 인지할 수 있다. 또 다른 사람의 친생자의 추정을 받지는 않으나 혼인중의 출생자인 경우에는 우선 친생자관계부존재확인의 소를 제기하여 호적상의 아버지가 생부가 아니라는 것이 확정된 후가 아니면 인지신고가 수리되지 않는다. 다른 사람이 이미 인지하고 있는 경우에는 인지에 대한 이의의 소를 제기하여 확정판결이 난 다음에 인지신고를 하여야 할 것이다.

한편 혼인외의 子란 성년, 미성년을 묻지 않으며 대상자가 이미 사망한 경우에는 인지할 수 없다. 다만 사망한 자에게 직계비속이 있는 때에는 그 사망한 자를 인지 할 수 있다(제857조). 사망한 자의 인지는 법률상의 실익이 없지만 그 직계비속이 있는 경우에는 부양이나 상속 그리고 성과 본의 문제와 관련하여 실익이 있다.

또한 아직 포태중에 있는 子를 인지할 수 있다(제858조).

(4) 준 정

법률상 혼인관계가 없는 부모 사이에 출생한 자가 그 부모의 혼인을 원인으로 하여 혼인중의 출생자의 신분을 취득하는 것을 준정이라고 한다. 즉 정당한 부부관계가 없는 그 당시에 낳은 자라고 하여 차별대우를 받을 필요가 없기 때문이다. 이와 같이 준정은 혼인외의 자가 혼인중의 자로 되는 것을 말한다. 민법상 준정에는 '혼인에 의한 준정'과 '혼인중의 준정', '혼인해소 후의 준정'의 세 가지가 있다.

(5) 친생자관계존부확인의 소

우리 주위에는 여러 가지 사정 때문에 남의 호적에 입적되어 남의 자식이 되어 있는 경우가 있다. 예컨대 여동생이 혼인을 하기 전에 아이를 낳자 오빠가 그 자녀를 입적하는 경우, 혹은 부모를 알 수 없는 고아나 기아를 자기 자녀로 입적하는 경우 등이다. 이러한 경우에는 그 호적상 부모와 자녀 사이에 실제 혈연관계가 없다. 바로 이러한 경우에 누구와 누구 사이에 친생자관계가 없다거나 또는 있다는 것을 확인해 달라는 내용의 소를 통하여 잘못된 친생자관계를 바로 잡을 수 있다. 이를 친생자관계존부확인의 소라고 한다.

이 소를 제기할 수 있는 사람은 부모와 자녀, 그리고 호적상 부모 등이며 기타 제3자도 이해관계가 있으면 제기할 수 있다. 그리고 이 소를 제기할 수 있는 기간의 제한은 원칙적으로 없다. 다만 당사자의 일방이 사망한 때에는 그 사망을 안 날로부터 1년 내에 검사를 상대로 하여야 한다.

3. 양 자

(1) 양자제도의 의의

양자제도는 입양에 의해서 인위적으로 친자관계를 맺는 것으로 고대사회로부터 오늘에 이르기까지 대다수의 국가에서 인정하고 있다. 본래 양자제도는 조상의 제사를 비롯하여 혈통의 승계를 위한, 즉「家를 위한」양자제도로부터 발달하였으나, 오늘날에 있어서 양자제도의 목적은 자식욕이나 경제적 원조를 본위로 한「어버이를 위한」양자를 거쳐서, 근래에 와서는 중요한 사회문제가 된 고아나 사생아 등 양육할 사람이 없는 자녀의 복리를 위한, 즉「子를 위한」양자제도로 변천해 가고 있다.

1990년의 민법 개정으로 많은 부분에 있어서 과거의 불합리한 양자제도는 정비되었지만, 아직 양자의 성을 바꾸지도 못하고, 혈연관계에 집착하는 우리나라 사람의 관념에 비추어 볼 때, 호적에 양자라는 사실이 나타나고 양자가 되더라도 친생부모와의 관계는 그대로 유지되는 등 완전한 자녀를 위한 양자제도라고 할 수는 없다. 이에 양자제도의 문제점을 개선하고자 2005년에 가족법을 개정하여 친양자제도를 도입하여 양자도 양부의 성으로 변경할 수 있도록 하였다.

(2) 입양의 요건

현행법상 입양을 하기 위한 요건을 보면, 첫째, 우선 양부모와 양자간에 입양의 합의가 있어야 한다(제883조). 이러한 입양의사의 합치는 자유롭게 결정되어야 하며 조건부 또는 기한부 입양이서는 안된다. 둘째, 양부모는 성년자이어야만 한다(제866조). 양부모가 성년자이기만 하면 반드시 기혼자일 필요는 없으며 남녀, 자식의 유무를 묻지 않고 양부모가 될 자격이 있다. 셋째, 양자로 될 아이가 15세 미만인 경우에는 법정대리인 또는 후견인이 대신하여 입양의 승낙을 하여야 한다(이를 대락입양이라 한다)(제869조). 넷째, 양자가 될 자가 15세 이상 20세 미만인 때에는 부모 또는 다른 직계존속이 있으면 그들의 동의를 얻어야 하며, 부모 또는 다른 직계존속이 없으면 후견인의 동의를 얻음과 동시에 가정법원의 허가를 얻어야 한다. 한편 양자가 될 자가 20세 이상이어서 성년자라 하더라도 부모의 동의를 얻어야 한다. 한편 부모가 모두 사망하거나 기타의 사유로 인하여 동의를 할 수 없는 경우에는 다른 직계존속의 동의를 얻어야 한다(제872조). 다섯째, 기혼자가 입양을 할 때에는 부부가 공동으로 입양을 하여야 하고, 반대로 기혼자가 다른 사람의 양자가 될 때에는 다른 배우자의 동의를 얻어야 한다(제874조). 여섯째, 양자는 양친의 존속 또는 연장자가 아니어야 한다. 일곱째, 호적법이 정하는 바에 따라 입양신고를 하여야 한다.

사례연구 — 허위 친생자 신고의 효력

• **사안의 내용** 甲乙 부부는 실제로는 어린아이인 丙을 입양하면서도 3세인 어린아이를 데려다가 보육함으로써 자기의 친생자와 똑같은 애정을 가지게 함과 동시에 丙의 장래를 위해 甲乙이 낳은 친생자인 것으로 출생신고를 해버렸다. 그런데 문제는 丙이 자라면서 甲과 乙의 기대를 저버리고 빗나가기 시작하였다. 역시 무자식이 상팔자라는 말이 그냥 생긴 속담이 아니라면서 丙과의 입양을 없었던 것으로 하려고 한다. 즉 입양과 같은 신분행위는 엄격한 요식행위인데 입양신고를 하지 않고 친생자신고를 한 것은 무효라고 주장하는데 과연 가능할까?

• **사안의 허결** 판례는 처음에는 입양의 효력을 인정하였다가, 입양의 효력이 없다고 했다가, 그 후에는 전원합의체 판결로 입양신고 대신 친생자 출생신고가 있다면 형식에 다소 잘못은 있더라도 입양의 효력이 있다고 변경함으로써, 현재는 당사자간의 양친자관계를 성립시키려는 의사가 있고, 기타 입양의 실질적인 요건을 구비한 경우에는 입양의 효력을 인정한다.

따라서 丙이 파양되지 않는 한, 甲과 乙은 친생자신고가 허위라는 이유로 丙과 친생자관계가 없다는 청구를 할 수 없다.

참고조문

입양촉진 및 절차에 관한 특례법 제7조(양자의 성과 본) ① 이 법에 의하여 양자로 되는 자는 양친이 원하는 때에는 양친의 성과 본을 따른다.

② 제1항의 규정에 의하여 양친의 성과 본을 따른 양자가 파양 또는 입양이 취소된 경우에는 본래의 성과 본을 따른다. 이 경우 그 양자이었던 자가 제2조 제1항 각호의 1에 해당되었던 자임을 증명하는 서류를 갖추어 호적법에 정하는 바에 의하여 신고하여야 한다.

(3) 입양의 효과

입양신고 절차까지 마치게 되면 그 때부터 양자와 양부모 사이에는 법정부모관계가 성립한다. 이에 따라 다양한 법적효과가 발생하게 된다.

우선 양자는 친부모의 호적을 떠나 양부모의 가, 즉 양가에 입적한다. 그러나 양자로 입양되었다고 해서 친생부모와의 부모자녀관계가 해소되는 것은 아니다. 즉 양자는 양부모와 그 친족의 친족관계가 발생하는 것은 물론이고, 친생부모 및 원래의 친가쪽의 친족과의 관계도 그대로 유지한다. 따라서 양자와 양부모는 서로 부양할 의무가 생기고, 또 양부모가 사망하면 상속도 받게 되는 것은 물론, 친생부모와의 사이에도 상속권 및 부양의 권리의무 관계는 여전히 유지된다. 그러나 양자가 미성년자일 경우 친생부모의 친권은 소멸하고 양부모만이 친권자가 된다. 나아가 이후에 양부모가 모두 사망하더라도 친생부모의 친권이 부활하는 것이 아니라, 양가에서 후견이 개시된다.

그러나 양자가 입양을 했다고 해서 양자의 본래의 성이 변경되는 것은 아니다. 이 점에서 다른 외국의 입법례와 다르다. 즉 외국에서는 완전양자라고 해서 친생부모자관계가 단절되고, 성도 양부모의 성을 따르게 하여 외관상으로 양자인지 아닌지 알 수 없게 하는 나라가 많이 있다. 이렇게 하는 것이 자녀의 건전한 성장을 위해서 바람직한 것일 것이다. 특히 우리나라에서는 사람들의 혈족관념이 강하기 때문에 완전양자제도의 도입의 필요성이 절실하다.

(4) 양부모자관계의 해소

입양을 하였으나 입양이 후회스런 경우가 있을 수 있다. 입양의 후회는 입양을 한 양부모가 할 수도 있고, 입양된 양자가 혹은 양자로 보낸 친부모가 할 수도 있을 것이다. 이런 경우 양부모자관계를 해소하는 방법이 바로 파양이다. 양부모자관계는 오로지 파양에 의해서만 해소될 수 있다. 민법상 파양의 방법은 협의상 파양과 재산상 파양으로 나누어진다.

1) 협의파양

협의파양이란 양부모와 양자가 협의해서 입양관계를 종료시키는 것을 말한다. 협의파양의 요건들을 살펴보면 다음과 같다. 첫째 당사자 사이에 파양의사의 합치가 있어야 한다. 이 파양의사는 무조건, 무기한의 것이어야 한다. 그런데 파양의사의 합치라고 할 때, 의사는 완전한 의사이어야 한다. 그래서 사기나 강박에 의한 의사이어서는 안되며, 금치산자의 경우 후견인의 동의를 얻어야 한다. 둘째, 파양을 합의하는 당사자인 양자측의 의사도 완전한 것이어야 하므로, 양자가 15세 미만인 경우에는 입양을 대낙한 사람이 양자에 갈음하여 파양의 협의를 하여야 하며, 그 대낙한 자가 사망 기타 사유로 인하여 협의를 할 수 없을 때에는 생가의 다른 직계존속이 이에 갈음하여 협의하여야 한다. 한편 양자가 15세 이상 미성년자인 경우에는 입양할 때의 동의권자의 동의를 얻어야 한다. 즉 생가부모의 동의를 얻어야 하며, 부모가 동의할 수 없으면 생가의 다른 직계존속이 이에 갈음하여 협의하여야 한다. 한편 양자가 15세 이상 미성년자인 경우에는 입양할 때의 동의권자의 동의를 얻어야 한다. 즉 생가부모의 동의를 얻어야 하며, 부모가 동의할 수 없으면 생가의 다른 직계존속의 동의를 얻어야 한다. 셋째, 협의파양의 당사자인 양친이 부부인 경우에 입양의 경우와 마찬가지로 공동으로 하여야 할 것인가에 대하여 명문의 규정은 없으나 공동으로 하여야 한다고 해석하는 것이 타당할 것이다. 넷째, 협의상의 파양의 합의를 한 다음 이를 호적법에 정한 바에 따라 신고하여야 한다. 이 신고는 서면 또는 구술로 할 수 있으며 신고서에는 당사자 쌍방과 증인 2인이 연서하여야 한다.

이와 같이 파양이 되면 양부모자관계는 해소된다. 아울러 양자와 양가의 친족간의 친족관계도 소멸된다. 따라서 상속권, 부양의 권리의무는 소멸하게 되며 양친의 친권이 소멸하고 친생부모의 친권이 부활하게 된다. 그리고 양자는 원칙적으로 생가에 복귀한다. 다만 생가가 폐가 또는 무후가가 된 경우에는 생가를 부흥하거나 일가를 창립할 수 있다. 이와 같이 입양으로 인해 발생한 모든 법률관계는 해소되지만 양자와 양가의 친족간에는 혼인장애사유는 그대로 남게 된다.

2) 재판상의 파양

재판상의 파양은 합의가 이루어지지 않은 경우 파양을 원하는 측에서 파양을 거부하는 측을 상대로 재판을 해서 양친자관계를 종료시키는 것을 말한다. 재판상 파양은 재판상 이혼에서와 마찬가지로 법이 정해놓은 파양원인이 있는 경우에만 인정된다.

민법이 정해놓은 파양원인(제905조)을 보면,

1. 가족의 명예를 더럽히거나 또는 재산을 기울게 한 중대한 과실이 있을 때
2. 다른 일방 또는 그 직계존속으로부터 심히 부당한 대우를 받았을 때
3. 자기의 직계존속이 다른 일방으로부터 심히 부당한 대우를 받았을 때
4. 양자의 생사가 3년 이상 분명하지 않을 때
5. 기타 양친자 관계를 계속하기 어려운 중대한 사유가 있을 때

라고 해서 다섯 가지를 정해놓고 있는데, 위의 어느 사유 중에 하나에 해당한다면 법원에 청구하여 파양할 수 있다.

(5) 친양자제도

양자를 들이더라도 양친과 양자사이의 관계는 어디까지나 양친자관계가 생길 뿐이기 때문에 이러한 관계는 친생부모와 자식의 관계와는 다르게 된다. 호적에는 양친자관계와 별도로 친생부모와의 관계가 표시되고, 친생부모와의 중복관계를 인

정하는 등 그 관계는 제한적일 수밖에 없다. 이에 민법은 2005년 법개정을 통하여 현행 양자제도를 그대로 유지하면서 양자의 복리를 더욱 증진시키기 위하여, 양친과 양자를 친생자관계로 보아 종전의 친족관계를 종료시키고 양친과의 친족관계만을 인정하며 양친의 성과 본을 따르도록 하는 친양자(親養子) 제도를 신설하였다. 그러나 친양자도 본질상 양자이므로 일정한 경우에 파양이 허용되고, 친양자가 파양되면 친양자 관계가 종료되며, 친양자 입양으로 인하여 종료되었던 종전의 친족관계가 부활된다.

1) 친양자 입양의 요건

친양자를 하려는 자는 가정법원에 친양자 입양의 청구를 하여야 하는데(제908조의2 1항), 그 요건은 다음과 같다. ① 3년 이상 혼인중인 부부로서 공동으로 입양할 것. 다만, 1년 이상 혼인중인 부부의 일방이 그 배우자의 친생자를 친양자로 하는 경우에는 그러하지 아니하다. ② 친양자로 될 자가 15세 미만일 것 ③ 친양자로 될 자의 친생부모가 친양자 입양에 동의할 것. 다만, 부모의 친권이 상실되거나 사망 그 밖의 사유로 동의할 수 없는 경우에는 그러하지 아니하다. ④ 양자로 될 자가 15세 미만이므로 위 친생부모의 동의와는 별도로 친양자 본인의 승낙에 갈음하여 법정대리인의 입양승낙이 있을 것. 친양자 입양의 신청이 있으면 가정법원은 이를 받아들일 것인가를 심사하여야 하는데, 친양자로 될 자의 복리를 위하여 그 양육상황, 친양자 입양의 동기, 양친의 양육능력 그 밖의 사정을 고려하여 친양자 입양이 적당하지 아니하다고 인정되는 경우에는 청구를 기각할 수 있다(동조 2항).

2) 친양자 입양의 효력

가정법원이 입양을 승인하면 친양자는 부부의 혼인중의 출생자로 간주하며(제908조의3 1항), 친양자의 입양전의 친족관계는 친양자 입양이 확정된 때에 종료한다. 다만, 부부의 일방이 그 배우자의 친생자를 단독으로 입양한 경우에 있어서의 배우자 및 그 친족과 친생자간의 친족관계는 종료하지 않는다.

3) 친양자의 파양

친양자 입양도 파양할 수 있는데, 파양사유는 일반의 입양의 경우와는 조금 다르다. ① 양친이 친양자를 학대 또는 유기(遺棄)하거나 그 밖에 친양자의 복리를 현저히 해하는 때, ② 친양자의 양친에 대한 패륜(悖倫)행위로 인하여 친양자관계를 유지시킬 수 없게 된 때에는 가정법원에 파양을 신청할 수 있게 되며, 친양자 입양이 취소되거나 파양된 때에는 친양자관계는 소멸하고 입양전의 친족관계는 부활한다.

IV 친권과 후견

1. 친 권

(1) 의 의

친권은 부모가 미성년자녀를 보호·교양할 권리 의무를 말하며, 상속, 부양 등과 더불어 친자관계의 가장 중요한 효과의 하나이다. 친권은 누구에게도 방해당하지 않고 이를 행사할 수 있다는 의미에서 일종의 권리라고 볼 수도 있지만, 미성년인 자녀를 사회화하기 위하여 신체적, 정신적으로 보호·교양하는 사회적 의무로서의 성질이 더 강하다.

미성년인 자녀는 부모의 친권에 복종한다(제909조 1항). 부모가 혼인 중일 때에는 친권을 공동으로 행사하고, 부모의 의견이 일치하지 않는 경우에는 당사자의 청구에 의하여 가정법원이 이를 정한다(제909조 2항). 부모가 공동으로 친권을 행사한다는 것은 친권행사가 부모공동의 의사에 의함을 필요로 할 뿐이며, 행위 자체가 부모쌍방의 공동명의로 되어야 한다는 것은 아니다. 만약 다른 일방의 동의를 얻지 않고 한 경우에는 부모의 법정대리인으로서의 대리 또는 동의의 효과가 생기지 않는다.

한편 혼인외의 출생자의 친권은 일단 생모가 행사하며, 그 父가 인지를 하면 부모가 협의해서 누가 친권을 행사할 지를 정하고, 협의할 수 없거나 협의가 되지 않는 경우에는 당사자의 청구에 의하여 가정법원이 이를 정한다(제909조 4항). 한편 입양한 양자에 대한 친권은 그 양부모가 행사하며, 부모가 이혼한 경우에는 이혼 후 누가 친권을 행사할지를 부모가 협의해서 정하고, 협의가 되지 않거나 협의할 수 없을 때에는 가정법원에 청구하면 가정법원이 결정한다(제909조 4항).

친권자는 子를 보호하고 교양할 권리의무가 있다. 친권자는 필요한 범위에서 자에 대한 징계권을 가지고, 미성년자의 영업에 대한 허락 및 그 취소권, 미성년자의 근로계약에 대한 동의권, 취소권 자녀의 신분상 행위에 대한 대리권과 동의권 등을 가지며, 자기 자기명의로 취득한 특유재산을 관리한다. 이러한 친권은 남용해서는 안된다.

사례연구 — 이해상반행위

• **사안의 내용** 아버지가 사망함으로써 어머니인 乙은 전답을, 13세인 자식인 丙은 가옥을 상속받아 각각 자기의 명의로 등기를 해 놓았다. 그런데 乙은 전답을 팔아서 중심가에 가게를 하나 장만했는데, 부족한 대금은 자식의 가옥에 근저당을 설정해 주기로 가게 주인 A와 합의했다. 그런데 乙은 미성년자인 丙의 재산관리인이지만 이와 같이 이해상반되는 경우에도 乙의 담보제공행위는 유효한 법률행위로 되는가?

• **사안의 해결** 母인 乙은 단독친권자가 되지만, 乙과 丙간에 이해상반되는 행위에 대해서는 제한을 받게 된다. 즉 乙이 이해상반되는 행위를 대리하고자 하는 경우에는 친권자가 그 子인 丙을 직접 대리할 수는 없고, 법원에 특별대리인의 선임을 청구하여 그 선임된 특별대리인이 丙을 대리하여야 한다. 이해상반행위는 구체적으로 사안에 따라 결정되어야 할 것이다. 판례에 의하면 친권자가 자기의 채무를 위하여 미성년자인 자의 부동산을 담보에 제공하는 행위, 친권자의 채무에 관하여 미성년자인 자를 연대채무자로 한 행위, 친권자가 자의 재산을 가지고 자기의 채무를 변제하는 행위, 친권자가 미성년자를 대리하여 한 상속재산분할협의 등은 이해상반되는 행위라고 하고 있다.

子의 이해상반되는 행위를 친권자가 특별대리인을 선임하지 않고 한 행위의 효력은 무권대리행위가 되므로 丙의 추인이 없는 한 丙에게는 무효이다.

따라서 판례에 의하면 乙의 행위는 이해상반되는 행위이므로 丙소유의 가옥에 대한 근저당설정행위는 무효가 될 것이다.

(2) 친권상실

친권자가 子의 복리에 위배되는 친권행사를 하거나 친권행사자로서 부적당한 경우에 친권자의 의사와 관계없이 강제적으로 친권을 박탈하는 것이 친권상실제도이다. 민법은 친권의 남용 및 현저한 비행 기타 친권을 행사시킬 수 없는 중대한 사유가 있는 경우에는 친권상실을 시킬 수 있도록 하고 있다(제924조). 친권의 남용이란 친권의 내용인 권리를 과도하게 불법적으로 행사하거나 또는 그 적당한 행사를 게을리함을 말한다. 다만 어느 정도의 행위가 친권남용이 되는가의 기준은 획일적으로 정할 수는 없으며, 子를 보호하는 측면에서 제반사정을 고려하여 결정하여야 할 것이다. 또 현저한 비행이란 음주, 도박 등으로 친권자의 소행이 심히 불량하여 子를 그와 같은 친권자의 보호하에 두는 것이 자에게 나쁜 영향을 주거나 子의 재산을 위험에 몰아 넣을 우려가 있는 경우를 말한다.

사례연구 — 친권상실

• 사안의 내용 고부간의 갈등이 있었던 乙은 가출을 하였고, 甲과 乙은 이를 계기로 협의이혼을 하였다. 그런데 乙은 혼외정사를 일삼았던 A와 재혼을 한 상태이다. 그후 뜻하지 않은 사고로 甲은 사망하게 되었고 현재는 조부와 조모 그리고 10세인 자식 丙이 함께 살고 있는데, 재혼한 乙이 丙의 친권자로서 보험금을 수령하여 관리한다고 하는데, 조부모 입장에서는 자식도 며느리 때문에 잃었다고 생각하고 있는데 그 보험금마저 며느리에게 빼앗기는 것은 아닌가 하고 걱정이 태산이다. 조부모가 그 권리를 행사할 수는 없을까?

• 사안의 해결 1990년 개정민법에 의하면 재혼한 乙은 여전히 자식인 丙에 대해서는 친권자이다. 그러나 일정한 경우 친권의 상실을 청구할 수 있다. 즉, 甲과 혼인 중에도 A와 혼외정사를 일삼은 점, 10세인 미성년자를 두고도 재혼한 점, 등의 정황으로 보아 조부모는 법원에 친권상실을 청구하여 친권상실의 선고를 받을 수 있을 것이다. 乙의 친권상실로 조부모는 丙의 후견인이 되어 그 권리를 행사할 수 있게 된다.

2. 후 견

(1) 미성년자의 후견

민법은 만 20세 미만의 자를 미성년자라고 하여 법리 특별히 보호하여 주고 있다. 미성년자는 보통은 부모가 1차적으로 친권자로서 법정대리인이 되는 것이지만, 그러한 친권자가 없는 경우에는 후견인을 정하여 두고 후견인으로 하여금 미성년자의 법률행위에 대하여 조력 즉 다시 말해 법률행위에 대한 동의나 대리를 하도록 하고 있다.

후견인은 1인이다(제930조). 미성년자 후견인의 종류에는 3가지가 있다. 미성년자의 후견인은 제1순위가 지정후견인, 제2순위가 법정후견인, 제3순위가 선임후견인이다.

지정후견인은 최후로 친권을 행사하는 자, 즉 친권자가 사망하기 전에 미리 유언으로 자신의 사후에 누가 후견인이 될 지를 정해 놓았다면 그 사람이 후견인이 된다. 이러한 지정후견인 즉 유언이 없는 경우에 법정후견이 개시된다. 즉 지정후견인이 없는 경우에 미성년자의 직계혈족 3촌이내의 방계혈족의 순위로 후견인이 된다(제932조). 법정후견이 될 직계혈족 또는 방계혈족이 여러 사람인 때에는 촌수가 가장 가까운 사람이 선순위로 후견인이 되고, 같은 순위의 사람이 여러명인 때에는 연장자를 선순위로 한다(제935조 1항). 한편 양자의 경우, 양가혈족의 친족들을 기준으로 후견인의 순위가 결정된다. 이러한 법정후견인이 될 사람 즉 3촌이내의 방계혈족도 전혀 없는 경우에 피후견인의 친족(제777조) 기타 이해관계인의 청구에 의하여 가정법원이 후견인을 선임한다. 이를 선임후견인이라고 한다.

(2) 한정치산자 및 금치산자 후견

심신박약 내지 낭비자인 한정치산자 및 심신상실자인 금치산자에 대하여는 오로지 후견제도에 의하여 능력을 보충토록 하고 있다.

금치산자·한정치산자에는 지정후견인이 없고 법정후견인과 선임후견인이 있다. 법정후견인은 금치산·한정치산선고를 받은 자의 직계혈족, 3촌이내의 방계혈족의 순위로 된다(제983조, 제934조). 선고를 받은 자가 기혼자인 때에는 배우자가 후견인이 되고, 배우자도 금치산 또는 한정치산의 선고를 받은 때에는 피후견인의 직계혈족, 3촌이내의 방계혈족의 순위로 후견인이 된다(제934조). 동순위의 법정후견인이 수인인 경우에는 미성년자의 후견인의 경우와 동일한 순위로 후견인이 결정된다(제934조). 선임후견인인 법정후견인이 될 자가 없을 때에 이해관계인 등의 청구에 따라 가정법원이 선임한다(제936조).

V 부 양

우리 사회에서는 자기 스스로 노동을 하여 그 대가로 독립해서 생계를 유지할 수 없는 사람이 많이 있다. 그러나 사람들의 생존권을 보장해주는 문제는 먼저 국가사회가 책임을 져야 하는 문제이지만, 개인의 생활보장에 대한 국가의 책임이라는 사회보장제도가 아직도 우리나라에서는 완비되어 있지 않은 실정이다. 그래서 우리 민법에서도 가족간의 부양문제에 관한 규정을 두고 있다.

부양의 권리의무에 관해서는 민법에서는 부부간의 상호부양의무와, 부모와 자녀간의 부양의무 및 친족간의 부양의무로 나누어서 규정하고 있다. 미성년인 자녀에 대해서는 부모가 전적으로 부양의무가 있는 것이지만, 부모와 성년인 자녀나, 부부사이, 직계혈족 및 그 배우자 사이, 혹은 기타 생계를 같이 하는 친족간의 부양의무는 상호적인 부양의무이다.

그러나 실제 어느 정도로 부양을 하여야 할 것인가, 어떻게 부양하여야 할 것인가에 관하여 법에 명문으로 정하여 두고 있는 것은 없다. 따라서 당사자의 신분이나 자력에 따라 적절히 정하여야 할 것이다. 다만 민법이 제시하는 최소한의 기준으로는 첫째, 부양의 수준과 방법은 부양당사자들이 협의해서 정하는 것이고, 둘째 협의가 이루어지지 않으면 당사자의 청구에 의하여 법원이 결정한다는 것이다. 결국 법원이 부양의 정도나 방법을 결정함에 있어서는 부양의무자의 능력 생활수준, 수입, 신분과 지위는 물론 부양받을 자의 생활정도 등 모든 사정을 참작해서 결정하게 된다.

◘ 사례연구 — 성년인 자식의 부양의무

• 사안의 내용 甲과 乙간의 외동아들인 丙은 대학을 졸업하고서도 취업할 생각은 하지 않고 빈둥빈둥 놀기만 하는데, 부모인 甲과 乙은 성인인 자식인 丙에게도 부양의무가 있는가?

• 사안의 해결 부양에는 제1차적 부양의무(부모와 미성숙자간의 부양, 부부간의 부양)와 제2차적 부양의무(친족간의 부양)로 나누어 볼 수 있다. 전자는 부부관계, 친자관계의 현실적 공동생활 그 자체에 입각하여 당연히 요청되는 것이지만, 후자는 사회보장의 대체물로서 누구도 자기의 생활을 희생해서까지 부양의무를 지지 않는 정도의 부양을 말한다. 여기에서는 제2차적 부양의무에 해당하므로 성숙한 자녀라 하더라도 부모인 甲과 乙은 자기의 사회적 지위나 신분에 적합한 생활정도를 낮추지 않고 부양할 수 있을 만큼의 여유가 있다면 부양의무가 있다.

✤ 참고조문

제974조(부양의무) 다음 각호의 친족은 서로 부양의 의무가 있다.

1. 직계혈족 및 그 배우자간
2. 호주와 친족간(삭제)
3. 기타 친족간(생계를 같이 하는 경우에 한한다)

제 3 장
상 속 법

I 상속제도

1. 상속의 의의

(1) 상속의 개시

상속이란 사람이 사망한 경우에 그의 재산이 다른 일정한 사람에게 이전되는 것을 말한다. 이 때 사망한 자를 피상속인이라 하고, 사망한 자의 재산을 물려 받는 사람을 상속인이라고 한다.

이 경우에 당사자의 의사와 상관없이 법률의 규정에 따른 효과가 당연히 발생하는 것을 법정상속이라 하고, 유언이라는 형태로 표시된 피상속인의 최종적인 의사에 따라 이루어지는 상속을 유언상속이라고 한다.

상속은 사망으로 인하여 개시된다(제997조). 실종선고가 있으면 실종기간이 만료된 때 사망한 것으로 간주되므로 그것에 의해 상속이 개시된다.

이렇게 사람이 사망한 때로 보는 날로부터 상속은 개시되는 것이고, 그 사람이 죽었는지 살았는지를 실제로 아는 것이 상속이 개시되는 날이 아님을 주의하여야 한다.

상속인은 상속개시된 날로부터 피상속인의 재산에 관한 포괄적 권리의무를 승계한다. 즉 피상속인의 재산뿐만 아니라 부채도 상속한다. 다만 피상속인의 일신에 전속한 것은 그러하지 아니하다(제1005조).

상속에 있어서는 누가 상속인이 되고 상속분(몫)이 얼마나 되는가가 중요하다.

(2) 상속회복청구권

상속회복청구권이란 진정한 상속인이 그 상속권의 내용의 실현을 방해하고 있는 사람에 대하여 상속권을 주장함으로써 그 방해를 배제하고, 상속재산을 회복하는 것을 목적으로 하는 청구권이다. 상속회복청구권자는 진정한 상속권자이며 그 상대방은 사실상 상속재산을 점유하여 상속권을 침해하고 있는 자이다. 즉 상속권자도 아니면서 상속인이 되거나, 자신의 상속분보다는 많은 재산을 차지한 사람이나 자기가 점유하는 재산이 상속의 대상이 아니라고 주장하는 자도 일단은 정당한 상속권자의 지위를 침해, 위협하는 것이므로 당연히 상대방이 될 수 있고, 그 재산을 이미 제3자에게 처분했다고 하더라도 지금 그 재산을 갖고 있는 사람을 상대로 상속회복청구를 할 수 있다. 만일 이 경우에 상속회복청구권의 행사를 허용하지 않는다면 상속권을 침해한 자는 누구나 상속재산을 재빨리 처분하고 말 것이기 때문이다. 상속회복청구권은 그 침해를 안 날로부터 3년, 상속이 개시된 날로부터 10년을 경과하면 소멸된다.

2. 상 속 인

(1) 상속인의 순위

민법상 상속인은 모두 법정상속인을 말한다. 그러므로 이들은 피상속인의 사망에 의해서 민법이 정한 순위에 따라서 법률상 당연히 상속인이 된다. 따라서 상속이 개시될 때에 상속인의 자격을 가진 자가 한 사람밖에 없을 경우에는 별 문제가 없지만, 2인 이상의 경우에는 그 순위를 법률이 정해 놓을 필요가 생긴다. 법률이 획일적으로 정한 상속인의 순위는 다음과 같다.

제1순위 - 직계비속

제2순위 - 직계존속

제3순위 - 형제자매

제4순위 - 4촌 이내의 방계혈족

이렇게 제4순위까지 정해 놓은 다음 배우자의 상속순위에 관하여는 좀 특수하게 정하고 있다. 배우자의 상속순위는 첫째 피상속인에게 직계비속이 있는 경우에는 같은 순위가 되고, 둘째 직계비속이 없고 직계존속이 있는 경우에는 직계존속과 같은 순위가 되며, 셋째 직계비속은 물론 직계존속도 없는 경우에는 단독 상속인이 된다.

◘ 사례연구 — 상속인

• 사안의 내용 남편인 甲은 처와 아들 딸 그리고 甲의 父, 동생과 함께 대가족을 거느리고 살았던 공무원으로서 뜻하지 않은 사고로 사망하였다. 이 경우에 甲의 재산에 대한 상속권자는 누구인가?

• 사안의 해결 법정 상속에 있어서 우선순위는 직계비속인 아들, 딸과 甲의 처가 공동 1순위, 甲의 父는 직계존속으로써 제2순위, 甲의 동생은 형제자매로써 제3순위이다. 따라서 1순위인 甲의 아들, 딸과 甲의 처가 공동 1순위가 된다.

1) 제2순위 : 피상속인의 직계존속(제1000조 1항 2호)

직계존속이란 피의 연결이 수직으로 연결되는 사람들 중에 자신보다 항렬이 높은 사람들을 말한다. 즉 사망한 사람의 부모 또는 조부모인데, 여기서 직계존속이라고 함은 외조부모도 당연히 포함된다.

직계존속이 2인 이상인 경우에 그들의 촌수가 같으면 같은 순위의 상속인이 되고, 촌수가 다르면 피상속인과 촌수가 가까운 사람이 우선한다. 예를 들어 피상속인에게서 부모와 조부모가 있으면 촌수가 가까운 부모가 우선하여 상속인이 되고, 조부모는 피상속인의 부모가 없는 경우에만 상속인이 된다. 순위가 같은 상속인이라도 피상속인의 사망 당시 생존하고 있지 않으면 그 사람은 물론 상속받을 수 없다. 예를 들어 피상속인의 사망 당시의 어머니가 그전에 사망하고 없다면 아버지가 단독으로 상속인이 되는 것이며, 어머니의 직계존속(즉 피상속인에게는 외조부모)이 대신 상속받는 것이 아니다.

또한 친생부모와 양부모는 모두 양자의 직계존속으로서 제2순위의 상속인이 된다.

2) 제3순위 : 피상속인의 형제자매(제1000조 1항 3호)

3순위 상속인인 형제자매가 상속인이 되는 경우란 피상속인에게 직계비속, 직계존속 및 배우자가 없을 때이다. 형제자매에 대해서는 남녀의 성별, 기혼, 미혼의 여부, 호적을 같이하느냐의 여부를 불문하며, 자연혈족이든 법정혈족이든 불문한다. 형제자매가 수인인 때에는 모두 촌수가 동일하므로 공동상속인이 된다.

3) 제4순위 : 피상속인의 4촌 이내의 방계혈족(제1000조 1항 4호)

4촌 이내의 방계혈족은 피상속인의 직계비속 · 직계존속 · 배우자 · 형제자매가 없는 경우에만 상속인이 된다. 4촌 이내의 방계혈족 중에서도 촌수가 다른 사람이 수인 있는 경우에는 최근친이 우선하여 상속인이 되고 촌수가 같은 사람이 수인인 경우에는 공동상속인이 된다. 따라서 우선은 3촌이 되는 방계혈족이 여러 명 있는 경우에는 삼촌, 외삼촌, 고모, 이모 등이 공동상속인이 된다. 또한 3촌인 방계혈족이 없으면 4촌이 되는 방계혈족인 사촌, 고종사촌, 외사촌, 이종사촌 등이 공동상속인이 된다.

4) 배우자의 상속순위

이상의 혈족상속인과는 별도로 배우자는 항상 상속인이 된다. 즉 배우자는 피상속인의 직계비속과 공동으로 제1순위의 상속인이 되고, 직계비속이 없는 경우에는 피상속인의 직계존속과 동순위로 공동상속인이 되며, 피상속인의 직계비속과 직계존속도 없는 경우에는 단독상속인이 된다(제1003조 1항).

여기서 배우자란 혼인신고를 한 법률상의 배우자에 한정된다. 따라서 사실혼의 배우자는 상속인이 될 수 없고, 후술하는 바와 같이 상속인의 부존재의 경우에 특별연고자로서 상속재산의 전부 또는 일부를 분여받을 수 있을 뿐이다.

(2) 대습상속

상속은 피상속인(사망자)이 사망 당시 생존해 있는 상속인들에게만 인정된다. 그러나 피상속인의 사망 당시, 상속인이 되어야 하는 직계비속 또는 형제자매가 상속개시 당시에 이미 사망하고 없거나 상속결격이 된 경우에 그의 자녀인 직계비속이나 배우자가 있는 경우, 이미 사망한 자를 대신하여 상속권을 갖게 된다. 이를 '대습상속'이라고 하는데, 대습상속 제도가 인정되는 이유는 그렇게 하는 것이 상속제도의 취지에 비추어 정당하고 또 공평의 이념에 부합되기 때문이다.

직계비속의 개념에 손자는 포함되지만 외손자는 포함되지 않는 것으로 생각하는 사람들이 많은데, 직계비속이란 피의 연결이 위에서 아래로 직접 이어지는 관계를 말하므로 외손자도 당연히 직계비속임을 주의하여야 한다.

◘ 사례연구 — 대습상속

• **사안의 내용** 1천억원대의 갑부인 인천 제일상호신용금고의 이 회장은 여름휴가로 괌에 피서를 가던 중, 대한항공 추락사고로 처와 장남부부, 장녀와 그 아들딸 등 일가족 8명을 잃었다. 그런데 유족은 의사인 사위 A와 이 회장의 형제 B가 있

었다. 이 경우에 이 회장의 재산은 누가 상속하는가?

• **사안의 해결** 1990년대 발생했던 사건으로, 사회적으로 큰 화제가 되었다. 이와 관련하여 법조계 일부에서는 회장과 장녀가 동시에 사망했다고 봐야 하기때문에 A는 상속받기 어렵고, 이 회장의 형제인 B가 상속권을 갖게 된다는 의견을 제시했었다. 장녀가 이 회장보다 늦게 숨졌다는 것을 입증해야 아내로부터 상속권을 이어받을 수 있다는 논리였다. 그러나 이러한 논리는 사위에게도 대습상속이 있다는 것을 간과한 견해였다. 1990년 개정 민법에서는 개정 전과는 달리 남편에게도 대습상속을 인정하고 있다. 따라서 사위인 A가 단독상속권자가 된다.

♱ 참고조문

제1001조(대습상속) 전조 제1항 제1호와 제3호의 규정에 의하여 상속인이 될 직계비속 또는 형제자매가 상속개시전에 사망하거나 결격자가 된 경우에 그 직계비속이 있는 때에는 그 직계비속이 사망하거나 결격자가 된 순위에 갈음하여 상속인이 된다.

제1003조(배우자의 상속순위) ② 제1001조의 경우에 상속개시전에 사망 또는 결격된 자의 배우자는 동조의 규정에 의한 상속인과 동순위로 공동상속인이 되고 그 상속인이 없는 때에는 단독상속인이 된다.

(3) 상속결격

상속을 시킨다고 하는 것은 피상속인과 상속인 사이에 일정한 신분관계가 있고 이들 사이에 윤리적 경제적인 결합관계가 있는 것을 전제로 하고 있다. 그런데 이러한 결합관계를 깨뜨리는 비행이 있는 자에게는 상속권을 인정하지 않는 제도를 상속결격이라고 한다.

이러한 상속결격이 되는 사유로는 ① 상속인이 고의로 직계존속(즉 부모, 조부모, 외조부모), 피상속인 그 배우자 또는 상속에 있어서 자기보다 앞선 순위자나 같은 순위자를 살해하거나, 살해하려 한 경우이다. 여기서 '살해'는 고의에 의한 경우를 말하고 과실로 인한 경우는 제외된다. 고의에 의한 경우이면 살인의 결과가 발생하지 않아도 즉 살인미수도 역시 상속 자격은 상실된다. ② 고의로 직계존속, 피상속인과 그 배우자에게 상해를 가하여 사망에 이르게 한 때에도 상속결격이 된다. 피해자는 가해자의 직계존속 피상속인과 그 배우자이어야 하고, 상속의 선순위자나 동순위자는 여기서 제외된다. 상해를 가하여 사망에 이르게 하여야 하므로 단순한 상해를 입힌 경우에는 상속결격 사유가 된다고 할 수 없다. ③ 유언에 대한 부정행위가 있는 경우이다. 즉 사기를 하거나 협박을 해서 피상속인이 양자를 들이려고 하는 유언을 못하게 하거나 또는 기타 상속에 관한 유언을 하는 것이나 그 철회를 방해한 경우에는 상속 자격이 상실된다. ④ 피상속인의 상속에 관한 유언장을 위조, 변조, 파기 또는 은닉한 때에도 상속의 자격은 상실된다.

(4) 상속인의 부존재

상속인이 될 수 있는 사람은 직계비속, 직계존속, 형제자매, 4촌이내의 방계혈족, 배우자의 다섯 종류밖에 없다. 따라서 어떤 사람이 많은 재산을 남기고 사망하였는데, 4촌 이내의 혈족도 없는 경우에는 상속인 부존재의 상태가 된다. 즉 '상속인이 존재하지 않는다'는 것인데 정확하게는 상속인이 있는지 없는지가 분명하지 않은 경우를 말한다. 그러나 상속인이 이민 등을 가서 어딘가에 있다는 것은 분명한데 다만 소재가 불분명한 것은 상속의 부존재와 달리 부재자라고 하여 재산관리의 문제가 생길 뿐, 상속재산의 귀속문제는 생기지 않으며 그 행방불명된 자의 소유로 된다.

상속인의 존부가 분명하지 않으면 좀 곤란한 문제가 발생한다. 즉 사망한 자에게 돈을 받을 것이 있다던가, 혹은 그 반대의 경우 등 여러 가지 법률문제가 발생한다. 그래서 민법은 상속인이 없는 경우 가정법원이 피상속인의 친족(5촌이상이 될 것이다), 이해관계인(예컨대 채권자), 검사의 청구에 의하여 상속재산관리인을 선임하여 이를 공고하고 동시에 관리인으로 하여금 상속재산을 동결, 관리하고 공고일로부터 3개월 내에 2개월 이상의 기간을 정하여 돈을 주고 받을 것이 있는 사람들은 이를 신고할 것을 공고하고 신고가 있으면 일정한 조사의 절차를 거쳐 변제를 한다. 아직 상속재산이 남아 있고 위 공고 기간이 끝났는데도 계속 상속인의 존부를 알 수 없으면 상속인 수색공고라고 하여 2년 이상의 기간을 정하여 상속인이 기간내에 그 권리를 주장할 것을 공고하고, 그 기간이 끝났는데도 상속인이 나타나지 않으면, 그 때 상속재산은 국가에 귀속된다.

위와 같은 절차에 따라 상속재산이 일단 국가에 귀속되면 그 후에는 상속채권자나 유증을 받은 자도 국가에 대하여 변제를 청구하지 못하게 된다.

그러나 위의 모든 절차를 거친 다음, 국고에 귀속되기 직전에 '특별연고자에 대한 분여제도'라는 것이 있다.

(5) 특별연고자에 대한 분여

사망한 자에게 다른 상속인이 없다면 원칙적으로 그 재산은 국가로 귀속하여야 한다. 그러나 이와 같은 것이 하는 것은 사망한 자의 특별한 연고, 즉 같이 살았다던가, 혼인은 하였으나 혼인신고를 하지 않았다던가, 사실상 양자로 들어가 부모처럼 모신 분들에게 아무런 권리를 주지 않는 것은 매우 가혹한 것이므로 상속인의 자격은 없으나 피상속인과 연고가 있었던 사람에게 국가에 귀속될 재산을 나누어 줄 수 있는 제도가 1990년 민법의 개정과 함께 도입되었다. 이를 '특별연고자에 대한 분여제도'라고 한다. 여기의 '특별연고자'에 대하여 민법은 '피상속인과 생계를 같이 한 사람', '피상속인의 요양간호를 한 사람', '그 밖의 피상속인과 특별한 연고가 있던 자'라고 표현하고 있다. 기타의 특별연고자로는 사실혼의 배우자, 사실상의 양자, 피상속인과 동거하고 있던 친척, 피상속인이 장기간 도움을 받았던 요양소나 양로원을 들 수 있을 것이다.

따라서 상속인 수색공고 기간이 끝난 뒤에도 상속인이 나타나지 않는 경우에 2개월 이내에 가정법원에 특별연고자는 상속재산을 나누어 달라고 청구할 수 있다. 특별연고자의 분여청구가 이유가 있으면 상속재산의 일부는 물론, 경우에 따라서는 전부가 돌아갈 수도 있게 된다.

◘ 사례연구 — 특별연고자

• **사안의 내용** 甲과 乙은 혼인의 의사를 가지고 1년 후에 결혼식과 혼인신고를 하기로 합의하고 서로 동거하고 있다. 그런데 어느 날 甲은 만취상태에서 무단행단을 하다가 교통사고 사망하고 말았다. 아직 둘 사이에는 자식은 없는데, 사실혼간의 배우자에게는 상속권이 없다고 한다. 그렇다면 乙은 甲의 재산에 대해서는 아무것도 이전 받을 수는 없는가?

• **사안의 해결** 1990년 개정전의 민법에 의하면 乙은 甲의 재산을 이전 받을 수 없었으나, 개정민법에 의하면 일정한 경우 사실혼의 처도 남편의 재산을 이전받을 수 있는 길이 열렸다. 즉 상속인의 존부가 분명하지 아니한 때에는 법원은 피상속인의 친족 기타 이해관계인 또는 검사의 청구에 의하여 상속재산관리인을 선임하고 지체없이 이를 공고한 후에 공고가 있은 날로부터 3월 이내에 상속인의 존부를 알 수 없는 때에는 상속재산관리인은 지체없이 일반상속채권자와 유증을 받은 자에 대하여 2월 이상의 기간을 정하여 그 기간내에 그 채권 또는 유증받은 사실을 신고할 것을 공고해야 한다.

이 공고기간내에 상속권을 주장하는 자가 없는 때에는 피상속인과 특별한 연고가 있던 자는 상속인 수색공고가 끝난 뒤 2개월 이내에 가정법원에 청구하여야 한다.

따라서 사실혼관계에 있는 처인 乙은 특별연고자에 해당하므로, 甲의 사망으로 상속인이 없다면 甲의 재산의 전부 내지 일부에 대해 이전 받을 수 있다.

참고조문

제1057조의 2(특별연고자에 대한 분여) ① 제1056조의 기간 내에 상속권을 주장하는 자가 없는 때에는 가정법원은 피상속인과 생계를 같이 하고 있던 자, 피상속인의 요양간호를 한 자, 기타 피상속인과 특별한 특별한 연고가 있던 자의 청구에 의하여 상속재산의 전부 또는 일부를 분여할 수 있다.

② 제1항의 청구는 제1056조의 기간의 만료 후 2월 이내에 하여야 한다.

3. 상 속 분

(1) 상속분의 의의

상속분이란 2인 이상의 상속인이 공동상속을 하는 경우에 상속재산 전체에 대하여 각각의 상속인이 가지는 몫을 말한다. 상속분은 상속재산의 2분의 1, 3분의 1과 같이 비율에 의하여 표시되며, 각 상속인이 받을 구체적 상속재산은 상속재산 전체의 가액에 각자의 상속분을 곱하여 산정한다.

상속에서 피상속인이 상속분을 유언으로 지정하였다면 그의 의사대로 된다. 그러나 우리 실정에서 대부분 유언을 하지 않기 때문에 민법은 각 공동상속인의 상속분을 법으로 정하여 두고 있는데 원칙적으로 각 공동상속인의 상속분은 똑같다는 균분상속주의를 취하고 있다. 즉 남 · 녀, 혼인중의 출생자 · 혼인외의 출생자, 호주승계 여부, 동일호적내에 있는지 여부에 따른 아무런 차별이 없다.

피상속인의 배우자의 상속분은 직계비속과 공동으로 상속하는 때에는 직계비속의 상속분의 5할을 가산하고, 배우자의 직계존속과 공동으로 상속하는 때에는 직계존속의 상속분의 5할을 가산한다(제1009조 2항).

대습상속인의 상속분은 피대습자의 상속분에 의한다(제1010조 1항). 대습상속인이 수인인 때에는 그 상속분은 피대습자의 상속분의 한도에서 위에서 설명한 법정상속분에 의하여 정한다(제1010조 2항 전단). 이 경우에도 대습상속인인 배우자의 상속분은 대습상속인인 직계비속의 상속분에 5할을 가산한다.

◘ 사례연구

• **사안의 내용**　1억1천만원의 재산을 남기고 남편은 사망했다. 유족으로는 아내, 장남, 장녀(출가), 차남(분가), 차녀가 있다. 이 경우 아내와 출가녀인 장녀의 상속분은 각각 얼마인가?

• **사안의 해결**　이들 상속인들 사이의 법정 상속분은 아내(1.5) : 장남(1) : 장녀(1) : 차남(1) : 차녀(1)의 비율로 상속받게 된다. 따라서 아내의 상속분 : 11,000만원 × 1.5/5.5 = 3,000만원, 출가한 장녀 : 11,000만원 × 1.0/5.5 = 2,000만원이 된다.

(2) 특별수익자의 상속분

공동상속인 중에 피상속인으로부터 생전에 증여를 받았거나 또는 피상속인이 특히 어떤 상속인에게 얼마를 준다는 유언을 남긴 경우가 있을 수 있다. 이러한 사람을 '특별수익'을 받은 사람이라고 한다. 이런 특별수익자는 특별수익이 자기의 상속분에 달하지 못한 때에 그 부족한 부분의 한도에서 상속분을 가지는 것으로 하고 있다. 피상속인으로부터 상속을 먼저 받은 것이라고 할 수 있는 증여나, 혹은 피상속인의 사후에 더 받는 유증을 받고 있는 경우에도 이를 도외시하고 상속분을 산정하게 되면 이들 특별이익을 받은 상속인은 이중의 이익을 받는 것이 되어 불공평한 경우가 생긴다.

그런데 계산을 하여 보니 생전에 받은 재산이 많아서 상속분을 초과하는 경우가 생길 수 있다. 이러한 경우에는 그 초과부분을 반환하여야 한다.

반환대상이 되는 증여의 범위는 특별히 정해 놓은 것이 없지만, 혼인을 위한 것이나 생계의 자금이 된 것 등이 그 전형적인 것이 될 것이며, 그 밖에 고등교육을 받기 위한 학자금 등도 이 범위에 들어간다고 할 것이다.

◘ 사례연구 — 특별수익자의 상속분

• **사안의 내용**　아버지는 장남의 결혼시 주택구입자금으로 2,000만원을 주셨고, 장녀의 결혼시에는 1,000만원을 결혼비용을 주신결과 현재는 시가 6,000만원 상당의 주택 한 채를 남기고 사망했다. 유족으로는 어머니, 장남, 장녀, 차남이 있다. 장남과 장녀는 이미 어느 정도 아버지의 재산을 물려 받았음에도 불구하고 법정상속분을 주장하는데, 과연 그러한가?

• 사안의 해결 판례에 의하면 "공동상속인 중에 특별수익자가 있는 경우의 구체적인 상속분의 산정을 위하여는 피상속인이 상속개시 당시에 가지고 있던 재산의 가액에 생전증여가액을 가산한 후, 이 가액에 각 공동상속인별로 법정상속분율을 곱하여 산출된 상속분의 가액으로 특별수익자의 수증재산의 가액을 공제하는 계산방법에 의할 것이고, 여기서 이런 계산의 기초가 되는 피상속인이 상속개시 당시에 가지고 있던 재산의 가액은 상속재산 가운데 적극재산의 전액을 가르키는 것으로 보아야 한다"고 판시(대판 1995. 3. 10, 94다16571)하였다. 이 판례에 따르면 상속재산분배액＝(상속재산가액＋생전증여)×상속분율－(생전증여＋유증)이다.

따라서 주택에 대한 어머니의 상속분은 9,000만원×3/9＝3,000만원, 장남은 9,000만원×2/9－2,000만원＝0원, 장녀는 9,000만원×2/9－1,000만원＝1,000만원, 차남은 9,000만원×2/9＝2,000만원이다.

✤ 참고조문

제1008조(특별수익자의 상속분) 공동상속인 중에 피상속인으로부터 재산의 증여 또는 유증을 받은 자가 있는 경우에 그 수증재산이 자기의 상속분에 달하지 못한 때에는 그 부족한 부분의 한도에서 상속분이 있다.

(3) 기여분상속

상속인들 중에 피상속인의 재산형성 및 유지에 특별한 기여를 한 사람이 있을 수도 있고, 또 부모를 오랫동안 봉양해 온 자식도 있을 수 있다. 이러한 사정을 전혀 고려하지 않고 무조건 평등하게 상속을 한다면 사실상 불공평한 처사라는 것은 두말할 필요가 없을 것이다. 그래서 1990년 민법의 개정시에는 법정상속분을 완전히 평등하게 함과 동시에, 상속재산에 관하여 특별히 공로 및 기여가 있거나 부모를 부양한 상속인이 있는 경우에는 그 상속인 기 여분을 인정해주어 실제상의 불공평이 없도록 배려하였다. 이를 '기여분'이라고 한다.

이러한 기여가 되는 구체적인 경우를 보면 자녀가 급료를 받지 않고 아버지가 경영하는 점포나 공장에서 일을 했거나 아버지가 경영하는 사업에 자식이 자본을 대드리거나 아버지의 사업상 빚을 대신 갚아드려 아버지의 재산이 남에게 넘어가지 않게 한 경우, 또는 아내가 남편과 함께 점포를 공동으로 경영하여 높은 이익을 올리게 하거나 남편 명의의 재산을 크게 증가시킨 경우, 장기간 병들어 누우신 부모님을 옆에서 헌신적으로 간호하여 직업적 간호인에게 지출한 비용을 지출하지 않게 된 경우 등이 그것이다. 이러한 기여는 특별한 기여이어야 한다. 부모와 자녀 사이에는 상호간에 부양의 권리의무가 있는데 이러한 부양의무를 이행한 것에 지나지 않는 정도로는 특별한 기여라고 할 수 없다.

공동상속인 중 누구에게 기여분을 인정할 것인가의 여부와 인정한다면 어느 정도를 인정할 것인가에 관해서는 우선 상속인들끼리 협의해서 정할 수 있다. 협의를 하자는 제안은 반드시 기여를 한 자가 먼저 하여야 하는 것은 아니다. 공동상속인이면 누구나 제안할 수 있고 그 협의 시기는 피상속인 사망 후 최소한 상속재산을 분할하기 전까지 하면 된다. 공동상속인간에 협의가 되지 않거나, 협의할 수 없을 때에는 기여자가 가정법원에 청구하면 가정법에서 결정한다. 구체적으로 기여분을 산정함에 있어서는 기여의 시기, 방법, 내용, 상속재산의 가액, 그 밖에 모든 사정이 참작된다.

◘ 사례연구 — 기여분

• **사안의 내용** 甲은 배우자 乙과 아들 A, B 그리고 딸 C에게 시가 1억원의 부동산을 남기고 사망했다. 그런데 甲이 생전에 사업을 하면서 재산을 형성할 당시에 장남 A는 월급을 받지 않고 甲의 사업체에서 장기간 근무한 사실이 있어 가족들의 협의에 의해 1,000만원의 기여분이 인정되었다. 이러한 경우 남은 유족들은 각각 얼마씩 상속받게 되는가?

• **사안의 해결** 실질적인 상속재산은 총재산에서 기여분을 공제한 9.000만원이 된다. 이 상속재산에서 각 상속인의 상속분 비율을 곱하여 산출한다. 즉 배우자(을)는 9.000만원 × 3/9=3,000만원, 아들(A, B) 및 딸(C)는 각각 9,000만원 × 2/9=2,000만원이 된다. 그런데 장남 A는 기여분 1,000만원을 추가하여 결국에는 3,000만원을 상속받게 된다. 따라서 甲의 시가 1억원의 부동산에 대한 최종적인 상속분은 乙(3,000만원), 아들 A(3,000만원), 아들 B(2,000만원), 딸 C(2,000만원)가 된다.

4. 상속의 효과

상속이 일어나면 상속인이 피상속인에게 속하였던 모든 재산상의 권리와 의무를 포괄적으로 승계한다. 따라서 상속의 대상은 피상속인의 재산상의 권리인 소유권, 점유권, 지상권, 전세권, 유치권, 질권, 저당권 등 모든 '물권'은 물론이고 특허권, 상표권, 저작권, 실용신안권, 광업권, 어업권 등도 상속하며 채권도 원칙적으로 상속된다.

이와 같이 피상속인이 갖고 있었던 권리뿐만 아니라 재산상의 의무 즉 채무도 원칙적으로 상속된다. 즉 피상속인이 재산을 남기지 못하고 빚만 남겼을 경우에도 이 빚이 상속되는 것이다. 나아가 피상속인이 남의 빚보증을 선 경우에 통상적인 보증채무도 상속되므로 상속인들이 갚아줘야 하며, 피상속인이 타인에게 손해배상을 해 줄 채무가 있다면 이도 상속되고, 나아가 벌금을 납부할 의무도 상속된다.

다만 당사자간의 신뢰성을 기초로 하는 위임 계약이나 근로 계약과 같은 일신전속적인 지위 및 권리, 의무는 상속되지 않는다.

5. 상속의 승인과 포기

(1) 의 의

사람이 사망한 경우에 상속인이 상속개시사실을 알았거나 몰랐거나 법률상 당연히 개시한다. 그런데 어떤 사람이 많은 재산을 가진 경우에는 그 배우자나 자녀가 그 사람의 사망 후에 일정분의 상속재산을 받을 것을 기대하겠지만, 엄청난 부채를 지고 있는 사람의 경우에는 그 배우자나 자녀는 그 사람의 사망 후에 엄청난 부채를 물려받지 않을까 오히려 걱정하게 된다. 원래 개인의 채무는 그 개인 자신의 채무이고, 배우자나 자녀가 책임질 것은 아니다. 그러나 우리 민법은 배우자나 혈족에게 상속권을 주고, 사망과 동시에 피상속인이 가지고 있던 재산적 권리를 취득하고 의무도 승계하도록 하고 있다. 이러한 구조는 상속법에 의해 일방적으로 상속인에게 상속을 강제하는 결과가 되므로, 적어도 상속인에게 그 재산을 받을 것인가 거부할 것인가의 자유가 주어져야 할 것이다. 따라서 민법은 한편으로는 상속인에게 당연승계를 인정하면서, 다른 한편으로는 상속을 승인할 것인가 포기할 것인가의 자유를 상속인에게 보장하고 있다. 즉 적극재산과 소극재산 모두를 상속인에게 승계시키고, 상속인에게는 ① 자기에게 재산이 귀속하는 것을 그대로 승인하거나(단순승인), ② 적극재산과 소극재산을 청산해서 적극재산이 많은 경우에만 상속하는 것을 승인하거나(한정승인), ③ 상속을 거절하여 처음부터 상속인이 아니었던 것으로 할 것인가(상속포기)를 선택할 수 있는 자유를 주고 있다. 이러한 상속의 방식에 있어서 단순승인의 경우에는 제한이 없으며, 상속인이 단순승인의 사실을 법원 등에 신고하여야 할 필요가 없으나, 한정승인과 상속포기의 경우에는 피상속인의 채권자에게 커다란 영향을 미치기 때문에 반드시 일정기간이내에 가정법원에 신고하여야 한다. 즉, 상속인이 한정승인 또는 상속포기를 할 경우에는 3월내에 하여야 하지만, 상속인은 상속채무가 상속재산을 초과하는 사실을 중대한 과실없이

상기의 기간내에 알지 못하고 단순승인을 한 경우에는 그 사실을 안 날부터 3월내에 한정승인을 할 수 있다.

(2) 단순승인

상속의 효과에 대한 우리 민법의 원칙적인 형태는 상속포기나 한정승인이 아니라 단순승인이다. 즉 원칙적으로는 채권, 채무를 모두 상속하는 것이다. '권리 · 의무를 모두 받겠다'고 하는 것을 달리 말하면 '상속을 승인하겠다'라고 하는 것이 될 것이다. 이를 한정승인과 대비해서 '단순승인'이라고 한다.

우리 실생활을 보면 대부분의 경우는 가정법원에 상속을 받지 않겠다고 포기신고를 하거나 혹은 한정승인 신고를 하지는 않고, 또 상속을 받겠다고 하는 승인의 의사표시를 따로 하지는 않는다. 다시 말해서 포기나 한정승인을 하려면 신고라는 특별한 절차를 거쳐야 하지만 단순승인은 특별한 절차를 거치는 것이 아니라 다음과 같은 사유가 있으면 상속인이 상속을 승인한 것으로 보아 그에게 망자의 모든 권리의무를 귀속시키는 것이다.

① 상속포기나 한정승인을 할 수 있는 기간(3개월)이 경과하였을 때,

② 상속인이 상속재산을 처분하는 행위를 하였을 때,

③ 상속의 포기 및 한정승인을 한 후에 상속재산을 은닉하거나 부정소비하거나 고의로 재산목록에 기입하지 않은 때이다.

이와 같이 기간이 경과하거나, 처분행위 등을 하면 상속을 승인한 것으로 되는데 이렇게 되면 상속인은 상속채무에 대해서도 자신의 고유재산으로 변제를 하여야 하며 아울러 채권자는 상속인의 고유재산에 대해서도 강제집행을 할 수 있게 된다.

◘ 사례연구 — 상속채무가 상속재산을 초과하는 경우

• **사안의 내용** A의 아버지인 甲은 건설회사의 하청을 받아 사업을 운영하는 중소기업가인데, 최근 건설불경기로 부도를 내고 말았다. 현재 甲의 재산은 시가 2억원 정도의 단독주택이 한 채있고 부채는 3억원이다. 빚 독촉에 시달리던 甲은 잠적 해버렸고, 급기야는 비관자살을 했다. 甲의 채권자들은 자식인 A에게 빚을 갚으라고 하는데, 갚아야 하는가? 그리고 채무도 상속의 대상이 되는가?

• **사안의 해결** 父가 사망하면 그 순간부터 자식은 A는 父의 재산뿐 아니라 채무

도 상속의 대상이다. 그리고 甲의 사망일로부터 3개월이내에 상속의 포기나 한정승인을 하지 않았다면 단순승인이 되어 아버지의 채무도 갚아야 한다.

(3) 한정승인

상속이 개시되었는데, 피상속인이 남겨 놓은 재산이 많은지, 빚이 많은지 잘 모를 경우가 있다. 이러한 경우 다행이 빚이 많았다면 상속포기를 해도 별로 아까울 것이 없지만, 나중에 알고 봤더니 남겨 놓은 재산이 많았다고 할 때에는 매우 아까운 일일 것이다. 이러한 경우를 위하여 민법은 상속인에 대하여 또 하나의 구제책을 제시해 놓고 있다. 즉 한정승인이라고 하는 것으로 이는 피상속인의 채무는 상속인이 상속으로 얻은 이익(재산)의 한도내에서만 갚고, 모자라면 자신들의 재산으로는 갚지 않아도 되는 반면, 빚을 갚고 남는 재산이 있으면 상속하겠다고 하는 제도를 말한다.

한정승인도 상속포기와 마찬가지로 상속개시 원인이 있음을 안 날로부터 3개월이내에 가정법원에 한정승인 신고를 하여야 하며, 이 신고를 함에 있어서는 상속재산의 내용을 명백히 하기 위해 '상속재산목록'을 첨부하도록 하고 있다. 재산목록에서 자기에게 유리한 재산을 일부러 누락시키는 것은 허용되지 않으며 그렇게 하면 한정승인으로서의 효력이 없게 된다.

일단 적법한 한정승인 신고가 이루어지면 상속인은 상속으로 얻은 재산의 한도내에서만 피상속인의 채무를 변제하면 된다. 예를 들어 상속으로 얻은 이익이 3억원이고 상속된 채무가 5억원이라면, 한정승인을 한 경우에는 3억원의 채무만 갚으면 되는 것이며, 수인의 공동상속인들이 있는 경우에도 이들은 자기들의 법정상속분의 비율대로 한정승인 할 수 있다. 물론 채무변제를 하고 남은 재산이 있으면 법정상속분대로 상속인들에게 귀속된다.

◘ 사례연구 — 한정승인

• **사안의 내용** A의 아버지인 甲은 건설회사의 하청을 받아 사업을 운영하는 중소기업가인데, 최근 건설불경기로 부도를 내고 말았다. 빚 독촉에 시달리던 甲은 잠적 해 버렸고, 급기야는 비관자살을 하였다. 현재 甲의 재산은 시가 2억원 정도의 단독주택이 한 채있고 부채는 얼마가 되는지 알 수가 없어서 그대로 상속받자니 걱정이 되고 그렇다고 상속을 포기하자니 채무가 생각보다 적을 경우 억울할 것이라는 생각

이 드는데, 이 경우에는 어떻게 하는 것이 좋은가?

• **사안의 해결** 상속인 A는 자신의 상속분에 따라 취득한 상속재산의 한도에서 채무와 유증을 변제할 것을 조건으로 한정승인을 하면 된다. 다만 A가 한정승인을 하려면 상속개시 있음을 안 날로부터 3개월 이내에 상속재산의 목록을 첨부하여 법원에 한정승인의 신고를 해야 한다.

(4) 상속의 포기

상속의 대상에는 채무도 포함되므로 경우에 따라서는 상속재산보다 상속채무가 더 많은 경우가 있다. 이러한 경우에 상속인을 보호하기 위한 제도 중에 하나가 상속포기이다. 즉 상속의 포기는 피상속인의 권리와 의무가 자기에게 승계, 이전되는 것을 부인하는 의사표시이다. 다만 상속의 포기의 의사표시는 반드시 상속인이 상속개시가 된 것을 알고 그로부터 3개월 이내에 하여야 한다. 이 기간은 가정법원에 청구하여 연장이 가능하다. 상속포기는 반드시 가정법원에 대해 신고를 해야만 법률상 유효한 포기가 된다.

이와 같은 상속의 포기는 상속재산 전부에 대하여 하고, 특정한 재산은 상속하고 특정한 재산이나 빚만큼은 포기한다는 식으로는 허용되지 않으며 포기에 기한이나 조건을 붙일 수도 없다. 그리고 일단 포기를 했다가 이를 취소하는 것도 원칙적으로 허용되지 않는다.

상속을 포기하면 상속개시 당시에 소급해서 즉 피상속인의 사망일에 이미 포기자는 상속인이 아니었던 것으로 된다.

그런데 상속포기를 함에 있어서 주의를 하여야 할 점은 상속이 채무초과인 경우 1순위 공동상속인이 모두 상속포기를 하였다면 2순위 상속인들에게 상속이 이루어진다고 보아야 한다는 점이다. 즉 채무초과를 이유로 상속을 포기함에 있어서는 1순위자들만 포기를 하여서는 안되고, 모든 순위의 상속인들이 전부 포기를 하여야만 채무를 면할 수 있다.

Ⅱ 유언제도

1. 유언의 의의 및 내용

유언이란 유언을 한 사람이 사망했을 때, 비로소 그의 생전의 의사대로 어떤 법률효과가 일어나도록 하는 것인데, 이는 유언자 본인의 최종적인 의사, 즉 사망하기 전의 의사를 존중하고 그것에 법률효과를 부여하는 것이다. 따라서 유언은 유언자의 사망과 동시에 일정한 법률효과를 발생시키는 것을 목적으로 일정한 방식에 따라서 하는 상대방 없는 단독행위를 말한다. 유언은 반드시 유언자 본인의 자유로운 의사에 기하여 이루어져야 하고, 대리인에 의하여 할 수 없다.

유언을 할 수 있는 사항은 법으로 정하여져 있다. 따라서 법률에 정하여져 있지 않은 유훈과 같은 것, 예컨대 "어머니에게 효도를 하라"는 등의 유언을 하는 것은 자유이지만 그것은 법적으로 아무런 효과가 없다.

유언을 할 수 있는 사항은 다음의 9가지이다. 이를 사항별로 분류하면 다음과 같다.

(1) 가족관계에 관한 사항

① 친생부인(제850조)

② 인지(제859조 2항)

③ 후견인의 지정(제931조)

(2) 재산의 처분에 관한 사항

④ 유증(제1074조 이하)

⑤ 재단법인의 설립(제47조 2항)

⑥ 신탁(신탁법 제2조)

(3) 상속에 관한 사항

⑦ 상속재산 분할방법의 지정 또는 위탁(제1012조 전단)

⑧ 상속재산의 분할금지(제1012조 후단)

(4) 유언의 집행에 관한 사항

⑨ 유언집행자의지정 또는 위탁(제1093조)

2. 유언을 할 수 있는 자격

유언도 일종의 의사표시이므로 의사능력이 없는 사람이 한 유언은 설령 형식을 갖추고 있더라도 무효이다. 그러나 유언은 유언자의 최종적인 의사를 존중하려는 데에 그 존재의의가 있으므로 행위자 자신을 보호하는 무능력자 제도의 취지를 완화하여, 이른바 미성년자, 한정치산자, 금치산자 등의 무능력자를 규정한 민법 제5조, 제10조, 제13조의 규정은 유언에는 적용하지 않는 것으로 하고 있다(제1062조).

다만 미성년자에 대하여는 만 17세를 능력의 표준으로 하고 그 이하의 연령인 사람의 유언은 무효이다(제1061조). 그러나 17세 이상의 사람이라도 의사능력이 없는 사람이 한 유언은 무효이다.

금치산자는 그 의사능력을 회복한 때에 한하여 후견인의 동의없이 유언을 할 수 있다. 다만 의사는 금치산자인 유언자가 유언할 당시 심신회복의 상태에 있다는 취지를 유언서에 부기하고 이에 서명날인하여야 한다(제1063조).

3. 유언의 방식

유언은 유언자가 사망한 후에 그 효력이 발생하기 때문에 과연 그것이 정말 유언자의 뜻인지 아닌지, 또한 유언이 있었는지 없었는지의 여부를 확인하기가 매우 어렵다. 그래서 유언서를 누가 고치거나, 위조를 하거나 혹은 없애버려도 유언을 한 사람이 죽고 없기 때문에 무엇이 진실한 것인가를 확정하기가 매우 어렵다. 따라서 민법은 유언서의 진정성을 담보하기 위하여 아주 엄격한 방식을 정해 놓고 있는데, 이러한 방식을 따르지 않은 유언은 무효로 한다(제1065조).

유언의 방식으로는 다음의 5가지가 있다. 아무리 애써 만든 유언장이라고 하더라도 다음과 같은 방식을 갖추지 않는 한 유언으로서의 효력이 발생되지 않는다.

유언서 작성시 유의할 사항은 유언자의 의사를 명백히 하여야 하고, 증인결격자(미성년자, 한정치산자, 금치산자, 유언에 의하여 이익을 받을 자 및 그 배우자와 직계혈족)의 참여를 막아야 하며, 비밀을 유지하고 유언서의 위조를 방지하며 그 보관 등에 주의해야 한다.

(1) 자필증서에 의한 유언(제1066조)

자필증서에 의한 유언이란 유언자가 유언증서를 직접 육필로 써서 남기는 유언을 말하는데, 이를 위해서는 다음의 요건을 갖추어야 한다. 즉 유언자가 유언의 전문을 직접 쓰고 작성 연월일, 주소, 성명을 기재하고 날인하는 방식이다.

이 방식에 의한 유언서는 반드시 직접 써야 한다. 왜냐하면 타인이 대필하거나 또는 타인에게 불러주어 타인으로 하여금 쓰게 한 유언을 유효하다고 한다면, 만약 누군가가 유언서를 위조해서 가져온 경우라도 그것이 진짜 죽은 이의 유언서인지 아닌지를 확인할 길이 없기 때문이다. 작성연월일도 반드시 유언자가 직접 적어야 한다. 이는 이 날짜를 기준으로 미성년자의 경우 17세가 넘었는지를 판단하고, 나아가 한 사람의 유언서가 여러 통이 발견되었는데, 서로 내용의 모순이 있을 경우 나중에 작성된 유언서의 내용대로 효력을 발생시키기 위해서이다. 성명은 유언자가 누구인가를 알 수 있으면 되므로 호나 예명을 쓰더라도 무방하다. 날인은 타인이 대신해도 괜찮고, 손도장도 무방하다.

그리고 자필증서에 문자의 삽입, 삭제 또는 변경을 할 때에는 유언자가 이를 자서하고 날인하여야 한다(제1066조 2항).

자필증서에 의한 유언은 간편하고, 비밀의 유지가 가능하나, 문자를 모르는 사람은 이 방법을 쓸 수가 없고, 유언서의 유무가 유언자의 사후에 쉽게 판명되지 않는다는 것, 위조나 변조의 위험이 많다는 점이 단점이다.

◘ 사례연구 — 유언의 방식

• **사안의 내용** 1남 1여를 두고 일찍이 사별한 甲은 5년전부터 乙과 동거를 하고 있다. 乙은 甲에게는 물론 甲의 자식에게도 친자식 못지 않게 잘 보살펴 주었다. 너무나 고마움을 느낀 甲은 혼인신고가 되어 있지 않아 甲이 사망하면 한푼도 상속을 못받을 것을 고려하여, 유언으로 甲의 재산 중 일부인 아파트 한 채를 주겠다는 내용의 각서를 남겼다. 사실혼관계에 있는 乙은 상속권이 없음에도 불구하고 甲이 유언을 하면 甲의 재산을 이전 받을 수 있는가, 그리고 각서형태도 유언으로 유효한가?

• **사안의 해결** 乙은 사실혼관계에 있으므로 상속권은 없다. 다만 甲이 유언으로 재산을 무상 증여하는 유증을 하면 甲의 재산을 이전 받을 수 있다. 유증에는 포괄적 유증과 특정적 유증이 있다. 전자는 상속인과 똑같이 포괄적으로 피상속인의 권리의무를 승계하지만, 후자는 개별재산을 구체적으로 특정하는 것을 의미하는 것으로써, 그 특정물도 일단 상속재산으로서 상속인에게 귀속되고 수증자인 乙은 상속인에 대하여 유증의 이행을 청구할 수 있는 권리를 취득하게 된다.

그리고 甲이 작성한 각서형태의 유언의 효력과 관련하여 유언자가 유언의 전문 즉 사후에 아파트 한 채를 乙에게 주겠다는 내용을 직접 쓰고 작성 연월일, 주소, 성명을 기재하고 날인하는 방식을 갖추었다면 제1066조의 자필증서에 의한 유언에 해당되어 유언의 효력이 있다. 다만 乙은 甲의 사망시 지체없이 법원에 제출하여 검인을 받아야 한다.

(2) 녹음에 의한 유언(제1067조)

녹음에 의한 유언은 유언자가 녹음기라는 문명의 이기를 이용하여 하는 유언으로 유언자의 육성을 사후에 남길 수 있다는 것과 녹음기만 있으면 간단히 할 수 있다는 장점이 있다. 즉 유언자가 유언의 취지, 유언자의 성명, 유언의 연월일을 녹음하고, 여기에 참여한 증인이 유언자의 유언임이 틀림없고 정확하다는 내용과 자기 성명을 녹음시키면 된다.

이 방식에 의한 유언은 녹음기만 있으면 간편하게 유언할 수 있고, 유언자의 육성을 사후에도 그대로 보존할 수 있는 장점이 있으나, 녹음된 것이 잘못하면 소멸되어 버릴 염려가 있다는 것이 단점이다.

(3) 공정증서에 의한 유언(제1068조)

공정증서에 의한 유언은 유언자가 직접 유언장을 작성하지 않고 공증인으로 하여금 유언서를 작성케 하는 것이다. 즉 유언자가 공증인(공증인법에 의하여 공중사무를 할 수 있도록 임명된 사람)이나 5인 이상의 변호사가 법무부장관의 설립인가를 받아 개설한 공증합동법률사무소 또는 법무법인에게 유언에 관한 공정증서의 작성을 부탁하여 이루어지는 유언이다. 원래 공증은 반드시 공증인 사무소에서 하여야 하지만 유언에 관한 공증은 공증인사무소에 출석하지 않아도 되고, 공증인이 유언자의 자택이나 병원으로 오게 해서 하는 것도 가능하다.

우선 공증인 사무소에 가서 유언을 하고 싶다고 하면, 우선 공정증서에 의한 유언에 있어서도 증인이 필요한데, 이 증인은 공증인 사무소의 보조인이나 대리인, 촉탁사항에 관하여 이해관계를 가진 사람 등은 증인이 되지 못하므로 우선 증인 두 사람을 확보한다. 증인이 확보되면, 유언자가 공증인 앞에서 유언의 취지를 말해주거나 자기가 정리한 유언의 문서를 보여주면 공증인이 유언자가 말하거나 또는 보여준 문서내용을 다시 필기하여 이를 유언자와 증인 앞에서 낭독하여 틀림없음을 확인시킨다. 그러면 유언자와 증인이 그 정확성을 시인한 후 각자 서명 또는 기명날인한다.

이 방식에 의한 유언은 공증인이 모든 절차를 알아서 해 줄 것이므로, 방식흠결로 인하여 무효로 되는 경우는 거의 없을 것이지만, 공증비용이 든다는 단점이 있다.

(4) 비밀증서에 의한 유언(제1069조)

비밀증서에 의한 유언이란 유언자가 자신의 유언의 내용을 비밀로 해두고 싶을 때 이용하는 유언이다. 이 유언서를 작성하기 위해서 유언서 자체를 반드시 유언자가 쓸 필요가 없고 타인이 써도 된다. 그리고 유언자는 작성한 유언서에 자신의 이름을 쓴 후 타인이 함부로 열어볼 수 없도록 봉하고, 봉한 곳에 날인을 한다. 이렇게 엄봉날인한 유언서를 2인 이상의 증인의 면전에 제출하여 자기의 유언서임을 표시하게 한 뒤, 유언서의 겉봉에 유언서의 제출 연월일을 기재하고 유언자와 증인이 각자 서명 또는 기명날인한다. 그리고 이러한 절차가 완료된 날로부터 5일 이내에 공증인이나 법원서기에게 제출하여 그 봉서(유언서를 넣은 봉투)상에 '확정일자인'이라는 것을 받으면 비밀증서에 의한 유언이 되는 것이다. 위의 절차 중에 하나라도 결여한 때에는 그 유언증서는 무효가 된다. 다만 증서의 전문과 연월일, 주소, 성명을 자서하고 날인함으로써 자필증서의 방식에 적합한 때에는 비밀증서로서의 방식에 흠결이 있는 경우라도 자필증서에 의한 유언으로서 유효하게 된다(제1071조).

(5) 구수증서에 의한 유언(제1070조)

이 방식은 질병이나 그 밖에 급박한 사정 때문에 앞서 본 바와 같은 유언을 할 수 없는 경우에만 인정되는 유언이다.

우선 유언자는 두 사람 이상의 증인을 참여시켜 유언의 취지를 불러 주고, 그 증인이 이를 필기하여 읽어준 다음, 유언자와 증인이 유언의 정확성을 확인한 후 각자 서명 또는 날인한다. 그 후 급박한 사유가 종료된 날로부터 7일 이내에 법원에 검인을 신청하여 검인을 받으면 된다. 교통사고 등으로 죽음에 다다른 환자가 급히 유언을 하려고 하는 경우 이 방식에 의한 유언을 할 수 있다.

사례연구 — 구수증서에 의한 유언

• **사안의 내용** 중소기업의 부장이었던 아버지인 甲은 상속재산으로 가옥, 부동산(전, 답)을 남기고 교통사고로 갑자기 사망했다. 그 유족으로는 장남, 장녀, 차남이

있다. 사망하기 전에 甲은 장남을 불러놓고 장남에게는 가옥을, 장녀에게는 밭을, 차남에게는 논을 주겠다는 내용의 유언장을 대필시켰다. 그런데 차남은 자기 몫이 조금 작다는 이유로 법정상속분에 따른 상속재산분배를 주장하는데, 그렇다면 甲의 유언은 효력이 없는 것인가?

• 사안의 해결 유언의 효력과 관련하여 사례의 경우는 두 가지의 문제점이 있다. 첫째는 대필로 인한 구수증서에 의한 유언의 방식의 유효성 문제이다. 구수증서에 의한 유언의 방식은 전술한 바와 같이 질병 기타 급박한 사정으로 인하여 전술한 4가지 방식에 의한 유언을 할 수 없는 경우에 한하여 인정된다. 따라서 사례의 경우 이에 해당된다고 보기 어려워 유언으로서 효력이 인정된다고 보기 어렵다.

둘째는 증인능력의 문제이다. 자필증서에 의한 유언을 제외한 녹음, 공정증서, 비밀증서, 구수증서에 의한 유언방식은 모두 증인의 참여를 필요로 하고 있으며, 그 증인의 자격은 제1072조에서 법률로 정하고 있다. 따라서 위 사례의 경우 장남은 직계혈족 내지는 유언에 의하여 이익을 받을 자에 해당되어 증인자격이 없으므로 이 유언은 무효이다.

⚜ 참고조문

제1072조(증인의 결격사유) ① 다음 각호의 사항에 해당하는 자는 유언에 참여하는 증인이 되지 못한다.

1. 미성년자
2. 금치산자와 한정치산자
3. 유언에 의하여 이익을 받을 자, 그 배우자와 직계혈족

② 공정증서에 의한 유언에는 공증인법에 의한 결격자는 증인이 되지 못한다.

4. 유언의 효력

유언은 유언자가 사망한 때로부터 그 효력이 생긴다. 유언에 정지조건(조건이 성취되면 그 때 비로소 법률행위의 효력이 발생하는 조건)이 있는 경우에 그 조건이 유언자의 사망 후에 성취한 때에는 그 조건성취한 때로부터 유언의 효력이 생긴다(제1073조). 예컨대 甲이 乙에게 혼인하면 어떤 부동산을 준다고 유언한 경우 甲이 사망 후에 乙이 혼인해야 그때부터 그 부동산의 소유권이 乙에게 이전된다.

유언은 유언자의 의사를 존중하는 것이므로 유언자는 언제든지 유언 또는 생전행위로써 유언의 전부나 일부를 철회할 수 있고(제1108조 1항), 내용이 다른 유언을 새롭게 하면 먼저 한 유언은 효력이 없어진다. 그리고 유증을 받은 자는 유언자의 사망 후에 언제든지 유증을 승인 또는 포기할 수 있다(제1074조). 유증은 유언자의 사망 전에 유증을 받은 자가 사망한 때에는 그 효력이 생기지 아니한다(제1089조 1항).

5. 유언의 집행

유언의 증서나 녹음을 보관한 자 또는 이를 발견한 자는 유언자의 사망 후 지체없이 가정법원에 제출하여 그 검인을 청구하여야 하고(다만 공정증서나 구수증서에 의한 유언의 경우에는 예외), 가정법원이 봉인된 유언증서를 개봉할 때에는 유언자의 상속인, 그 대리인 기타 이해관계인의 참여가 있어야 한다(제1091조, 제1092조).

유언집행자로 지정되거나 선임된 자는 유증의 목적인 재산의 관리 기타 유언의 집행에 필요한 행위를 할 권리의무가 있다.

Ⅲ 유 류 분

사유재산제도를 채택하고 있는 나라에서는 사람은 자기 재산을 생전에는 물론, 유언에 의해 사후에도 처분할 수 있는 자유를 인정한다. 그런데 유언으로 자기 재산을 처분함에 있어서는 유족이 아닌 제3자(개인, 사회, 국가)에게도 처분할 수 있다. 그러나 유언에 의한 재산처분의 자유를 무한정 허용하면, 경우에 따라서는 유족들이 상속분을 제대로 받지 못하거나 상속권이 배제되는 경우도 있을 수 있다.

따라서 세계 각국은 방식에는 다소 차이가 있으나, 한편으로는 유언에 의한 재산처분의 자유를 인정하면서, 또 다른 한편으로는 유족의 보호를 위해서 그 자유를 일정한 범위까지는 제한한다.

우리나라에서는 1977년의 민법개정으로 유류분제도를 신설하였다. 즉 그동안에는 유언의 자유에 제한을 두지 않다가, 이제는 '유족을 위해 꼭 남겨 주어야 하는 재산의 몫'을 인정하고 이를 '유류분'이라고 해서 이를 침해하지 못하도록 하고 있다. 예컨대 甲이 유언으로 전재산을 첩에게 주었다 하더라도 甲의 처와 자녀들은 자신들의 유류분을 확보할 수 있다.

다만 우리 민법은 피상속인이 생전에 증여하거나 유언으로 상속재산 전부나 대부분을 상속인 가운데 일부나 제3자에게 주는 것 자체는 제한하지 않고 있으나, 그렇게 함으로써 상속인의 유류분을 침해한 경우에 상속인들에게 자기의 유류분 만큼은 반환해 달라고 하는 유류분반환청구권을 인정하고 있다. 이 반환청구는 증여 또는 유증을 한 사실을 안 날로부터 1년 이내에, 상속이 개시된 날로부터 10년내에 행사하여야 한다.

유류분권리자는 상속권자이다. 상속권자의 유류분의 범위는 '직계비속과 배우자'의 경우에는 자기의 법정상속분의 2분의 1이며, '직계존속과 형제자매'의 경우에는 자기의 법정상속분의 3분의 1이다(제1112조). 따라서 피상속인이 상속재산을 전부 유언으로 처분하더라도 직계존속과 배우자는 자기의 법정상속분의 2분의 1을, 직계존속과 형제자매는 3분의 1을 반환청구할 수 있다.

유류분을 계산하기 위해서도 먼저 피상속인의 상속재산의 가액을 확정하여야 하는데, 이에는 우선 상속개시 당시 즉 피상속인이 사망 당시 가진 재산의 가액을 계산하여야 하는데, 이때 채무는 물론 공제하여야 한다. 그러나 유류분 산정시에 하나 염두에 두어야 할 것은 상속 개시전 1년 이내에 제3자에게 증여한 재산의 가액은 이를 상속재산으로 보아 더한다는 점이다.

사례연구 — 유류분

• 사안의 내용　어려서 부모와 사별한 5남매(A · B · C · D · E)는 할머니와 함께 살았다. 이제는 모두 출가한 상태이고, 장손인 A만이 할머니를 모시고 있다. 성장할 때도 그랬지만 지금도 할머니는 장손이 최고라고 생각하신다. 최근에 할머니는 모든 재산(10억)을 장손인 A에게 준다는 유언을 하고 사망했다. 마지막으로 남긴 말이니 도의적으로는 따라야 된다고 생각은 하는데, 그렇다면 B · C · D · E는 아무런 권리도 없는가?

• 사안의 해결　A · B · C · D · E는 공동상속권자로서, B · C · D · E는 유류분권이 있다. 따라서 이들은 각각 자기의 법정상속분(각각 2억)의 1/2(각각 1억)을 A를 상대로 반환청구할 수 있다.

제 4 편

상사관계와 법

제 1 장

상법총칙 · 상행위

I 상법은 무엇인가

법체계에서 다른 법과 구분되는 상법의 의의를 파악하는 방법에는 두 종류가 있다. 즉 상법을 그 내용과 실질을 문제시하지 않고 형식적으로 개념정의하는 방법과 상법에 포함되는 수많은 법률을 내용적 · 실질적으로 분석하여 그 공통된 개념요소를 파악하여 상법이라고 개념정의하는 실질적 방법이다. 여기서 형식적 의의의 상법은 입법자가 "상법"이라고 명칭을 붙여 제정한 법전을 말한다. 즉 일반적으로 사회통념상 상법이라고 부르는 것을 상법이라고 말한다.

반면에 실질적 의의의 상법은 기업에 관한 법으로서 기업의 주체인 상인과 그 보조자인 상업사용인 그리고 기업의 명칭과 기업의 성립과 변경 그리고 소멸, 기업의 운영과 관리, 기업의 자금조달, 기업의 회계와 활동 등에 관한 법률관계를 규율하는 법이라고 말할 수 있다.

II 상법과 민법의 관계

상법은 민법과 같이 사법적 생활관계를 규율하는 법으로서 사법(私法)의 체계에 속한다. 이 중에서 민법은 국민(시민)의 일반적인 생활관계(경제생활관계와 가족생활관계)를 규율한다. 그 중에서도 민법이 규율하는 경제생활관계는 재산관계를 중심으로 하는 일반적인 경제생활관계를 규율한다. 그러나 상법은 "국민의 일반적인 경제생활관계"를 규율하는 것이 아니라 "상인(기업인)을 중심으로 하는 기업과 관련된 특수한 경제생활관계"를 규율하는 법이다. 다시 말하면 첫째, 민법은 국민일반을 대상으로 하는데 반하여, 상법은 국민중에서 상인과 관련된 생활관계를 규율하는 법이고 둘째, 민법은 영리를 추구하는 기업과 관련없는 국민의 일반적인 경제생활관계(재산관계 · 의식주관계 · 농업 · 어업 · 임업 등 각종 생산활동)를 규율하는 법인 반면에 상법은 기업과 관련된 특수한 경제생활관계를 규율하는 법인 것이다. 이 점에서 상법은 민법에 대한 특별법의 지위를 가진다.

Ⅲ 상법의 이념

기업의 건전한 발전을 도모하기 위하여서는 첫째 기업이 수행하는 영업활동이 안전하고 신속하게 행하여져야 한다. 기업활동의 안전과 신속을 도모하는 제도로서는 ① 공시주의는 기업의 조직과 자산상태, 경영구조, 경영실적 등을 거래하는 상대방이 미리 알고 거래하도록 하는 상업등기 등 각종등기제도와 공고제도 등이 있다. ② 외관주의는 공시된 사실을 신뢰하여 행위를 하였거나 하지 않은 자를 보호해 주는 제도를 말한다. ③ 엄격책임주의는 기업이 거래를 하는데 있어서 당사자가 기대한 대로 경제상의 효과를 가져오도록 하기 위하여 기업주의 책임을 엄격하게 규정하는 것을 말한다. ④ 기존상태존중주의는 상거래의 안정성을 도모하기 위하여 가급적 기존의 상태를 존중하는 것을 말한다. ⑤ 권리의 증권화는 기업의 거래활동을 안전하고 신속하게 행하도록 하기 위하여 기업활동과 관련하여 필요한 권리를 유가증권화하는 것을 말한다. ⑥ 계약의 정형화는 기업이 행하는 계약은 대량적으로 행하여지고 또 계속적 · 반복적으로 행하여지므로 이러한 계약을 신속하게 안전하게 행하도록 하기 위하여 사전에 계약의 내용을 정형화한 약관을 제정하여 거래를 행하도록 하는 것을 말한다.

둘째 한번 성립된 기업은 가급적 유지되고 또 가능하면 확대 발전되어야 한다. 이 목적을 달성하기 위하여 ① 기업활동에 영리성을 확보해주고, ② 자본집중을 촉진하여 기업의 형성을 용이하게 하고, 자본조달을 원활하게 하여 기업활동을 활발하게 하고 있다. ③ 복잡한 기업활동을 기업주 혼자 힘으로 감당하기에는 벅차므로 기업주의 노력을 보충해주는 제도를 두고 있다. ④ 기업거래의 규모가 크면 클수록 그에 부수하여 발생하는 위험과 책임도 크다. 그러므로 기업을 유지하고 강화하기 위하여서는 기업의 위험을 분산하여 분담하게 하고 또 그 책임을 한정하는 제도를 두고 있다. ⑤ 기업에 독자적인 법인격을 부여하여 독립성을 확보함으로써 기업주의 사망과 관계없이 기업주가 설립한 기업은 계속하여 존속하면서 영원히 발전할 수 있도록 한다.

셋째 상인과 상인 사이에 이해가 충돌되지 않고 가급적 조화되어 모든 상인이 영리를 추구하면서 발전되도록 하기 위하여, 기업의 이해충돌을 예방하고 또 부정경쟁을 방지한다. 넷째 기업이 만들어 내는 상품과 서비스를 소비하는 소비자도 보호되도록 한다.

Ⅳ 기업의 주체와 기업의 보조자

1. 기업의 주체

상인과 상행위는 상법의 중심이 되는 2대 개념이다. 그런데 이 두 개념을 정립하는 방법은 상인개념을 먼저 정립하고 상인개념을 바탕으로 하여 상행위개념을 정립하는 방법(상인주의)과 반대로 상행위개념을 먼저 정립하고 그 상행위개념을 전제로 하여 상인 개념을 정립하는 방법(상행위주의)이 있다. 상인주의는 먼저 영업의 종류나 경영의 형태 등을 고려한 형식적 기준에 의하여 상인의 개념을 정립하고 이러한 상인의 영업상의 행위를 상행위라고 한다. 반면에 상행위주의는 행위의 주체가 누구인지를 불문하고 오로지 행위의 객관적 성질에 의하여 상행위를 정하고 이러한 상행위를 하는 자를 상인이라고 하는 주의이다. 우리 상법은 양주의를 절충하여 상인개념을 정립하고 있다.

(1) 당연상인

자기의 명의로 상행위를 하는 자를 말한다(제4조). 여기서 "자기명의로"라고 하는 것은 자기가 상행위에서 생기는 권리의무의 귀속주체가 되는 것을 말한다. 그러므로 주식회사의 대표이사가 주식회사를 위하여 행위를 한 경우에 상인으로 되는 자는 권리의무를 취득하는 주식회사이고 대표이사는 주식회사의 기관이 되는 것이다.

둘째로 상행위를 하여야 당연상인이 되는데 여기서 상행위는 상법 제46조에 규정되어 있는 다음 21종의 행위를 말한다. ① 동산·부동산·유가증권 기타 재산의 매매, ② 동산·부동산·유가증권 기타 재산의 임대차, ③ 제조·가공 또는 수선에 관한 행위, ④ 전기·전파·가스 또는 물의 공급에 관한 행위, ⑤ 작업 또는 노무의 도급의 인수, ⑥ 출판·인쇄 또는 촬영에 관한 행위, ⑦ 광고·통신 또는 정보에 관한 행위, ⑧ 수신·여신·換 기타의 금융거래, ⑨ 객의 집래를 위한 시설에 의한 거래, ⑩ 상행위의 대리의 인수, ⑪ 중개에 관한 행위, ⑫ 위탁매매 기타 주선에 관한 행위, ⑬ 운송의 인수, ⑭ 임치의 인수, ⑮ 신탁의 인수, ⑯ 상호부금 기타 이와 유사한 행위, ⑰ 보험, ⑱ 광물 또는 토석의 採取에 관한 행위, ⑲ 기계·시설 기타 재산의 物融에 관한 행위, ⑳ 상호·상표 등의 사용허락에 의한 영업에 관한 행위, ㉑ 영업상의 채권의 매입·회수 등에 관한 행위 등을 말한다.

셋째, 21종의 상행위를 영업으로 하여야 한다. 여기서 "영업으로 한다"는 것은 영리를 목적으로 동종의 행위를 반복적으로 계속하여 행하는 것을 말한다. 그리고 영리를 목적으로 한다는 것은 이익을 획득할 목적만 있으면 충분하고 다액의 이익을 획득하는 것을 목적으로 하여야만 하는 것은 아니다. 또한 영리의 목적은 반드시 현실로 실현되지 않아도 된다. 그리고 영리가 유일한 목적이어야 하는 것도 아니다.

(2) 의제상인

상법은 상행위와 관계없이 경영의 설비와 기업의 형태에 착안하여 일정한 자를 상인으로 의제하고 있다. 이러한 의제상인에는 설비상인과 민사회사의 두 종류가 있다. 첫째 설비상인은 점포 기타 유사한 설비에 의하여 상인적 방법으로 영업을 하는 자를 말한다. 설비상인은 점포 기타 유사한 설비와 상인적 방법을 갖추어야 하는 바, 여기서 말하는 점포 기타 유사한 설비는 영업자가 일반공중과 거래하기 위하여 개설한 물적·장소적 설비를 말한다. 그리고 상인적 방법은 인적 설비와 점포 기타 유사한 설비 이외의 물적 시설을 말한다.

둘째, 민사회사는 상행위 외의 영리를 목적으로 설립된 사단법인을 말한다. 여기에서 말하는 민사회사는 농업회사, 수산업회사 또는 축산업회사 등을 말한다. 민사회사는 상행위를 하지 않으나 상행위를 통하여 영리를 추구하는 상사회사와 마찬가지로 상사회사와 같은 조직과 경영형태를 갖추어 영리를 추구한다는 점에서는 공통점이 있으므로 상인으로 의제하여 상법의 적용을 받도록 하고 있다.

2. 기업의 보조자

기업의 규모와 조직이 확대되고 수행하는 영업활동이 복잡해지면 기업의 경영자는 그 모든 활동을 혼자서 감당하기 힘들어진다. 이 경우 기업의 활동을 원활하게 수행하고 완전하게 수행하는데 있어서 기업주의 노력을 보충하는 기업보조자가 필요하게 된다.

기업의 보조자에는 기업의 주체인 상인에 종속하여 기업조직의 내부에서 보조하는 자와 스스로 독립하여 기업의 외부에서 보조하는 상인의 두 가지가 있다. 전자에 속하는 것으로 상업사용인이 있고 후자에 속하는 것으로는 대리상, 중개인, 위탁매매인, 운송주선인, 운송인, 창고업자 등이 있다.

(1) 상업사용인

상업사용인은 특정 상인에 종속하여 대외적인 영업상의 업무를 보조하는 자로서 그 종류로서는 지배인과 부분적 · 포괄적 대리권을 가진 사용인 그리고 물건판매점포의 사용인이 있다. 상업사용인은 영업주의 이익과 상업사용인의 이익이 충돌되지 않도록 하기 위하여 경업거래금지의무를 부담하고 또 영업주를 위하여 전심전력을 기울여 충성을 다하도록 하기 위하여 겸직금지의무를 부담하고 있다.

◘ 사례연구 — 영업비밀보호냐, 직업선택자유냐?

• 사안의 내용 태광산업은 한일그룹계열사로 아크릴사 원료인 AN(아크릴로니트릴)모노머를 생산하고 있는 동서석유화학의 전기술부장 A(울산시 남구 신정4동)를 스카우트하였다. 이에 동서석유화학은 A와 태광산업을 상대로 “전업금지 및 영업비밀 침해행위 금지 가처분 신청”을 제출하였다. 종업원 A는 퇴직한 후에도 경업금지의무가 있는가?

• 사안의 해결 이제 기업은 자사가 가지고 있는 영업비밀이 타기업에 흘러 들어가지 않도록 인적관리와 영업비밀 그 자체를 중심으로 한 정보관리 및 이와 관련한 사무관리 장소관리 등을 철저히 하여 국경없는 무한경쟁시대에 대비하여야 한다.

인적관리문제로 영업비밀은 종업원이나 계열사 등 거래관계에 있는 자와 같은 내부인에 의한 누설뿐만 아니라 방문객이나 산업스파이 등과 같은 외부인에 의한 탐지로부터 보호해야 한다. 종업원 등 내부인에 대하여서는 첫째, 관리 채용시에는 영업비밀 유지에 관한 서약서나 계약서를 작성토록하고, 채용후에는 고용기간 중 경업금지의무를 부과하는 계약을 체결하거나 서약서를 작성하는 것이 필요하다. 이것은 채용시에 영업비밀유지계약에 관한 서약서의 내용에 포함하여 작성하거나 또는 이와 별도로 작성할 수 있다.

둘째, 퇴직시에는 퇴직의사를 밝힌 종업원에게 재직시 취득한 영업비밀의 명세를 제시하고 이에 대한 비밀유지의무가 있음을 고지한 후 퇴직후 일정기간 영업비밀사용금지에 관한 경업금지의무를 약정하여야 한다.

또한 거래관계자 등에 대한 관리로서는 거래전에 비밀유지에 관한 서약서 등을 받고 거래시에는 경쟁사업금지를 의무화하는 전속계약 등을 체결하는 등 특별약정을 한다. 또 거래후에는 일정기간 영업비밀보유자의 영업권내에서는 영업비밀과 관련된 업종을 스스로 경영하거나 타인의 경영에 참여할 수 없도록 하는 내용의 계약을 체결해야 한다.

방문자 등 외부인에 대한 관리로서는 반드시 방문목적 · 일시 · 장소 · 방문자 · 인적사항 등을 기재한 서류를 받아 방문자 기록부에 기재하는 것도 필요하다.

이 사건에 대하여 서울지법은 "영업비밀을 준수하기로 약정한 A는 동종업무에 종사할 수 없다"고 결정했다. 재판부는 결정문에서 "A가 태광산업의 AN모노머 제조 · 판매업에 종사하는 것을 금지시키지 않고서는 동서석유화학의 영업비밀이 보호될 수 없다"며, "영업비밀을 보호하기 위해서 A를 태광산업에서 AN모노머의 제조 · 판매 및 보조업무에 종사하지 못하게 하는 것은 헌법상에 명시된 직업선택의 자유를 침해하는 것은 아니다"고 판시했다.

그러나 서울고법은 컨테이너용 시건장치를 제조 · 판매하는 (주)한국블럭스위치가 "약정을 어기고 경쟁회사에 취업해 회사정보를 누설했다"며 이 회사 전영업과장 B(서울 동작구 신대방동)를 상대로 낸 손해배상 청구소송에서 "직업선택의 자유를 제한할 수 없다"며 원고패소 판결을 내렸다.

재판부는 판결문에서 "B는 원고회사를 퇴직하면서, '원고회사와 경쟁적인 회사 또는 업무에 취업하지 않고, 영업비밀을 누설하지 않는다'는 약정을 맺었다"며, "그러나 이같은 약정은 근로자의 직업선택의 자유를 제한하고 경쟁의 제한으로 인해 부당한 독점을 야기할 우려가 있으므로 무효"라고 밝혔다.

이와 같이 우리 법원은 회사의 영업비밀을 가지고 경쟁사에 스카우트된 인력이 경쟁사에서 동종업무에 종사할 수 있는가에 대해 엇갈린 판결을 내린 바가 있었다. 이는 재판부가 기업의 핵심영업비밀 보호를 중시하느냐, 아니면 헌법에 보장된 "직업 선택의 자유"를 우선으로 보호하느냐를 놓고 엇갈린 견해를 표명하고 있는 것으로서 앞으로 기업간의 인력 스카우트 문제로 큰 논란이 예상된다.

그러나 이 부분에 관하여 우리 법원은 기업의 영업비밀보호와 국민의 직업선택의 자유는 상호 조화를 이루는 주제로서 "먼저 기업에 보호받을 만한 영업비밀이 있었는지 여부를 판단한 후, 만약 기업에 영업비밀이 있고 종업원이 그 비밀을 안 경우에는 기업과 그 종업원간의 퇴직후 동종업계가 취직하지 못하도록 한 약정한 금지 기간이 과연 합리적인 기간으로서 정당한지를 판단하여여 한다"는 입장이다.

✤ 참고조문

제17조(상업사용인의 의무) ① 상업사용인은 영업주의 허락없이 자기 또는 제3자의 계산으로 영업주의 영업부류에 속한 거래를 하거나 회사의 무한책임사원, 이사 또는 다른 상인의 사용인이 되지 못한다.

(2) 대 리 상

대리상은 상업사용인이 아니면서 일정한 상인을 위하여 상시 그 영업부류에 속하는 거래의 대리 또는 중개를 영업으로 하는 자이다. 그러므로 대리상은 첫째, 일정한 상인을 위하여 영업을 보조하는 자이므로 불특정 다수인을 위하여 영업을 보조하는 중개인이나 위탁매매인과 다르다. 둘째, 일정한 상인을 위하여 상시 그 영업을 보조하는 자이어야 한다. 여기서 상시는 계속적 거래관계가 있는 것을 말하며 이점에서 1회 또는 수회에 걸쳐서 영업주의 영업을 대리하는 자는 상법상의 대리상이 되지 못한다. 셋째, 거래의 대리를 행하는 대리상을 체약대리상이라 하고 거래를 중개하는 대리상을 중개대리상이라 한다. 대리상은 본인에 대하여 거래의 대리 또는 중개를 한 때에는 지체없이 본인에게 그 통지를 발송하여야 할 통지발송의무, 경업금지의무 등을 부담하고, 본인에 대하여서는 보수청구권, 유치권, 보상청구권, 영업비밀준수의무 등을 가지고 제3자에 대하여서는 대리권과 통지수령권을 가진다.

(3) 중 개 업

중개인은 타인간의 상행위의 중개를 영업으로 하는 자를 말한다. 여기서 중개는 당사자간에 법률행위가 성립되도록 진력하는 사실행위로서, 예를 들면 거래상대방의 발견 · 소개, 시장의 상황 · 신용상태의 조사보고, 상품의 감정 또는 거래조건에 관한 조언 등을 하는 것이다. 그리고 중개인은 타인간의 상행위의 중개를 하여야 하기 때문에 혼인의 중매나 직업의 소개 또는 비상인간의 비투기적인 부동산의 매매 · 임대차의 중개 등을 영업으로 하는 민사중개인은 상법상의 중개인이 아니다.

(4) 위탁매매인

위탁매매인은 자기의 명의로 타인의 계산으로 물건 또는 유가증권의 매매를 영업으로 하는 자를 말한다. 위탁매매인은 자기의 명의로 타인의 계산으로 매매를 하는 자로서 자기의 명의로 한다는 것은 위탁매매인 자신이 매매계약의 당사자로 즉 상대방인 제3자에 대한 관계에서 위탁매매인 자신이 권리의무의 주체로 된다는 것을 의미하고, 타인의 계산으로 한다는 것은 위탁매매인이 수행한 매매의 경제적 효과가 타인에게 귀속된다는 것을 의미한다. 여기서 경제적 귀속자인 타인을 위탁자라고 말한다.

(5) 운송주선인

과학기술의 발달로 운송기관이 대형화 첨단화 전문화되고 이것을 바탕으로 운송절차도 복잡다양화하고 있다. 아울러 복합운송수단의 발전으로 국내운송과 국제운송을 동시에 서비스하고 있다. 이에 따라 송하인과 운송인 간에서 송하인을 위하여 적당한 운송인과 운송의 경로와 방법을 선택하여 저렴하고 안전·신속한 운송계약을 체결해주는 전문가가 필요하게 되었다. 이와 같이 송하인과 운송인 사이에서 물건운송의 주선을 영업으로 하는 자를 운송주선인이라고 말한다. 운송주선인은 주선을 하는 점에서 타인인 본인의 명의와 본인의 계산으로 법률행위를 하는 대리상 및 타인간의 법률행위의 성립을 중개하는 중개인과 다르다.

자기의 명의로 타인의 계산으로 법률행위를 하는 것을 주선이라 말하는데 상법에서는 3종류가 있다. 물건 또는 유가증권의 매매를 자기의 명의로 타인의 계산으로 수행하면 위탁매매인이 되고, "물건"운송계약을 자기의 명의로 타인의 계산으로 수행하면 운송주선업자가 되고(여객운송주선의 경우는 운송주선업자가 아님을 주의하여야 함), 매매아닌 행위를 자기의 명의로 타인의 계산으로 행하면 준위탁매매업이 된다.

(6) 운 송 인

운송인은 육상 또는 호천(湖川)·항만에서 물건 또는 여객의 운송을 영업으로 하는 자를 말한다. 운송은 물건이나 여객을 일정한 장소에서 다른 장소로 이동시키는 것을 의미한다. 그리고 운송인은 육상 또는 호천·항만에서 운송을 하는 자로서 육상은 지면과 지중을 말한다. 그러므로 공중은 제외된다. 호천·항만의 운송을 육상운송에 포함시키는 이유는 소규모로서 운송의 위험이 크지 않고 해상운송에 관한 특별규정을 호천·항만의 운송에 적용하는 것이 번잡하고 하주에게 가혹하므로 상법은 육상운송에 포함시키는 것이다.

(7) 창고업자

창고업자는 타인을 위하여 창고에 물건을 보관하는 것을 영업으로 하는 자로서 상품의 생산과 소비 사이에 존재하는 시간적 장애를 극복해주는 기능을 수행한다. 창고업자는 타인을 위하여 물건을 보관하는 자로서 여기서 타인은 임치인이라고 한다. 그리고 보관은 물건의 소유권이나 처분권을 취득하지 않고 단지 그것을 자기의 점유하에 두면서 그 멸실 · 훼손을 방지하고 그 물건의 현상을 유지하는 것이다. 창고업자는 보관하는 자이므로, 임치물의 소유권을 취득하고 후일에 동종 · 동질 · 동량의 다른 물건을 반환하는 소비임치와 구별된다. 그리고 여기서 창고는 물관을 보관하는 설비를 말한다. 그러므로 목재나 석탄을 보관하는 空地도 창고에 해당된다.

V 기업의 물적설비

1. 상 호

(1) 의 의

상호는 상인이 영업상 자기를 표시하기 위하여서 사용하는 명칭을 말한다. 이것을 자세하게 설명하면 첫째, 상호는 명칭이므로 구두로 부를 수 있고 문자로 표기할 수 있어야 한다. 그러므로 명칭이 아닌 기호나 도형은 상표로 될 수는 있어도 상호로 될 수는 없다. 그리고 상호는 한글 또는 한자이어야 하고 외국문자의 상호는 인정될 수 없다. 예컨대 현행법상 롯데호텔은 상호로 될 수 있으나 lotte hotel은 상호로 될 수 없는 것이다. 둘째, 상인의 명칭이어야 하므로 상인이 아닌 협동조합이나 상호보험회사의 상호는 상호가 아니다. 셋째, 상호는 영업상의 명칭이므로 상인이 영업과 관계없이 자기를 표시하기 위하여 사용하는 명칭은 상호가 아니다. 예를 들면 상인이 예술활동을 하면서 자기를 표시하기 사용하는 아호라든가 예명은 상법상 상호가 되지 못한다.

상호와 구별하여야 할 개념으로 상표가 있다. 상표는 상품을 생산 · 가공 · 증명 또는 판매하는 것을 업으로 영위하는 자가 자기의 업무에 관련된 상품을 타인의 상품과 식별되도록 하기 위하여 사용하는 기호 · 문자 · 도형 · 입체적 형상 또는 이들을 결합한 것(이하 "표장"이라 한다) 또는 이것의 각각에 색채를 결합한 것을 말한다. 여기서 문자도 상표가 될 수 있고 저명한 타인의 성명·명칭 또는 상호·초상·서명·인장·아호·예명·필명 또는 이들의 약칭을 포함하는 것도 상표로 될 수 있기 때문에 상호는 상표로 등록될 수 있다. 그러나 상표가 기호나 도형 그리고 입체적 형상을 띠고 있을 경우에는 상호로는 될 수 없고 상표로만 될 수 있다.

(2) 상 호 권

상호에 대하여 법적으로 부여되는 권리를 상호권이라 한다. 상호권에는 상인이 상호를 적법하게 선정한 경우에는 타인의 방해를 받지 않고 자유롭게 사용할 수 있는 상호사용권과 부정한 목적으로 타인의 영업으로 오인할 수 있는 상호를 사용한 자에 대하여 그 상호의 사용폐지와 손해배상을 청구할 수 있는 상호전용권이 있다. 상호전용권은 미등기상호권자에게 인정되나 상호를 등기한 경우에는 상호전용권이 더욱 강화된다. 즉 첫째 타인이 등기한 상호는 동일한 특별시·광역시·시·군에서 동종영업의 상호로 등기하지 못하고, 둘째, 동일한 특별시·광역시·시·군에서 동종영업으로 타인이 등기한 상호를 사용하는 자는 부정한 목적으로 사용하는 것으로 추정된다. 셋째, 미등기상호권자는 상호전용권을 행사하려면 상호의 사용으로 인하여 손해를 받을 염려가 있어야 하나 등기상호권자는 손해를 받을 염려가 없어도 상호전용권을 행사할 수 있다.

◘ 사례연구 — 대선 때 기관장모임 물의/○○복국 상호도용 소동

• **사안의 내용** 1993년 3월 5일 대구의 甲(44)은 대구시 대명2동에 "○○복국"이란 상호의 복국집을 개업하면서 지방신문에 장안의 화제, 전국을 들끓게하였던 그 유명한 부산의 ○○복국이 대구에 개업하였습니다라는 내용의 광고를 내고 개업을 하였다. 이러한 사실을 안 부산시 남구 대연동의 ○○복국집 주인 乙(45)은 이러한 신문광고를 보고 상호권침해를 이유로 항의하면서 동일한 크기의 신문사과광고를 게재할 것을 요구하였다. 한편 ○○복국집 주인 乙은 1992년 12월 대통령선거 사흘전인 1992년 12월 15일 국민당의 「부산기관장모임」사건 폭로로 졸지에 전국적으로 유명해지면서 손님이 문전성시에 줄을 잇고 또 한편 ○○복국집기관장모임 사건이후 사이비 ○○복국집이 전국 곳곳에 난립하자 지난 1993년 1월 특허청에 ○○복국에 대해 상표등록까지 마쳐둔 상태였다. ○○복국집 주인 乙의 주장은 정당한가?

• **사안의 해결** 상호전용권침해가 되려면 부정한 목적으로 타인의 상호를 사용하여야 한다. 첫째, 여기서 말하는 부정한 목적이란 일반 공중으로 하여금 자기의 영업을 타인의 영업으로 오인시켜 자기의 영업활동을 유리하게 전개시키려는 의사가 있어야 한

다. 그런데 이 사건에서 대구의 甲은 부산의 ○○복국집이 부산서 영업활동을 하지 않고 마치 대구에서 새로이 영업을 재개하는 것처럼 신문광고를 하였는바, 이 경우 대구시민들은 부산의 ○○복국집이 대구에서 영업을 하는 것처럼 오인하여 대구의 ○○복국집에 복국을 먹으로 갈 수 있다. 그러므로 대구의 ○○복국집 주인 甲은 명백하게 부정한 목적을 가지고 있었던 경우에 해당한다고 볼 수 있다.

둘째, 상호전용권침해가 될려면 오인할 수 있는 상호를 사용하여야 하는데 타인의 영업으로 오인할 수 있는 상호란 일반 거래상 타인의 영업과 자기의 영업이 혼돈 · 오인될 염려가 있는 상호로서 타인의 상호와 동일한 상호는 물론 타인의 상호와 유사한 상호도 포함된다. 이 사건의 경우 부산의 ○○복국이라는 상호와 동일한 상호로 대구에서 영업을 개시한다고 광고하였으므로 당연히 오인할 수 있는 상호를 사용한 경우에 해당된다. 그러므로 乙의 주장은 정당하다.

2. 상업장부

상업장부는 상인이 그 영업상의 재산 및 손익의 상황을 명백히 하기 위하여 상법상의 의무로 작성하는 장부이다. 첫째, 상업장부는 상인이 작성하는 장부이다. 그러므로 상인이 아닌 상호보험회사나 협동조합이 작성하는 장부는 영업상의 재산 및 손익의 상황을 명백히 하기 위한 장부이더라도 상업장부가 아니다. 둘째, 상업장부는 영업상의 재산 및 손익의 상황을 명백히 하기 위한 것이므로 영업상의 재산 및 손익의 상황을 명백히 하기 위한 것이 아닌 주주명부, 사채원부, 주주총회와 이사회의 의사록은 상업장부가 아니다.

기업회계는 기업이 그 영업의 실적 및 과정을 정확하게 파악하여 합리적으로 경영하기 위한 수단으로서 뿐만아니라 기업의 이해관계자 즉 채권자나 투자자가 기업의 재산상태 및 경영성적을 알기 위한 수단으로서도 필요하다. 상법은 기업회계에 관하여 소상인에 관하여서는 무간섭주의를 취하고, 기업의 채권자에 대하여 무한책임을 부담하는 개인상인이나 인적회사(합명회사와 합자회사)에 대하여는 그 간섭의 정도가 약하고, 사원이 회사채권자에 대하여 유한책임을 부담하는 물적회사(주식회사와 유한회사)에 대하여는 그 간섭의 정도가 강하다. 상법은 상법총칙에서 상업장부제도를 규정하고 이것을 소상인을 제외한 일반 상인에게 그 작성 및 보존의무를 부담시키고 있다. 그리고 회사편에서 물적회사에 대하여서는 재무제표와 영업보고서제도를 엄격하게 규정하여 부실기재가 있으면 벌칙의 제재를 가할 뿐만 아니라 상업장부를 일반채권자를 보호하기 위하여 공개를 하도록 하고 있다.

Ⅵ 기업의 공시와 이전

1. 상업등기

상업등기는 상법의 규정에 의하여 하는 등기를 말한다. 그러므로 민법 기타의 법률에 의하여 하는 부동산등기, 농업협동조합등기, 수산업협동조합등기 등은 상업등기가 아니다. 우리 상법은 상업등기부로서 상호등기부, 무능력자등기부, 법정대리인등기부, 지배인등기부, 합명회사등기부, 합자회사등기부, 주식회사등기부, 유한회사등기부, 외국회사등기부 등 9종류가 있다. 그 결과 상법의 규정에 의하더라도 상업등기부가 아닌 선박등기부에 하는 선박등기는 상업등기가 아니다.

상업등기제도는 기업주 입장에서는 기업에 관한 일정한 사항을 공시함으로써 일반공중의 신용을 얻을 수 있고, 그 공시의 결과로 제3자에게 등기사항에 관하여 대항할 수 있다는 장점이 있다. 반면에 기업과 거래하는 일반인은 상업등기제도에 의하여 기업의 상호와 지배인, 회사의 목적 · 조직 · 자본액 등 기업의 신용과 관련된 여러 사항을 기업주에게 일일이 문의하지 않고서도 알 수 있다는 장점이 있다.

상업등기의 효력에 관하여 상법은 등기 전에는 등기할 사항으로 선의의 제3자에 대하여 대항할 수 없고, 등기 후에는 제3자가 정당한 사유로 알지 못한 경우외에는 선의의 제3자에 대하여서도 대항할 수 있다고 규정하고 있다.

2. 영업양도

영업양도는 일정한 영업목적을 위하여 조직된 유기적 일체로서의 기능적 재산을 일괄하여 양도하는 채권계약을 말한다. 첫째, 영업양도의 대상은 고객, 영업상의 비결, 창업연다, 경영조직 등의 사실관계까지 포함하여, 일정한 영업목적을 위하여 조직된 유기적 일체로서의 기능적 재산이다. 둘째, 영업양도는 영업재산을 일괄하여 이전하는 것이므로 양도를 전후하여 영업의 동일성이 유지되어야 한다. 셋째, 영업양도는 채권계약이므로 양도인과 양수인은 영업재산의 이전에 관하여 권리의무를 부담한다. 그러므로 양도인은 영업재산이전의무를 부담하는데 그 이전의무에는 영업재산전부를 이전할 의무를 부담하고 그 이전에 효력발생요건이나 대항요건을 필요로 하는 경우에는 그 요건을 갖추어 이전하여야 하므로 등기이전에 필요한 서류의 교부라든지 특허권이나 상표권 등의 경우에는 등록에 필요한 서류를 교부하여야 하고, 지명채권의 이전에는 채무자에 대한 통지 또는 채무자의 승낙을 받아야 한다.

그리고 영업양도의 경우에 상업사용인에 대한 고용계약상의 권리도 양수인에게 이전되고 이 경우 기업의 유지 · 강화라는 상법의 이념에 비추어 상업사용인의 동의없이 이전된다고 본다. 그리고 양도인은 양도영업과 동종의 영업을 하지 않을 경업금지의무를 부담한다.

Ⅶ 상 행 위

1. 상행위의 특성

(1) 상행위의 영리성

상인이 그 영업의 범위내에서 타인을 위하여 행위를 한 때에는 상당한 보수를 청구할 수 있다. 또 상인간에서 금전소비대차를 한 경우에는 대주는 법정이자를 청구할 수 있다. 그리고 상인이 그 영업의 범위내에서 타인을 위하여 금전을 체당(替當)한 때에는 체당한 날 이후의 법정이자를 청구할 수 있다. 그리고 민법상의 법정이율은 연 5푼이나 상행위로 인한 법정이율은 연 6푼으로 한다.

(2) 상사채권의 소멸시효

상행위로 인하여 생긴 채권은 상법에 다른 규정이 있는 경우를 제외하고는 또는 다른 법령에 이보다 단기의 소멸시효기간의 정함이 있는 경우를 제외하고는 원칙적으로 소멸시효기간이 5년이다.

2. 상사매매

(1) 매도인의 권리

민법에서는 매도인은 매수인이 목적물의 인도를 받지 않거나 받을 수 없는 경우에는 목적물을 공탁하여 그 인도의무를 면할 수 있고, 또 그 목적물이 공탁에 적합하지 않거나 멸실 · 훼손의 염려가 있거나 공탁에 과도한 비용을 요하는 경우에는 매도인은 법원의 허가를 얻어 경매 또는 시가로 방매하고 그 대금을 공탁하여 목적물의 인도의무를 면할 수 있다. 상법도 민법과 마찬가지로 매도인에게 공탁권과 경매권을 인정하나 상거래의 간이 · 신속의 요청에 의하여 민법에 비하여 상대적으로 간이하게 공탁권과 경매권을 행사할 수 있도록 하고 있다.

(2) 매수인의 의무

민법에서는 매수인에게 목적물검사의무와 하자통지의무가 부과되지 않으나 상법에서는 장기간이 경과한 후에 하자담보책임을 추궁하는 경우 목적물의 인도당시에 하자가 있었는지 여부를 입증하기 곤란하므로 매수인에게 목적물검사의무와 하자통지의무를 부과시키고 있다. 민법에서는 매매의 목적물에 하자 또는 수량부족이 있어 매수인이 계약을 해제한 경우에는 단순히 원상회복의무를 부담한다. 그러나 상인간의 매매에 이 원칙을 적용하면 물건이 방치될 염려가 있고 반송되더라도 그 소재지에서 전매될 수 있는 경우에는 불필요한 반송비용만 부담하게 되고 또 전매를 할 기회를 놓칠 염려가 있으므로 상법은 매수인은 매도인의 비용으로 매매의 목적물을 보관 · 공탁하거나 이를 경매하여 그 대가를 보관 · 공탁하여야 하는 것으로 규정하고 있다.

3. 상호계산

상인간 또는 상인 · 비상인간에 상시 거래관계가 있는 경우에 일정한 기간의 거래로 인하여 발생한 채권 · 채무의 총액에 관하여 상계하고 그 잔액을 지급할 것을 약정하는 계약을 상호계산이라고 한다. 상호계산제도는 첫째, 거래할 때마다 지급을 하여야 하는 절차의 번잡함을 덜 수 있고, 특히 격지자간의 거래의 경우에는 송금에 수반되는 비용과 위험을 피할 수 있으며, 둘째, 일정한 시기까지 지급이 유예되므로 그 시기까지 자금을 유용하게 이용할 수 있다. 셋째, 당사자는 각각 상대방에 대하여 가지는 채권으로 상계할 수 있어 상대방의 채무불이행을 염려할 필요가 없는 장점이 있다.

4. 익명조합

익명조합은 당사자의 일방이 상대방의 영업을 위하여 출자를 하고 상대방은 그 영업으로 인한 이익을 분배할 것을 약정하는 계약이다.익명조합원은 단지 업무감시권만 가질 뿐이고 영업자가 단독으로 기업경영을 하고 익명조합원의 출자도 영업자의 재산으로 되며 또 기업활동으로 생기는 권리의무도 영업자에게 귀속된다. 따라서 익명조합은 자본을 가지고 있으면서 직접 기업경영을 하지 않고 기업의 위험을 출자액의 범위에 한정하고자 하는 자와 자본을 가지고 있지 않으면서 경영능력을 가지고 있는 자가 제휴하여 공동기업을 경영하는데 적합한 기업형태이다.

5. 공중접객업

극장, 여관, 음식점, 기타 객의 집래를 위한 시설에 의하여 거래를 하는 영업을 공중접객업이라 하고, 이러한 거래를 영업으로 하는 자를 공중접객업자라고 한다. 여기서 객의 집래를 위한 시설은 다수의 객이 집래하여 이용하기에 적합한 인적·물적시설이며, 여기서 예시한 극장, 여관, 음식점뿐만 아니라 다방이나 목욕탕 등도 포함된다.

◘ 사례연구 — 목욕탕 절도

• 사안의 내용 남편이 국회의원인 甲(여, 43)은 남편과 같이 사회물정에도 밝고 입심과 수완도 좋은 주부이다. 이번 달 계모임을 마치고 계주인 甲은 계원과 함께 고급한정식집에서 점심식사를 마친 후 다방에서 차한잔을 마신 후 甲을 비롯한 계원들은 99년 2월27일 사하구 다대동 S해수목욕탕에 목욕을 하러 갔다. 계주로서 계금을 받은 甲은 현금 1,000만원을 옷보관함속의 옷에 그냥 놔두고 욕탕에 들어갔다. 마침 이날 목욕을 왔던 아르바이트를 하면서 어렵게 학교생활을 하고 있던 가난한 대학생인 乙(여, 22)은 목욕을 마치고 옷을 갈아입던 중이었다. 그런데 10여명의 부유한 차림의 아줌마들이 계이야기를 하면서 목욕을 하러 온 이야기를 듣고, 순간적으로 수중에 돈을 많이 가지고 다니는 부유층의 부인임을 직감하였다. 평소 목욕탕에 비어있는 옷보관함의 열쇠를 훔쳐서 여러 옷보관함의 열쇠를 열 수 있도록 100여개의 열쇠를 복사하여 가지고 있던 乙은 가지고 있던 열쇠를 사용하여 甲의 옷보관함을 열고 현금 1,000만원과 로렉스시계까지 가볍게 훔쳐서 여유있게 나왔다.

한편 평소보다 더 여유있게 모처럼 찾아온 해수목욕탕에서 계원들과 잡담에 시간가는 줄 모르고 목욕을 하고 나온 甲은 오늘 계금으로 수령한 1,000만원과 로렉스시계가 없어진 것을 알고 급히 경찰서에 신고하고 목욕탕주인 丙에게 목욕탕관리와 감독을 잘못한 책임이 있다고 주장하면서 손해배상을 요구하였다. 목욕탕 주인 丙은 甲이 잃어버린 1,000만원과 로렉스시계를 배상할 책임이 있는가?

• 사안의 해결 목욕탕에서의 절도문제는 우리가 흔히 신문지상에서 보게되는 이야기이다. 손님이 목욕을 하는 틈을 타 "드라이브로 탈의장 문을 열어" 또는 "이용객이 놔둔 옷장열쇠를 몰래 빼낸 뒤" 그리고 이 사건과 같이 허술한 목욕탕의 관리감독을 이

용하여 전문적으로 절도하기 위하여 어떤 목욕탕의 옷보관함이라도 열 수 있도록 하기 위하여 목욕탕의 열쇠를 수백개 복사하여 절도하는 경우 등이다.

목욕탕과 같은 공중접객업자는 손님으로부터 임치받은 물건의 경우는 그 물건의 멸실이나 훼손이 불가항력으로 인한 것임을 증명하지 않으면 그 손해를 배상할 책임을 부담하여 무거운 책임을 진다. 그러나 손님(甲)이 공중접객업자(丙)에게 임치하지 않고 시설내에서 그 물건을 휴대하고 있는 경우에는(이 경우는 휴대하는 물건은 고가물이 아닌 보통물이어야 함) 손님이 공중접객업자나 사용인의 과실로 인하여 멸실 또는 훼손된 것임을 입증하여야 손해를 배상받을 수 있다. 예를 들면 목욕탕주인이 축구중계방송을 듣는다고 손님이 들어오고 나가는 것도 모르고 있었다든지 또는 밤에 잠을 못자 접수대에서 2시간동안 잠을 잤다든지 하는 경우가 목욕탕주인의 과실에 해당되는 경우이다. 그러나 화폐 · 유가증권 기타의 고가물의 경우에는 손님이 그 종류와 가액을 명시하여 임치하지 않으면 공중접객업자는 그 물건의 멸실 또는 훼손으로 인한 손해를 배상할 책임을 부담하지 않는다(상법 153조).

그러므로 이 사건에서 甲이 잃어버린 현금 1,000만원과 로렉스시계는 고가물에 해당하므로 목욕탕주인 丙에게 그 종류와 가액을 명시하여 보관시켜야 하는데 그렇지 않고 옷보관함에 단순히 보관시킨 경우로서 손님이 수중에 휴대한 물건에 해당되어 목욕을 하는 도중에 도난당하였더라도 목욕탕주인 丙에게 손해배상을 청구할 수 없다.

♣ 참고조문

제153조 화폐 · 유가증권 기타의 고가물의 경우에는 客이 그 종류와 가액을 명시하여 임치하지 않으면 공중접객업자는 그 물건의 멸실 또는 훼손으로 인한 손해를 배상할 책임이 없다.

제 2 장
회 사 법

I 회사제도일반

1. 회사제도의 경제적 기능

자본주의 사회에서의 모든 경제활동은 회사를 통하여 영위된다. 자본주의 사회의 인간은 어느 한 순간이라도 회사를 떠나서는 생존이 불가능한 정도로 회사제도는 우리들의 생활에 필요불가결한 엄청난 영향을 미치고 있다. 전기·통신·운송·철강·해운·자동차 등 국가기간산업은 물론 농업·임업·어업·광공업·공업·정보통신사업·바이오산업 등 회사의 활동이 미치지 않는 분야가 없다. 뿐만 아니라 회사는 국민에게 일자리를 제공하여 소득을 얻을 수 있도록 하면서 그 국민이 생활하는데 필요한 온갖 재화와 서비스를 제공하는 역할도 수행한다. 이러한 회사제도의 역할과 활동상황으로 인하여 회사는 특히 주식회사는 "자본주의 경제체제를 떠받치는 지주" 또는 "인류가 발명한 최대의 소프트웨어"라는 말로 표현하기도 한다.

이러한 회사제도의 장점으로서는 첫째, 회사제도는 자본의 결합과 인력의 보충을 가장 이상적으로 실현하는 기업형태로서, 노력과 책임에 있어서 한도가 있는 개인기업으로서는 수행할 수 없는 대규모사업을 합리적으로 경영하여 이익을 극대화시키는데 가장 적합한 기업형태이다. 둘째 기업은 항상 손실을 부담할 가능성이 있는 바, 회사제도는 이러한 손실을 합리적으로 분담할 수 있는 이상적인 기업이다. 셋째, 물적회사는 사원의 지위양도와 주식양도의 자유의 원칙이 인정되면서 법인격이 인정되고 소유와 경영이 분리됨으로 말미암아 한번 성립된 회사는 그 영속성이 보존될 수 있는 장점이 있다.

반면에 단점으로서는 회사제도는 본질적으로 개인의 이익추구를 위한 기술적 제도란 점에서 남용의 위험성도 크다. 특히 사원이 엄격한 유한책임을 지는 주식회사의 경우에는 그 람용의 폐해도 더욱 크다. 예를 들면 기업의 독점에 의한 부당한 탐욕심의 충족수단으로서 회사가 이용된다든지 다수의 사원과 경영자가 소수사원을 압박한다든지 그리고 회사제도를 일반인과 거래하여 사기를 행하는 수단하는 활용한다든지 하는 경우 등 부작용도 많다. 그러나 회사제도의 장점이 단점을 보충하고도 남을 만큼의 충분한 효용을 가지고 있으므로 회사제도는 특히 "주식회사는 인류가 발명한 최고 · 최대의 제도"로서 자본주의가 존재하는 한 아니 이기심과 탐욕심을 가지고 있는 인류가 존재하는 영원히 존속할 제도임에 틀림없다.

2. 회사법의 개념

회사법(Gesellschaftsrecht, corporation act, droit des societes commerciales)이란 실질적으로는 회사의 조직과 운영에 관한 법을 말하며, 형식적으로는 상법 제 3 편 '회사'의 규정을 말한다. 회사법은 공동기업형태인 회사의 조직, 활동, 소멸 등의 법률관계를 규율하는 법이므로 상법의 일부문을 구성한다. 그리고 공동기업에 관한 법으로서 복잡하고 방대하기 때문에 별개의 편으로 규제를 하게 된다. 회사법은 회사기업형태에 관한 일반법으로서 모든 공동기업의 경영에 필요한 최소한의 규제를 하는 것이다. 따라서 회사가 아닌 공익법인에 관한 민법의 규정은 거의 적용될 여지가 없고, 다만 인적 회사인 합명회사와 합자회사는 조합성이 농후하므로 그 내부관계에 대하여는 민법의 조합에 관한 규정이 준용된다(제195조, 제269조).

이와같이 회사법은 공동기업에 관한 일반법이기 때문에 특수한 기업의 규제를 위해서는 특별법(예컨대, 은행법, 보험업법, 증권거래법 등)을 제정하는 수밖에 없다.

3. 회사의 개념

회사란 상행위 기타 영리를 목적으로 하는 사단법인을 말한다(제169조, 제171조).

(1) 영 리 성

회사는 상행위 기타 영리를 목적으로 하여야 한다. 여기서 영리를 목적으로 한다는 말은 회사가 대외적 영리활동으로 경제적 이익을 획득하여 그 획득한 경제적

이익을 구성원인 사원에게 분배하는 것을 목적으로 한다는 것을 의미한다. 그러므로 공법인이나 재단법인은 경제적 이익의 획득을 목적으로 하여도 구성원에게 이익을 분배하지 않으므로 회사법상의 회사가 되지는 않는다.

(2) 사 단 성

사단이란 조합에 대한 상대적인 개념이며, 보통은 구성원의 개성이 농후하고 단체의 재산이 채무를 변제하기에 부족한 경우 그 구성원이 책임을 지면서 구성원이 계약관계에 의하여 결합하는 단체를 조합이라 하고, 구성원의 개성이 희박하여 단체의 재산이 채무를 변제하기에 부족한 경우에도 그 구성원은 책임을 지지 않으면서 단체의 재산만으로서 단체의 채무에 대하여 책임을 부담하면서 구성원이 사원관계에 의하여 결합하는 단체를 사단이라고 한다. 회사를 사단이라고 할 때의 사단은 2인 이상이 공동의 의사를 가지고 있는 넓은 의미의 사단(좁은 의미의 사단과 조합을 포함하는)을 의미한다. 왜냐하면 인적 회사인 합명회사와 합자회사는 회사채무에 대하여 회사재산만 가지고 책임지지 않고 회사의 재산이 부족한 경우에 무한책임사원이 개인재산을 가지고 책임을 지는 바 이것은 사실상 조합이기 때문이다.

회사는 사단이므로(제169조), 회사의 사원은 2인 이상이어야 한다. 복수사원의 존재는 회사의 성립요건일 뿐만 아니라 존속요건이기도 하다(제227조 3호, 제269조). 다만 주식회사와 유한회사는 회사설립의 편의를 도모하기 위하여 1인이 설립할 수 있도록 개정되었기 때문에 존속 중에도 일인회사가 가능하게 되었다(제288조, 제543조 1항).

(3) 법 인 성

회사의 사단성을 인정하면 대체로 법인격을 부여하게 된다. 법인이란 자연인이 아니면서 권리의무의 귀속주체로 되는 것을 말한다. 법인격을 부여하는 것은 그 단체가 활동하는 데 있어서 그 구성원이나 사무담당자가 변동하는 것에 구애받지 않고 단일체로서 영속성을 유지하고, 회사에 대한 권리의무의 귀속을 명확히 함으로써 거래관계를 간단·명료하게 처리하기 위한 법적 기술로서 필요하기 때문이다. 따라서 회사는 스스로 법률행위를 할 수 있으며, 소송관계에 있어서도 당사자능력을 가지게 된다.

그러나 회사는 자연인과 같이 직접 활동을 할 수 없으므로 회사의 활동을 실제

수행하는 기초로서 기관을 필요로 하며(제200조, 제207조, 제273조, 제361조 이하, 제561조), 상호와 주소를 가지며 주소는 본점소재지에 있는 것으로 한다(제171조 2항).

4. 회사의 능력

(1) 권리능력

상법상 회사는 법인으로서 일반적 권리능력을 가진다. 그러나 회사는 법인으로서 첫째, 자연인에 특유한 권리의무 예를 들면 생명권, 신체상의 자유권, 부양의 권리의무 등은 가질 수 없다. 그리고 그 인적 개성이 중요한 상업사용인이나 업무집행사원도 될 수 없다. 반면에 자연인에 특유하지 않은 권리의무 즉 물권이나 채권과 같은 일반재산권, 상호권, 명예에 관한 권리 등은 가질 수 있다. 그리고 회사는 발기인, 유한책임사원, 주주 등도 될 수 있다.

둘째, 회사의 법인격은 법률에 의하여 부여되므로 또한 법률에 의하여 그 권리능력이 제한될 수 있다. 상법상의 제한으로서는 회사는 다른 회사의 무한책임사원이 될 수 없고, 청산중의 회사는 청산의 목적범위 내에서만 권리능력을 가지고 파산선고를 받은 회사는 파산의 목적범위 내에서만 권리능력을 가지는 경우 등이다.

셋째, 회사는 정관에 규정한 목적범위 내에서만 권리능력을 가지느냐 하는 문제가 논란이 되나 ① 민법 제34조의 법인은 법률의 규정에 좇아 정관으로 정한 목적의 범위 내에서 권리와 의무의 주체로 된다는 규정은 비영리법인에 관한 규정으로서 영리법인인 회사에 준용된다고 볼 수 없고, ② 회사의 목적이 등기되어 있더라도 거래할 때마다 일반이 일일이 등기를 조사하여 거래하는 것이 번잡할 뿐만 아니라 설사 등기사항을 조사하더라도 비전문가인 일반인이 거래하는 사항이 회사의 목적범위 내인지 아닌지를 판별하기 곤란하다는 점, ③ 회사의 이익과 거래안전보호 이념이 충돌하는 경우 거래안전을 도모하는 것이 장기적으로 회사에도 득이 될 수 있다는 점 등을 근거로 회사의 권리능력은 정관에 규정된 목적범위 내로 제한되지 않는다고 보는 것이 타당하다고 본다.

◘ 사례연구 — 준조세

• **사안의 내용** 1. 타이어제조업체인 A는 작년 도로교통안전협회기금 분담금으로 100억원 가량을 내었다. 그러나 도로교통안전협회는 A회사에 대하여 그 돈을 어떻

게 사용하였는지에 관하여 아무런 사후 설명이 없었다. 이에 A회사는 『관례적으로 내긴 내지만 한번도 이에 대한 피드백을 받아본 적이 없다』며 『형식적으로나마 어디에 썼다는 문서 한장이라도 받는다면 뜯긴다는 기분은 덜할 것』이라고 토로한다.

2. 원유를 도입하는 B회사는 관세와 별도로 통관 때 배럴당 1.7달러의 석유수입부담금을 내고, TV와 냉장고 세탁기 에어컨 등 가전제품을 만드는 C회사는 kg당 38원씩 부과되는 폐기물 예치금을 내고, 먹는 샘물을 제조-판매하는 D회사는 판매액의 20%를 수질개선 부담금으로 낸다.

3. A회사가 있는 지역구의 국회의원 甲은 국회의원 선거가 임박하자 선거자금이 부족하자 A회사로부터 1억원의 지원을 요청하였다. 이에 A회사는 국회의원으로부터의 정치보복을 두려한 나머지 싫지만 1억원을 후원금이라는 명목으로 지원하였다.

위 사례와 같은 기부금을 회사는 낼 수 있는가 그리고 그것은 법적으로 어떻게 되는가?

• 사안의 해결 조세는 아니지만 실질적으로 조세와 같은 성질의 공과금 또는 기부금 등을 준조세(準租稅)라고 말한다. 준조세는 그 부담의 자율성과 타율성을 기준으로 "협의의 공과금"과 "기부금성 공과금"으로 나눌 수 있다. 전자는 의무적으로 지급하여야 하는 성질의 준조세로서 크게 12가지 정도가 있는데, 이들은 부담금, 분담금, 부과금, 예치금, 이행강제금 등의 형태로 돼 있다. 예를 들면 동업자 조합비, 협회비, 수출진흥기금 부담금, 석유사업기금 등의 제 부담금이 있다. 후자는 의무적으로 지급하여야 하는 것은 아니나 사실상 강제적으로 납부하는 경우가 대부분이다. 예를 들면 방위성금, 원호성금, 새마을사업기부금, 체육성금, 이재민구호성금, 장학성금, 사회복지기부금, 불우이웃돕기성금 등 수많은 기부금 또는 성금이 있다. 현재 우리 나라 납세자(개인 또는 법인)가 부담하고 있는 준조세는 그 종류가 많고 금액도 커서 국민이나 기업체에 과도한 부담을 주고 있는 실정이다.

이 같은 준조세는 행정관서에서 볼 때 일반 세금에 비해 징수 과정에서 조세저항을 덜 받고, 또 운영이 용이하다는 행정편의적인 이점 때문에 많이 이용되고 있다.

준조세와 관련된 논점은 과연 어디까지가 말 그대로 「조세에 준하는 부담」이냐는 대목이다. 이에 대해선 정부와 기업간에 시각차가 확연하다. 지금까지 정부는 주로 기업이 국가나 지자체 사회단체 등에 「반대급부」 없이 내는 기부금과 성금 등에 국한해 이 개념을 이해해 왔다. 그동안 발표된 경감대책이 대개 손비처리의 범위를 넓히거나, 강제로 기부금을 걷지 못하게 하고 각종 협회의 의무가입을 강제하지 못하게 하는 수준에 그친 것도 이 때문이다. 그러나 기업은 생산-판매 활동과 직접 관련된 비용이나 세금을 제외한 모든 부담을 준조세로 인식한다.

1983년 전경련이 준조세(Quasi-tax)란 용어를 처음 사용하면서 문제를 제기한 이래, 기업에 부과되는 준조세의 종류와 액수는 계속 팽창일로였다. 재계는 부담금, 부과금, 예치금 등의 명목으로 부과되는 각종 준조세가 종류도 많을 뿐만 아니라 전경련 회원 1사당 연간 부담하는 금액이 과중하므로 이의 시정을 요구하고 있다. 『세금 무서워 장사 못하겠다』는 소리가 나올 법도 하다. 이들 준조세를 내지 않았다가는 어김없이 강제조치 운운의 「겁나는」 경고장을 받아야 하고 그 부담은 고스란히 소비자에게 전가된다.

회사의 규모 · 영업실적 · 기타 사회경제적 지위 · 기부의 상대방 등 제반 사정을 고려하여 합리적인 범위내에서 첫째, 정치자금을 내는 것은 정당의 건전한 발전에 협력하여 기업의 사회적 책임을 수행하는 것으로 볼 수 있고, 둘째, 기부금을 내는 것은 간접적으로 회사에 대한 여론을 좋게 만들면서 광고효과가 있기 때문에 정관에 규정한 회사의 목적 범위내로 볼 수 있다.

그러므로 본 사건에서는 법률적으로 강제적으로 납부하여야 하는 부담금은 법률로서 납부하여야 하는 의무로서 규정되어 있기 때문에 1, 2번 사례에서 기업이 내는 부담금은 합법이다. 그러나 3번 사례에서 A회사가 내는 정치자금은 대가성이 없는 자금으로서 회사의 규모 · 영업실적 · 기타 사회경제적 지위 · 기부의 상대방 등 제반 사정을 고려하여 합리적인 범위내라고 판단되면 정관에 규정된 목적 범위내로서 합법적이나 합리적인 범위를 초과하는 과도한 정치자금이라면 정관에 규정된 목적 범위를 초월하는 것으로 위법한 것으로 판정될 가능성이 높다.

(2) 행위능력

법인실제설에 입각하여 법인을 구성하는 기관은 자연인의 수족과 같은 존재로 자연인의 수족의 행위가 자연인의 행위로 인정되는 것과 같이 법인의 기관의 행위는 법인의 행위로 인정한다. 이와 같이 법인의 기관의 행위가 법인의 행위로 인정되는 관계를 대표관계라고 한다.

(3) 불법행위능력

법인실제설의 입장에서는 법인은 행위능력을 가지는 결과 당연히 불법행위능력도 가진다. 그러나 상법은 회사의 기관구성원이 그 업무집행으로 인하여 타인에게 손해를 가한 때에는 회사는 그 기관구성원과 연대하여 손해를 배상한다고 규정하여, 혹시 회사의 불법행위능력을 부정하여 책임을 회피하려는 경우가 있을 수 있으므로 주의적으로 회사의 불법행위능력을 인정하는 규정을 두고 있다.

(4) 공법상의 능력

회사는 그 성질에 반하지 않는 한 공법상의 능력을 가진다. 즉 회사는 납세의무를 부담하고, 상공회의소 회원이 되면서 그 상공회의소 의원의 선거권과 피선거권을 가진다. 또한 회사는 민사소송법상 당사자능력과 소송능력이 있고, 행정소송법상의 원고능력이 있다.

5. 회사의 합병

우선 합병이란 상법이 정한 절차에 따라 2개 이상 회사가 그 중 1개 회사를 제외하고 소멸하거나 전부 소멸하되 청산절차를 거치지 않고 소멸하는 회사의 모든 권리·의무를 존속회사 또는 신설 회사가 포괄적으로 승계하는 것을 말한다.

IMF사태 이후 경제개혁의 핵심과제 중 하나로 기업구조조정을 통한 기업의 경쟁력 강화가 얘기되면서, 경쟁력이 없는 부실기업은 청산 또는 제3자에 매각되거나 타기업과의 합병을 통한 생존을 모색하고 있는 것이 최근의 실정이다. 원래 기업결합의 방법에는 주식취득을 통한 모자관계 형성 등 여러 가지가 있을 수 있으나, 그 중 합병이 가장 완전한 기업결합방법으로 널리 이용되고 있다.

Ⅱ 주식회사

1. 의　　의

주식회사는 주식으로 나누어진 일정한 자본을 가지며, 주주는 그 주식의 인수가액을 한도로 하는 유한의 출자의무를 질 뿐이고 회사채권자에 대하여는 아무런 책임도 지지않는 회사이다. 주식회사의 자본은 회사채권자에 대한 유일한 담보액이고 회사신용의 기준이 된다. 그러므로 상법은 회사가 정관에 규정된 자본에 상당하는 현실재산을 반드시 확보하도록 하고 또한 그 자본이 회사가 경영하는 영업에 충분한 자본이 되도록 하기 위하여 자본에 관한 3원칙을 인정하고 있다.

첫째, 자본확정의 원칙은 회사의 설립시 또는 자본증가시에 정관에 자본의 총액을 확정하고 그 자본의 출자자인 주식인수인도 확정되어야 한다는 원칙을 말한다. 이 원칙은 회사설립시 또는 자본증가시부터 정관에 기재된 자본이 확정되지 않아 정관에 기재된 자본보다 부족한 자본을 가지고 영업을 하여 회사의 채권자가 예기치 않은 손해를 보는 경우를 예방하기 위한 것으로 회사와 거래하는 자들에게 회사의 사업과 신용의 규모에 대한 예측가능성을 확보하기 위한 것이다.

둘째, 자본유지의 원칙은 회사는 존립 중에는 항상 자본에 상당하는 충분한 재산을 보유하여야 한다는 원칙을 말한다. 회사는 계산상의 금액으로서만 자본을 보유하여야 할 뿐만 아니라 회사재산으로서 실질적으로도 보유하여야 한다는 의미로서 자본충실의 원칙이라고도 한다.

셋째, 자본불변의 원칙은 일단 확정된 자본은 법정의 엄격한 절차를 거치지 않고서는 감소시키지 못한다는 원칙을 말한다. 화사가 임의로 자본을 감소할 수 있으면 그 자본을 믿고 거래한 회사채권자의 지위가 불안정하기 때문에 인정되는 원칙이다.

2. 주식회사의 설립방법

발기설립과 모집설립방법이 있다. 발기설립은 회사설립시에 발행하는 주식총수를 발기인이 전부 다 인수하여 회사를 설립하는 방법이고, 모집설립은 회사설립시에 발행하는 주식총수의 일부를 발기인이 인수한 후 잔여의 주식에 관하여 제3자로부터 주주를 모집하여 인수하는 방법이다.

3. 주식과 주주

(1) 주식의 의의

주식은 주식회사가 사업 밑천(자본금)을 얻기 위하여 발행하는 증권으로서 두가지 의미를 가지고 있다. 그 하나는 자본의 구성단위로서의 의미이고 다른 하나는 주주의 지위 즉 주주권으로서의 의미이다.

(2) 주　　주

주주는 주식 즉 사원지위의 귀속자를 말한다. 주식의 취득은 원시적으로는 회사의 설립 또는 신주발행의 경우에는 주식의 인수에 의하여 이루어지고, 승계적으로는 상속 · 합병 등의 포괄승계와 주식양도에 의하여 이루어진다. 주주가 될 수 있는 자격에는 제한이 없으므로 자연인뿐만 아니라 법인도 주주가 될 수 있다. 자연인은 국적 · 연령 · 성별 · 행위능력의 유무에 관계 없이 주주로 될 수 있다.

(3) 주주의 권리의 종류

1) 자익권과 공익권

자익권은 주주가 회사로부터 경제적 이익을 받을 것을 목적으로 하는 권리이다. 예를 들면 이익배당청구권, 잔여재산분배청구권, 신주인수권, 전환주식의 전환청구권, 주권교부청구권, 명의개서청구권 등이 이에 속한다. 반면에 공익권은 주주가 회사의 관리 · 운영에 참가하는 것을 목적으로 하는 권리를 말한다. 예를 들면 주주총회의결권, 임시주주총회소집청구권, 주주제안권, 주주총회결의 취소소송권, 이사위법행위유지청구권, 대표소송제기권, 위법한 신주발행의 유지청구권, 회계장부열람권, 회사의 업무 · 재산상태의 검사청구권, 회사정리절차개시신청권 등을 말한다.

2) 단독주주권과 소수주주권

단독주주권은 주주이면 그 보유주식수에 관계없이 비록 1주를 가진 주주라도 행사할 수 있는 권리이다. 예를 들면 앞에서 설명한 자익권과 공익권 중에서도 주주총회의결권, 주주총회결의취소의 소송권, 회사설립무효의 소송권, 위법한 신주발행의 유지청구권 등이 여기에 속한다. 소수주주권은 일정수 이상의 주식을 보유하여야 행사할 수 있는 권리를 말한다. 여기에는 발행주식총수의 100분의 10이상을 요구하는 소수주주권으로서는 회사해산판결청구권이 있고, 100분의 3이상을 요구하는 소수주주권으로서는 임시주주총회소집청구권, 주주제안권, 이사감사해임청구권, 회계장부열람권, 검사인선임청구권 등이 있고, 100분의 1이상을 요구하는 소수주주권으로서는 이사위법행위유지청구권, 대표소송제기권 등이 있다.

4. 수종의 주식과 특수한 주식

(1) 수종의 주식(우선주 · 보통주 · 후배주)

이익이나 이자의 배당 그리고 잔여재산의 분배 또는 이 양자에 관하여 내용이 다른 주식을 발행하는 경우 다른 수종의 주식에 비하여 우선적 취급을 받는 주식을 우선주라 하고, 열후적 취급을 받는 주식을 후배주 또는 열후주라 하며, 우선주 · 후배주를 결정하는데 있어서 표준이 되는 주식을 보통주라고 한다. 그리고 이익이나 이자의 배당과 잔여재산의 분배 중에서 어느 것에 관하여서는 보통주에 비하여 우선적 취급을 받으나 다른 것에 관하여서는 열후적 취급을 받는 주식을 혼합주라고 한다.

(2) 특수한 주식(상환주식 · 전환주식 · 의결권 없는 주식)

첫째, 상환주식은 회사가 수종의 주식을 발행한 경우에 발행시부터 회사의 이익으로써 일정한 기간 후에 소각하도록 예정되어 있는 주식이다. 상환주식은 회사로서는 일시 자금이 필요한 때에 우선주인 상환주식을 발행하여 용이하게 자금을 조달하였다가 경영사정이 호전되면 상환함으로써 배당압박을 피할 수 있으므로 편리하고, 주주로서는 일정한 기간의 경과 후에 액면 또는 그 이상의 상환을 받게 되어 사채와 같은 기능을 가지므로 유리하다.

둘째, 전환주식이란 회사가 수종의 주식을 발행하는 경우에 주주가 그의 주식을 다른 종류의 주식으로 전환해 줄 것을 청구할 수 있는 권리가 부여되어 있는 주식을 말한다. 전환주식은 회사의 전망과 주가에 대한 예견을 주식인수인에게 맡겨 배당능력이 낮고 주식시세가 낮다면 우선주인 전환주식을 보유하고, 반대로 주가가 상승하고 배당능력이 좋아지면 보다 많은 수량의 보통주를 가지는 것을 주주가 선택하도록 하면서, 주식의 가치보존 또는 증식의 기회라는 또 하나의 투자유인동기를 마련함으로써 자금조달을 용이하게 하는 제도이다.

셋째, 의결권 없는 주식은 이익배당우선주로서 의결권이 없는 주식을 말한다. 의결권 없는 주식은 회사의 경영에는 관심이 없고 이익배당에만 관심이 있는 투자주주로부터 자금을 조달하는데 적합한 형태의 주식이다.

5. 주권과 주주명부

주권은 주식 주주의 지위를 표창하는 유가증권이다. 주권은 주주의 지위를 표창하는 것이므로 사원권적 유가증권이다. 주권은 회사의 성립 또는 신주의 발행에 의하여 이미 발생한 주식을 표창하는 유가증권이다. 주권에는 기명주권과 무기명주권이 있다. 기명주권은 주권에 주주의 성명이 기재되어 있는 주권이고, 무기명주권은 그러한 기재가 없는 주권이다.

주주명부는 회사가 기명주식을 발행한 경우에 주주와 그가 가지는 주식 및 주권에 관한 사항을 명백히 하기 위하여 상법의 규정에 의하여 작성하는 장부이다. 주식의 이전은 주주명부에 취득자의 성명과 주소를 기재하지 않으면 회사에 대항하지 못한다. 그러나 주주가 주권을 소지하지 않겠다는 뜻을 회사에 신고하고 회사가 주주명부에 주권을 발행하지 않는다는 뜻을 기재한 경우에는 회사는 주권을 발행할 수 없고 이미 제출된 주권은 무효로 한다. 이사는 주주명부를 회사의 본점에 비치하여야 하고 회사가 명의개서대리인을 둔 경우에는 주주명부나 그 복본을 명의개서대리인의 영업소에 비치할 수 있다.

6. 회사의 기관

주식회사는 법인으로서 자연인과 달리 직접 행위를 할 수 없으므로 법인의 행위를 할 수 있는 기관을 가지고 있다. 즉 주식회사에서 주주는 회사존립의 기초가 되나, 기관은 활동의 기초가 된다. 주식회사의 기관은 3권분립의 영향을 받아 회사의 의사결정기관인 주주총회, 업무집행기관인 이사회와 대표이사, 감독기관인 감사 또는 감사위원회의 세 개의 기관으로 분화되어 있다.

주주총회는 주주전원으로 구성되고 주주의 총의에 의하여 회사의 기본적인 사항에 관하여 회사의 의사를 결정하는 필요적 상설기관이다.

이사는 회사의 업무집행에 관한 의사를 결정하고 대표이사의 업무집행을 감독하는 이사회의 구성원이다. 주식회사의 이사는 3인 이상을 두어야 한다. 대표이사는 회사의 업무집행과 회사의 대표를 담당하는 회사의 필요적 상설기관이다. 다수의 이사가 모두 회사의 업무를 집행하고 회사를 대표할 수 없고 또 그렇게 할 필요도 없으므로 상법은 대표이사제도를 두어 대표이사에게 이러한 권한을 부여하는 것이다. 이사는 회사에 대하여 선량한 관리자의 주의로 업무를 처리하여야 하고(선관주의의무), 또 법령과 정관의 규정에 따라 회사를 위하여 그 직무를 충실히 수행하여야 한다(충실의무). 이사회는 이사 전원으로 구성되는 회의체로서 회사의 업무집행에 관한 의사를 결정하고 이사의 직무집행을 감독하는 회사의 필요적 상설기관이다.

회사의 감사에는 내부기관에 의한 내부감사와 회사의 외부기관에 의한 외부감사가 있다. 내부감사로는 상법상의 감사 또는 감사위원회, 검사인, 이사회, 주주총회, 주주 등에 의한 감사가 있고, 외부감사로는 주식회사의 외부감사에 관한 법률과 증권거래법상의 외부감사인에 의한 감사가 있다. 감사는 이사의 업무집행을 감사하는 선택적·필요적 상설기관이다. 감사위원회는 정관이 정하는 바에 따라 이사회가 설치하는 위원회로서, 감사에 갈음하여 이사의 직무집행을 감사는 기관이다. 검사인은 회사의 설립절차 또는 업무·재산상태를 조사하는 것을 임무로 하는 임시적 감사기관이다.

◘ 사례연구 — 사외이사제도

• **사안의 내용** 국내굴지의 대기업인 甲 주식회사는 대학교총장인 A, 유력한 전직 법조인, 그리고 전직 고위공무원 등을 사외이사로 임명하면서 고액의 보수를 책정하고 또 회사가 유상증자를 하면서 발생한 실권주를 아주 유리한 조건으로(시세는 300,000원인데 100,000원으로 인수하는 조건) 사외이사들 한데 배정하면서 인수대금도 회사자금으로 빌려주었다. 그 결과 A는 甲 주식회사의 사외이사로 재직하던 1998

년부터 1999년 사이에 실권주를 인수하여, 16억원의 시세 차익을 얻었다. 이런 사실은 A가 장관으로 임명되면서 언론에 밝혀지고 국민들 사이에 사외이사제도의 도입취지와 관련하여 논란이 되었다. 회사가 전직 고위공무원이나 유력인사를 사외이사제도로 임명하여 회사경영을 하는데 도움을 받을려고 하는 것은 법적으로 문제가 되는가? 그리고 사외이사에게 실권주를 유리한 조건으로 배정한 것은 문제가 없는가?

• **사안의 해결** 사외이사제도는 기업경영과 관련한 의사 결정과 경영진의 업무 집행을 감독함으로써 방만한 경영을 억제하고 경영투명성을 높여 기업지배구조를 개선하자는 취지에서 외환위기 와중인 1998년 초에 도입됐다.

하지만 사외이사가 오너 또는 경영자의 구미에 맞는 인사들로 구성되다보니 경영진을 견제해 투명성과 지배구조를 개선한다는 당초 취지는 간데 없이 '거수기'로 전락해 불필요한 비용만 드는 유명무실한 제도로 전락했다는 비판을 받고 있다. 즉 아직도 많은 사람들은 사외이사가 대주주의 들러리 역할에 불과한 것으로 보고 있다. 꽤 잘한다는 평가를 받는 사외이사도 조언자의 역할에 그치고 있다. 이처럼 '색안경'을 끼고 보는 가장 큰 원인은 사외이사의 독립성이다. 실제 상장사협의회가 170개 상장기업을 대상으로 설문조사한 바에 따르면 사외이사의 79.8%가 대주주나 회사임원의 추천에 의해 선임된 것으로 나타났다. 결국 해당기업과 평소 친분관계에 있는 사람이 대부분 사외이사직을 차지하고 있다고 봐도 무방하며 이런 출신성분을 감안할 때 사외이사가 기존 대주주나 회사방침에 반대하는 결정을 내릴 가능성은 상당히 희박하다.

금융감독원 관계자는 "사외이사들은 대부분 회사의 실권주를 사내이사와 함께 인수함으로써 회사주식을 갖게 되는 경우가 많다"며 "법적으로는 하자가 없다"고 말했다. 미공개 회사정보를 이용해 매매차익을 내는 것을 방지하기 위해 현행법규에는 단기매매차익반환제도가 있다. 회사 임직원이 주식을 사들인 지 6개월 이내에 처분해 이익을 남기면 이를 회사에 반환하는 것이다. 그러나 이미 주식을 보유하고 있는 사람이 사외이사로 선임됐을 경우 보유기간이 6개월이 넘으면 마음껏 팔아 차익을 챙길 수 있다. 물론 금감원이 미공개 정보를 이용하여 불공정거래를 한 혐의를 발견하면 조사를 한다. 그렇지만 사외이사는 금감원의 조사망만 빠져나간다면 주식 매매차익을 챙길 수 있다는 유혹을 뿌리치기 어렵다. 이에 따라 기업 내부견제자로서의 사외이사 역할에 대한 의문이 고조되면서 사외이사제도에 관한 논란이 가중되고 있다.

먼저 위법하지도 않고 부당하지도 않다는 주장은 첫째, "종업원지주제를 통해 종업원들이 주인의식을 갖기 위해 주식을 소유하듯이 사외이사도 해당 회사의 주식을 얼마든지 가질 수 있다"며 "사외이사는 경영감시기능이외에 경영지원을 해야 할 책무도 있는 만큼 주식소유 자체를 부정적으로 볼 필요는 없다"고 말했다. 둘째, 미국에서도 사외이사와 전문경영인은 주주가치를 극대화하는 책임경영을 펼친다는 취지에서 해당 회사의 주식을 의무적으로 보유하고 있다고 하면서 "사외이사의 주식소유는 자본주의에서 논쟁할 가치가 없다"고 한다. 셋째, 재계는 사외이사의 회사 주식소유에 대해 책임경영 차원에서 바람직하다며 사외이사의 주식소유를 무조건 나쁘게 매도하지 말고 사외이사들이 독립적으로 경영감시활동을 펼치고 있는가를 평가하는게 중요하다고 한다. 넷째, "자신이 사외이사로 등재된 회사의 주식을 스톡옵션 등으로 갖는 것을 특혜로 보는 해석에는 무리가 있다"며 "리스크를 떠안고 취득한 주식의 가격이 떨어질 경우도 있으므로 특혜가 아니다"라고 하면서 위험을 갖고 주식을 취득하는 자본주의의 속성을 이해하지 못하는 데서 사외이사의 주식소유를 비판하는 것 아니냐"고 한다.

사외이사가 회사 주식을 갖고 있는 것은 법적으로 문제가 되지는 않는다. 그러나 도덕성 차원에서는 문제가 있다. 첫째, 사외이사가 회사 주식을 많이 갖고 있다면 회사의 미공개 경영 정보를 이용해 "떼돈"을 벌어 보겠다는 유혹에 빠지기 쉽기 때문에 불공정거래(내부자거래) 가능성이 높아진다. 둘째, 기업과 이해관계가 없는 사람이 내부견제를 함으로써 투명경영을 이끌어 내려는 사외이사제도의 취지와도 배치된다. 즉 주식을 보유한 사람을 사외이사로 선임하면, 사외이사로 선임된 것은 외부인사가 아닌 "내부인사"인 주주를 사외이사로 선임한 결과가 된다. 셋째, 지나치게 많은 주식을 갖고 있다면 견제기능이 퇴색되고 만다. 넷째, 특히 이해관계가 얽힌 사람들이 회사의 사외이사로 근무하면서 관련정책의 결정과정에도 참여하는 것은 공정한 정책결정을 할 수 없다는 문제점이 있다.

이와 같은 점에서 실권주를 사외이사가 인수했다는 사실의 적법성 내지 도덕적 적합성을 판단하기 위해선 몇가지 점을 고려해야 한다. 실권주는 유상증자를 하는 과정에서 우선 인수권을 가진 기존 주주들이 어떠한 이유에서든 인수를 포기하거나, 단주 발생 등의 이유로 소화되지 않은 주식 물량으로 상법상 이사회의 결정으로 인수자를 선정 배정할 수 있다고 해석된다. 이 결과 많은 기업들이 이사와 집행임원들에게 관행적으로 우선 인수 기회를 주어왔다.

문제의 핵심은 이렇게 실권주를 배정받을 이사·임원들 가운데 사외이사를 제외하는 것이 법적 요건인가 또는 법적요건이 아니더라도 그것이 바람직한가 하는 문제다. 원칙상 이사는 본인의 이해관계에 관련된 안건에 있어서는 의결에서 제외돼야 한다. 그러나 실권주 인수가 갖는 수익성의 불확실성 때문에 이를 급여나 상여금으로 보지 않아 이사의 의결제척이 법적요건은 아니라고 보는 것이 통설이다.

문제는 실권주를 배정받는다는 사실이 사외이사의 독립성에 저해되는가 하는 점으로 집약된다. 만약 실권주인수가 확실한 수익을 보장하는 수단이라면 당연히 사외이사는 이를 특혜로 인식할 것이다. 이는 집행부의 행동을 감시·견제하는 입장을 약화시키게 될 것이므로 이를 금지하는 것이 옳다. 그러나 실권주에 내재된 예상수익 자체가 확실치 않을 뿐 아니라, 그렇게 하는 경우 사외이사와 집행이사와의 사이에 새로운 경계선을 긋는다는 결과를 야기되는 점을 염두에 둘 필요가 있다.

기업지배구조의 개혁과정에서 도입한 사외이사에게 집행부에 대한 감시·견제 기능을 크게 기대하는 것은 당연하다. 하지만 사내이사와 사외이사를 확연히 구분된 조직으로 지향하는 것은 좀더 숙고가 필요한 부분이다. 견제와 감시라는 기능적 양해로부터 이해관계가 확연히 차별된 관계로 고착화하는 것은 불필요한 대립을 촉진하면서, 회사의 건전한 발전과 모든 주주의 이익보호라는 이사회의 기능에 역행할 수도 있기 때문이다. 그런 관점에서 우리 상법도 사외이사가 될 수 있는 자격요건만을 규정하고 있을 뿐이다.

따라서 실권주를 사외이사가 배정받았다는 사실이 잘못이라면, 이를 배정받은 모든 이사에게도 같은 의문이 주어져야 한다. 또 실권주 배정절차와 운용의 문제를 전체 제도적 측면에서 재고하는 차원에서 논의돼야 한다. 그러나 실권주 인수가 회사의 자금으로 행해졌다는 점은 국민정서상 수용이 어려운 부분이다. 반면에 실권주 배정을 의결할 때 甲회사 이사회에서 모든 이사·임원들에게 배정됐다는 점 때문에 특별한 토의는 없었다는 설명은 수용할 수 있다. 그렇지만 회사 돈으로 실권주를 인수한다는 조건에 관하여, 이사회나 사외이사들이 자신들한테 이익이 된다고 하여, 회사돈으로 실권주를 인수한다는 조건의 타당성이나 특혜성 여부에 대해 토의했거나 심사숙고한 흔적이 없었다면, 이것은 문제로서 우리의 새로운 기업 지배구조에 대한 이해가 아직도 많이 부족하다는 징표로 보인다.

7. 회사의 자본변동

(1) 신주발행

신주발행은 회사의 성립 후에 회사의 자본증가를 위하여 회사가 발행할 주식의 총수의 범위내에서 미발행주식을 신주로 발행하는 것이다. 보통의 신주발행은 회사가 자금조달을 직접 목적으로 이사회의 결의에 의하여 신주를 발행하는 것이다. 이 경우에는 회사가 신주인수의 청약을 받아 배정을 하여 신주인수를 확정하고 신주인수인으로 하여금 인수가액을 납입하도록 하여야 한다. 반면에 특수한 신주발행은 자금조달을 목적으로 하지 않고 그 외의 사유로 신주를 발행하는 것이다. 특수한 신주발행으로서는 준비금의 자본전입, 주식배당, 전환주식의 전환, 전화사채의 전환, 신주인수권부사채에서 신주인수권의 행사, 주식의 병합, 주식의 분할 등에 의한 신주발행이 있다.

회사가 신주발행을 하는 경우에 제3자에게 신주배정을 하면 기존 주주의 지주비율이 낮아져 주식회사에 대한 주주의 지배력이 약화되고 또 주가가 하락할 염려가 있으므로 기존 주주한데 신주인수권을 인정할 필요가 있다. 그러나 그렇다고 하여 주주한데만 신주인수권을 부여하면 회사가 필요로 하는 자본을 조달하지 못할 수 있다. 이런 사정을 고려하여 상법은 회사의 종업원이나 거래처 등에 신주인수권을 부여하여 이들과의 관계를 강화하도록 하면서 회사가 필요한 자금을 기동성있게 조달할 수 있도록 하기 위하여 정관으로 제3자에게도 신주인수권을 부여한다.

(2) 유상증자와 신주인수권

유상증자는 3가지 형태로 할 수 있다. ① 기존 주주들에게 각자가 지닌 주식금액에 비례해 새로 발행되는 주식을 사들일 수 있도록 우선권을 주는 구(舊) 주주

배정 방식, ② 주주가 아닌 회사의 특정 연고자에게 새 주식을 살 권리를 주는 제3자 배정 방식, ③ 불특정 다수의 일반 투자자를 대상으로 한 공개모집(공모) 증자 등이다.

구(舊)주주 배정 방식을 따른 유상증자가 이루어질 때는 기존 주주들은 새로 발행되는 주식을 우선 할당받는다. 이렇게 증자 때 새로 발행되는 주식을 우선적으로 사들일 수 있는 기존 주주의 권리를 신주인수권(Subscription Right)이라고 부른다. 신주인수권을 행사하는 주주들은 새 주식을 시가보다 싸게 사는 혜택을 기대할 수 있다. 대개 새 주식의 발행가는 이미 시장에서 유통되는 주식의 시세보다 싸기 때문이다.

(3) 사채발행

사채는 주식회사가 채권발행의 방법에 의하여 직접 또는 간접으로 일반공중으로부터 기채하여 부담하는 채무를 말한다. 사채는 주식회사의 자금조달의 한 방법으로 행하여진다. 주식회사의 자금조달방법으로서는 개인이나 은행 등으로부터 금전을 차입할 수도 있으나 장기간에 걸쳐 거액의 자금을 조달하는 방법으로서는 한계가 있다. 주식회사가 거액의 자금을 장기간 낮은 이자로 조달하는 방법은 신주발행과 사채 밖에 없다. 주식회사가 신주를 발행할 것인가 아니면 사채를 발행할 것인가는 주식시장상황, 물가상승율, 금리 등 여러 여건을 고려하여 결정하나 일반적으로 회사규모를 확대하여야 하는 경우는 신주발행에 의하여 하고, 회사규모를 확대할 필요는 없고 일시적 호황에 대처하여 자금이 필요한 경우는 사채를 발행하는 것이 정석이다.

◘ 사례연구 — 친인척에 저가로 발행한 전환사채

• **사안의 내용** 　부산지검 특수부는 2000년 11월 27일, 전환사채를 친인척에게 저가로 발행한 뒤 일반 투자자에게 고액으로 되팔아 74억원 이상의 차익을 남기면서 투자자에게 피해를 입힌 혐의로 부산시 금정구 부산대내 '맥소프트뱅크' 전 대표 A(38)씨와 이 회사 전 자금담당이사 B(37)씨 등 2명을 구속하여 수사중이다. 검찰에 따르면 맥소프트뱅크의 A와 B는 2000년 3월 전환사채 20만주를 시중유통가격 2만원대보다 훨씬 싼 3천원(액면가 1천원)에 발행하여, 친인척 등에게 배당한 뒤 한달 뒤인 4월 일반인을 대상으로 4만원대에 팔아 소액투자자들에게 피해를 입힌 혐의를 받고 있다.

자본금 12억 3천만원인 맥소프트뱅크는 지난 93년 설립되어, 소프트웨어 솔루션과 멀티미디어 영어교육프로그램을 팔아 지난해 50억원의 매출을 올렸으며 최근 2차원 바코드를 국내 처음으로 개발한 장외거래 벤처기업이다.

A가 발행한 전환사채는 어떠한 것이며 어떤 절차를 밟아 발행할 수 있는가? 그리고 전환사채와 같이 요즈음 언론에 크게 문제되는 신주인수권부사채는 무엇이며 전환사채와는 어떻게 구별되나?

• **사안의 해결** 전환사채(Convertible Bond)란 사채로 발행되나 일정한 기간이 지나면 사채권자의 청구가 있을 때 미리 결정된 조건대로 사채를 발행회사의 신주로 전환할 수 있는 권리를 가지는 사채이다. 전환권 행사시 사채는 소멸되고 사채권자는 발행회사의 영업실적에 따른 배당을 받을 수 있는 주식을 소유하게 되고, 전환비율은 통상적으로 100% 전환하는 조건으로 발행하는 기업이 대부분이다.

한편 신주인수권부사채(Bond with Warrant)는 사채권자에게 발행 후 소정의 기간이 경과한 후 일정한 가격으로 발행회사의 신주를 인수할 수 있는 권리가 부여된 사채이다. 즉 일반사채에는 없는 신주인수권(워런트)이라는 감미제가 딸려있는 채권이다. 사채보유자가 신수인수권을 행사해 미리 정해진 일정기간(행사기간)내에 정해진 가격(행사가격)으로 신주를 발행해 줄 것을 청구하게 되면 발행회사는 신주를 발행하여야 하는 것이다.

전환사채(CB)와 다른 점은 전환사채가 전환에 의해 그 사채가 소멸되는데 비해 신주인수권부사채는 인수권의 행사에 의해 인수권 부분만 소멸될 뿐 사채부분은 계속 효력을 갖는다는 점이다. 따라서 신주인수권을 행사할 때에는 신주의 대금은 따로 지불해야 한다. 신주인수권 행사에 의해 취득 가능한 주식의 총액은 사채총액의 범위 내에서 조절하여 발행할 수 있다.

전환사채와 신주인수권부사채를 포함한 사채의 발행한도는, 상법 제470조에서 비상장주식회사는 사채의 총액을 최종의 대차대조표에 의하여 회사에 현존하는 순자산액의 4배를 초과하지 못한다. 발행조건 중 가장 중요한 요인으로 고려하여야 할 것은 발행금리, 즉 표면이율과 만기보장수익율 그리고 전환조건(혹은 신주인수조건)이며, 발행의 성공여부에 직접적 영향을 미치게 된다. 예를 들면, 발행금리가 낮으면 권리의 행사가액도 낮게 책정되어야 하고, 발행금리가 높으면 행사가액을 높게 책정할 수 있다. 발행금리는 보통의 회사채(보증사채, 무보증사채) 발행금리보다 낮다. 그 이유는 채권가치 외에 향후 주가상승시 전환권 및 신주인수권의 행사로 취득한 주식의 매매차익을 기대할 수 있기 때문이다. 또한, 전환사채의 발행금리가 신주인수권부사채의 발행금리보다 낮은 것이 일반적이다.

이와 같이 BW는 보통사채에 비해 발행금리가 낮기 때문에 발행자는 저렴한 비용으로 자금을 조달할 수 있는 장점이 있다. 즉 신주인수권이라는 덤을 얹어주는 대신 돈을 싸게 빌리는 셈이다. 그리고 투자자의 입장에서는 주가 상승시 매매차익을 올릴 수 있다는 것이 가장 큰 매력이다. 하지만 행사기간 내내 주가가 행사가격을 밑돌면 낭패볼 수 있다는 것을 주의하여야 한다. 결국 약세장이 장기화되면 별 메리트가 없으므로 투자에 유의할 필요가 있다.

전환사채나 신주인수권부사새의 발행사항의 결정은 정관에 특별한 규정이 없는 경우에는 이사회의 결정에 의하나, 정관에서 주주총회가 전환사채나 신주인수권부사채의 발행에 관한 사항을 결정하기로 정한 경우에는 주주총회에서 이를 결정한다.

즉 신주인수권부사채와 전환새채의 경우, 예를 들면 신주인수권행사가격과 전환가격이 10,000원인데 비하여 신주인수권행사시점과 전환새채를 주식으로 전환할 시점의 주가가 100,000원이다면 사채로서의 이자보다는 신주인수권을 행사하고 전환사채를 전환하는 경우의 이익이 10배이상 보장되기 때문에 사채권자는 기다리던 기회가 온 냥 당연히 신주인수권을 행사하고 사채를 주식으로 전환하는 것이다. 이런 사실을 악용하여 일부 재벌과 부도덕한 벤처기업이 재산을 편법으로 증여 또는 뇌물을 제공하는 수단으로 신주인수권부사채나 전환사채를 발행하여 왔던 것이다.

위 사례와 같은 일이 가능했던 것은 상장기업의 경우 발행시점의 주식가격을 기준으로 CB전환가격 및 BW행사가격을 정하도록 했지만 코스닥 등록법인에는 아무런 제한이 없었기 때문이다. 주식가격과는 상관없이 전환가격이나 행사가격을 얼마든지 낮게 설정할 수 있었던 것이다. 금융감독원은 이 같은 허점이 드러나자 관련제도를 바꿔 전환가격 및 발행가격을 시가를 기준으로 결정하도록 해 헐값발행을 원천적으로 차단했다.

8. 회사의 계산

(1) 주식회사의 재무제표

주식회사는 주주유한책임의 원칙이 인정되기 때문에 유사시에 회사채권자의 담보로 되는 것은 회사의 재산뿐이므로 이익배당을 목적으로 하는 주주이든 또는 이자수입을 목적으로 주식회사에 참가하는 사채권자이든 또는 주식회사를 믿고 외상거래를 하는 일반채권자이든 모두다 주식회사의 계산관계가 명확하게 작성되는 것을 바란다. 주식회사는 상인으로서 총칙편의 상업장부에 관한 규정이 적용되므로 상업장부를 작성하여야 하고 또 성립한 때와 매결산기에 대차대조표를 작성하여야 한다.

주식회사의 이사는 매결산기에 대차대조표, 손익계산서, 이익잉여금처분계산서 또는 결손금처리계산서, 그 부속명세서 및 영업보고서를 작성하여야 한다. 이 중에서 대차대조표, 손익계산서, 이익잉여금처분계산서 또는 결손금처리계산서를 재무제표라고 한다.

이사는 매결산기에 재무제표 등을 작성하여 이사회의 승인을 얻어 이를 정기총회의 6주 전에 감사에게 제출하여야 하고, 감사는 이러한 서류를 받은 날로부터 4주내에 이사에게 감사보고서를 제출하여야 한다.

(2) 재무제표의 특수한 항목

첫째, 이연자산은 비용지출의 효과가 차연도 이후에까지 미치는 경우에 그 지출금액을 당해 영업년도뿐만 아니라 그 이후의 각 영업연도까지 부담시키기 위하여 이를 대차대조표의 자산의 부에 계상하여 점차 상각하도록 하는 비용이다. 창업비, 개업비, 신주발행비용, 액면미달금액, 사채차액, 사채발행비용, 건설이자, 연구개발비 등이 이에 속한다.

둘째, 충당금은 장래에 발생할 것으로 예상되는 특정의 지출 또는 손실에 대비하기 위하여 대차대조표에 비용으로 계상하는 금액이다. 대손충당금과 부채성충당금이 여기에 속한다.

셋째, 자본은 발행주식의 액면총액이다.

넷째, 준비금은 주식회사의 순재산액이 자본액을 초과하는 경우에 그 초과하는 금액을 잉여금이라 하고, 이 잉여금 중에서 주주에게 배당하지 않고 일정한 목적을 위하여 적립하는 경우에 그 적립하는 금액을 준비금(사내유보금액)이라고 한다. 준비금은 계산상의 수액이고 대차대조표의 자본의 부에 기재되며, 이익산정의 경우에 순재산액에서 자본과 함께 공제되는 공제항목이다. 준비금에는 상법의 규정에 의하여 적립하여야 하는 법정준비금과 임의준비금이 있다. 법정준비금은 자본의 결손의 경우에 사용하기 위하여 적립이 강제되는 준비금으로서 이익준비금과 자본준비금 두 종류가 있다. 이익준비금은 손익거래에서 생긴 영업이익을 재원으로 하는 법정준비금이다. 반면에 법정준비금은 자본거래에서 생긴 잉여금을 재원으로 하는 법정준비금을 말한다. 법정준비금으로서는 액면초과액, 감자차익금, 합병차익금, 분할차익금 등이 이에 속한다.

◘ 사례연구 — 비자금

• **사안의 내용** 甲기업은 골프채를 수입하는 업체로서 미국의 乙수출업체와 골프채 하나 당 100만원, 수량 1,000개의 골프채를 10억에 CIF로 수입하는 계약을 체결하였다. 그러나 한국의 여건상 정치인과의 원활한 협조관계가 기업활동을 하는 데 필수적인 지라 대표이사 A는 乙수출업체의 양해하에 경리부장에게 지시하여 골프채 하나당 120만원으로 서류를 이중으로 작성하여 수입대금으로 12억을 송금하는 것처럼 하여 비밀리에 2억원의 비자금을 마련하여 1억원은 지역구 국회의원 B에게 정치자금으로 제공하고 나머지 1억원은 자기집 운전기사 월급과 가정부 월급 그리고 가정의 조세공과금을 지급하는데 사용하였다. 마침 이런 사실이 여야 정권교체가 되면서 검

찰이 개혁을 명분으로 정치인을 수사하면서 드러났다.

이 사건이 언론을 통하여 보도되자 甲주식회사 주주인 C는 평소 존경하는 대표이사 A에 대하여 배신감을 느낀 나머지 대표이사에 A에 대하여 회사가 입은 손해를 배상하라고 대표소송을 제기하였다. 이 경우 대표이사 A는 2억원의 비자금에 대하여 회사에 대하여 손해배상책임을 부담하는가?

• 사안의 해결　　형식상 대차대조표상으로는 준비금의 명목을 붙이지 않지만 실질적으로는 준비금의 성질을 가지는 것을 말한다. 비밀준비금은 합리적인 범위내에서 적법한 목적으로 사용된다면 기업의 재산적 기초를 튼튼히 할 수도 있다. 그러나 다른 한편으로는 회사의 손익계산을 불명확하게 하고, 탈세의 수단 또는 부정행위를 행하는 수단으로서 악용되는 폐해가 있다. 이런 양쪽의 측면을 가지고 있기 때문에 비밀준비금을 부적법한 것으로 보는 견해도 있고 적법성을 인정하는 견해도 있다.

이 사건에서 비자금의 적법성을 부정하면 대표이사 A가 국회의원 B에게 정치자금을 제공한 행위는 무효로서 주주 C는 대표이사 A에 대하여 회사에 대하여 손해배상을 하라고 청구할 수 있다. 물론 국회의원 B에 대하여서도 1억원의 정치자금을 돌려받을 수 있다. 반면에 적법하다고 보는 견해에 의하더라도 "합리적인 범위내에서 기업활동에 필요한 경비를 집행하는 데 쓰는 것"을 전제로 하므로 주주 C는 부당한 정치자금과 대표이사 개인의 경비에 지출한 대표이사 A에 대하여 회사에 손해배상하라고 청구할 수 있다. 그러나 이 견해에 의하면 제3자인 국회의원 B나 운전기사 또는 가정부에 대하여서는 손해배상을 청구할 수 없게 된다.

Ⅲ 유한회사

1. 의　　의

유한회사는 다수의 균등액의 출자로서 이루어진 자본을 가지며, 사원은 회사의 자본에 대한 출자의무를 부담할 뿐이고, 회사채권자에 대하여 아무런 책임을 부담하지 않는 회사이다. 유한회사는 전 사원이 간접유한책임을 지는 자본단체라는 점에서 인적회사와 다르고 주식회사와 같으나 소규모의 폐쇄적인 회사이므로 지분의 양도가 제한되고 자본의 구성방법에 있어서도 법의 규제가 완화되어 있다.

2. 특　　색

유한회사는 간접유한책임을 그 본질적 요소로 하는 점에서 주식회사와 공통되나 이것은 중소기업에 적합한 기업형태이므로 다음과 같은 특색을 가진다. 첫째,

유한회사의 설립방법은 주식회사의 발기설립에 해당하는 형태만 인정되고, 회사설립의 경과에 관하여 법원이 선임한 검사인이 조사하는 제도도 없다. 둘째, 유한회사의 기관은 이사는 1인이라도 무방하고 기관이 이사회와 대표이사로 분화되어 있지 않으며, 감사는 임의기관이다. 사원총회의 소집절차도 간단하고, 사원총회의 특별결의의 요건은 주주총회의 특별결의요건보다 엄격하다. 셋째, 유한회사는 폐쇄적·비공개 회사로서 사원의 개성이 중요하므로 사원의 총수가 50인을 초과하지 못하도록 제한되어 있다. 그리고 지분의 양도도 제한되고 지분의 유가증권화도 인정되지 않는다. 사채의 발행도 인정되지 않으며 수권자본제도도 인정하지 않는다. 그리고 공시주의를 완화하여 대차대조표의 공고를 요구하지 않는다.

Ⅳ 합명회사

합명회사는 전 사원이 회사에 대하여 출자의무를 부담하는 외에 회사채무에 대하여 직접·연대·무한책임을 지고 전사원이 원칙적으로 회사의 업무를 집행하며 회사를 대표하는 권리를 가지는 회사이다. 합명회사는 인적신뢰가 있는 소수의 사원으로 구성되고 그 실질적인 측면은 조합이므로 내부관계에 관하여는 정관 또는 상법에 규정이 없는 한 조합에 관한 민법의 규정을 규정을 준용하도록 하고 또 사원의 개성이 강하게 회사사업에도 반영되므로 인적회사의 전형을 이룬다.

합명회사는 회사의 두 요소인 자본의 결합이라는 측면보다는 사원의 결합이라는 측면이 중요시되는 회사이므로 자본의 집중보다는 노력의 보충과 재산의 분산방지를 위하여 합명회사를 설립한다. 그러므로 합명회사는 고도의 신뢰가 형성되어 있기 때문에 믿을 수 있는 친구·선후배·친척 사이에 설립되며 임기응변과 신속성을 요구하는 중소기업에 적합한 기업형태이다.

Ⅴ 합자회사

합자회사는 무한책임사원과 유한책임사원으로 구성되는 회사로서 이종의 사원으로 구성된다는 점에서 다른 종류의 회사와는 다른 특색이 있다. 첫째, 합자회사는 유한책임사원을 가지고 있다는 점에서는 합명회사와 구별되나 무한책임사원을 가지고 있다는 점에서는 합명회사와 같다. 이와 같이 무한책임사원을 가지고 있다는 점에서는 사원의 개성이 중요한 인적회사에 속하며 그 실체는 조합적 성질을 가진다고 볼 수 있다. 그 결과 상법은 합자회사에는 특별한 규정이 있는 경우를 제외하고는 합명회사에 관한 규정을 준용한다. 둘째, 경제적으로 보면 합자회사는 무한책임사원이 경영하는 사업에 유한책임사원이 자본을 제공하고 그 사업에서 생기는 이익의 배분에 참가하는 형태로 익명조합과 유사하다. 그러나 합자회사는 무한책임사원과 유한책임사원으로 구성되는 공동기업으로서 유한책임사원의 출자는 회사재산으로 되고 유한책임사원은 그 구성원이며 회사채권자에 대하여 유한이나 직접·연대책임을 부담하는데 반하여, 익명조합은 영업자의 단독기업으로서 익명조합원의 출자는 영업자의 재산으로 귀속되고 익명조합원은 영업자의 영업상의 채권자에 대하여 아무런 책임도 부담하지 않는 점에서 구별된다.

제 3 장

어음 · 수표법

I 유가증권법과 어음 · 수표법

1. 유가증권의 개념

유가증권은 재산적 가치가 있는 사권을 표창한 증권으로서 그 권리의 행사 및 이전에 증권의 소지를 요하는 것을 말한다. 그러므로 유가증권은 첫째, 재산적 가치있는 사권을 표창하는 증권이다. 재산권은 물권이든 채권이든 사원권이든 불문한다. 둘째, 유가증권은 권리의 행사 및 이전에 증권의 소지를 요하는 것은 최소한의 요건이고 이외에도 어음 · 수표와 같이 권리의 발생에도 증권의 소지를 요하는 경우가 있다.

2. 유가증권의 종류

유가증권은 첫째, 양도할 때에 그 증권상의 권리자를 지정하는 방식에 따라 기명증권 · 지시증권 · 무기명증권 · 선택무기명증권 등으로 구분된다. 기명증권은 증권면에 특정인을 권리자로 지정한 유가증권으로서 기명채권과 기명승차권 등이 있다. 지시증권은 증권면에 기재되어 있는 특정인 또는 그 자가 지시하는 자를 권리자로 하는 유가증권을 말하며 이에는 어음 · 수표, 화물상환증 · 선하증권 · 창고증권 등이 있다. 둘째, 증권에 표창된 권리에 따라 채권증권, 물권증권, 사원권적증권 등으로 구분된다. 셋째, 증권이 표창하는 권리와 증권의 결합관계에 따라 완전유가증권과 불완전유가증권으로 구분된다. 완전유가증권은 권리의 발생 · 이전 · 행사의 모두에 증권의 소지를 요하는 유가증권으로서 어음 · 수표가 그 전형적인 예이다.

3. 유가증권법의 개념

광의의 유가증권법은 유가증권에 관한 모든 법규를 말한다. 광의의 유가증권법에는 어음법 · 수표법뿐만 아니라 유가증권에 관한 민법의 규정, 상법의 규정, 형법의 규정, 민사소송법의 규정, 상법상 유가증권의 매매 · 운송 · 임치에 관한 규정, 유가증권의 평가방법에 관한 규정 등이 포함된다. 협의의 유가증권법은 유가증권에 관한 법규 중에서 유가증권상의 권리의 발생 · 이전 · 행사 및 소멸에 관한 법규이다. 협의의 유가증권법에는 민법의 지시증권 · 무기명증권 · 선택무기명증권에 관한 통칙적 규정이 있고, 민법의 규정을 유가증권에 적용하도록 규정한 조항이 있으며 이외에도 어음법 · 수표법 등이 있다.

4. 어음 · 수표의 의의

어음은 금전의 지급을 위탁하거나 금전의 지급을 약속하는 문언을 기재한 불요인 · 문언 · 요식의 유가증권이다. 금전의 지급을 위탁하는 문언을 기재한 어음이 환어음이고, 금전의 지급을 약속하는 문언을 기재한 어음이 약속어음이다. 수표는 발행인이 지급인에 대하여 수취인 기타 소지인에게 일정한 금액을 지급할 것을 위탁하는 문언을 기재한 유가증권이다. 수표는 금전지급의 위탁증권이라는 점에서 인수전의 환어음과 같으므로 수표의 성질과 형식은 환어음과 유사하다.

5. 어음 · 수표의 경제적 기능

(1) 지급기능

거액의 거래대금을 현금으로 지급하면 운송 · 도난 · 분실 등 여러 어려움에 직면하게 된다. 이 경우 현금대신 수표로 지급하면 간단하고 편리하게 지급할 수 있는 장점이 있다. 그러므로 수표는 현금의 대용물로 쓰인다.

(2) 신용기능

어음은 현금이 없는 사람에게 신용을 부여하여 현금이 없어도 외상거래를 할 수 있는 신용을 부여한다.

(3) 송금기능

격지자간에 현금으로 지급하려면 불편과 위험이 따르므로 어음이나 수표에 의하여 송금을 한다. 예를 들면 한국의 甲이 미국의 乙에게 유학비용을 송금하려면 甲이 한국에 있는 자기의 거래은행에 현금을 납입하고 미국에 있는 그 은행의 지점이나 거래은행을 지급인으로 하는 환어음을 매수하여 이것을 미국에 있는 乙에게 송금하면 된다.

(4) 추심기능

어음의 추심기능은 환어음에만 있고 특히 국제거래에서 널리 이용된다. 예를 들면 한국의 수출자 甲은 미국의 수입자 乙을 지급인으로 하는 환어음을 발행하여 자기의 거래은행 A를 통하여 할인이나 추심을 의뢰한다. 그러면 A은행은 미국에 있는 자기은행의 지점이나 거래은행 B를 통하여 수입자 乙에게 지급제시를 하여 대금을 추심하게 된다. 이 경우 보통 환어음에 선하증권과 신용장을 첨부하여 거래한다.

6. 어음 · 수표법의 개념

최광의의 어음 · 수표법은 어음 · 수표에 관한 모든 법규를 말한다. 이에는 어음 · 수표에 관한 私法 뿐만 아니라 어음 · 수표에 관한 공법도 포함한다. 광의의 어음 · 수표법은 어음 · 수표에 관한 사법법규 전체를 말한다. 협의의 어음 · 수표법 외에 민사어음 · 수표법을 포함한다. 협의의 어음 · 수표법은 어음 · 수표의 거래관계에 고유한 법을 말한다.

Ⅱ 어음 · 수표법총론

1. 어음행위

어음행위는 형식적으로는 서명을 요건으로 하는 요식의 서면행위이고, 실질적으로는 어음상의 채무를 부담하는 법률행위를 말한다. 어음행위에는 발행, 배서, 인수, 참가인수, 보증의 다섯 가지가 있다. 환어음에는 다섯 개의 어음행위가 전부 다 있으나 약속어음에는 발행, 배서, 보증의 세가지가 있다. 어음행위 중 발행은 어음을 창조하는 행위이므로 기본적 어음행위라 하고 기타의 어음행위는 발행을 전제로 기존의 어음에 대하여 하는 행위이므로 부속적 어음행위라고 한다.

어음행위가 성립하기 위하여서는 의사표시가 유효하게 행하여져야 하고 그 의사표시는 서면에 방식을 갖추어 작성 또는 기재되어야 하며 그 작성 기재된 서면을 상대방에게 교부하여야 한다.

2. 어음행위독립의 원칙

어음행위독립의 원칙은 형식상 완전한 어음에 기명날인한 자는 자기의 어음행위의 전제가 되는 선행의 다른 어음행위가 무효·취소되어도 그 영향을 받지 않고 독립하여 자신의 어음행위에 의하여 어음채무를 부담하는 것을 말한다. 예를 들면 무능력자가 법정대리인의 동의를 받지 않고 어음을 발행한 후 그 발행을 취소한 경우에도 무능력자가 발행한 어음에 배서·보증·인수 등의 어음행위를 한 자는 배서인·보증인·인수인으로서 어음상의 책임을 진다는 것이다.

3. 어음항변

어음항변은 어음에 의하여 청구를 받은 자가 청구자인 어음소지인에 대하여 그 청구에 대하여 반대되는 내용을 주장할 수 있는 사유이다. 채권양도의 일반원칙에 의하여 채무자가 양수인인 채권자에 대하여 항변할 수 있다고 하면 어음의 경우에는 배서양도되는 경우마다 채무자의 항변사유가 늘어만 가게 되어 어음의 유통성을 크게 해할 수 있다. 이에 어음법에서는 어음채무자의 인적관계에 기한 항변사유는 선의의 어음취득자에게 대항할 수 없도록 제한하여 어음의 유통성을 보호하고 있다.

어음항변은 물적항변과 인적항변으로 나눌 수 있다. 물적항변은 어음채무자가 모든 청구자에 대하여 대항할 수 있는 항변사유로서 배서인으로부터 피배서인에게 당연히 승계되나 인적항변은 어음채무자가 특정의 청구자에 대하여서만 항변할 수 있는 사유로서 배서에 의하여 항변사유가 절단되어 피배서인에게 승계되지 않는다.

4. 어음상의 권리소멸

주된 어음채무자인 환어음의 인수인 또는 약속어음의 발행인에 대한 청구권의 소멸시효기간은 만기의 날로부터 3년이다. 그리고 어음소지인의 전자에 대한 소구권의 소멸시효기간은 적법한 시기에 작성한 거절증서의 작성일자로부터 또는 거절증서의 작성이 면제되어 있는 경우에는 만기의 날로부터 1년이다. 마지막으로 상환을 한 배서인의 그 전자에 대한 재소구권의 소멸시효기간은 그 배서인이 어음을 환수한 날 또는 제소된 날로부터 6월이다.

5. 이득상환청구권

이득상환청구권은 어음소지인이 권리보전절차의 흠결이나 소멸시효기간의 경과로 어음상의 권리를 상실하고 발행인·인수인 또는 배서인 등의 어음채무자가 어음금지급의무를 면하고 실질관계에서 이득을 본 경우에 어음상의 권리를 상실한 어음소지인이 이득을 본 어음채무자에 대하여 그 이득의 상환을 청구할 수 있는 권리이다. 이 원칙은 정의와 형평의 원칙에서 인정되는 원칙으로서 어음법상의 원칙이 기술적·형식적인데 비하여 상식적·실질적인 해결을 도모하는 제도이다.

Ⅲ 약속어음

1. 약속어음의 개념

약속어음은 발행인 자신이 주된 어음채무자로서 어음금액을 지급할 것을 약속하는 어음이다. 약속어음은 발행인에 대한 어음금액지급청구권을 표창하고 또 발행인이 지급거절을 한 경우에 배서인에 대한 소구권을 표창한다.

2. 백지어음

어음요건의 전부 또는 일부를 기재하지 않은 서면에 기명날인하여 그 기재하지 않은 어음요건을 후일 어음취득자로 하여금 보충시킬 의사로 교부한 미완성어음을 말한다. 의도적으로 어음요건을 흠결시킨 '미완성의 어음'이라는 점에서 발행인이 잘못하여 어음요건의 기재를 빠뜨림으로써 효력이 없는 '불완전 어음' 또는 '하자있는 어음'과 구별된다. 백지어음은 어음을 발행할 당시에는 원인관계 또는 자금관계상의 사정으로 어음금액이라든가 만기, 수취인 등을 확정할 수 없어서 일단 어음요건의 전부 또는 일부를 공란으로 남겨둔 채 어음을 발행·교부하고 후일 이러한 사유가 확정된 때에 어음 소지인으로 하여금 이를 보충하도록 할 필요가 있는 경우에 유용하게 사용된다.

3. 어음의 이전(배서)

약속어음상의 권리는 여러 가지 원인에 의하여 이전한다. 즉 양도, 상속, 합병, 강제집행, 전부명령, 변제로 인한 대위 등에 의하여 이전한다. 그러나 가장 일반적인 이전원인은 양도 중에서도 배서에 의한 양도이다.

배서는 수취인 기타의 후자가 보통 어음의 이면에 일정한 사항을 기재하고 이에 기명날인 또는 서명한 후 이것을 타인에게 교부하는 어음행위이다. 그리고 배서는 어음의 이면에 하는 것이 보통이나 표면에 하여도 무방하고 또 여백이 없는 경우에는 보전을 붙여서 하여도 무방하다. 그리고 어음에는 등본이 인정되므로 등본에 배서할 수도 있다.

양도배서를 한 경우에는 권리이전적 효력, 자격수여적 효력 및 담보적 효력이 발생한다. 권리이전적 효력은 배서를 한 경우에 모든 어음상의 권리가 어음과 함께 배서인으로부터 피배서인에게 이전되는 것을 말한다. 여기서 이전되는 어음상의 권리는 발행인에 대한 어음금지급청구권, 배서인에 대한 소구권, 어음보증인에 대한 권리 등이다.

배서의 자격수여적 효력은 배서를 한 때에는 피배서인은 적법한 어음소지인으로 추정되어 어음상의 권리자라는 형식적 자격을 가지며, 따라서 피배서인은 자기가 진실한 권리자라는 것을 증명할 필요없이 어음상의 권리를 행사할 수 있는 것을 말한다.

배서의 담보적 효력은 배서인이 배서를 한 때에는 피배서인과 그 후자의 전원에 대하여 어음금의 지급을 담보하여 만기에 지급이 거절되거나 만기전이라도 어음금의 지급이 불확실하다고 인정되는 사유가 생긴 때에는 어음금액 기타의 일정한 금액을 상환하여야 할 책임을 부담하는 것을 말한다. 배서인의 담보책임은 발행인이나 다른 배서인의 책임과 함께 합동책임이다.

◘ 사례연구 — 배서의 효력

• 사안의 내용　　甲은 乙로부터 맥주 100상자를 매수하고 대금지급을 위하여 금액 100만원, 만기 2001년 5월 1일자 약속어음을 발행하여 乙에게 교부하였다. 그후

乙은 어음을 소지하고 있던 중 분실하였고 이 어음을 습득한 丙이 乙의 기명날인을 위조하여 선의의 丁에게 배서양도하였다. 만기에 丁은 甲에게 어음금의 지급을 청구하였다. 그러나 甲은 병의 어음취득에 문제가 있음을 주장하면서 丁에게 권리자임을 입증할 것을 요구하였다. 甲의 주장은 타당한가?

• **사안의 해결** 위 사례에서 배서는 乙→丁으로 연속되어 있다. 최후의 배서가 연속되어 있기 때문에 소지인인 丁은 배서의 자격수여적 효력에 의하여 권리자로 추정된다. 따라서 소지인은 어음만 제시하면 권리를 행사할 수 있다. 오히려 어음채무자인 甲이 소지인의 지급청구를 거절하기 위하여서는 소지인이 정당한 권리자가 아님을 입증하여야 한다. 즉 선의취득하지 않았음을 입증하여야 한다. 그러므로 甲의 주장은 타당하지 않다.

4. 어음의 지급

발행인이 어음소지인에게 어음금을 지급하면 모든 어음관계가 목적을 달성하여 소멸된다. 발행인의 어음금지급은 만기에 있어서의 지급, 만기 전의 지급, 만기후의 지급으로 나누어 볼 수 있다.

만기에 있어서의 지급은 지급을 할 날 또는 그에 이은 2거래일 내에 어음소지인이 지급제시를 하는 경우에 어음채무자가 지급을 하는 것을 말한다. 지급제시의 장소는 원칙적으로 지급지 내에 있는 발행인의 영업소 또는 주소이다. 발행인은 배서인의 기명날인의 연속여부를 조사할 의무는 있으나 배서인의 기명날인의 진위여부 또는 어음소지인의 실질적 자격에 관하여 조사할 의무는 없기 때문에 사기 또는 중대한 과실없이 지급한 때에는 책임을 면한다.

만기 전에는 발행인은 어음금을 지급할 의무가 없으므로 만기 전에는 발행인은 지급제시를 받아도 어음금의 지급을 거절할 수 있고 지급거절로 인한 책임을 지지 않는다. 그러나 발행인과 어음소지인간의 합의가 있는 경우에는 발행인은 만기 전이라도 어음금을 지급할 수 있다. 이 경우 발행인은 자기의 위험부담으로 지급을 한 것으로 된다.

어음소지인이 만기에 지급제시를 하지 않아도 발행인은 어음상의 절대적인 채무자이므로 지급제시기간 경과 후에도 발행인은 어음상의 권리가 소멸시효로 완성되기 전까지는 어음상의 책임을 부담한다.

5. 어음의 부도와 소구

어음의 부도는 광의로는 어음을 적법하게 지급제시하였으나 지급거절된 경우이고, 협의로는 어음교환소를 통하여 어음을 지급제시하였으나 지급거절된 경우이다. 만기에 적법한 지급제시를 하였는데도 어음금의 지급이 거절된 경우에는 어음소지인은 발행인에 대하여 어음상의 책임을 추궁할 수 있다. 어음이 부도난 경우에 어음소지인이 발행인이 아닌 자기의 전자에 대하여 어음금액 기타의 비용을 청구할 수 있는 권리를 소구권 또는 상환청구권이라고 말한다. 어음소지인은 배서인·보증인·무권대리인 등의 소구의무자 중의 누구에 대하여서도 직접 소구할 수 있다. 그리고 소구의무자가 소구권자인 어음소지인 또는 자기의 후자의 소구에 응하여 소구의무를 이행하고 어음을 환수한 후에 다시 자기의 전자에 대하여 소구할 수 있는 권리를 재소구권이라고 한다.

어음소지인이 소구권을 행사하기 위하여서는 첫째, 지급제시기간내에 완성된 어음을 발행인에게 지급제시하였는데도 어음금의 전부 또는 일부의 지급이 거절되어야 하고 둘째, 지급제시기간내에 지급거절증서를 작성하여야 한다. 다만 지급거절증서의 작성이 면제되어 있는 경우에는 지급거절증서를 작성할 필요가 없다.

◘ 사례연구 — 배서인에 대한 소구권

• **사안의 내용**　대구에 사는 甲은 2년 전 다른 사람이 발행한 어음을 한장 가지고 온 친구 乙로부터 이 어음을 할인해달라는 부탁을 받았다. 마침 甲은 가진 돈이 없는지라 자기가 어음을 할인해 주지 못하고, 대신 금전거래를 많이 하는 친구 丙을 소개해 주었다. 甲이 소개한 丙은 금전거래의 경험이 많은 사람이기 때문에, 관행이 그렇다고 하면서 甲이 어음에 배서를 해 주면 어음을 할인해 주겠다고 하였다. 친구의 급한 사정을 잘 알고 있는 甲은 배서 한번 해서 무슨 문제가 생길까 하는 소박한 생각으로 친구 乙이 가져온 어음에 배서를 해주었다.

그런데 그 어음의 지급 날짜 전에 乙은 어음할인을 해준 丙에게 찾아가서 3개월치의 이자를 주고 지급일을 3개월 미루었습니다. 하지만 막상 지급기일이 다가왔을 때에는 그 어음을 처음 발행한 乙이 망하는 바람에 결국 어음은 부도가 나버렸다. 어음할인을 해서 어음을 가지고 있던 丙은 발행인인 乙로부터 어음금액을 받지 못하였다. 甲의 소개로 어음을 할인해 주었던 丙은 어음을 할인한지 2년이 지난 요즘에 와서 甲에게 배상을 요구하고 있다.

이런 경우 甲은 乙 대신 어음금액을 지급할 책임이 있는가?

• **사안의 해결** 일반적으로 사업을 하는 사람은 약속어음이란 것을 많이 사용한다. 약속어음을 받은 사람은 어음의 뒷면에 자신의 이름을 적은 후에 어음을 다른 사람에게 돌리고 어음금을 융통할 수 있다. 이것을 어음법에서는 배서라고 한다. 그렇게 해서 최종적으로 어음을 갖게 된 사람은 어음에 적힌 날짜가 되면 처음 어음을 발행한 사람에게 어음금액을 지급해달라고 청구한다. 그러나 어음의 발행인이 위 사례와 같이 돈이 없어 어음에 적혀진 만기일에 어음금액을 지급하지 못하는 경우를 흔히 부도가 났다고 한다.

이렇게 부도가 났을 경우, 어음을 갖고 있는 사람은 자기보다 앞서 배서한 사람에게 어음금액을 청구할 수 있고 이것을 소구권이라고 한다. 그런데 소구권을 행사하기 위하여서는 지급을 할 날 또는 그에 이은 2거래일 이내에 지급제시를 하여 지급거절증서를 작성하여야 한다. 위 사례에서 어음소지인인 丙은 지급기일을 3개월 뒤로 연장해주고 나서 그 연장된 지급기일에 어음채무자인 乙에게 지급제시와 지급거절증서를 작성하지 않았기 때문에 甲에게 소구권을 행사하여 어음금액을 지급받을 수 없다.

Ⅳ 환 어 음

1. 환어음의 의의

환어음은 발행인이 제3자에 대하여 일정한 금액을 다른 제3자에게 지급할 것을 위탁하는 문언을 기재한 어음이다.

2. 약속어음과 차이점

첫째, 환어음은 발행인이 지급인에 대하여 일정한 금액의 지급을 위탁하는 지급위탁증권인데 대하여 약속어음은 발행인 자신이 어음금의 지급을 약속하는 지급약속증권이다. 둘째, 약속어음의 경우에는 어음의 주된 채무자가 발행인으로서 어음의 발행시부터 확정되나 환어음의 경우에는 어음의 주채무자는 인수인으로서 인수라는 어음행위를 하여야만 비로서 주된 채무자가 확정된다. 셋째, 환어음은 지급인의 인수 후에는 인수인에 대한 금전채권을 표창하나, 인수 전에는 어음금의 지급을 목적으로 하는 기대권 즉 인수를 정지조건으로 하는 금전채권과 인수거절 또는 지급거절의 경우 소구권이라는 택일적 관계에 있는 금전채권을 표창한다.

V 수 표 법

1. 수표의 의의

수표는 발행인이 지급인에 대하여 수취인 기타 증권의 소지인에 대하여 일정한 금액을 지급할 것을 위탁하는 문언을 기재한 유가증권이다. 따라서 수표는 환어음과 같은 지급위탁증권이다.

2. 수표와 환어음의 차이

첫째, 수표는 지급의 수단으로서 현재 현금을 지급하는 대신에 현금의 대용으로 발행되는 지급증권이나 환어음은 후일에 일정한 금액이 지급될 것을 전제로 발행되는 신용증권이다. 이점에서 수표는 법률상 당연한 일람출급으로 되어 있고 어음에서와 같은 만기가 존재하지 않는다. 둘째, 국제간의 송금에는 환어음이 이용되지만 국내의 송금에는 수표가 많이 이용된다. 셋째, 수표에 있어서는 지급인을 은행으로 한정하고 있다. 넷째, 수표를 발행하는 경우에는 발행인과 지급인 간에 수표자금과 수표계약이 존재하여야 한다. 다섯째, 수표가 신용증권화하는 것을 방지하기 위하여 수표에는 인수가 인정되지 않는다. 여섯째, 수표는 지급증권이므로 그 지급제시기간이 단기간인 10일로 규정되어 있다.

3. 수표와 약속어음의 차이

첫째, 수표는 발행인이 지급인에 대하여 일정한 금액의 지급을 위탁하는 지급위탁증권인데 비하여 약속어음은 발행인 자신이 일정한 금액을 지급할 것을 약속하는 지급약속증권이다. 둘째, 약속어음은 발행인과 수취인을 필요로 하나, 수표에 있어서는 발행인과 지급인이 필요하고 수취인의 표시는 반드시 필요한 것은 아니다. 셋째, 수표는 지급인이 있으므로 발행인과 수취인간의 원인관계 외에 발행인과 지급인간의 자금관계가 필요하나 약속어음에는 자금관계가 없다. 넷째, 약속어음에는 발행인이 주된 채무자이나 수표에 있어서는 발행인은 주된 채무자가 아니고 단지 지급이 거절된 경우에 소구의무를 부담할 뿐이다.

Ⅵ 신용카드

1. 신용카드의 개념

신용카드는 신용을 획득하기 위하여 수시로 이용되는 카드 · 표찰 · 증서 기타 신용장치를 말한다. 이 신용카드를 소지하고 있으면 일반인은 거래를 행하는데 있어서 현금을 수수하지 않고서도 신용카드만 제출함으로써 자기가 필요한 물건이나 서비스의 제공을 안전하게 받을 수 있다. 그러므로 신용카드는 제3의 통화 또는 현금 없는 지급수단으로서 현금 없이 거래하는 신용사회를 정착시키는데 필요불가결한 제도가 되고 있다.

신용카드는 재산권을 표창하는 것이 아니고 그리고 출자에 의하여 회원이 되는 것도 아니고 그 양도와 입질도 인정되지 않으므로 유가증권이 아니다. 그러나 신용카드는 신용거래를 행할 수 있는 자격을 증명하는 자격증권적 성질이 있다고 말할 수 있다. 반면에 삼당사자카드와 다수당사자카드는 신용카드보유자의 회원자격을 증명하는 것에서 더 나아가 카드발행회사가 신용카드에 의한 거래의 대금을 지급하겠다고 약속하는 손해담보계약상의 책임을 부담하는 증서로서의 성질도 나타낸다.

2. 거래과정

신용카드로 거래가 행하여지는 과정을 살펴보면 신용카드발행회사로부터 신용카드를 발행받은 회원인 카드소지인은 가맹점에서 원하는 물건을 구입하거나 서비스를 제공받기 전 또는 후에 신용카드를 제시하고 가맹점이 작성한 매출전표에 서명한다. 그 다음 가맹점은 카드보유자의 서명을 받은 매출전표를 카드발행회사에 송부하고 매출전표의 액면금액으로부터 미리 약정한 일정한 비율의 수수료를 공제한 금액을 카드발행회사로부터 지급받는다. 이 경우 대개는 카드발행회사가 가맹점의 예금계좌에 입급하는 방법으로 지급받는다.

그 후 가맹점에 카드이용대금을 지급한 카드발행회사는 매월 일정한 날까지의 카드보유자별 신용카드이용대금을 합산하여 각 카드보유자에게 위 금액에 해당하는 청구서를 보낸다. 그러면 카드보유자는 청구금액을 일정한 날짜에 카드발행회사에 납부한다. 대금지급방법은 카드보유자가 대개 은행지로를 이용하거나 또는 카드보유자의 예금계좌로부터 자동이체의 방법으로 카드발행회사에 지급되는 것이 보통이다.

3. 신용카드의 경제적 기능

첫째, 카드보유자는 도난·분실 등의 위험이 따르는 현금을 소지하지 않고도 신용카드만 제시하면 필요한 물건이나 서비스를 제공받을 수 있기 때문에 신용카드는 신용카드보유자에게 신용을 제공하여 현금대용의 역활을 수행한다. 둘째, 둘째로 가맹점은 카드발행회사가 대금의 지급보증을 하고 또 매출전표를 송부하면 즉시 대금의 지급을 받을 수 있으므로 가맹점도 안심하고 고객을 확보하여 판매를 할 수 있도록 하기 때문에 가맹점에 대하여는 판매를 촉진시키는 역할을 한다. 셋째, 카드발행회사는 가맹점으로부터 수수료수입을 얻게 하여 주고, 때로는 카드보유자로부터 회비를 받기도 하기 때문에 카드발행회사에 대하여는 수익성을 보장해 주는 역할을 한다.

4. 신용카드에서 당사자간의 법률관계

카드발행회사와 카드보유자 사이의 법률관계는 회원규약에 의하여 규율된다. 그리고 카드발행회사와 카드보유자 사이의 계약관계는 하나의 계속적채권관계이며, 그 성질은 일종의 도급계약 내지는 위임계약으로 본다.

첫째, 신용카드를 분실하거나 도난당하여 제3자가 신용카드를 부정사용한 경우에 여신전문금융업법에서는 회원규약 또는 가맹점규약에 의하여 신용카드의 보유자 또는 가맹점의 일방 또는 쌍방에게 부담시키고 카드발행회사는 전혀 책임을 지지 않는 것으로 하는 수가 있으나 가맹점 또는 카드발행회사는 적어도 카드이용자와 카드보유자의 인적동일성, 카드상의 서명과 매출전표상의 서명의 동일성, 카드의 분실신고의 유무 등을 상거래상 요구되는 주의의무로써 확인할 의무가 있고 이러한 주의의무를 다하지 못한 경우에는 신용판매한 가맹점 또는 카드발행회사가 그 손실을 부담하여야 한다.

둘째, 카드보유자가 신용카드를 이용하여 상품을 구입하였는데 그것이 약정한 품질을 갖추지 못하였거나 거기에 하자가 있는 경우에는 카드보유자는 이러한 사유를 들어 카드발행회사의 대금청구에 항변권을 행사할 수 있다.

셋째, 카드보유자의 보증인은 카드유효기간 내에 그리고 카드보유자의 월간 사용한도액의 범위내에서 보증책임을 부담한다.

◘ 사례연구 — 분실한 신용카드사용액에 대한 회원의 책임

• **사안의 내용** 서울 면목동에 거주하는 甲은 중구 을지로 6가 소재 의류상가 주변에서 乙이 분실한 신용카드를 습득한 후 다른 지역에서 물품을 구입한 후 습득한 신용카드로 대금 4,800만원을 결제하였다. 이후 신용카드회사는 乙에게 대금 4,800만원을 청구하였다. 대금청구서를 받은 乙 은 그제서야 신용카드분실사실을 인식하고 신용카드회사에 분실신고를 하였다. 하지만 신용카드회사는 분실신고이전에 사용된 금액에 대하여는 결제를 하여야 한다면서 대금결제를 강요하는데 과연 을은 자신이 사용하지 않은 대금을 결제하여야 하는가?

• **사안의 해결** 신용카드회원이 신용카드를 분실 또는 도난 당하여 제3자가 부정사용하였을 경우에 그 이용대금에 대하여 신용카드회사가 이를 부담할 것인가 아니면 회원이 부담할 것인가의 문제가 제기되었다. 이러한 신용카드의 분실 또는 도난으로 인하여 발생하는 문제점을 해결하기 위하여 여신전문금융업법에서는 신용카드회원이 신용카드를 분실 또는 도난 당한 사실을 신용카드회사에 고지하였을 경우에 분실 등의 신고시점이후는 물론이고 분실 등의 신고 이전 60일 전내에 발생한 제3자의 무단사용에 대하여 회원의 책임을 면제하고 있다. 다만, 신용카드업자는 신용카드의 분실 또는 도난 등에 대하여 그 책임의 전부 또는 일부를 신용카드회원의 부담으로 할 수 있다는 취지의 계약을 체결한 때에는 당해 신용카드회원에 대하여 그 계약내용에 따른 책임을 부담하게 할 수 있지만, 저항할 수 없는 폭력이나 자기 또는 친족의 생명·신체에 대한 위해로 인하여 비밀번호를 누설한 경우 등 신용카드 회원의 고의 또는 과실이 없는 경우에는 그러하지 아니하다. 또한 신용카드업자는 신용카드회원 등에 대하여 위조 또는 변조된 신용카드 등의 사용으로 인한 책임을 진다. 다만, 신용카드업자가 신용카드 등의 위조 또는 변조에 대하여 그 신용카드회원 등의 고의 또는 중대한 과실을 입증하는 경우 그 책임의 전부 또는 일부를 신용카드회원 등의 부담으로 할 수 있다는 취지의 계약을 신용카드회원등과 체결한 때에는 당해 신용카드회원 등에 대하여 그 계약내용에 따른 책임을 부담하게 할 수 있다. 회원이 책임을 부담하는 계약은 반드시 서면에 의하여야 하며, 신용카드회원 등의 중대한 과실은 계약서에 기재된 것에 한한다. 또한 회원의 고의 또는 중대한 과실로 인정되는 경우는 고의 또는 중대한 과실에 의한 비밀번호의 누설, 신용카드 또는 직불카드의 양도 또는 담보목적으로의 제공에 한정된다.

위 사례에서 신용카드회사가 乙에 대하여 청구한 금액은 乙이 분실한 신용카드를 습득한 甲이 사용한 금액이다. 따라서 乙은 甲의 신용카드사용시점이 분실신고이전의 60일내에 사용된 것이라는 것을 증명하면 여신전문금융업법상 회원의 면책규정에 의하여 카드대금 4,800만원에 대하여는 책임을 지지 않게 된다.

Ⅶ 전자어음과 전자수표

전자금융은 우리들의 생활 속 깊숙이 들어와 있다. 즉, 우리들이 버스나 지하철을 탈 때 이용하는 하나로 카드부터 인터넷·휴대전화 등에 충전해 물건을 사고 파는 사이버 캐시까지 전자화폐는 일상화되고 있다. 이러한 현실을 반영하여 정부는 주로 개인과 개인, 개인과 기업에만 쓰였던 전자금융이 기업과 기업간에도 적용되도록 하기 위하여 2005년 1월부터 전자어음법을 시행하고 있다. 그리고 법무부는 2005년 1월 31일 전자어음의 유통과정·효과를 설명하는 전자어음 시연회를 열었다. 우리나라가 세계최초로 전자어음을 사용하면서 종이어음을 대체할 전자어음의 시대가 열린 것이다.

1. 전자어음의 개념과 장점

전자어음이란 "전자어음의 발행 및 유통에 관한 법률"에 의하여 인터넷상에서 전자문서로 작성되어 발행·유통되는 어음으로서 실물경제에서 이용되는 종이어음과 거의 같은 역할을 한다.

전자어음은 어음의 위·변조가 원천적으로 방지되는 점을 장점으로 꼽을 수 있다. 해마다 금융결제원에 적발된 위조·변조어음 으로 인한 피해가 막대하였는 바 이러한 피해와 손해를 원천적으로 예방할 수 있는 장점이 있는 것이다. 또 전자어음은 모든 거래가 실명으로 이루어지기 때문에 조세포탈 등을 목적으로 한 음성적 거래를 막아준다. 관리기관이 어음 발행인의 주거래 은행과 신용조사기관의 신용평가 내용 등을 참조하기 때문에 어음의 부도 위험을 최소화할 수 있다.

금융결제원 관계자는 "회계 투명성 향상으로 조세탈루가 방지되며, 기하경제가 수면 위로 떠오르게 될 것"이라며 "어음제조, 보관, 관리 및 유통, 교환비용 등 물류비용도 획기적으로 절감된다"고 한다.

2. 사용방법

먼저 발행인이 거래은행 인터넷 뱅킹 홈페이지에 접속하여 발행에 필요한 세부내역(만기일, 금액, 수취인 인적사항 등)을 입력한다. 그러면 발행인은행은 해당 내역을 관리기관에 전송, 전자어음 원장에 등록한다.

그 다음 배서인은 거래은행 인터넷 뱅킹 홈페이지 혹은 전자어음관리기관 홈페이지(www.u-note.or.kr)에서 배서에 필요한 세부내역(피배서인 인적사항)을 입력한다. 그러면 배서인은행은 해당 내역을 관리기관에 전송, 전자어음 원장에 등록한다.

그리고 전자어음 관리기관은 만기일 전 영업일에 발행인에게 자동으로 지급제시한다. 즉 종전의 종이어음과 같이 전자어음 최종 소지인이 개별적으로 지급제시할 필요가 없는 것이다. 그러므로 발행인은 만기일 16시 30분까지 어음금액을 당좌계좌에 입금하고 발행인 은행은 입금내역을 관리기관으로 전송하여, 최종소지인 수취계좌에 어음금을 입금한다.

이와 같이 전자어음의 거래는 인터넷을 통해 이루어지기 때문에 기업체는 컴퓨터만 가지고 있으면 된다. 해킹의 위험은 거의 없다고 보면 된다. 금융결제원이 전자어음과 같은 시스템인 전자외상매출채권을 발행하면서 해킹을 당한 적이 한번도 없기 때문이다. 종이어음과 전자어음은 일정기간 병행 유통된다. 강제적으로 유통되는 것이 아니기 때문에 기업이 줄 중에 하나를 선택하면 된다.

금융결제원과 공동 사업을 추진하고 있는 한국 슈퍼체크 조영섭 이사는 "현재 종이어음 시장은 1,500～1,800조에 이른다"며, "2～3년 후에는 전자어음의 점유율이 50%가 될 것으로 예상한다"고 하였다.

기존 종이어음은 배서횟수에 제한이 없지만 전자어음은 20회로 제한된다. 만기는 기업어음과 마찬가지로 1년을 초과할 수 없다. 금액을 나눠서 사용하는 전자어음의 분할은 기업간 결제의 편리성을 제고하여 일부 할인을 통한 이자비용 절감에 도움이 되지만 전자어음제도가 세계 최초로 도입하는 것인 만큼 분할배서는 점진적으로 추진하자는 목소리가 높아 보류하기로 했다. 부도가 났을 때는 전적으로 발행인 책임이다. 은행, 전자어음관리기관은 부도에 대한 책임이 없다.

3. 전자수표 · 어음 효력 부여

법무부는 전자수표 및 전자어음 발행을 뒷받침하기 위해 어음법 및 수표법 개정안을 입법예고하였다.

수표법 개정안에 따르면 전자수표의 경우 실물수표를 제시한 것과 같은 효력을 부여, 수표 발행자와 은행, 어음교환소가 인터넷을 이용해 정보를 교환할 수 있기 때문에 일일이 수표를 현금으로 교환할 필요가 없어진다. 또 수표지급인으로부터 위임을 받은 제시은행이 지급인을 대신해 수표가 진짜인지 가짜인지 여부에 대한 조사를 대행할 수 있도록 근거규정을 마련하였다.

그동안은 지급인에게 수표의 진위에 대해 조사하는 책임이 부여돼 있어 제시은행에서 대신 수표의 진위를 조사할 수 있는지 여부가 불분명했다는 지적이 제기돼왔다. 법무부는 "현재 수표의 교환업무에 소요되는 연간 수백억원의 물류비용을 절감할 필요가 있어 전자수표에 대해 수표법에 따른 지급제시의 효력을 부여하는 등 수표교환업무 전자화의 법적 근거를 마련했다"고 밝혔다.

어음법 개정안에 따르면 어음 추심을 위임받은 금융기관(제시금융기관)이 어음의 기재사항을 전자어음으로 보내면 실물어음을 제시하는 것과 같은 효력을 부여토록 했다. 현행 법률에 의할 경우 어음의 지급제시에 있어서 실물 제시를 요건으로 하기 때문에 전자어음으로는 교환업무를 할 수 없었다.

이와 함께 지급금융기관으로부터 위임을 받은 제시금융기관이 어음 조사를 대행할 수 있는 근거규정을 마련, 제시금융기관이 대신 어음의 진위 여부를 조사할 수 있도록 했다. 법무부는 "전자어음을 사용하면 어음 교환업무에 소요되는 연간 수백억원의 물류비용을 절감할 수 있다"며 "금융기관간 조사업무 위임에 관한 근거를 규정하는 등 어음교환업무를 전자화하기 위한 법적 근거를 마련하기 위한 것"이라고 설명하였다.

4. 전자수표

전자수표가 2006년께 나온다. 정부는 세계 최초로 '전자어음제'를 시행하기로 한 데 이어 미래 형 지불수단인 '전자수표(electronic checks)제'도 도입할 방침이다. 법무부는 내년에 종이수표와 법적 효력이 같은 전자수표 발행과 유통을 허용하는 것을 내용으로 한 전자수표법을 제정할 계획이라고 밝혔다. 법무부 관계자는 "기업하기 좋은 환경을 조성하고 국민소득 2만달러 달성을 앞당기기 위한 방안 중 하나로 국내 현실에 맞게 안전장치를 두는 전자수표법을 제정하기로 했다"고 말했다.

우리나라가 전자수표법을 제정하면 '수표거래 전자화법'(체크 21법)을 공식 발효한 미국에 이어 세계 두 번째 국가가 된다.

법무부는 내년 상반기에 전자수표법 초안을 마련해 공청회와 각 부처 의견 교환을 거친 뒤 국회에 상정해 법을 제정할 방침이다. 이에 따라 이르면 2006년 또는 2007년(법 제정 1년 후 발효시)부터 전자상거래의 대표적 결제수단인 전자수표가 단계적으로 통용되기 시작할 것으로 예상된다.

금융전문가들은 "우리나라에서는 미국 등 다른 나라에 비해 수표 사용이 적고 수표를 전자화하는 데 따른 이득이 적지만 전자상거래 규모가 날로 확대되고 있어 고객서비스 향상을 위해서는 전자수표 도입이 불가피하다"는 의견을 내놓고 있다. 대한상의 등 경제계는 수년 전부터 전자결제 관련제도에 대한 조속한 입법을 주장했다.

인터넷을 이용한 상거래가 급증하고, 보안인증관련 기술이 비약적으로 발전하고 있으나 전자어음과 전자수표를 규율하는 별도 법률이 없어 다른 법령 준용이나 거래 관행에 의존하고 있다는 지적이다.

5. 전자수표의 장점

법무부는 전자수표 사용이 전자상거래 규모 증대뿐만 아니라 은행 업무비용 절감, 고객 서비스 개선, 수표 관련 사기 방지, 신용카드 사용에 따른 개인정보 노출 방지 등 경제적 효과가 클 것으로 분석하고 있다.

우선 기업간 전자상거래(B2B)를 하는 고객들은 인터넷상에서 큰 금액을 결제할 수 있게 된다. 다량의 수표 업무를 처리하는 은행도 비용절감, 고객서비스 개선, 인건비 절감 등 효과를 볼 것으로 기대된다. 고객은 컴퓨터로 거래신분 확인을 하고 신속하게 결제를 받는 등 혜택을 누리게 된다. 미국에서는 은행이 고객들의 암호화된 디지털 서명 대조를 통해 1년에 약 120억~160억달러에 이르는 수표사기를 막을 수 있다는 분석이 나와 있다. 인터넷에서 물건을 구입할 때 신용카드 대신 전자수표를 사용해 개인정보 노출도 막을 수 있다.

6. 전자수표의 문제점

한국은 미국 등 다른 나라에 비해 수표 사용이 적어 수표를 전자화하는 데 따른 이득이 크지 않다는 시각도 적지 않다. 가계수표제도가 있지만 사용이 매우 제한적이고, 자기앞수표는 일종의 유통화폐로 널리 쓰이고 있는 게 현실이기 때문이다. 또 주요 선진국에서는 수표 추심에 닷새 이상 걸리는 데 비해 한국에서는 하루만에 추심이 가능해 전자수표제 도입에 의한 추심기간 단축 효과도 상대적으로 적다. 법 제정에 따라 일부 은행이 전자수표를 도입해도 다른 은행들이 이런 수단을 이용하지 않는 한 새로운 지급수단 도입에 따른 실효성이 떨어질 수 있다는 염려도 있다.

그러나 세계 전자상거래 규모가 엄청난 속도로 확대되고 있는 데다 인터넷 활용도가 다른 나라보다 훨씬 앞서 있는 국내 현실을 감안할 때 전자수표를 하루라도 빨리 도입하는 것이 더 득이 될 것이라는 시각이 우세하다.

제 4 장 보 험 법

I 보험제도와 보험법

1. 보험제도의 필요성

우리들이 생활을 영위해나가는데 있어서는 항상 예기치 않은 사고로 경제적인 생활이 불안정하게 될 가능성이 존재하고 있다. 예기치 않은 사고의 발생은 태풍이나 홍수 그리고 지진과 같은 자연적 재해일 수도 있도 있고 또 화재·도난·교통사고와 같은 인위적 사고일 수도 있고 그리고 실업·IMF구제금융과 같은 사회적 사고일 수도 있다. 이런 사고가 발생하면 우리들은 종전과 같은 안정적인 경제생활을 영위할 수 없고 경제적·정신적인 고통과 함께 불안정한 생활을 영위하여야 한다. 이런 위험에 직면한 인간은 저축이나 투자를 하기도 하고 또 국가가 사회보장차원에서 지원을 하기도 한다. 그러나 개인과 국가가 장래에 발생하는 모든 불안정한 사건에 대비하는데는 한계가 있다.

이런 문제점에 직면하여 동일한 위험이 놓여 있는 수많은 인간이 힘을 합쳐서 장래에 발생하는 우연한 사고에 대비하여 경제적으로 안정적인 생활을 영위하기 위하여 고안해 낸 제도가 보험제도인 것이다. 불안정한 생활을 영위하여야 하는 인간에게 안정적인 생활을 영위할 수 있도록 해주는 보험제도도 인간의 이성이 발견해 낸 가장 훌륭한 제도라고 말할 수 있다.

2. 보험의 개념

보험은 동일한 사고발생의 위험아래에 놓여 있는 다수인이 그 사고로 인한 손해를 보상받거나 또는 기타의 급여를 지급받기 위하여, 통계적 기초에서 산출된 금액을 미리 납부하여 공동의 자금을 만들어 두고, 일정한 사고가 생겼을 때 이 공동의 자금으로부터 일정한 금액을 지급하여 경제생활의 불안에 대비하는 제도이다.

첫째, 보험은 우연한 동일한 사고발생의 가능성을 전제로 하는데 이것을 보험사고라고 한다. 동일한 사고발생의 가능성은 위험이라고도 말한다. 따라서 보험은 위험이 있는 곳에 존재한다고 말할 수 있다. 그리고 이러한 현상을 위험이 없으면 보험도 없다고 말한다. 장래의 위험에 대비하기 위한 제도인 점에서 저축과 보험은 동일하나 저축은 "동일한 위험"을 전제로 하지 않으나 보험은 동일한 위험을 전제로 하는 점에서 구별된다. 또 보험은 "우연한 사고"를 전제로 하나 상호부금과 계는 우연한 사고를 전제로 하지 않는다.

둘째, 보험은 동일한 위험에 놓여 있는 다수인이 하나의 위험단체를 만들어 놓고 이 위험단체를 통하여 위험을 분담한다. 이 위험단체를 보험단체라고도 말한다. 이 위험단체와 구성원의 관계는 "만인은 한 사람을 위하여, 그리고 한 사람은 만인을 위하여"라고 하는 관계가 성립한다. 따라서 이러한 위험단체성을 갖추지 않은 자가보험, 도박이나 복권 그리고 보증과 구별된다.

셋째, 보험은 보험단체의 구성원이 미리 일정한 금액의 보험료를 납부하여 공동자금을 만들어 놓고, 구성원 중에서 우연한 사고를 입은 자가 이 공동자금에서 일정한 금액의 보험금을 지급받는 제도이다. 보험사고의 발생은 개인적으로 보면 아주 우연한 사고이나 단체입장에서 보면 일정한 기간 안에 일정률의 사고가 평균적으로 발생하는 것을 알 수 있다. 따라서 보험단체는 사고발생율을 기초로 하여 대수의 법칙을 적용하여 보험료수입과 보험금지급의 총액이 합치하도록 한다.

3. 보험법의 개념

광의의 보험법은 보험관계를 규율하는 법규의 전체를 말한다. 여기에는 보험공법과 보험사법이 다 포함된다. 협의의 보험법은 보험계약관계를 규율하는 법을 말한다.

보험법은 첫째, 보험계약은 우연한 사고가 발생하면 거액의 보험금을 수령하게 되기 때문에 투기나 도박 등으로 악용될 가능성이 있다. 이런 가능성을 예방하기 위하여 보험법은 윤리성과 선의성을 강하게 요구하고 있다. 둘째, 보험제도는 대수의 법칙에 의하여 위험을 효율적으로 분산시키는 제도로서 기술적인 특성을 가지고 있다. 셋째, 보험계약은 위험단체를 구성하여 단체의 힘으로 공동의 위험에 대처하는 제도로서 단체법적인 성질을 가진다. 넷째, 보험회사는 수많은 보험가입자로부터 받은 보험료로써 거대한 자본을 축적하여 이를 관리하기 때문에 국가경제적으로 매우 중요한 역할을 수행한다. 따라서 보험법은 공공성과 사회성을 띠게 된다.

Ⅱ 보험계약

1. 보험계약의 개념

보험계약은 당사자의 일방이 약정한 보험료를 지급하고 상대방이 피보험자의 재산 또는 생명 · 신체에 관하여 불확정한 사고가 생길 경우에 일정한 보험금액 기타의 급여를 지급할 것을 약정하는 계약이라고 말할 수 있다. 보험계약은 당사자 사이의 의사표시의 합치만으로 성립되므로 낙성 · 불요식의 계약이고 또 보험계약자는 보험료를 지급하고 보험자는 보험금을 지급하므로 유상 · 쌍무계약이다. 그리고 보험계약은 보험자의 보험금지급이 우연한 사고의 발생여부에 의하여 결정되므로 사행계약에 속한다. 보험계약이 사행계약성을 띠고 있으므로 보험계약의 도박화를 방지하기 위하여 당사자의 선의를 요구하는 선의계약성을 띠고 있다.

2. 보험계약의 요소

(1) 보험계약관계자

① 보험자는 보험계약의 직접의 당사자로서 보험사고가 발생한 때에 보험금액을 지급할 의무를 지는 자이다. ② 보험계약자는 보험계약의 직접의 당사자로서 보험자와 보험계약을 체결하는 자로서 보험료를 지급하는 의무를 부담한다. ③ 피보험자는 손해보험에서는 피보험이익의 주체가 되는 자이고, 생명보험 기타 인보험에서는 보험사고가 발생할 객체가 되는 자가 피보험자이다. 따라서 피보험자와 보험계약자는 전혀 별개의 개념으로서 동일인이 양자를 겸할 수도 있고 각각 별개일 수도 있다. ④ 보험수익자는 인보험계약에서 보험자로부터 보험금을 받을 자로 지정된 자이다. ⑤ 보험대리상은 일정한 보험자를 위하여 상시 그 영업부류에 속하는 보험계약의 체결을 대리하거나 중개함을 영업으로 하는 자이다. ⑥ 보험중개인은

보험자와 보험계약자 사이의 보험계약의 성립을 중개하는 것을 영업으로 하는 자이다. ⑦ 보험모집인은 보험자의 피용자로서 보험자를 위하여 보험계약의 체결을 중개하는 자를 말한다. 보험모집인을 생활설계사라고도 말하며 보험모집인은 보험계약의 체결을 권유하고 중개하는 사실행위만을 하는 자이므로 보험자를 대리하여 계약을 체결할 권한은 없다는 점을 주의하여야 한다. ⑧ 보험의는 생명보험계약에 있어서 피보험자의 신체·건강상태 그 밖의 위험측정상의 중요한 사항에 대하여 조사하여 이를 보험자에게 제공하여 주는 의사이다. 보험의는 고지수령권을 가지고 있다.

(2) 보험의 목적

보험의 목적은 보험사고발생의 객체가 되는 피보험자의 재화 또는 피보험자의 생명·신체를 말한다.

(3) 보험사고

보험계약에서 보험자의 책임을 구체화시키는 우연한 사고를 말한다. 이것을 자세하게 설명하면 첫째, 보험사고는 우연한 사고이어야 한다. 여기서 우연이란 보험계약의 성립 당시에 그 사고의 발생여부 또는 발생시기 등이 확정되어 있지 않은 것을 말한다. 둘째, 보험사고는 발생이 가능한 것이어야 한다. 따라서 발생할 수 없는 사고나 이미 발생한 사고는 보험사고로서 무효가 된다. 셋째, 보험사고는 일정한 보험의 목적에 대한 것으로서 그 범위는 특정되어야 한다. 예컨대 건물에 대한 화재보험의 경우에 보험의 목적은 건물로서 특정되고 보험사고는 화재로 특정된다.

(4) 보험기간과 보험료기간

보험기간은 보험자가 위험을 부담하는 기간을 말하며 보험자는 이 기간내에 발생한 보험사고에 관하여 책임을 부담한다. 반면에 보험료기간은 보험료산출의 기초가 되는 기간을 말하며 이것을 단위로 하여 위험을 측정하게 된다. 그러므로 이 위험률을 산정하는 단위인 기간에 대응하는 보험료는 불가분의 성질을 가진다. 그 결과 보험료기간에 관한 보험료는 하나의 단위로서 취급되어 그 기간의 일부라도 보험자가 위험을 부담하는 때에는 그 기간의 도중에서 보험계약이 해지 또는 실효되어 보험자가 그 이후의 위험을 부담하지 않더라도 그기간의 보험료를 전부취득한다. 이러한 원칙을 보험료불가분의 원칙이라고 한다.

(5) 보험금액과 보험료

보험금액이란 보험자가 보험사고가 발생한 때에 피보험자 또는 보험수익자에게 지급하여야 할 금액을 말한다. 보험금액은 원칙적으로 금전으로 지급하지만 예외적으로 현물급여 또는 그 밖의 급여로 할 수도 있다. 보험료는 보험계약에서 보험자의 보험금지급의무에 대한 대가로서 보험계약자가 지급하는 금액으로서 대수의 법칙에 따라 보험단체안에서 발생하는 보험사고의 발생율을 기초로 하여 산출하는데 보험료총액과 보험금액총액이 균형을 이루도록 한다.

3. 보험계약의 체결

보험자와 보험계약자 사이에 보험계약을 체결하려는 의사의 합치만 있으면 성립하는데 상법은 보험계약체결시에 보험계약자에 고지의무를 부담시키고 있다.

고지의무는 보험계약자 또는 피보험자가 보험계약의 체결당시에 보험자에 대하여 중요한 사항을 고지하거나 또는 부실고지를 하지 아니할 의무를 말한다. 보험계약이란 일정한 위험을 전제로 이루어지는 사행계약이므로 보험계약이 도박이나 투기 등의 목적으로 악용되지 않도록 하기 위하여 보험계약자에게 이 의무를 부담시키는 것이다. 보험계약자 또는 피보험자가 고지의무를 위반한 때에는 보험자는 그 사실을 안 날로부터 1월내에, 계약을 체결한 날로부터 3년내에 한하여 계약을 해지할 수 있다.

◘ 사례연구 — 고지의무

• **사안의 내용** 대구 수성구에 사는 甲은 약 2년전 아는 사람으로부터 보험에 가입하라는 권유를 받았다. 甲은 자기보다 남편이 보험에 가입하는 것이 더 좋을것 같아서 보험회사 직원 乙에게 남편을 위해서 보험을 들겠다고 하였다. 그러자 보험회사 직원 乙은 甲의 남편이 과거에 어디 아픈 적은 없었는지 물어봤고, 甲은 솔직하게 남편이 지난 94년도에 담석제거 수술을 받은 사실이 있다고 얘기했다. 그러자 乙은 그 정도는 괜찮다고 하면서 보험에 가입할 걸 권유하였다. 이에 甲은 보험회사 직원의 권유에 따라 보험계약을 체결하였다.

甲의 남편은 지난해 9월에 정기진단을 받는 과정에서 암선고를 받았다. 甲은 남편이 암에 걸려서 사망한 뒤에 보험회사에 보험금을 청구하였다. 그러자 보험회사에서는 甲이 보험계약상의 고지의무를 위반했다고 하면서 甲의 남편 명의의 보험계약을 일방적으로 해지해 버렸다. 이 경우 甲은 보험금을 받지 못하는가?

• 사안의 해결 최근에 보험회사간의 경쟁이 치열해지면서 보험가입이 안되는 사람까지 억지로 보험가입을 권유한 뒤에 나중에 보험금을 지급하게 되는 사고가 발생하면 느닷없이 고지의무 위반을 이유로 보험계약을 해지하는 등 횡포를 부리는 사례가 빈발하고 있다. 보험회사에서 계약을 일방적으로 해지하면서 들고있는 주된 이유는 고지의무위반이다.

보험계약에서 말하는 고지의무라는 건 쉽게 얘기하면 보험계약을 체결하면서 보험에 드는 사람이 그 보험계약과 관련하여 중요한 사실을 있는 그대로 보험회사에 알리는 것을 말한다. 만일 보험에 가입하는 사람이 고지의무를 위반해서 모든 사실을 정확하게 보험회사에 알리지 않는다면(예를 들면 자기에게 있었던 병을 숨기는 경우) 고지의무를 위반한 것이 되기 때문에 보험회사에서 보험계약을 해지할 수 있게 된다.

위 사례에서 甲은 보험에 가입할 때, 보험회사 직원 乙에게 남편이 이미 담석제거증 수술을 받았다는 사실을 이야기했고 보험회사 직원 乙로부터 별 상관없다는 말까지 들었기 때문에 甲이 고지의무를 위반한 사실이 전혀 없다. 그러므로 보험회사는 고지의무 위반을 이유로 보험계약을 해지할 수 있는 권리가 없다. 그런데도 보험회사가 고지의무 위반을 이유로 보험계약을 해지하는 경우이니까 甲은 일단 금융감독원에 이 문제의 해결을 요청해보고 만일 금융감독원에서 분쟁이 조정되지 않으면 법원에 소송을 제기하여 자신의 권리를 주장하면 된다.

4. 보험계약의 효과

보험자는 보험계약이 체결되고 보험료의 지급을 받게되면 첫째, 보험증권교부의무를 부담한다. 둘째, 보험기간 중에 보험사고가 발생하면 일정한 요건하에 보험금액 기타의 급여를 지급하여야 한다. 셋째, 손해보험에서 보험계약의 전부 또는 일부가 무효인 경우에 보험계약자와 피보험자 또는 보험수익자가 선의이며 중대한 과실이 없는 때에는 보험자는 보험료의 전부 또는 일부를 반환하여야 한다. 넷째, 보험사고가 발생하기 전에는 보험계약자는 언제든지 계약의 전부 또는 일부를 해지할 수 있고 이 경우 다른 약정이 없으면 미경과보험료를 반환하여야 한다.

보험계약자와 피보험자는 첫째, 기본적인 의무로서 보험료지급의무를 부담하고, 둘째, 보험기간 중 사고발생의 위험이 현저하게 변경 또는 증가한 경우에는 보험자에 대하여 위험변경·증가에 관하여 통지의무를 부담한다. 셋째, 보험사고가 발생한 때에는 이런 사실을 지체 없이 보험자에게 통지하여야 한다.

Ⅲ 손해보험

1. 손해보험계약

손해보험계약은 당사자의 일방이 불확정한 사고로 인하여 생길 재산상의 손해를 보상할 것을 약정하고 상대방이 이에 대하여 보험료를 지급할 것을 목적으로 하는 계약을 말한다. 손해보험계약이 유효하게 성립하기 위하여서는 보험의 목적에 관하여 "보험사고가 발생하지 않으므로 피보험자가 가지는 경제적 이익"이 있어야 하며 이것을 피보험이익이라고 한다. 그리고 손해보험에서는 보험자대위가 인정되는데 보험자대위권은 보험자가 보험사고로 인하여 입은 손실을 피보험자에게 보상하여 준 경우에는 보험의 목적이나 제3자에 대하여 가지는 피보험자 또는 보험계약자의 권리를 법률상 당연히 취득하는 것을 말한다. 손해보험에서 보험자대위권을 인정하는 이유는 손해보험의 성질상 피보험자로 하여금 2중의 이득을 얻지 못하도록 하기 위하여서이다.

손해보험이 인보험과 다른 점은 첫째, 손해보험은 손해의 발생을 전제로 하는데 인보험은 손해가 발생하였든 아니든 또는 그 손해의 액과는 관계 없이 일정한 금액을 지급한다. 둘째, 손해보험의 경우에는 사고발생시에 지급되는 보험금액이 일정하지 않으므로 부정액보험이지만 생명보험의 경우에는 정액보험이다. 셋째, 손해보험의 경우에는 보험사고는 그 발생이 불확정한 것이어야 하지만 생명보험의 경우에는 사람의 생사는 단지 시기만이 불확정한 것이며 사고의 발생 그 자체는 이미 예정되어 있다.

2. 화재보험

화재보험은 화재로 인하여 생길 손해를 보상할 것을 목적으로 하는 손해보험계약을 말한다. 화재보험의 목적은 화재로 인하여 손상될 염려가 있는 유체물로서 동산이든 부동산이든 불문한다.

3. 운송보험

운송보험은 육상운송에서 운송물에 관한 사고로 인하여 발생할 손해를 보상할 것을 목적으로 하는 손해보험계약을 말한다. 운송보험에서 보험의 목적은 운송물만이며 운송용구나 여객의 생명·신체에 관하여 생기는 손해는 보상하지 않는다.

4. 해상보험

해상보험은 해상사업을 수행하는 과정에서 발생하는 사고로 인하여 입은 손해를 보상할 것을 목적으로 하는 손해보험계약을 말한다. 해상보험계약에서 보험의 목적이 되는 것은 선박 또는 적하(積荷)이며 운송물인 적하 뿐만 아니라 운송용구인 선박도 보험의 목적이 되는 점을 주의하여야 한다.

5. 책임보험

책임보험은 피보험자가 보험기간 중의 사고로 인하여 제3자에게 배상할 책임을 질 경우에 보험자가 피보험자의 책임이행으로 인하여 생기는 손해를 보상할 것을 목적으로 하는 손해보험계약을 말한다. 책임보험이 필요한 이유는 첫째 현대의 복잡한 경제생활을 영위하는 과정에서 과실로 타인에게 손해를 발생시킬 수 있는 경우가 많이 있는 바, 이 경우에 타인이 입은 손해에 관하여 개인 재산으로 배상하여야 한다면 손배발생의 가능성이 있는 복잡한 경제생활을 불안하여 영위할 수가 없게 된다. 이런 경우 책임보험은 손배발생의 가능성이 있는 복잡한 경제생활을 안심하고 적극적으로 수행할 수 있도록 해준다. 둘째, 책임보험이 있으므로 경제적 능력이 있는 자에게 고의 과실이 없는 경우에도 피해자를 보호하기 위하여 무과실책임을 부담시킬 수 있는 장점이 있다. 셋째, 가해자가 경제적 능력이 없는 경우에도 책임보험이 있으면 피해자는 안심하고 완전한 배상을 받을 수 있다는 장점이 있다. 이와 같은 이유로 책임보험은 현대보험의 총아라는 각광을 받으면서 날로 발전하고 있다.

6. 자동차보험

자동차책임보험은 피보험자가 자동차를 소유·사용·관리하는 동안에 발생한 사고로 인하여 피보험자에게 생긴 손해를 보상할 것을 목적으로 하는 손해보험계약을 말한다.

자동차보험은 다음과 같이 나누어 볼 수 있는 바 첫째, 자기차량손해보험은 피보험자의 자동차를 보험의 목적으로 한 보험을 말하고, 둘째, 자기신체사고보험은 피보험자의 생명·신체를 보험의 목적으로 한 보험인데 보험사고가 피보험자동차에 의하여 발생하여야 한다. 셋째, 무보험자동차에 의한 상해보험은 피보험자가 피보험자동차 이외의 무보험자동차에 의한 사고로 사상한 때에 그 손해액이 일정금액을 초과한 경우에 그 초과액에 대하여 보상하는 보험을 말한다. 넷째, 대인배상책임보험은 피보험자가 자동차사고로 인하여 제3자를 사상함으로써 부담하는 손해배상책임을 이행함으로써 입은 손해를 보상하는 책임보험을 말한다. 다섯째, 대물배상책임보험은 피보험자가 자동차사고로 인하여 제3자의 재산에 대하여 손해를 발생시킴으로써 부담하는 손해배상책임을 이행함을써 입은 손해를 보상하는 것을 목적으로 하는 책임보험을 말한다.

◘ 사례연구 — 과속하여 신호위반 차와 충돌한 경우

• **사안의 내용** X는 1999년 10월 제한속도가 시속 80km인 도로에서 시속 100km로 화물차를 운전해 교차로를 통과하다 정지신호를 어기고 좌회전해 들어오는 Y의 승용차와 충돌하였다. 이에 X는 승용차의 보험사를 상대로 소송을 냈지만 자신에게도 20%의 책임이 있다는 판결을 받자 상고했다.

• **사안의 해결** 대법원은 과속운전을 하다가 신호위반 차량과 충돌한 김모씨가 신호위반 차량 보험사를 상대로 낸 손해배상 청구소송에서 김씨에게도 20%의 책임을 인정한 원심을 깨고 "김씨는 책임이 없다"며 사건을 서울고법으로 돌려보냈다. 즉 신호등이 정지신호로 바뀐 뒤 교차로에 진입해 사고를 낸 차량은 상대 피해차량이 과속을 했더라도 사고 책임을 모두 져야 한다는 판결이다.

이 사건에서 재판부는 "운전자는 다른 차량이 신호를 위반해 교차로에 진입하는지 살필 주의의무가 있다"며 "그러나 그런 의무는 신호가 바뀌기 전이나 직후에 교차로에 진입한 차량에 대해서만 인정되며 신호가 바뀐 후 새로 교차로에 진입하는 차량까지 주의할 의무는 없다"고 밝혔다.

7. 보증보험

채무자인 보험계약자가 채권자인 피보험자에게 계약상의 채무불이행 또는 법령상의 의무불이행으로 손해를 입힌 경우에 보험자가 그 손해를 보상할 것을 약정하고, 채무자 기타 의무자로부터 그 보수를 받는 보험계약을 말한다. 상법상의 보험계약이 아니고 보험업법상의 보험계약으로 신종보험이다.

Ⅳ 인 보 험

1. 인보험계약

인보험계약은 사람의 생명 또는 신체에 관하여 생기는 사고를 보험사고로 하는 보험계약을 말한다. 인보험계약에는 생명보험계약과 상해보험계약의 두 종류가 있다.

2. 생명보험계약

생명보험계약은 보험자가 피보험자의 생명에 관한 보험사고가 생길 경우에 약정한 보험금액을 지급하고 보험계약자가 이에 대하여 보험료를 지급할 것을 목적으로 하는 보험계약을 말한다.

생명보험의 종류로서 첫째, 타인의 생명보험계약은 보험계약자 이외의 제3자를 피보험자로 하여 그 생사를 보험사고로 하는 생명보험계약을 말한다. 타인의 생명보험계약의 경우에는 그 타인의 사망을 보험사고로 하는 경우에는 피보험자의 동의를 요한다. 둘째, 타인을 위한 생명보험계약은 보험계약자가 자기 이외의 제3자를 보험수익자로 한 생명보험계약을 말한다. 반면에 자기를 보험수익자로 한 생명보험계약은 자기를 위한 생명보험계약이라고 한다.

3. 상해보험계약

상해보험계약은 보험자가 피보험자의 신체의 상해에 관한 보험사고가 생길 경우에 보험금액 기타의 급여를 할 책임을 지고 보험계약자가 이에 대하여 보험료를 지급할 것을 목적으로 하는 인보험을 말한다. 상해보험은 외부적인 급격한 원인에 의한 사고로 인하여 인체에 상해를 입을 수 있는 위험을 담보하는 보험으로서 이와 같은 충격으로 사망한 경우는 물론 영구적으로 또는 일시적으로 불구자가 된 경우에 약정의 급여를 지급한다.

제 5 장

해 상 법

I 해상법의 의의와 특색

1. 해상법의 의의

해상법은 해상기업에 관한 법으로서 주로 사법적 성질의 법규로 구성되어 있다. 해상기업은 바다를 무대로 하여 선박을 이용하여 영업활동을 수행하기 때문에 일반 기업과 다른 여러가지 특성을 띠고 있다.

2. 해상법의 특성

해상법은 첫째, 해상기업은 연혁적으로 육상기업보다 먼저 발달하였기 때문에 해상기업을 규율하는 해상법은 민법과 상법과 달리 독자적으로 발달하여 자주적인 법역을 갖고 있다. 그 결과 민법과 상법의 규정은 원칙적으로 해상법에 적용되지 않는다. 둘째, 해상법은 바다를 무대로 하여 선박에 의하여 활동하는 기업이기 때문에 선박이라는 특수용구를 수단으로 한다는 점에서 기술적 특수성과 바다를 무대로 활동한다는 점에서 해상위험에 직면하다는 특수성 그리고 바다에서 활동하는 기업에 발생하는 법률관계는 국제적으로 공통점을 가지고 있다는 국제적 특수성이 있다.

Ⅲ 해상기업조직

1. 물적 조직

해상기업을 경영함에는 선박이라는 물적 조직을 기본으로 한다. 해상법상 선박은 상행위 기타 영리를 목적으로 항해에 사용하는 선박을 말한다. 선박은 첫째, 동산이지만 그 가격이나 용적 · 형상 등이 대체로 크다는 점에서 부동산과 유사한 취급을 하여 선박등기를 인정한다. 둘째, 선박은 선체 · 기관 · 돛 · 갑판 등의 각 부분이 유기적으로 결합되고 그 자체가 하나의 독립한 합성물이 된다. 셋째, 선박은 하나의 물건으로서 권리의 객체가 되는 것이지만 한편 사람과 같이 그 명칭과 국적을 가지고 또 상인의 영업소와 같이 선적항을 가진다.

2. 인적 조직

(1) 해상기업의 주체

① 선박소유자는 물권법상의 소유권을 가지는 자로서 그 소유선박을 상행위 기타 영리의 목적으로 자기의 해상기업활동에 이용하는 자를 말한다. ② 선박공유자는 선박을 공유하면서 그 선박을 해상기업활동에 사용하는 자를 말한다. ③ 선박임차인은 타인의 선박을 임차하여 상행위 기타 영리를 목적으로 선박을 항해에 사용하는 자를 말한다. ④ 정기용선자는 일정기간 타인이 소유하거나 임차인이 임차한 선박에 관하여, 선원이 승무하고 항해장비를 갖춘 상태의 선박의 사용권을 얻어 이것을 해상기업활동에 이용하는 자를 말한다.

(2) 해상기업의 보조자

① 선장은 선박소유자의 피용자로서 특정선박의 항해를 지휘하고 또 선박소유자의 대리인으로서 공법상 · 사법상의 법정권한을 가지는 자를 말한다. 선장은 선적항외에서는 그가 지휘하는 선박의 항해에 필요한 재판상 · 재판외의 모든 행위를 할 권한을 가진다. ② 해원은 선박안에서 근무하는 선장이 아닌 선원을 말한다. ③ 선박사용인은 임시로 선박상의 노무에 종사하기 위하여 고용된 자를 말한다. ④ 도선사는 일정한 구역안에서 도선업무를 하는 자를 말한다.

Ⅲ 해상기업활동

1. 해상운송계약

해상운송계약은 해상에서 선박에 의하여 물건 또는 여객을 운송하는 계약을 말한다. 여기서 말하는 해상은 호천(湖川) · 항만을 제외한 수역을 의미한다. 해상운송은 바다를 무대로 하여 선박을 이용하여 영업활동을 수행하는 기업으로서 운송의 수단이 선박이라는 점과 운송의 장소가 해상이라는 점에서 그 사고발생의 위험성 · 운송기간 · 운송방법 · 비용 등에서 육상운송과 비교하여 많은 차이점이 있기 때문에 상법은 이것을 특별히 규정하고 있는 것이다.

2. 해상물건운송계약

해상물건운송계약은 당사자의 일방이 상대방에 대하여 선박에 의하여 물건의 해상운송을 할 것을 인수하고 상대방은 이에 대하여 보수를 지급할 것을 목적으로 하는 계약을 말한다.

3. 해상여객운송계약

당사자의 일방이 상대방에 대하여 선박에 의하여 여객의 해상운송을 할 것을 인수하고 상대방은 이에 대하여 보수를 지급할 것으로 목적으로 하는 운송계약을 말한다.

Ⅳ 해상기업위험

1. 공동해손

공동해손은 선장이 선박과 적하의 공동위험을 면하기 위하여 한 처분으로 인하여 생긴 손해와 비용으로서 이것은 선박 · 적하 · 운임에 의하여 공동으로 분담한다. 해상운송 중 맞이한 위험은 선박만의 위험에 그치는 것이 아니라 적하에 대한 위험으로 발전되므로 선박의 소유자와 적하의 소유자는 공동의 피해자가 된다. 이런 점을 고려하여 선박과 적하의 공동의 위험을 면하기 위하여 선박과 적하의 보관자인 선장이 공동의 이익을 위하여 선박과 적하를 처분하였다면 이로 인하여 발생한 손해는 이익을 얻은 자가 공동으로 부담하는 것이 공평하기 때문에 공동해손제도를 두고 있다.

2. 선박충돌

선박충돌은 2척 이상의 선박이 어떠한 수면에서 접촉하여 손해가 생기는 것을 말한다.

(1) 선박소유자간의 관계

① 선박의 충돌이 일방의 선원의 과실로 인하여 발생한 것인 경우에는 과실이 있는 선박의 소유자는 피해선박의 소유자에 대하여 충돌로 인한 손해를 배상할 책임이 있다. ② 그러나 쌍방의 선원의 과실로 인하여 발생한 것인 경우 충돌선박 상호간의 관계는 첫째, 과실의 경중을 판별할 수 있는 때에는 그 비율에 따라서, 그리고 둘째, 과실의 경중을 판정할 수 없는 때에는 손해배상의 책임을 균분한다.

(2) 제3자에 대한 관계

① 일방선박의 과실에 의하여 충돌할 경우에는 첫째, 과실이 없는 선박상의 적하·여객에 손해가 생긴 때에는 과실선의 선박소유자 등이 불법행위상의 손해배상 책임을 부담하고, 둘째, 과실선의 적하·여객에 손해가 생긴 때에는 과실선의 선박소유자 등이 운송계약상의 채무불이행에 의한 손해배상책임을 부담한다.

② 선박충돌이 쌍방선박의 과실의 과실로 인한 경우에는 첫째, 제3자의 인적손해에 관하여서는 쌍방의 선박소유자가 연대하여 배상할 책임을 부담한다. 그러나 둘째, 제3자의 물적손해에 관하여서는 책임을 균분하여 부담한다고 보는 것이 타당하다.

3. 해난구조

해난구조는 해난에 조우한 선박 또는 적하의 전부 또는 일부를 의무 없이 구조하는 것을 말한다. 해난구조를 한 구조자는 구조료를 청구할 수 있다.

V 해상기업금융

해상기업자에게 해상기업을 경영함에 있어서 필요한 자금을 원활하게 조달하도록 하기 위하여 선박우선특권과 선박저당권이라는 특수한 담보물권을 인정하고 있다. 첫째 선박우선특권은 일정한 법정채권의 채권자가 선박과 그 부속물로부터 다른 채권자보다 자기채권의 우선변제를 받을 수 있는 해상법상의 특수한 담보물권을 말한다. 선박저당권은 등기선박을 목적으로 하여 계약에 의하여 설정되는 해상법상 특수한 저당권을 말한다.

◘ 사례연구 — 항공기 지연운항 피해

• 사안의 내용 부산의 A대학에 근무하는 甲 교수는 지난 96년 서울에서 열리는 세미나에 참석하기 위해 김해공항에 나와서 B항공사의 부산발 서울행 비행기를 타기 위해서 탑승수속을 하고 있었다. 그런데 항공사측에서 갑자기 기체결함을 이유로 비행기의 운항을 취소하고 대체 비행기를 마련한다고 하면서 막연히 기다려 달라고만 하였다. 중요한 세미나의 발표자이기 때문에 참석못하면 안된다고 사정을 하였지만 B항공사의 직원도 방법이 없다며 묵묵부답이었다. 결국 비행기는 예정시간보다 2시간 30분이나 지나서야 서울에 도착할 수 있었다. 그 결과 세미나 일정이 변경되고 취소되는 등의 손해를 입게 됐다.

이에 甲은 항공사를 상대로 각자에게 100만원씩의 손해배상을 하라는 손해배상청구소송을 제기하였다. 甲은 항공사로부터 손해배상을 받을 수 있는가?

• 사안의 해결 위와 같은 사건에서 서울지방법원은 첫째, 점검수리중에 있는 여객기에 대해서 전문정비팀으로부터 정상운항을 할 수 있다는 통보도 받지 못한 상태인 경우, 항공사로서는 당연히 만일의 사태를 대비해서 대체기를 준비해 두어야 하고, 둘째, 이런 경우 승객들에게 이러한 사실을 사전에 알려서, 운항지연을 방지하고 그 지연시간을 줄일수 있도록 노력해야 할 의무가 B항공사에 있다고 지적하면서 위 사례와 같이 B항공사가 그러한 조치를 취하지 않고 만연히 대처하는 바람에, 항공기 운항이 상당 시간 지연되었고 그 결과 승객들이 손해을 입은 이상, B항공사는 승객들이 입은 정신적인 손해를 배상할 책임이 있다고 판결했다.

이 판결은 지연운항 사유가 존재함을 알면서도 이의 방지를 위하여 적극적으로 노력하지 않은 항공사에 대하여 책임을 물은 것으로서, 앞으로 비행기나 고속버스 등 다수의 승객을 대상으로 하는 운송업체의 경우, 운송지연을 회피하기 위해 좀더 세심한 주의를 기울이지 않는다면 운송지연으로 인한 승객이 입은 손해를 배상할 책임이 있다는 선례가 될 수 있을 것이다.

제 5 편

민사분쟁과 법

제 1 장

민사소송법의 의의

민사소송이라고 하는 것은 민법이나 상법 등과 같은 사법상의 재산관계를 둘러싸고 법적분쟁이 발생한 경우에 이를 해결하기 위한 절차를 말하며, 민사소송법이라고 하는 것은 이러한 분쟁해결절차를 정한 법을 가리킨다. 민법이나 상법과 같은 사법은 일정한 요건이 갖추어진 경우에 권리자에게는 권리를 취득시키고 의무자에게는 이에 대응한 의무를 부담시킨다. 그런데 이러한 권리자의 권리가 의무자의 성실한 의무이행에 의해 제대로 행사된다면 문제가 없으나, 때로는 의무자의 불성실이나 무자력 등으로 인해 권리가 제대로 행사되지 못하는 경우가 발생한다.

이러한 경우에 권리자로서는 자신의 권리를 제대로 행사하기 위한 방법을 강구하지 않을 수 없는데, 법률제도가 제대로 갖추어지지 않은 고대에 있어서는 권리자의 권리행사방법을 구체적으로 규정한 법률제도가 존재하지 않았기 때문에 권리의 행사는 권리자의 적나라한 힘에 의존하지 않을 수 없었다. 이러한 권리자의 힘에 의한 권리의 구제를 사력구제라고 한다. 그런데 이러한 사력구제는 필연적으로 사회적인 불안의 요인이 되었으며 국가권력을 담당한 자로서는 시력구제를 배제하여 사회적인 평화를 이룩하는 것이 시급한 과제가 되었다. 이러한 과제를 달성하기 위해 국가는 결국 권리자의 권리를 사력구제에 대신하여 법의 힘에 의해 평화적으로 행사할 수 있게 하는 공력구제의 방법을 강구하게 되었으며, 권리자가 이처럼 법의 힘을 빌어 평화적으로 자신의 권리를 행사할 수 있게 하는 공력구제의 절차가 민사소송이 되었던 것이다.

종래 우리나라의 민사소송법은 크게 소송절차에 규정과 강제집행에 관한 규정으로 이루어져 있었다. 그러나 최근의 법률개정을 통하여 강제집행절차에 관해서는 새로이 민사집행법을 제정하여 규율하게 하였다. 따라서 민사소송법은 원고가 소를 제기하는 절차, 법원의 지휘에 의해 당사자가 변론하고 증거제출을 하는 절차, 그리고 당사자가 행한 변론의 내용과 당사자가 제출한 증거의 내용을 기초로 하여 권리자의 권리가 진실로 존재하는가 하는 것에 대해 판단하는 판결절차 등 순수한 소송절차에 관해서만 규정하게 되었다.

제 2 장

민사소송의 주체 및 객체

I 소송의 주체

소송절차는 법적인 분쟁이 발생한 경우에 법원이 당사자로 하여금 변론과 증거제출을 시켜서 그 내용을 기초로 하여 적정한 판단을 하는 절차이다. 즉 소송은 법원과 당사자인 원고 및 피고가 관여하여 행하는 절차인 것이다. 따라서 법원 및 당사자를 소송의 주체라고 한다.

1. 법 원

먼저 법원은 법관으로 구성되는 재판기관이고 모든 재판절차는 원칙적으로 법관으로 구성된 법원에 의해서 행하여야 한다. 법관은 사법시험에 합격하고 2년의 사법연수원 교육을 수료한 자 중에서 임용되며 2년의 예비판사과정을 거쳐서 정식의 법관으로 임명된다. 민사분쟁을 담당하는 법원은 크게 재산법상의 문제인 민사사건을 관할하는 민사법원과 가족법상의 문제인 가사사건을 담당하는 가정법원 두 가지로 나눌 수가 있으며 민사소송법은 민사사건에만 적용되는 법이고 가사사건에 대해서는 가사소송법이 따로 마련되어 있다. 민사법원은 사건의 중요도에 따라 그 구성방법이 달라지게 되는데 제1심의 경우에 소가가 1억원 이하인 사건을 1심에서 재판하는 경우에는 1인의 법관으로 구성되는 단독재판부가 사건을 담당하는 것이 원칙이고, 소가가 1억원을 초과하는 사건을 담당하는 1심법원은 3인의 법관으로 구성되는 합의부가 사건을 담당하는 것이 원칙이다. 그리고 2심 이상의 재판은 소가의 과다를 불문하고 합의부가 사건을 담당한다. 또한 당사자가 소를 제기하는 경우에는 원칙적으로 피고의 주소지를 관할하는 지방법원에 관할권이 있으므로 이 지방법원에 소를 제기하여야 한다.

2. 당 사 자

다음에 당사자라고 하는 것은 권리의 보호를 요구하는 자 및 권리의 보호를 요구당하는 자를 말하는데 통상 권리의 보호를 요구하는 당사자를 원고라고 하고 권리의 보호를 요구당하는 자를 피고라고 한다. 당사자가 유효한 소송행위를 하기 위해서는 일정한 자격이 필요한데 민법상의 행위능력이 결여된 당사자는 유효한 소송행위를 할 수 없고 그들의 행위는 소송법상 무효인 소송행위가 되는 것이다. 이러한 유효한 소송행위를 할 수 있는 능력을 소송능력이라고 하며 민법상 행위능력이 인정되어 있지 않은 미성년자나 한정치산자 또는 금치산자는 소송무능력자로서 스스로는 유효한 소송행위를 할 수 없고 친권자나 후견인과 같은 법정대리인을 통해서만 유효한 소송행위를 할 수 있다. 한편 원고나 피고가 반드시 한 사람일 필요는 없고 원고나 피고 또는 양당사자 전부가 2인 이상이 되는 경우가 있다. 이와 같이 당사자의 일방이나 쌍방이 2인 이상이 되는 경우를 공동소송이라고 한다.

Ⅱ 소송의 객체

민사소송은 당사자 사이에 법적분쟁이 발생한 경우에만 이를 해결하기 위해 행해지며 분쟁이 없는 곳에는 재판도 없다. 민사소송은 당사자 사이에 존재하는 이러한 사법상의 분쟁을 해결의 대상으로 하는 것이다. 이처럼 민사소송이 해결의 대상으로 하는 사법상의 분쟁을 소송의 객체 또는 소송물이라고 한다.

그런데 분쟁이 민사소송법상 소송의 객체인 소송물이 되기 위해서는 법적인 분쟁이어야 한다. 따라서 예컨대 대중가요를 부르는 가수 중에서 누가 더 노래를 잘 부르는가에 대해 분쟁이 발생했다고 하더라도 이는 법적인 것이 아니므로 소송의 대상이 될 수 없다. 한편 하나의 소송절차에서 반드시 하나의 소송물만이 재판의 대상이 되는 것이 아니고 2개 이상의 소송물이 하나의 소송절차에서 판단되는 경우도 있다. 이처럼 하나의 소송절차에서 2개 이상의 소송물이 판단의 대상이 되는 것을 병합소송이라고 한다. 나아가 하나의 소송물에 관해 이미 소가 제기되어 소송절차가 진행중인 상황에서 동일한 소송물에 대해 다른 법원에 다시 소를 제기하는 것은 인정되지 않는다. 이를 중복제소금지의 원칙이라고 한다.

제 **3** 장

민사소송의 절차

I 소의 제기

1. 소장의 제출

우리 민사소송법은 소를 제기하기 위해서는 원칙적으로 소장제출주의에 의해 소장이라는 서면을 법원에 제출하도록 하고 있다. 원고는 소정의 인지를 첨부한 소장의 원본과 함께 피고의 수만큼의 소장부본을 제출하여야 하며 법원은 소장 접수 후 1주일 이내에 피고에게 소장부본과 응소안내서를 송달하여야 한다. 그리고 소장의 부본을 피고에게 송달한 때로부터 소송법상 소제기의 효과가 발생한다.

소장에는 당사자에 관한 사항과 청구의 취지 및 청구의 원인을 기재하여야만 한다. 당사자에 관한 사항으로는 원고 및 피고의 성명과 주소 및 전화번호가 기재되어야 한다. 청구의 취지라고 하는 것은 원고가 소로써 달성하려는 목적을 말하는 것이며 원고가 법원에 어떠한 사항에 관해 재판해 주기를 원하는가가 이 청구의 취지에 관한 기재로 판단된다. 청구의 취지는 예컨대 「피고는 원고에게 1억원의 금전채무를 이행하라」 또는 「피고는 원고에게 1,000만원을 손해배상하라」하는 것과 같이 아주 간단하고 명료하게 기재하여야 한다. 청구의 원인이라고 하는 것은 원고가 무슨 이유로 피고에게 청구의 취지와 같은 요구를 하게 되었는가 하는 사실관계를 말한다. 따라서 원고와 피고 사이에 어떠한 분쟁이 존재하였으며 그 분쟁이 어떠한 과정을 거쳐서 발생하였는가 하는 것 등의 사실관계 전부를 청구의 원인으로 기재하게 되는 것이다. 또한 원고의 청구를 이유 있게 할 사실도 청구의 원인으로서 기재되는 것이 보통이다.

2. 소의 종류

민사소송은 소장에 기재된 청구취지의 내용에 따라 세 가지 종류로 나눌 수가 있는데 이행의 소・확인의 소・형성의 소가 그것이다. 이행의 소라고 하는 것은 원고가 피고에게 일정한 이행행위를 요구할 수 있는 권리를 가지고 있는 경우에 그것을 국가의 힘을 빌려 강제집행에 의해 실현하려고 하는 목적을 가진 소이다. 예컨대 원고가 피고에게 일정한 물건이나 일정액의 금전을 받을 권리가 있는 경우에 그 물건이나 금전을 강제적으로 받아내기 위한 소를 말한다. 이 이행의 소가 실무상 가장 많이 행해지는 것이며 소의 종류 중에서 대표적인 것이라고 할 수 있다. 또한 강제집행절차는 주로 이 이행의 소에서 확정된 판결을 강제로 집행하기 위한 절차를 정한 것이다.

다음에 확인의 소라고 하는 것은 원고가 일정한 권리관계나 법률관계가 존재하거나 부존재하는 것을 확인해 달라고 하여 제기하는 소이다. 확인의 소는 다시 적극적 확인의 소와 소극적 확인의 소로 구별되는데, 일정한 물건에 대한 원고의 소유권을 피고가 부인하는 경우에 제기되는 소유권존재확인의 소와 같이 일정한 권리관계나 법률관계가 존재하고 있는 것을 확인해 달라는 것을 적극적 확인의 소라고 하고, 이미 한 번 이행하여 채권이 소멸했음에도 불구하고 채권자가 계속적으로 채권의 이행을 요구하는 경우에 채무자가 제기하는 채권부존재확인의 소와 같이 일정한 권리관계나 법률관계가 존재하지 않음을 확인해 달라는 것을 소극적 확인의 소라고 한다.

끝으로 형성의 소라고 하는 것은 법률관계의 변동을 청구하는 소로서 이미 형성되어 있는 법률관계를 없애버리거나 아직 존재하지 않는 법률관계를 새로이 형성시키기 위한 목적을 가진 소를 가리킨다. 예컨대 특정한 주식회사가 주주총회를 소집하여 일정한 결의를 하였는데 그 결의에 하자가 있는 경우에 주주가 제기하는 주주총회결의 취소의 소와 같은 것이다.

Ⅱ 변 론

1. 변론의 의의

소가 제기되면 이제 당사자는 법원에서 자신이 승소하기 위해 일정한 내용의 주장을 하고 상대방의 주장에 대해 반박을 행하며 자신의 주장을 이유 있게 하기 위해 증거조사를 신청하는 등 민사소송법에서 인정한 각종의 소송행위를 하게 된다. 일반적으로 변론이라고 하는 것은 이처럼 당사자가 승소하기 위해 법원에서 행하는 모든 소송행위를 가리킨다. 법원이 하는 판결절차는 이러한 당사자의 변론을 거쳐야 하는 것이 원칙이고 이를 중심으로 이루어져야 하며 당사자의 변론을 거치지 않고 판결을 내리는 것은 인정되지 않는다. 따라서 법원은 소가 제기되면 원칙적으로 변론기일을 정하여 당사자를 소환하고 법정에서 변론할 기회를 주어야 한다. 그런데 이 당사자의 변론은 일정한 원칙에 의해 행해져야 하는데 처분권주의·변론주의·구술심리주의 등이 민사소송법상 인정된 변론에 관한 원칙 중에 중요한 것들이다.

2. 변론의 일반원칙

(1) 처분권주의

처분권주의라고 하는 것은 소송절차의 개시·소송의 범위·소송절차의 종결에 있어서 당사자에게 주도권을 주어 당사자의 처분에 맡기는 것을 말한다. 민법상 권리자에게는 권리행사자유의 원칙이라고 하는 것이 인정되고 있다. 이 권리행사자유의 원칙이 소송법적으로 발현한 것이 처분권주의이다. 즉 먼저 소송절차의 개시의 측면에서 법원은 당사자가 소를 제기한 경우에만 재판을 할 수 있는 것이며 법적인 분쟁이 당사자 사이에 존재한다고 하더라도 원고가 법원에 소를 제기하지 않은 경우에는 재판권을 행사할 수 없다.

다음에 소송의 범위의 측면에서 법원은 당사자가 주장한 것에 대해서만 재판권을 행사할 수 있다. 따라서 당사자가 주장한 범위를 넘어서 법원이 재판권을 행사하는 것은 인정되지 않기 때문에, 예컨대 원고는 1,000만원의 손해배상을 청구하였는데 법원이 사안을 감안하여 2,000만원의 손해배상을 명하는 것과 같은 것은 인정되지 않는다.

끝으로 소송절차의 종결의 측면에서 당사자는 자신의 의사에 의해 이미 시작된 소송절차를 자유로이 종료시킬 수 있는 것이며, 당사자는 소의 취하·청구의 포기·청구의 인낙·소송상의 화해 등에 의해 판결에 의하지 않고 소송을 주도적으로 종료시킬 수 있는 것이다. 위와 같은 내용들이 처분권주의의 내용으로 이야기될 수 있는 것이다.

(2) 변론주의

변론주의라고 하는 것은 변론에 있어서 재판의 기초가 되는 소송자료인 사실의 주장과 증거의 제출을 당사자의 책임에 맡기는 것을 말한다. 즉 당사자가 소송에서 유리한 재판을 받으려면 스스로 유리한 사실의 주장과 유리한 증거의 제출을 해야 하고 법원은 당사자가 제출한 사실과 증거에 의해서만 재판을 해야 하며, 법원이 직권으로 사실이나 증거를 조사하여 재판하여서는 안 된다는 것을 말한다.

이 변론주의에 의해서 민사소송에 있어서는 당사자의 자백에 절대적인 구속력이 인정되어 있다. 민사소송에 있어서 자백이라고 하는 것은 당사자의 일방이 상대방의 주장을 이의 없이 그대로 받아들이는 것을 말하며, 당사자의 자백이 있은 경우에 법원이 증거조사를 할 필요 없이 당사자가 자백한 대로 재판을 해야 하는 것을 자백의 구속력이라고 한다.

(3) 공개심리주의

공개심리주의라고 하는 것은 비밀재판을 방지하여 재판의 공정성을 보장하기 위해 변론과 판결의 선고를 일반인이 방청할 수 있는 공개된 법정에서 행하여야 하는 원칙을 말한다. 다만 국가의 안정보장이나 사회의 안녕질서 또는 선량한 풍속을 보호하기 위해서는 법원은 변론의 공개를 정지시킬 수 있다. 그러나 공개정지는 변론절차에 관해서만 인정되는 것이므로 판결의 선고는 반드시 공개된 법정에서 해야 한다.

(4) 구술심리주의

구술심리주의라고 하는 것은 법원이 사건에 대해 심리를 하는데 있어서는 당사자의 구두의 변론에 의해 행해야 한다는 원칙으로 서면심리주의에 반하는 개념이다. 구두에 의해 변론을 하는 것이 변론의 내용이 선명한 인상으로 전해지는 것이며 즉각적인 반문에 의해 진실발견에 용이하기 때문이다.

이러한 구술심리주의를 보조하는 역할을 하는 것에 준비서면이라고 하는 것이 있다. 준비서면이라고 하는 것은 당사자가 변론에서 하고자 하는 진술의 내용을 미리 예고적으로 기재하여 법원에 제출하는 서면을 말한다. 이 준비서면은 진술자의 진술의 내용을 미리 정리시키고 상대방으로 하여금 진술자의 변론의 내용을 미리 이해하여 변론에 임하게 하려는 취지이다. 그리고 소송에 있어서 피고가 최초로 제출하는 준비서면을 답변서라고 한다.

3. 변론기일의 결석(기일의 해태)

판결절차에 있어서는 변론을 거치는 것이 원칙이므로 법원이 변론기일을 정한 경우에는 기일소환장을 당사자에게 송달하여야 하며, 당사자는 변론기일에 참석하여 변론을 할 권리가 있음은 앞서 말한 바와 같다. 최초의 변론기일은 소제기 후 지체 없이 정해져야 하며 최초의 기일소환장은 늦어도 그 기일의 2주전에 당사자에게 송달되어야 한다. 최초의 변론기일에 심리가 미진하여 변론을 종결하는 것이 바람직하지 않은 경우에는 다시 속행기일을 정하여 심리를 계속한다.

그런데 기일소환장을 수령한 당사자가 기일에 참석하여 변론을 행한 경우에는 문제가 없으나 변론기일에 결석한 경우에 민사소송법상 어떻게 처리할 것인가가 문제된다. 우리 민사소송법은 변론기일에 양당사자가 결석한 경우와 일방당사자만이 결석한 경우를 나누어서 규정하고 있다. 다만 여기서 결석이란 당사자가 변론기일에 출석하지 않은 것은 물론이고 출석하였다고 하더라도 변론하지 않은 경우를 포함한다.

먼저 당사자 쌍방이 결석에 관해서는 소의 의제적 취하제도를 규정하고 있다. 즉 당사자 쌍방이 적법한 기일의 소환을 받았음에도 불구하고 모두 결석한 경우에는 우선 법원은 속행기일을 정하여 다시 당사자를 소환한다. 그 이후의 기일에 있어 다시 당사자 쌍방이 결석한 경우에는 다시 새로운 변론기일을 정하지 않고 변론을 종결한다. 당사자 쌍방이 이 2회의 결석 후에 1월 이내에 변론기일지정의 신청을 하지 않거나 변론기일지정신청을 하였다고 하더라도 다시 그 이후의 변론기일에 결석한 경우에는 소가 취하된 것으로 보아 법원은 소송을 종료시킨다. 이것을 소의 의제적 취하라고 한다. 다만 여기서 당사자 쌍방의 2회 또는 3회의 결석은 계속적인 것을 요하지 않고 단속적이더라도 관계없다.

다음에 당사자 일방이 결석한 경우에 관해서는 민사소송법은 의제진술제도 및 의제자백제도로 처리하고 있다. 의제진술제도라고 하는 것은 당사자 일방이 준비서면을 제출한 채 기일에 결석한 경우에 인정되는 제도로서, 원칙적으로 결석한 당사자는 준비서면대로 진술한 것으로 간주되는 것을 말한다. 따라서 준비서면을 제출한 일방의 당사자가 결석한 경우에는 서면에 기재된 대로 진술한 것으로 의제되므로 결석으로 인한 불이익을 크게 부담하지 않게 되는 것이 보통이다.

한편 의제자백제도라고 하는 것은 당사자 일방이 결석한 경우에 결석한 당사자는 준비서면 등에서 이의를 제기하여 제출한 경우와 같은 특별한 사정이 없는 한 출석한 당사자의 주장을 이의 없이 그대로 받아들여 자백한 것으로 인정되는 것을 말한다. 당사자는 출석하여 상대방의 주장을 들어보고 그것이 진실에 반하는 것일 경우에는 이의를 제기하거나 항변하는 주장이나 입증을 해야 하는 것이 원칙인데, 기일에 결석하였으므로 상대방의 주장에 대해 다투지 아니한 것으로 취급되는 것이다.

Ⅲ 증 거

1. 증거의 의의

우리 민사소송법은 당사자가 변론에서 일정한 사항에 관하여 어떠한 사실을 주장을 한 경우에 그 사실에 대해 상대방이 다투지 아니하고 자백하거나, 그 사실이 증명이 불필요한 현저한 사실인 경우를 제외하고는, 증거에 의하는 경우에만 그 사실을 인정할 수 있는 증거재판주의에 의하고 있다. 즉 재판결과에 영향을 미칠 사실 중에서 당사자 사이에 다툼이 있는 사실에 대해서는 그 증명에 의해서만 재판의 기초로 삼을 수 있는데 이 증명의 방법으로 사용되는 것을 증거라고 한다.

우리 민사소송법은 변론에 있어서 수시제출주의를 취하고 있다. 따라서 당사자에 의한 증거의 제출도 즉시 제출할 수 있었으나 재판의 지연을 목적으로 고의에 의해 늦게 제출하는 것과 같은 특별한 사정이 없는 한 증거의 제출에 관해서는 시기적인 제한이 없는 것이 원칙이다.

2. 입증책임

당사자가 주장한 사실에 대해 상대방이 다투는 경우에 법관에게 그 증거를 제출하는 것을 입증이라고 한다. 이러한 증거를 제출해야 하는 책임을 입증책임이라고 하는데 변론주의의 결과 입증책임은 당사자가 부담한다. 만약 당사자가 일정한 사실에 대해서 증거를 제출하지 않는 경우에는 법원은 그러한 사실이 없는 것으로 다루게 된다.

문제가 되는 것은 입증이 필요한 일정한 사항에 대해 원고와 피고 중 누가 입증책임을 부담하는가 하는 것이다. 우리나라의 통설에 의하면 각 당사자는 자기에게 유리한 요건사실에 대한 입증책임을 부담하는 것으로 하고 있다. 따라서 예컨대 채권자가 빌려준 돈을 받기 위해 채무자를 상대로 소를 제기한 경우에 돈을 빌려주었다는 사실과 같은 채권의 존재에 관한 증거는 원고인 채권자가, 채무를 변제하였다는 사실과 같이 채무가 존재하지 않는다는 사실에 대해서는 피고인 채무자가 입증책임을 부담하는 것이다.

3. 증거조사의 실시

(1) 인 증

인증이라고 하는 것은 증인신문 · 감정인에 의한 감정 · 당사자신문 등에 의해 증거조사를 실시하는 것을 말한다. 먼저 증인신문이라고 하는 것은 증인이 과거에 경험한 사실을 법원에 보고하는 증언에 의해 증거자료를 얻어내는 증거조사방법을 말한다. 증인이 될 수 있는 자는 당사자와 그 법정대리인 이외의 제3자는 누구나 증인이 될 수 있다. 그리고 법원에 의해 증인으로 결정된 자는 증인으로서의 출석의무와 선서의무 및 진술의무를 부담한다. 증인으로 소환을 받은 자가 출석의무를 위반하여 지정한 기일에 출석하지 않은 경우에는 법원은 그 증인의 구인을 명할 수 있으며 500만원 이하의 과태료처분을 할 수 있다. 그리고 증인은 증언을 함에 있어서 양심에 따라 진실만을 진술할 것을 선서해야 할 의무를 부담하는 것이 원칙인데, 만약 선서를 거부할 경우에는 500만원 이하의 과태료처분을 받을 수 있으며, 선서한 증인이 허위의 사실을 증언한 경우에는 위증죄에 의해 처벌을 받는다. 또한 증인이 진술의무에 위반하여 진술을 거부한 경우에도 500만원 이하의 과태료처분을 받는다. 다만 민사소송법은 증인을 보호하기 위해 증인 본인 및 증인의 친족 등이 증언의 결과 형사상의 처벌이나 치욕이 될 염려가 있는 경우와 신문사항이 공법상 또는 직무상 비밀에 관한 경우에는 증언을 거부할 수 있게 하고 있고, 16세 미만의 자 및 선서의 취지를 이해할 정신적 능력을 가지지 못한 자는 선서를 시키지 못하도록 하고 있다.

다음에 감정인의 감정이라고 함은 특정한 사항에 관해 특별한 학식이나 경험을 가진 감정인에게 그의 전문적 지식에 의한 판단을 보고시켜서 그를 증거로 삼기 위한 증거조사방법을 가리킨다. 법원에 의해 감정인으로 소환된 자는 증인의 경우와 같이 출석의무와 선서의무 및 감정의견보고의무가 있는 것이 원칙이고 선서한 감정인이 허위로 감정을 한 경우에는 형사상 허위감정죄의 처벌을 받는다. 다만 감정인은 증인과 달리 대체성이 있기 때문에 출석의무위반의 경우라고 하더라도 구인할 수 없다.

끝으로 당사자신문이라고 하는 것은 당사자 본인이 경험한 사실을 법원에 보고시켜서 그에 의해서 증거자료를 취득하는 증거조사방법을 말한다. 법원에 의해 신문의 대상이 된 당사자에게는 출석의무와 선서의무 및 진술의무가 인정되고 있으나, 증인의 경우와는 달리 구인이나 과태료의 처분에 의해 이들 의무의 이행이 강제되지 않으며, 선서하고 허위진술을 한 당사자라고 하더라도 과태료의 처분을 받을 뿐 형사상 처벌을 받지는 않는다. 다만 당사자가 이들 의무를 이행하지 않는 경우에는 법원은 재량으로 신문사항에 관해 상대방의 주장을 진실한 것으로 인정할 수 있게 하는 불이익을 받는다.

(2) 서　증

서증이라고 하는 것은 일정한 문서를 열람하여 그것에 기재된 내용을 증거자료로 삼는 것에 의한 증거조사방법이며 증거 중에서 가장 확실한 증거라고 할 수 있다. 그리고 비교적 새로운 증거물인 컴퓨터 디스크나 콤팩트 디스크 등에 기억된 문자정보도 서증과 같은 절차에 의해 조사된다. 서증은 입증자가 소지하는 문서인 경우에는 이를 직접 법원에 제출하는 방법에 의해, 상대방이나 제3자가 소지하는 문서에 대해서는 문서제출명령이나 문서송부촉탁의 방법에 의해, 그리고 송부의 촉탁이 어려운 경우에는 문서소재장소에 가서 증거조사를 하는 방법에 의해 행한다. 당사자가 문서제출명령을 받고도 이를 이행하지 않는 경우에는 법원은 그 문서에 관한 상대방의 주장을 진실한 것으로 인정할 수 있고, 제3자가 문서제출명령을 받고도 이에 불응한 경우에는 500만원 이하의 과태료처분을 받는다.

(3) 검 증

검증이라고 하는 것은 법관이 직접 사물의 성질이나 현상 등을 검사하여 재판의 증거자료로 삼는 증거조사방법이다. 예컨대 일정한 교통사고로 인한 소송에서 사고현장 · 사고차량 등을 조사하는 것을 말하는데 이 검증의 대상이 되는 것을 검증물이라고 한다. 검증은 서증과 마찬가지고 검증물의 직접제출 · 제출명령 · 송부촉탁 · 현장검증 등에 의해서 행한다. 또한 당사자가 검증물제출명령을 받고도 이를 이행하지 않는 경우에는 그 문서에 관한 상대방의 주장을 진실한 것으로 인정할 수 있고, 제3자가 검증물제출명령을 받고도 이에 불응하는 경우에는 500만원 이하의 과태료처분을 받는 것도 서증의 경우와 동일하다.

다만 검증에 있어서 문제가 되는 것은 인증이나 서증과의 구별이다. 예컨대 교통사고로 인한 사건의 경우에 증인이나 당사자가 경험한 사실을 진술하게 하여 증거자료로 삼는 경우에는 인증이나, 피해당사자의 상처 등을 알아보기 위해 신체검사를 행하는 것은 사람을 대상으로 하더라도 검증이다. 또한 문서에 기재된 내용을 증거자료로 삼는 경우에는 서증이나 문서의 형태나 문서의 위조여부를 알아보는 것은 문서를 대상으로 하는 것이라도 검증이다. 또한 녹음테이프 · 비디오테이프 · 녹화필름의 내용에 대한 증거조사도 검증에 해당된다.

4. 위법하게 수집한 증거

당사자가 법원에 제출한 증거가 정당한 방법에 의해 수집되지 않은 경우에 이 증거를 정당한 증거로 인정하여 재판의 기초로 삼을 수 있는가 하는 것이 문제된다. 예컨대 상대방의 동의가 없는 상태에서 행해진 무단녹음이나 무단녹화, 불법적으로 건물에 침입하여 절취한 문서, 산업스파이에 의해 수집된 일정한 회사의 서류 등이 증거능력을 가질 수 있는가 하는 것이다.

우리 민사소송법은 재판에 있어서 법관에게 자유심증주의를 인정하고 있다. 자유심증주의라고 하는 것은 증거의 채택여부나 채택된 증거의 증거력의 평가는 원칙적으로 법관의 재량에 맡긴다는 원칙이다. 판례는 이 자유심증주의를 이유로 하여 위법하게 수집된 증거를 재판의 자료로 삼느냐 하는 것은 법관의 재량이므로, 법관의 재량에 의해 그러한 증거에 대해서 증거능력이 인정될 수 있다고 한다. 그러나 학설은 상대방의 동의 없는 무단녹음이나 무단녹화와 같은 방법으로 증거를 수집하는 것은 상대방의 인격권을 침해할 우려가 있으며, 증거수집이 어렵다는 이유만으로 위법한 증거수집이 정당화 될 수는 없는 것이라고 하면서, 특별한 사정이 없는 한 위법하게 수집된 증거는 상대방이 동의한 경우에만 증거능력이 인정된다는 것이 다수설이다.

Ⅳ 소송의 종료

원고의 소제기에 의해 일단 소송이 시작되면 법원은 심리를 거쳐 이 사건에 대해 판결을 해주어야 할 책임을 부담하며 소송은 법원의 판결에 의해서 종료하는 것이 원칙이다. 그러나 우리 민사소송법은 판결에 의하지 않고도 소송이 종료하는 예외를 다수 인정하고 있으며 그 중에서 중요한 것이 소의 취하・청구의 포기나 인낙・재판상의 화해 등 당사자의 행위에 의해서 소송이 종료하는 것이다. 민사소송법상 변론에 있어서 중요한 원칙 중의 하나가 처분권주의이다. 따라서 일정한 사법상의 법적분쟁이 발생한 경우에 소송을 제기하느냐 하는 것이 당사자의 자유인 것처럼 일단 소송이 제기된 경우에 이를 판결에 의하지 않고 중도에 종료시키는가 하는 것도 당사자의 자유에 속하는 것이다.

1. 판 결

(1) 재판의 종류

재판이라고 하는 것은 법원이 소송사건을 해결하기 위해 내리는 판단을 말하며 이에는 판결・결정・명령의 세 가지가 있다. 판결이라고 하는 것은 본안을 포함하여 소송에 결정적인 영향을 미칠 중요사항에 관한 법원의 판단을 말하고, 소송은 법원의 종국판결에 의해 종료하므로 소송의 종료원인이 되는 재판은 통상적으로 판결이다. 따라서 이하에서는 판결을 중심으로 설명하기로 한다.

한편 결정과 명령은 소송절차의 부수적인 사항이나 소송절차에서 파생된 사항 등에 관한 법원의 판단을 말한다. 예컨대 관할권이 없는 법원에 소가 제기된 경우에 관할권이 있는 법원으로 소를 이송하는 결정, 증인에 대한 출석명령, 소장에 필요적기재사항이 기재되어 있지 않는 경우에 행하는 재판장의 소장각하명령 등이다.

(2) 판결의 선고

판결은 소송에 관한 심리를 진행한 결과 법관이 심증을 얻은 경우에 먼저 어떠한 내용의 판결을 할 것인가를 법관이 결정하고, 이에 기하여 판결원본을 작성한 후, 선고기일에 판결을 선고하는 절차에 의해 행해진다. 법원은 심리가 판결하기에 충분하게 성숙한 경우에는 판결을 하지 않으면 안 되는데 단독판사에 의한 판결은 그 단독판사의 의견에 의해 내려지지만 합의제의 경우에는 특별한 사정이 없는 한 다수결에 의해 행해진다. 판결원본에는 당사자에 관한 사항·판결주문·판결이유 등에 관한 것이 기재되어야 하고 판결에 참여한 법관의 서명날인이 있어야 한다. 판결주문이라고 하는 것은 판결의 결론부분으로서 소장의 청구취지에 대응하는 것인데, 예컨대 원고가 1억원의 채권을 행사하기 위해 소송을 제기하여 승소한 경우에 「피고는 원고에게 1억원의 금전을 지급하라」라고 하는 것과 같이 간단·명료하게 기재되어야 한다. 판결이유라고 하는 것은 판결주문을 정당하게 하는 이유를 기재하는 것인데, 당사자가 주장한 내용, 채택된 증거의 내용, 당자자의 주장과 증거에 의해 어떠한 사실을 인정하였는가 하는 것, 이 법원이 인정한 사실에 대해 어떠한 법률을 적용하였는가 하는 것 등이 기재된다.

(3) 판결의 송달

판결이 선고된 경우에 재판장은 지체 없이 선고된 판결의 원본을 법원사무관 등에게 교부하여야 하는데, 판결원본을 수령한 법원사무관 등은 당사자의 수에 맞추어 판결정본을 작성하고 2주 이내에 당사자 전부에게 송달하여야 한다. 판결정본을 송달하게 하는 것은 당사자에게 판결의 자세한 내용을 알리고 상소여부를 결정하게 하기 위한 것이다. 그리고 당사자는 판결정본을 송달받은 날로부터 2주일 이내에 상소를 제기할 수 있다.

(4) 판결의 효력

1) 기속력

모든 판결은 일단 선고되면 판결을 한 법원도 이 판결의 내용을 취소하거나 변경하지 못하는 것이 원칙이다. 이러한 효력을 판결의 기속력이라고 한다. 다만 계산의 잘못이라든가 단순한 기재의 잘못과 같이 표현상의 오류가 명백한 경우에는 판결의 실질적인 내용에 변경을 가하지 않는 범위 내에서 이를 정정할 수가 있다.

2) 기판력

판결이 선고된 후 상소기간의 경과 등으로 인해 판결이 확정되면 당사자는 그 판결의 내용과 다른 주장을 할 수 없게 되며, 동일한 소송물에 대하여 다시 소송을 제기하는 것도 허용되지 않는다. 또한 어떠한 법원도 확정된 판결과 다른 판단을 할 수 없게 되는 것이 원칙이다. 판결의 이러한 효력을 기판력이라고 하며 모든 종류의 판결에 대해 인정된다. 기판력이 발생하면 당사자는 그 판결의 내용에 반한 주장을 할 수 없기 때문에 변론종결 전에 제출할 수 있었던 증거 등의 제출권을 상실한다. 다만 특별한 사정이 없는 한 기판력은 당사자에게만 미치는 것이 원칙이므로 제3자는 승소한 당사자에 대해 판결의 내용과 다른 주장을 하는 것이 허용되며 승소당사자를 상대로 소를 제기하는 것도 가능하다.

3) 집행력

집행력이라고 하는 것은 이행의 소에서 이행을 명하는 내용의 판결이 확정된 경우에 강제집행절차에 의해 판결의 내용을 강제적으로 실현할 수 있는 효력을 말한다. 즉 이행의 판결에서 이행의 청구를 한 원고가 승소한 경우에 판결은 피고에게 일정한 이행행위를 명하게 되는데, 그 판결의 내용에 따라 임의로 이행하면 문제가 없으나 만약 판결의 내용대로 피고가 이행하지 않으면 원고는 일정한 절차를 거쳐서 강제집행을 신청할 수 있게 되는 것이다.

4) 형성력

형성력이라고 하는 것은 형성의 소를 심리한 결과 형성판결이 확정된 경우에 판결의 내용대로 기존의 법률관계를 변경·소멸하게 하거나 새로운 법률관계를 형성하게 하는 효력을 말한다. 예컨대 주식회사의 주주총회결의취소의 소에서 원고가 승소한 경우에는 주주총회의 결의가 취소되어 소멸하게 되는 것과 같은 경우를 말한다. 이 형성력과 관련하여 주의해야 할 것은 법률관계가 객관적으로 변동된 결과 그 법률관계에 관련된 사람은 모두 판결의 영향을 받는다는 것이다. 즉 형성판결의 경우에 있어서의 판결의 효력은 일반적인 기판력의 경우와는 달리 당사자뿐만이 아니고 모든 사람에 대해서 효력을 미친다는 것이다.

(5) 판결의 부수절차

1) 가집행의 선고

앞서 이야기한 바와 같이 이행판결의 경우에 상소기간의 경과 등에 의해 판결이 확정된 경우에는 강제집행을 할 수 있는 집행력이 발생한다. 그러나 이렇게 판결의 확정에 의해서만 집행력이 발생한다고 하여서는 패소한 피고가 강제집행의 지연을 노려서 함부로 상소하여 판결이 확정되는 것을 방해하는 행위를 막을 수가 없다. 그리하여 우리 민사소송법은 판결이 미확정되었다고 하더라도 경우에 따라서는 판결에 따라 강제집행을 할 수 있게 하고 있는데, 이처럼 판결이 확정되기 전에 강제집행을 할 수 있게 하는 것이 가집행의 선고이다. 즉 우리 민사소송법은 법원이 판결을 함에 있어서 판결의 확정전에 이행함으로써 피고에게 회복할 수 없는 손해가 발생할 우려가 없는 경우에는, 판결과 함께 확정전이라고 하더라도 집행을 가능하다는 가집행의 선고를 할 수 있도록 하여 승소한 원고를 보호하고 있는 것이다.

2) 소송비용의 재판

소송을 위하여 지출한 소송비용을 어떠한 범위에서 누구에게 부담시킬 것인가에 관한 판단이 소송비용에 관한 재판이다. 통상적으로 소송행위에는 소송비용이 들어가는 것이므로 판결을 내림에 있어서는 소송비용을 누구에게 부담시킬 것인가에 관해 판결주문에 기재하게 되는데, 이 기재를 소송비용에 관한 재판이라고 하며 판결이 내려지는 경우에는 보통 소송비용에 관한 재판이 함께 행해진다. 우리 민사소송법은 재판에 있어서 소송비용을 패소자에게 부담하도록 명하는 것이 원칙이므로, 특별한 사정이 없는 한 승소한 당사자는 지출한 소송비용을 패소한 당사자에 대하여 청구할 수 있게 된다.

2. 소의 취하

소의 취하라고 함은 원고가 소를 제기한 후에 다시 소를 거두어 들여 소가 제기되지 않은 것과 같은 상태를 만드는 것을 말한다. 일반적으로 사법상으로는 권리자가 권리를 행사하느냐의 여부는 권리자의 재량에 맡겨야 한다는 권리행사자유의 원칙이 인정되므로, 소송법적으로도 권리를 행사하기 위해 제기한 소를 거두어들이는 것은 원고의 자유라고 하여야 할 것이다. 다만 피고의 재판을 받을 권리를 보호하기 위해 피고가 소송에서 변론을 하는 등 응소행위를 한 경우에는 피고의 동의가 있어야 유효한 취하를 할 수 있다. 또한 원고가 불리한 판결을 받은 후에 그 불이익을 피하기 위해 소을 취하하고 다시 별도의 소를 제기하는 것을 방지하기 위해 제1심에서 판결을 한 이후에 소를 취하한 경우에는 다시 동일한 소송물에 대하여 소를 제기할 수 없게 하는 재소금지의 원칙을 민사소송법은 채택하고 있다.

3. 청구의 포기 · 인낙

청구의 포기라 함은 소송절차에서 원고가 일방적인 의사표시에 의해 자기의 소송상의 청구가 이유 없음을 자인하는 것을 말한다. 예컨대 원고가 피고를 상대로 채무이행의 소를 제기한 경우에 심리를 하는 도중에 채권이 무효임이 밝혀져서 그 무효를 인정하여 청구를 포기하는 것을 말한다. 다음에 청구의 인낙이라고 하는 것은 피고가 원고의 소송상의 청구가 이유 있음을 일방적인 의사표시에 의해 자인하는 행위를 말한다. 예컨대 원고가 채권을 행사하기 위해 소를 제기한 경우에 피고가 채무자임을 자인하는 의사표시를 한 경우와 같은 것이다. 이 청구의 포기나 인낙의 의사표시가 있는 경우에 그 의사표시가 변론조서에 기재되면 확정판결과 동일한 효력이 발생하며 소송은 종료된다. 청구의 포기 · 인낙이 자백과 다른 점은 청구의 포기 · 인낙은 원고의 청구를 전체적으로 포기하거나 그대로 받아들이는 것을 말하는데 반해, 자백이라고 하는 것은 당사자가 청구를 이유 있게 하기 위해 또는 이유 없게 하기 위해 당사자가 주장한 개개의 사실을 상대방이 그대로 받아들이는 것인 데에 차이점이 있다.

4. 재판상의 화해

재판상의 화해라고 하는 것은 법관의 면전에서 분쟁의 당사자가 서로 양보하여 판결에 의하지 않고 분쟁을 해결하는 것을 말한다. 재판상의 화해는 다시 두 가지로 나누어지는데 제소전의 화해와 소송상의 화해가 그것이다. 먼저 제소전의 화해라고 하는 것은 분쟁의 당사자가 소송을 제기하기 전에 법관의 면전에서 화해를 하는 것을 말하며, 법관의 면전에서 화해가 행해진 것이기 때문에 확정판결과 마찬가지의 효력이 인정되어 분쟁을 종국적으로 해결시킨다. 다음에 소송상의 화해라고 하는 것은 소송을 진행하는 도중에 원고와 피고가 서로 양보하여 소송을 종료시키는 것을 말하며 역시 확정된 판결과 같은 효력이 주어진다.

V 상 소

우리 민사소송법은 법관의 오판으로부터 국민의 재판받을 권리를 보호하기 위해 원칙적으로 하나의 사건에 대해 세 번의 재판을 받을 권리를 인정하고 있다. 따라서 하급법원에 의해 재판을 받았으나 그 재판에 대해 옳지 않다고 생각하는 당사자는 상급법원에 그 하급법원의 재판을 취소하거나 변경해달라고 요구할 수 있으며 이러한 행위를 상소라고 한다. 즉 제1심법원인 지방법원의 재판에 대해서는 고등법원에, 제2심인 고등법원의 재판에 대해서는 대법원에 그 재판의 변경이나 소멸을 청구할 수 있는 것이다. 다만 소가가 5,000만원 이하인 단독사건의 경우에는 제2심의 재판부가 고등법원이 아니라 지방법원항소부라고 하는 것이 일반적인 합의부사건과 다르다.

1. 항 소

항소라고 하는 것은 제1심인 지방법원의 판결에 대해 고등법원이나 지방법원항소부에 대해 다시 판결해 달라고 요구하는 것을 말한다. 항소의 이유에 대해서는 민사소송법상 아무런 제한이 없기 때문에 제1심의 판결이 잘못되었다고 느껴지는 경우에는 항소를 제기할 수 있다. 항소는 제1심법원의 판결이 당사자에게 송달된 날로부터 2주일 이내에 제기하여야 하며 그 기간 안에 항소를 제기하지 않은 경우에는 항소를 제기할 수 없게 되며 판결은 확정되게 된다. 항소심에서 제1심의 정당하다고 느껴지는 경우에는 항소기각의 판결을 하고, 제1심의 판결이 부당하다고 느껴질 경우에는 제1심의 판결을 변경하거나 취소하여 스스로 다시 재판하는 것이 원칙이다.

2. 상 고

상고라고 하는 것은 제2심인 항소법원의 판결에 대해 대법원에 그 판결의 변경이나 취소를 요구하는 것을 말한다. 상고심의 경우에는 하급법원의 판결이 사실인정을 잘못한 경우는 상고를 인정하지 않고 법관이 법령의 적용을 잘못한 경우에만 상고를 할 수 있게 함으로써 제1심과 항소심을 사실심이라고 하는데 반해 상고심은 법률심이라고 부른다.

그런데 우리 민사소송법은 모든 사건의 상고를 대법원에 하도록 하고 있고 법원조직법은 지방법원이나 고등법원과는 달리 대법원은 하나만을 설치하고 있음으로 인해 대법원에로의 사건의 폭주가 문제가 되어왔다. 이러한 이유 때문에 재판의 지연을 노린 무익한 상고를 막기 위해 우리나라는 민사소송법의 규정에 의해 상고의 이유를 제한하여 판결에 영향을 미친 헌법 또는 법령의 위반이 있는 것과 같은 중대한 하자가 있는 경우에만 상고를 제기할 수 있도록 하는 것과 함께, 상고심절차에 관한 특례법에 의해 상고를 제기한 자의 상고이유에 중대한 법령위반과 같은 법률심으로서의 상고심을 인정할 만한 사유가 포함되지 않은 경우에는 본안의 심리를 하지 않고 상고를 기각할 수 있는 상고심리불속행제도를 채택하고 있다.

상고심의 심리는 사실심인 제1심법원이나 항소심법원의 심리와는 달리 법관의 법령해석의 잘못여부를 문제로 삼는 것이기 때문에 변론을 거치지 않고도 재판을 할 수 있다. 그리고 상고심에서 심리한 결과 항소심의 판결이 정당하다고 느껴질 경우에는 상고를 기각하여 판결을 확정시키고, 항소심의 판결이 부당하다고 느껴질 경우에는 항소심의 판결을 파기·환송하여 항소심에서 다시 재판하도록 하는 것이 원칙이다.

3. 항 고

항고라고 하는 것은 하급법원의 결정이나 명령에 대해 상급법원에 그 시정을 요구하는 것을 가리킨다. 제1심법원의 결정·명령에 대해 제2심법원에 시정을 요구하는 것을 항고라고 하고, 항고법원의 결정·명령에 대해 대법원에 시정을 요구하는 것을 특히 재항고라고 한다. 그리고 항고는 항소나 상고의 경우와는 달리 법률의 규정이 명문으로 인정하고 있는 경우에만 할 수 있으며 항고·재항고의 구체적인 내용은 성질이 허용하는 한 항소·상고의 예에 따르도록 하고 있다.

항고에 있어서는 특별한 형태의 항고가 인정되고 있는데 즉시항고라고 하는 것이 그것이다. 즉시항고라고 하는 것은 문제를 특히 신속하게 처리할 필요가 있는 경우에 법률의 규정에 의해 인정되어 있는 것으로서, 보통의 항고의 경우에는 항고의 이익이 있는 한 기간의 제한이 없이 언제라도 항고를 제기할 수 있으나 즉시항고의 경우에는 결정·명령이 있은 날로부터 1주일 이내에 제기하여야 한다.

VI 재 심

재심이라고 하는 것은 판결이 확정되어 상소에 의해 시정할 수 없는 경우라 하더라도 판결에 중대한 하자가 있어 확정된 판결을 취소하고 이미 종결되었던 소송에 대해 재심리를 구하는 것을 말한다. 민사소송법이 인정하는 재심사유는 합의부를 2인의 법관으로 구성하여 판결한 것과 같이 법원의 구성에 잘못이 있는 경우, 당사자의 위임이 없는 변호사가 관여하여 판결을 한 것과 같이 소송대리권에 흠결이 있는 경우, 증인의 위증에 의해 판결을 한 것과 같이 범죄행위로 판결이 부당하게 행해진 경우, 전에 행해진 확정판결의 기판력에 저촉하여 판결을 한 경우 등이다. 그리고 재심을 청구하는 경우에는 일정한 기간의 제한을 받는데 소송대리권의 흠결이나 기판력의 저촉의 경우를 제외하고는, 판결이 확정된 날로부터 5년이 경과하거나 재심사유를 안 날로부터 30일이 지난 경우에는 제기할 수 없게 하고 있다.

제 4 장
간이소송절차

I 소액사건심판절차

소액사건심판절차라고 하는 것은 소가 2,000만원 이하의 금전이나 기타의 대체물 또는 유가증권을 청구하기 위한 소액사건에 관한 심판절차를 이야기하며 소액사건심판법이라고 하는 특별법에 의해 규정되어 있다. 소액사건심판절차는 소송의 심리를 간이 · 신속하게 하기 위해 일반의 소송절차에 비해 많은 특례를 인정하고 있는데, 소장의 제출에 의하지 않고 구술에 의하거나 양당사자의 임의출석에 의해 제소를 인정하는 구술제소제도 또는 임의출석제도, 변호사의 자격이 없는 사람이라고 하더라도 법원의 허가가 있으면 당사자의 배우자나 직계혈족 또는 형제자매나 호주에게 소송대리를 시킬 수 있게 하는 제도, 절차의 신속을 위해 원칙적으로 1회의 변론으로 심리를 마치도록 하는 제도, 원고의 청구가 부당함이 명백한 경우에는 변론을 실시함이 없이 청구를 기각할 수 있게 하는 제도 등이 그 중요한 것이다.

II 독촉절차

독촉절차라고 하는 것은 금전이나 기타의 대체물 또는 유가증권을 일정량 청구할 수 있는 권리를 채권자가 가지고 있는 경우에, 채권자의 신청에 의해 채무자에게 지급명령을 발하고 2주일 이내에 채무자가 이의를 제기하지 않으면 지급명령대로 채권자가 강제집행을 할 수 있게 하는 제도를 말한다. 이 독촉절차는 채무자가 채무가 있음은 인정하나 그 이행을 미루고 있는 경우에 채권자고 하여금 강제집행을 신속하게 할 수 있게 만드는 제도이다. 만약 채무자가 지급명령을 송달받은 후 2주일 이내에 이의를 제기하면 지급명령은 효력을 잃고 사건은 소송절차로 이행하게 된다.

제 5 장

소송구조와 법률구조

I 소송구조

민사소송을 함에 있어서는 당사자가 소장 등에 첨부해야 하는 인지의 비용·증거조사비용·변호사보수 등 많은 비용을 부담해야 하는데, 당사자가 경제적 약자인 경우에는 이러한 비용이 부담이 장애가 되어 결국 소송제도를 이용할 수 없게 된다. 이러한 상황을 그대로 방치한다면 경제적 약자의 재판받을 권리를 침해하는 결과가 된다. 이에 우리 민사소송법은 소송구조제도를 규정하여 경제적 약자의 재판받을 권리를 실질적으로 보장하고 있다. 즉 소송비용을 지출할 자력이 부족한 자는 패소할 것이 명백한 부당소송의 제기의 경우를 제외하고는 법원에 소송구조신청을 할 수 있다. 법원에 의해 소송구조를 받을 요건이 갖추어졌다고 인정된 당사자는 지급하여야 할 대부분의 소송비용이 지급유예된다. 그리고 소송구조에 의해 지급유예된 소송비용은 소송을 진행하여 판결을 내린 결과 패소한 자에게 추징하게 되며 패소자가 무자력자여서 추징하기가 불가능하면 국고에서 지급하게 된다.

II 법률구조

앞서 이야기한 소송구조제도는 민사소송법이 경제적 약자의 재판받을 권리를 실질적으로 보호하기 위해 마련한 제도인데 반해, 법률구조제도라고 하는 것은 동일한 목적으로 법률구조법이라고 하는 특별법에 의해 만들어진 제도이다. 즉 법률구조법은 농어민이나 일정액 이하의 수입으로 살아가는 영세민, 하급 공무원이나 군인, 국가보훈대상자와 같은 당사자에 대해 법률구조사업을 벌이도록 하고 있고, 정부는 법률구조사업을 위해 법률구조공단을 설립하여 법률상담을 통해 당사자의 화해나 조정을 주선해야 하며, 소송이 제기된 경우에는 법률구조심사위원회의 심사를 거쳐 구조대상자를 위해 공단소속의 변호사나 공단의 법률구조위원으로 선임된 변호사로 하여금 소송대리를 하여야 하도록 하고 있다. 또한 소송에 필요한 비용은 공단에서 우선 지급하고 소송이 종료하면 법률구조를 받은 당사자로부터 징수할 수 있게 하고 있다.

제 6 장

재판에 의하지 않는 분쟁해결절차

사법상의 법적분쟁이 발생한 경우에 민사소송이 가장 확실하고 종국적인 해결방법임에 틀림이 없다. 따라서 민사소송이 그 해결절차의 원칙적인 형태로 되어 있다. 그러나 민사소송이 분쟁의 해결을 위한 유일한 방법은 아니며 민사소송과 더불어 화해 · 조정 · 중재 등이 인정되고 있다. 소송에 의한 분쟁의 해결은 사건을 종국적으로 종식시킨다는 장점은 있으나 당사자의 자율적인 의사에 의한 것이 아니기 때문에 당사자 전부를 감정적으로 만족시키는 해결방법은 아니다. 이에 반하여 화해 · 조정 · 중재 등은 당사자 쌍방의 자율적인 의사의 합치에 의해 분쟁을 해결하는 자주적인 제도이므로 당사자의 만족도가 소송보다 훨씬 크다고 할 수 있다. 만약 사법상의 분쟁이 발생한 경우에 모두 법원을 찾아 소송에 의한 해결을 시도한다면 사건의 폭주로 인하여 분쟁해결의 지연 및 질적저하가 예상되는 것이다. 또한 경우에 따라서는 복잡한 소송절차에 의해 분쟁을 해결하는 것이 적절하지 않은 것도 있을 수 있다. 그리하여 우리나라는 민사소송에 갈음하여 분쟁을 적은 비용을 가지고 신속하고 자주적으로 해결할 수 있는 제도를 마련해 놓고 있는 것이다.

I 화 해

화해는 당사자의 자주적인 의사표시에 의해 서로 양보하여 분쟁을 평화적으로 해결하는 방법을 말한다. 화해는 우선 재판외의 화해와 재판상의 화해로 나눌 수가 있으며 재판상의 화해는 앞서 이야기한 바와 같이 제소전의 화해와 소송상의 화해로 나눌 수가 있다. 재판외의 화해는 민법의 화해계약에 의해 분쟁을 해결하는 것을 말하며 화해에 확정판결과 동일한 효력이 인정되지 않는 점이 재판상의 화해와 다르며, 따라서 재판외의 화해계약이 약속한 대로 이행되지 않은 경우에는 다시 소를 제기하여 확정의 승소판결을 얻은 후에 강제집행을 해야 한다. 반면에 분쟁당사자의 일방이 지방법원의 판사에게 화해신청을 하여 단독판사의 면전에서 행해지는 제소전의 화해와 소송의 진행도중에 재판부의 면전에서 행해지는 소송상의 화해는 재판상의 화해로서 확정판결과 같은 효력이 발생하기 때문에, 당사자가 화해의 내용대로 이행하지 않는 경우에는 즉시로 강제집행을 할 수 있게 된다.

Ⅱ 조 정

조정이라고 하는 것은 민사조정법이라고 하는 특별법에 의해 인정된 제도로서 법관이나 조정위원회가 분쟁관계인 사이에 개입하여 당사자가 화해하도록 이끌고, 조정의견을 제시하여 당사자가 이에 따르도록 하는 제도를 말한다. 조정이 화해와 다른 점은 화해는 순수하게 당사자의 자주적인 제도인데 반해 조정은 법관이나 조정위원회와 같은 조정기관이 당사자의 사이에 개입하여 분쟁해결을 시도한다는 점에 있다.

민사조정은 원칙적으로 당사자의 신청에 의해 시작되지만 소송을 담당한 법원도 항소심의 판결선고 전까지는 직권으로 사건을 조정에 회부할 수 있다. 조정사건은 조정담당판사 또는 조정위원회가 담당하여 처리하도록 하고 있으며 조정위원회는 판사인 조정장과 2인 이상의 조정위원으로 구성된다. 조정에 의한 합의가 제대로 성립되지 않은 경우에는 조정기관은 직권으로 조정에 갈음하는 결정을 할 수 있으며 이를 직권조정이라고 한다. 그러나 이 직권조정을 강제적인 것이 아니며 당사자의 이의에 의해 그 효력을 잃는다.

조정에 의한 합의가 성립하거나 직권조정을 당사자가 받아들인 경우에는 조정이 성립된 것으로 다루어지며 재판상의 화해와 같은 효력이 주어진다. 반면에 당사자 사이에 조정이 성립되지 않거나 직권조정에 대해 당사자가 이의를 제기한 경우에는 사건은 소송절차로 이행된다.

Ⅲ 중 재

중재라고 하는 것은 분쟁의 당사자가 합의에 의해 제3자를 중재자로 선임하고 그 중재자의 중재에 의해 분쟁을 해결하는 것을 말한다. 중재가 화해와 다른 점은 중재자가 당사자 사이에 개입하여 분쟁을 해결하는 점이고, 조정과 다른 점은 조정의 경우에는 조정기관의 의견이 강제적인 것이 아니어서 당사자가 이에 이의를 제기하여 조정을 성립시키지 않을 수 있는데 반해 중재의 경우에는 중재자의 의견에 당사자가 반드시 따라야 하는 점에 있다. 즉 중재는 당사자가 중재인의 중재의견에 반드시 따르기로 약속한 경우에 성립되는 것으로서 중재인에 의한 재판이라고 하는 데에 특징이 있는 것이다. 그리고 중재에 관해서는 특별법인 중재법이 제정되어 있다.

제 6 편

형사관계와 법

제 1 장
서 론

I 형법의 의의

1. 형법의 개념

형법이란 어떤 행위가 범죄이고 이에 대한 법률효과로서 어떤 형벌을 과할 것인가를 규정하는 법규범의 총체를 말한다. 즉 형법은 범죄와 형벌의 관계를 규정한 법규범이라고 할 수 있다. 그러나 사회보호법이 상습범에 대해 보안처분인 보호감호를 부과하고 있으므로 범죄에 대한 법률효과는 형벌 이외에 보안처분을 포함하는 형사제재를 의미한다고 해야 한다.

형법은 협의의 형법과 광의의 형법으로 나누어진다. 협의의 형법이란 형법이라는 명칭으로 제정된 형법전을 의미한다. 광의의 형법은 명칭과 형식 여하를 불문하고 범죄와 이에 대한 형사제재를 규정한 모든 법률을 의미한다. 여기에는 협의의 형법 이외에 국가보안법, 폭력행위 등 처벌에 관한 법률, 특정범죄가중처벌 등에 관한 법률, 성폭력범죄의 처벌 및 피해자보호 등에 관한 법률, 특정강력범죄의 처벌에 관한 법률 등과 같은 특별형법과 도로교통법, 관세법, 식품위생법, 마약법 및 사회보호법 등과 같은 행정형법이 속한다.

2. 형법의 구성체계

형법은 총칙과 각칙의 두 부분으로 나누어져 있다. 총칙은 모든 범죄와 형벌에 공통하는 요소를 규정하고, 각칙은 개개의 범죄유형과 이에 대한 구체적인 형벌을 규정한다. 예를 들면 고의는 주관적 구성요소로서 살인죄, 상해죄 및 폭행죄 등과 같은 모든 고의범죄의 공통요소이므로 형법총칙(제13조)에 규정되어 있는 것이다. 총칙과 각칙의 관계는 수레의 두 바퀴와 같이 긴밀하고 불가분이다. 총칙은 각칙의 개별적인 범죄에 공통하는 요소에 관한 규정으로서 각칙을 전제로 하고 있기 때문이다.

Ⅱ 범죄의 개념

범죄의 개념은 형식적 범죄개념과 실질적 범죄개념으로 구별된다. 형식적 범죄개념은 범죄를 형법에 의하여 형벌이 부과되는 행위라고 정의한다. 즉 형법이 금지하거나 명령하는 행위가 범죄라는 것이다. 범죄가 성립하기 위해서는 구성요건해당성, 위법성 및 책임이 있어야 한다. 따라서 형식적 범죄개념은 범죄를 구성요건에 해당하고 위법하고 책임있는 행위라고 해야 한다. 형식적 범죄개념은 형법에 규정되어 있는 행위만을 범죄라고 정의함으로써 형법해석과 죄형법정주의에 의한 형법의 자유보장적 기능을 달성하지만 어떤 행위를 범죄로 규정해야 할 것인지에 대해 아무런 기준도 제시하지 못한다는 비판을 받는다. 반면 실질적 범죄개념은 범죄를 법익을 침해하는 행위 또는 사회유해적 행위라고 정의한다. 형법의 목적이 법익을 보호하는 것이라고 한다면 법익을 침해하는 행위가 범죄가 되는 것은 당연하다고 하겠다. 여기서 법익이란 인간의 공동생활을 위해 필요 불가결한 법에 의해 보호되는 가치 또는 이익을 말한다. 예를 들면 생명, 신체, 자유, 명예, 재산, 소유권 직무의 불가매수성 및 공공의 위험 등을 들 수 있다. 실질적 범죄개념은 입법자에게 어떤 행위를 범죄로 처벌할 것이며 범죄의 한계가 무엇인가에 대한 기준을 제시한다. 형법은 도덕이나 윤리에 반하는 행위를 범죄로 하여 처벌해서는 안 된다는 것이 실질적 범죄개념의 핵심내용이다.

Ⅲ 범죄의 성립요건

이미 상술한 바와 같이 범죄의 성립요건은 구성요건해당성, 위법성 및 책임이다. 이 세 가지 요건 가운데 어느 하나라도 충족하지 않으면 범죄는 성립하지 않는다.

1. 구성요건해당성

구성요건이란 각칙에 규정된 개개의 범죄유형을 말한다. 예컨대, 형법 제250조의 "사람을 살해한 자는 사형, 무기 또는 5년 이상의 징역에 처한다"에서 "사람을 살해한 자"가 구성요건이다. 구성요건에는 객관적 구성요건과 주관적 구성요건이 있다. 행위객체(사람), 행위주체(신분범에서 공무원), 구성요건적 행위(사람의 살해), 결과(사망) 및 인과관계는 객관적 구성요건이고 고의, 과실 및 목적은 주관적 구성요건에 해당한다. 구성요건해당성이라 함은 하나의 구체적인 행위가 범죄구성요건에 해당하는 것을 말한다. 갑이 을을 흉기로 때려 살해하였다면 갑의 행위는 살인죄의 구성요건을 충족한 것으로서 구성요건에 해당하는 것이다. 인간의 행위는 구성요건에 해당해야 범죄가 될 수 있기 때문에 아무리 비난을 받는 행위라고 해도 구성요건에 해당하지 않으면 처벌할 수 없는 것이다.

2. 위 법 성

구성요건은 위법한 행위를 유형적으로 규정한 것이므로 구성요건에 해당하는 행위는 원칙적으로 위법하다고 할 수 있다. 그러나 법은 예외적으로 구성요건에 해당하는 행위를 허용한다. 이러한 행위의 허용규범을 위법성조각사유 또는 정당화사유라고 한다. 예를 들면 현행범을 체포하는 것은 형법 제276조 1항(체포감금죄)의 체포행위에 해당하지만 형사소송법 제211조는 누구나 현행범을 영장 없이 체포할 수 있다고 규정하고 있으므로 위법성이 조각되어 체포감금죄가 성립하지 않는다. 의사가 환자를 수술하면 상해죄의 구성요건을 충족하지만 정당행위로서 위법성이 조각된다. 형법은 정당행위(제20조), 정당방위(제21조), 긴급피난(제22조), 자구행위(제23조) 및 피해자의 승낙(제24조)을 위법성조각사유로 규정하고 있다.

3. 책 임

범죄가 성립하기 위해서는 행위자의 책임이 있어야 한다. 책임이란 "행위자 개인에 대한 비난가능성"을 의미한다. 즉 책임은 행위자에게 적법한 행위를 할 수 있음에도 불구하고 위법한 행위를 하였다는 것에 대하여 비난을 가하는 것이다. 구성요건에 해당하고 위법한 행위라고 하더라도 책임이 없으면 범죄가 되지 않는다. 여기서 말하는 형사책임은 법적 책임이며 도의적·윤리적 책임과는 구별된다. 책임이 있다고 하기 위해선 행위자가 책임능력이 있거나 적법한 행위를 기대할 수 있어야 한다. 즉 책임능력의 존재와 책임조각사유의 부존재가 책임인정의 전제가 되는 것이다. 형법은 만 14세 미만의 형사미성년자(제9조)나 심신상실자(제10조 1항)의 행위는 책임무능력자이기 때문에, 강요된 행위(제12조), 과잉방위(제21조 3항) 및 과잉피난(제22조 3항)은 책임조각사유이기 때문에 처벌하지 아니한다.

Ⅳ 형 벌

형벌은 범죄에 대한 법률효과로서 법익의 박탈을 내용으로 하는 국가의 강제수단이다. 형벌은 언제나 범죄를 전제로 하며 "범죄 없으면 형벌 없다"라는 원칙이 형법에 엄격히 적용된다. 형벌은 책임에 근거하여 과하여지는 제재라는 점에서 범인의 위험성, 즉 재범의 위험성을 기초로 하는 보안처분과 구별된다. 그러므로 보안처분이 장래에 대한 제재인 반면, 형벌은 과거의 행위를 대상으로 한다고 할 수 있다. 형법은 형벌의 종류로서 사형·징역·금고·자격상실·자격정지·벌금·구류·과료·몰수를 규정하고 있다(제41조). 이를 형벌에 의하여 박탈되는 법익의 종류에 따라 분류하면 생명형, 자유형, 재산형 및 명예형의 4종이 된다. 사형은 생명형이고, 징역·금고·구류는 자유형이며 자격상실·자격정지는 명예형이고, 벌금·과료·몰수는 재산형이다. 또한 형벌은 주형과 부가형으로 나눌 수 있다. 주형은 단독으로 선고될 수 있는 형벌인 반면, 부가형은 주형과 함께 부과되는 형벌이다. 몰수는 원칙적으로 부가형이고(제49조), 그 밖의 형벌은 주형에 속한다.

1. 법 정 형

법정형이란 개개의 구성요건에 규정되어 있는 형벌을 말한다. 예컨대 형법 제250조 1항의 살인죄에 있어서 "사형, 무기 또는 5년 이상의 징역"이 그것이다. 법정형은 구체적으로 선고될 형을 정할 때 일차적인 기준이 된다는 의미에서 양형의 출발점이 된다.

2. 처 단 형

처단형이란 형법의 각 구성요건에 규정되어 있는 법정형을 구체적인 범죄사실에 적용하기 위하여 법률상 또는 재판상의 가중·감경을 한 형을 말한다. 즉 법정형이 형종의 선택을 인정하는 경우에는 먼저 적용할 형종을 선택하고, 이 선택한 형에 필요한 가중·감경을 한 형이 처단형이다. 예를 들면 형법 제333조 강도죄의 법정형은 장기 15년, 단기 3년으로 하는 유기징역이다. 형법 제55조에 1항 3호에 의해 감경할 때에는 그 형기의 2분의 1, 즉 장기 7년 6월, 단기 1년 6월의 유기징역으로 되고 이것이 처단형이다.

3. 선 고 형

선고형이란 법원이 처단형의 범위 내에서 구체적으로 형을 양정하여 당해 피고인에게 선고하는 형을 말한다. 위의 처단형의 예에서 장기 7년 6월, 단기 1년 6월의 범위 내에서 징역 3년을 선고하면 이것이 선고형이다.

자유형의 선고형식에는 정기형과 부정기형이 있다. 정기형은 자유형의 선고시 기간을 확정하여 선고하는 형식이고, 부정기형은 자유형의 기간을 확정하지 않고 선고하는 형식이다. 부정기형은 다시 절대적 부정기형과 상대적 부정기형으로 나누어진다. 전혀 형기를 정하지 않고 선고하는 것이 절대적 부정기형이고 장기와 단기를 정하여 선고하는 것이 상대적 부정기형이다. 절대적 부정기형은 죄형법정주의에 반하므로 인정되지 않는다. 형법은 정기형을 원칙으로 하고, 다만 소년법에 의하여 소년범에 대하여는 상대적 부정기형을 인정하고 있다(소년법 제60조).

V 보안처분

보안처분이란 죄를 범한 자로서 재범의 위험성이 있고 특수한 교육, 개선 및 치료가 필요한 자에 대하여 사회복귀를 촉진하고 사회를 보호할 목적으로 부과되는 형벌 이외의 형사제재수단을 말한다(사회보호법 제1조). 형벌이 책임을 전제하고 책임주의의 범위 내에서 과하여지는 것임에 반하여 보안처분은 행위자의 사회적 위험성을 이유로 특별예방의 관점에서 선고되는 것이다. 따라서 형벌이 행위의 사회윤리적 비난을 표현하는 과거를 대상으로 하는 제재임에 반하여 보안처분은 장래에 대한 순수한 예방적 성격을 가진 제재라는 점에서 양자는 구별된다. 보안처분은 책임을 전제로 하는 것이 아니므로 위험성을 가지고 있는 책임무능력자에 과해진다. 헌법 제12조 1항은 "…누구든지 법률에 의하지 아니하고는 …보안처분을 받지 아니한다"라고 규정하여 보안처분에 대한 헌법적 근거를 마련하고 있다. 이에 따라 1990년 12월 18에 사회보호법이 공포·시행되었다. 보안처분에는 수 개의 형을 받거나 수 개의 죄를 범하여 상습성이 인정되는 자에 대해 적용되는 보호감호, 심신장애자와 약물 또는 알코올 등의 중독자를 치료감호시설에 수용하여 치료를 위한 조치를 행하는 치료감호 및 가출소한 피보호감호자와 치료·위탁된 피치료감호자를 감호시설 외에서 지도·감호하는 보호관찰이 있다. 보호감호의 기간은 7년 이하이고 집행순서는 형벌이 병과되거나 보호시설에 수용되어 있을 때 형을 선고받은 경우에는 형을 먼저 집행하고(사회보호법 제23조 1항), 벌금형과 자격정지형은 보호감호와 같이 집행하는 것이다. 치료감호의 기간은 제한이 없고 집행순서는 형벌과 치료감호가 동시에 선고된 때에는 치료감호를 형보다 먼저 집행하고 치료감호의 집행기간은 형기에 산입하는 것이다. 보안관찰의 경우 그 기간은 3년이며, 다만 3년 전이라도 사회보호위원회가 보호감호의 집행을 면제하거나, 치료감호의 종료를 결정하거나, 보호관찰자가 다시 감호의 집행을 받게 되어 재수용되거나 금고 이상의 형의 집행을 받게 된 때에는 보호관찰은 종료된다.

Ⅵ 죄형법정주의

1. 죄형법정주의의 의의

"법률 없으면 범죄 없고 형벌도 없다(*nullum crimen sine lege, nulla poena sine lege*)"라는 말로 표현되는 죄형법정주의는 근대형법을 지배하는 기본원리이다. 이 원칙은 범죄를 처벌하기 위해서는 어떤 행위가 범죄가 되고 이에 대해 어떤 형벌이 과할 것인가는 미리 형법에 규정되어 있어야 한다는 것을 의미한다. 이에 의하면 국가는 아무리 사회적으로 큰 파문을 일으킨 행위라도 법률이 이를 범죄로 규정하지 아니하는 한 처벌할 수 없고 그 범죄에 대하여 법률이 규정하지 아니한 형벌을 과할 수 없는 것이다. 죄형법정주의는 법치국가원칙의 산물로서 국가형벌권의 확장과 자의적인 행사로부터 국민의 자유와 권리를 보장하려는 형법의 최고원리이다. 헌법 제12조 1항은 "누구든지 법률과 적법한 절차에 의하지 아니하고는 처벌, 보안처분 또는 강제노역을 받지 아니한다", 제13조 1항은 " 모든 국민은 행위시의 법률에 의하여 범죄를 구성하지 아니한 행위로 소추되지 아니하며 동일한 범죄에 대하여 거듭 처벌받지 아니한다"고 규정하고 있다. 또한 형법 제1조 1항도 "범죄의 성립과 처벌은 행위시의 법률에 의한다"고 하여 죄형법정주의를 형법의 기본원리로 규정하고 있다.

죄형법정주의는 1215년 영국의 Magna Charta(대헌장)로부터 유래하는 것으로 알려졌다. 대헌장 제39조는 "어떠한 자유인도 동등한 신분에 있는 자의 적법한 재판이나 국법에 의하지 아니하고는 체포, 감금, 재산박탈, 법적 보호를 박탈당하지 아니하고 추방되지 아니하며, 폭력이 가해지거나 투옥되지 아니한다"고 규정하였다. 그러나 대헌장은 처벌은 적법한 재판절차를 거쳐야 한다는 절차적 보장에 불과하고 죄형법정주의에 관한 실체법적 보장을 선언한 것은 아니라고 한다. 당시에 오늘날과 같은 의미의 실체형법이 존재하지 않았을 것이기 때문이다.

죄형법정주의는 18세기에 처음으로 헌법에 등장하게 되었다. 1776년 미국의 버지니아 권리선언 제8조는 "누구든지 국법 또는 재판에 의하지 아니하고는 자유를 박탈당하지 아니한다"고 규정한 이후, 1787년 미합중국 헌법 제1조 9항이 "어떠한 형사사후법도 제정되어서는 안된다"고 규정하였으며, 1789년 프랑스 인권선언 제8조는 "누구든지 범죄 이전에 제정 공포되고 적법하게 적용되는 법률에 의하지 아니하고는 처벌되지 아니한다"고 선언하였다. 그 후 1791년 미합중국 헌법 수정 제5조가 법의 적정 절차를 규정하였고, 1810년 나폴레옹 형법 제4조는 "위경죄, 경죄, 중죄를 불문하고 범죄 이전에 법률로서 규정되지 아니한 형벌을 가지고 처벌할 수 없다"고 명시함으로써 죄형법정주의는 세계 각국의 헌법 또는 형법에 도입됨으로써 형법의 기본원칙이 되었다.

2. 죄형법정주의 내용

죄형법정주의는 일반적으로 관습형법금지의 원칙, 소급효금지의 원칙, 유추금지의 원칙 및 명확성의 원칙을 내용으로 하고 있다. 그밖에 법치국가원리의 실현이라는 관점에서 보면 적정성의 원칙이 죄형법정주의의 내용이 된다.

(1) 관습형법금지의 원칙

죄형법정주의는 범죄와 형벌은 행위 이전에 법률에 규정되어 있어야 한다는 원칙이다. 여기서 법률이란 형식적 의미의 법률, 즉 국회에서 법적 절차에 따라 제정한 법률을 말한다. 형법에서 법원성이 인정되는 것은 법률에 제한된다. 관습법은 오랜 관행이 국민의 법적 확신에 의해 법으로 인정된 것이므로 그 내용과 범위가 명확하지 않다. 따라서 관습법으로 새로운 범죄나 형벌을 창설하거나 기존의 형벌을 가중하는 것은 죄형법정주의에 위배되는 것으로서 허용되지 않는다. 그러나 행위자에게 유리한 관습형법은 배제되지 않는다. 관습법이 형법의 처벌규정을 폐지하거나 구성요건의 범위를 축소하거나 형을 감경하는 것은 죄형법정주의에 부합한다. 따라서 관습법에 의한 위법성조각사유, 책임조각사유 또는 인적 처벌조각사유의 존재도 인정되는 것이다.

(2) 소급효금지의 원칙

소급효금지의 원칙은 형법은 그 시행 이후의 행위에만 적용되고, 시행 이전의 행위에까지 소급하여 적용하는 것을 금지한다. 즉 사후입법은 금지된다. 형법의 소급적용을 허용한다면 범죄와 형벌은 미리 법률에 규정되어 있어야 한다는 죄형법정주의는 무의미하게 되기 때문이다. 헌법 제13조 1항과 형법 제1조 1항은 소급효금지의 원칙을 명시적으로 규정하고 있다. 이 원칙은 형벌은 물론 보안처분에도 적용된다. 그러나 소급효금지의 원칙은 실체법인 형법에 대해서만 적용되는 원칙이다. 그러므로 절차법인 소송법에 대해서 소급효금지의 원칙이 적용되지 않는다. 그러므로 행위 후 친고죄가 비친고죄로 개정되거나 공소시효를 연장한 때에 행위자에게 불리한 신법을 적용하는 것은 죄형법정주의에 반하지 않는다.

(3) 유추금지의 원칙

모든 법률은 해석을 요한다. 해석은 법률의 의미를 파악하는 것이다. 법률해석의 한계는 단어의 가능한 의미가 된다. 법률해석은 이 한계 내에서만 허용된다. 유추란 법률이 규정하고 있지 않은 사항에 대하여 그와 가장 유사한 사항을 규정하고 있는 법률을 적용하는 것을 말한다. 이것은 법의 흠결을 보충하기 위한 법관에 의한 법형성 또는 창조를 의미하며, 해석의 한계를 벗어난 것이다. 따라서 유추는 범죄와 형벌은 국회에서 제정한 법률에 규정되어야 한다는 것을 의미하는 죄형법정주의에 반한다. 예를 들면 TV에 의한 명예훼손을 사람을 비방할 목적으로 신문, 잡지 또는 라디오 기타 출판물에 의하여 명예를 훼손하는 자를 처벌하는 형법 제309조의 출판물 등에 의한 명예훼손죄로 처벌하는 것은 유추이다. TV는 라디오 기타 출판물에 해당하지 않기 때문이다.

(4) 명확성의 원칙

범죄구성요건과 형벌은 명확하게 규정되어야 한다. 형벌법규의 내용이 추상적이고 불명확할 때에는 법률해석에 대한 법관의 자의가 허용되어 죄형법정주의가 무의미하게 된다. 법률을 가능한 한 명확하게 규정하는 경우에만 법관의 자의를 방지할 수 있고, 국민도 어떤 행위가 범죄가 되고 이에 대하여 어떤 형벌이 과해지는지를 예측할 수 있어 법적 안정성을 담보할 수 있게 된다. 예를 들면 "행실이 불량한 자", "민주주의적 사회질서의 원칙을 침해하는 자", "공공의 질서에 반하는 자"는 10년 이하의 징역에 처한다는 규정은 어떤 행위를 처벌하는지 예측을 불가능하게 하기 때문에 명확성원칙에 반한다. 명확성의 원칙은 구성요건 뿐만 아니라 범죄에 대하여 어떤 형벌 또는 보안처분을 과할 것인가도 명확하게 규정할 것을 요구하기 때문에 형의 장·단기가 전혀 특정되지 아니한 절대적 부정기형은 형이 명확하지 않으므로 죄형법정주의에 반한다. 그러나 장기와 단기가 정하여진 상대적 부정기형은 소년범과 상습범에 대하여 널리 인정되므로 명확성의 원칙에 반하지 않는다.

(5) 적정성의 원칙

범죄와 형벌을 미리 법률에 규정하여야 한다는 의미의 죄형법정주의는 국가가 법률 없이 형벌권을 남용하는 것을 방지하여 인권을 보호하는 데 그 의의가 있다. 그러나 죄형법정주의에 의하여 형법이 국민의 자유를 실질적으로 보장하기 위해서는 형법의 내용이 헌법의 가치체계, 특히 제10조의 인간의 존엄과 가치라는 근본요청에 합치하여야 한다. 법률내용의 적정성이 요구되는 것이다. 그러므로 내용이 적정한 법률이 없으면 범죄 없고 형벌도 없다는 원칙이 실질적 정의의 요청으로서 죄형법정주의의 내용이 되지 않을 수 없다. 이를 실질적 죄형법정주의라고 부른다. 형법의 내용이 정당하지 못하면 죄형법정주의에 의하여 형법의 보장적 기능을 달성할 수 없다. 적정성의 원칙은 형벌법규의 필요성과 비례성의 원칙을 내용으로 한다. 형법은 인간의 자유와 권리를 가장 강력하게 침해하는 국가의 수단이므로 인간의 공동생활을 보장하기 위하여 필요한 경우에 한하여 최후의 수단으로 사용되어야 한다는 것이 형벌법규의 필요성이다. 이것은 "필요 없으면 형벌 없다", "불법 없으면 형벌 없다"라는 명제로 표현되기도 한다. 이에 비하여 범죄와 형벌 사이에 균형이 유지되어야 한다는 원칙이 비례성의 원칙이다. 상해죄에 대하여 살인죄에 정한 형을 부과하였다면 범죄와 형벌은 균형을 이룬다고 할 수 없다. 형벌은 책임을 전제로 하므로 책임 없는 형벌 또는 책임을 초과하는 형벌의 부과는 죄형법정주의에 반한다. "책임 없으면 형벌 없다"라는 명제는 실질적 죄형법정주의의 내용이 된다고 할 수 있다.

제 2 장

형법총론

I 형법의 장소적 적용범위

국내외에서 발생한 자국인 또는 외국인의 범죄행위에 형법이 적용되는가의 문제를 형법의 장소적 적용범위라고 한다. 형법의 장소적 적용범위에는 크게 i) 속지주의, ii) 속인주의, iii) 보호주의, iv) 세계주의가 있다.

i) 속지주의란 자국의 영역 내에서 발생한 모든 범죄에 대하여 범죄인의 국적 여하를 불문하고 자국 형법을 적용한다는 원칙이다. 속지주의의 특별한 경우로서 기국주의가 있다. 기국주의란 국외를 운항중인 자국의 선박 또는 항공기 내에서 행한 범죄에 대해서는 자국의 형법을 적용한다는 원칙이다.

ii) 속인주의는 자국민의 범죄에 대해서는 범죄지 여하를 불문하고 자국 형법을 적용한다는 원칙이다. 속인주의에는 적극적 속인주의와 소극적 속인주의가 있다. 적극적 속인주의란 국가에게 자국민의 범죄에 대하여 행위지에 관계없이 자국형법을 적용한다는 원칙을 말하며, 소극적 속인주의는 외국에서 자국민의 자국 또는 자국민의 법익에 대한 범죄에 대하여만 자국형법을 적용한다는 원칙을 말한다.

iii) 보호주의란 자국 또는 자국민의 법익을 침해하는 범죄에 대하여는 범인의 국적과 범죄지 여하를 불문하고 자국의 형법을 적용한다는 원칙이다.

iv) 세계주의란 범죄지나 범죄인의 국적 여하를 불문하고 문명국가에서 인정되는 공통적인 법익을 침해하는 행위, 즉 전쟁범죄나 선박 · 항공기 납치, 대량학살범죄에 대해서는 국제사회가 공동으로 대처한다는 취지에서 자국형법을 적용하는 원칙을 말한다.

◘ 사례연구 — 조선족 선원이 한국인 선원을 살해한 경우

• **사안의 내용** 甲 등 조선족 선원들은 파나마 선적의 원양어선 페스카마호에 승선하여 남태평양 해상에서 근무하던 중 한국선원들의 자신들에 대한 처우에 불만을 품고 한국인 선원 7명을 살해한 후 그 시체를 바다에 투기하고 선박을 그들의 지배하에 넣어 일본 부근으로 항해하던 중 체포되었다. 이 경우 甲 등을 우리 형법으로 처벌할 수 있겠는가?

• **사안의 해결** 상기의 원칙을 위의 사례에 적용할 수 있는가를 먼저 속지주의와 관련하여 검토해 보면, 공해상에서 발생한 범죄이므로 속지주의는 적용될 수 없고 범죄발생 선박의 선적이 파나마로 되어 있으므로 속지주의의 특별규정인 기국주의를 적용하기도 곤란하다.

그렇다면 속인주의에 따른 우리나라의 형법적용이 가능한가를 살펴보자. 속인주의에 근거하여 처벌하기 위해서는 범죄를 행한 자가 자국민이어야 하는데 위 사례에서 범죄를 행한 자들의 국적은 중국이므로 속인주의 역시 적용하기 곤란하다. 그러나 사례에서 법익을 침해당한 피해자가 대한민국국민이므로 보호주의에 터 잡아 대한민국의 형법 적용이 가능하다. 아울러 위의 사례에서 조선족들의 선박납치 행위는 모든 문명국에서 법률적대적인 행위로 인정하고 있으므로 세계주의에 기초하여 우리 형법의 적용도 고려될 수 있다. 본 사건에 대하여 판례는 선박을 비롯한 일부 선원들을 살해하는 방법으로 선박의 지배권을 장악하여 목적지까지 항해한 후 선박을 매도하거나 침몰시키려고 한 경우에 선박에 대한 불법영득의사를 인정하여 해상강도 살인죄와 사체유기죄가 성립된다고 판시하였다.

✤ 참고조문

제2조(국내범) 본법은 대한민국 영역 내에서 죄를 범한 내국인과 외국인에게 적용한다.

제3조(내국인의 국외범) 본법은 대한민국 영역 외에서 죄를 범한 내국인에게 적용한다.

제4조(국외에 있는 내국선박 등에서 외국인이 범한 죄) 본법은 대한민국 영역 외에 있는 대한민국의 선박 또는 항공기 내에서 죄를 범한 외국인에게 적용한다.

제5조(외국인의 국외범) 본법은 대한민국 영역 외에서 다음에 기재한 죄를 범한 외국인에게 적용한다.

1. 내란의 죄
2. 외환의 죄
3. 국기에 관한 죄
4. 통화에 관한 죄
5. 유가증권, 우표와 인지에 관한 죄
6. 문서에 관한 죄 중 제225조 내지 제230조
7. 인장에 관한 죄 중 제238조

제6조(대한민국과 대한민국국민에 대한 국외범) 본법은 대한민국 영역 외에서 대한민

국 또는 대한민국국민에 대하여 전조에 기재한 이외의 죄를 범한 외국인에게 적용한다. 단 행위지의 법률에 의하여 범죄를 구성하지 아니하거나 소추 또는 형의 집행을 면제할 때에는 예외로 한다.

Ⅱ 정당방위

정당방위란 자기 또는 타인의 법익에 대한 현재의 부당한 침해를 방위하기 위한 상당한 이유가 있는 행위를 말한다. 형법 제21조는 자기 또는 타인의 법익에 대한 현재의 부당한 침해를 방위하기 위한 행위는 벌하지 않는다고 규정하고 있다. 그런데 정당방위가 성립하기 위해서는 다음과 같은 조건을 갖추고 있어야 한다.

첫째, 정당방위 상황이 존재하기 위해서는 자기 또는 타인의 법익에 대한 현재의 부당한 침해가 있어야 한다. 이때 침해되는 법익의 주체는 자기의 법익에 한정되지 않고 타인의 법익을 보호하기 위한 정당방위도 인정된다. 예를 들어 강도가 지나가는 행인을 살해하려는 것을 목격한 자는 타인인 행인을 위하여 정당방위를 행사할 수 있다.

둘째, 법익에 대한 침해는 현재의 침해이어야 한다. 따라서 과거의 침해 즉, 침해 상황이 종료하였거나 장래 예상되는 침해에 대한 정당방위는 허용되지 않는다. 그리고 침해는 부당한 침해이어야 한다. 따라서 적법한 침해에 대하여는 정당방위는 가능하지 않고 긴급피난만이 가능하다(본인의 가해행위에 대한 상대방의 정당방위에 대하여는 다시 정당방위를 할 수 없다). 그리고 싸움의 경우 상호간의 공격과 방어는 모두 부당한 위법한 침해이므로 정당방위는 인정되지 않는다.

셋째, 정당방위가 성립하기 위해서는 정당방위 상황에 대한 인식과 방어행위를 한다는 의사가 있어야 한다. 이를 정당방위의 주관적 정당화요소라 한다. 이외에도 정당방위가 성립되기 위한 요건으로 침해행위에 대한 반격행위가 방위행위이어야 한다. 이 경우 방위행위에는 상대방의 공격을 주먹으로 막는 것과 같은 순수한 수세적인 방위(보호방위)가 있고, 이와는 반대로 폭행을 하는 상대방을 때려눕히는 적극적 반격형태의 방위(공격방위)가 있다. 방위행위는 침해자에 대해서만 할 수 있으며 침해자와 상관없는 제3자에 대해서는 긴급피난만 가능하다. 예컨대 A가 호텔에 투숙해 있던 중 침입한 강도를 퇴치하기 위해서 호텔 소유의 장식품으로 강도에게 반격을 가한 결과 강도에게 상해를 입히고 호텔의 장식품을 손괴한 경우를 생각해 보자. 이 경우 A가 강도에게 상해를 입힌 행위는 정당방위가 되어 위법성이 조각되고 침해자와 상관없는 호텔주인에 대한 손괴죄는 긴급피난으로 위법성이 조각된다.

넷째, 방위행위는 행위 당시의 사정으로 보아 방위에 필요하고 사회윤리적으로도 용인될 수 있어야 한다. 그리하여 정당방위가 인정되는 상당한 이유가 있는 경우에도 다음과 같은 경우에는 일정한 제한이 가해진다. 어린아이나 정신병자와 같은 책임 없는 자의 공격에 대한 방위나, 부모와 같은 보증인적 지위에 있는 자의 공격에 대한 방위행위는 피할 수 없는 경우에 한하여 정당방위가 가능하다.

다섯째, 공격으로 위협받는 법익과 침해되는 법익 사이에 현저한 불균형이 있는 경우에는 방위행위가 허용되지 않는다. 따라서 1000원 짜리 맥주를 훔쳐 달아나는 자에 대한 발포 행위는 공격으로 위협받는 법익(1000원 짜리 맥주)과 침해되는 법익(사람의 생명, 신체) 사이에 현저한 불균형이 있으므로 정당방위가 성립되지 않는다(과잉방위).

그리고 정당방위상황을 이용하여 공격자를 침해할 목적으로 공격을 유발한 경우에는 정당방위가 인정되지 않는다. 그러므로 폭행을 목적으로 상대방을 모욕하여 폭행을 유발한 후, 이를 빌미로 상해를 가하는 행위는 정당방위에 해당하지 않는다.

사례연구 — 반항할 수 없는 상태에서 살해한 경우

• **사안의 내용** 甲女는 12세 때부터 의붓아버지인 乙의 강간행위에 의하여 정조를 유린당하고 있던 중 남자 친구 丙에게 이 사실을 말하고 함께 乙을 살해하기로 모의하였다. 그 후 丙은 칼과 장갑, 공업용테이프 등을 구입하여 밤에 甲女의 집에 찾아가 술에 취해 잠들어 있는 乙을 공업용테이프로 손발을 묶고 식칼로 乙의 심장을 한 차례 찔러 살해했다. 나중에 살인죄로 기소된 이들은 정당방위를 주장했다. 甲女와 丙의 주장은 받아들여질 수 있겠는가?

• **사안의 해결** 정당방위의 요건이 구비되면 방위행위가 비록 범죄의 구성요건에는 해당되더라도 위법성이 조각되어 범죄가 성립되지 않는다. 위에서 설명한 내용들을 주어진 사안에 적용시켜 보면 甲女가 의붓아버지 乙로부터 강간을 당해온 점에서 甲女의 신체나 자유 등에 대한 현재의 부당한 침해 상태가 있었다고 볼 수 있다. 그런데 문제는 甲女와 丙의 행위가 방위행위에 해당하며 사회통념상 상당한 이유의 요건을 갖추

고 있느냐에 있다. 이에 대하여 판례는 의붓아버지 乙의 강간행위에 의하여 정조를 유린당한 후 계속적으로 성관계를 강요받아 온 甲女가 丙과 사전에 공모하여 범행을 준비하고, 의붓아버지 乙이 반항할 수 없는 상태에서 식칼로 심장을 찔러 살해한 행위는 사회통념상 상당성을 결여하여 정당방위가 성립하지 않는다고 하여 살인죄에 해당한다고 판시하였다.

✣ 참고조문

제21조(정당방위) ① 자기 또는 타인의 법익에 대한 현재의 부당한 침해를 방위하기 위한 행위는 상당한 이유가 있는 때에는 벌하지 아니한다.

Ⅲ 자구행위

자구행위란 권리자가 권리에 대한 불법한 침해를 받고 국가기관의 법정절차에 의해서는 권리보전이 불가능한 경우에 자력에 의하여 그 권리를 구제·실현하는 행위를 말한다. 예를 들어, 빚을 갚지 않고 외국으로 도망가는 채무자를 그대로 둘 경우 채권을 변제받기가 현저히 곤란해지거나 불가능할 수 있으므로 이러한 경우 채권자가 공항에서 체포하는 행위는 자구행위에 해당하여 체포죄로 처벌받지 않는다.

자구행위가 성립하려면 첫째, 청구권에 대한 불법한 침해가 있어야 한다. 여기서 청구권이란 타인에게 작위 또는 부작위를 요구할 수 있는 사법상의 권리를 말한다. 이러한 청구권의 침해는 정당방위와는 달리 현재의 침해행위가 아니라 과거에 발생한 침해로서 불법한 침해상태를 의미한다. 현재의 불법한 침해일 경우에는 정당방위가 고려될 수 있다. 그리고 청구권은 원칙적으로 자기의 것이어야 한다. 그러므로 친구의 채무자가 외국으로 달아나는 것에 대하여 자구행위를 행사 할 수는 없다. 아울러 청구권은 재산적 청구권(채권적 청구권·물권적 청구권)과 비재산적 청구권(무체재산권·친족권·상속권)을 불문한다. 다만, 자구행위에 의하여 보호되는 청구권은 회복 가능한 것이어야 한다. 따라서 한번 잃으면 회복이 불가능한 정조나 생명을 위한 자구행위는 인정되지 않는다.

둘째, 이러한 청구권이 법정절차에 의하여 보전되는 것이 불가능하여야 한다. 자구행위는 시간이나 장소관계로 법원이나 경찰의 힘을 통한 구제를 기다릴 여유가 없고, 훗날 이러한 국가기관의 도움으로 원상회복을 할 수 없는 경우에 한하여 인정된다(보충성의 원칙). 따라서 이러한 공권력에 의한 법적 구제에 의해 청구권을 보전할 수 있는 경우에는 자구행위가 인정되지 않는다. 우리나라의 대법원 판례도 "소유권의 다툼이 있어 소송이 진행되고 있는 건물에 현실적으로 관리인이 있음에도 불구하고 이 건물의 자물쇠를 쇠톱으로 절단하고 침입한 행위에 대하여 법정절차에 의하여 권리의 보전이 가능하고, 따라서 그 권리가 실행 곤란한 상태에 있는 것이 아니다"고 하여 자구행위를 부정하였다.

셋째, 자구행위는 청구권의 실현불능이나 현저한 실행곤란을 피하기 위한 행위이어야 한다. 그리고 자구행위는 채권자로서의 자기의 지위를 확보하는 청구권의 보전수단이지 청구권의 충족수단이 되어서는 안된다. 예를 들어 공항에서 외국으로 달아나는 채무자를 체포한 채권자는 법원에 소송을 제기하거나 경찰에 넘기는 등의 공적수단에 의하여 채무자로부터 자신의 채권(돈)을 받아 내어야지 현장에서 직접 그 돈을 빼앗는다면 이는 청구권을 보전한 것이 아니라 청구권을 충족시킨 것이며, 경우에 따라 강도죄로 처벌될 소지도 있게 된다.

넷째, 자구행위는 상당한 이유가 있어야 한다. 즉, 자구행위는 사회상규에 비추어 당연하다고 인정되어야 한다. 예를 들어 재물을 탈환하기 위하여 절도범을 살해한다던가, 해외로 도피하는 채무자의 출국을 막기 위하여 비행기를 폭파하는 행위 등은 사회상규에 비추어 당연하다고 인정받지 못하기 때문에 자구행위로 볼 수 없다.

◘ 사례연구 — 자기가 납품한 석고상을 몰래 가지고 나온 경우

• **사안의 내용**　甲은 乙의 화랑에 석고상을 납품하였는데, 乙이 석고상 대금 16만원을 지급하기를 여러 차례 미루다가 화랑을 폐쇄하고 도주하였다. 이에 화가 난 甲은 어느 날 밤, 乙의 폐쇄된 화랑의 베니어 판 문을 미리 준비해 간 드라이버로 뜯고 자기가 납품한 석고상을 몰래 가지고 나왔다. 甲의 행위는 정당한가?

• **사안의 해결**　甲은 자신의 채권(석고상 대금16만원)을 민사소송절차에 의해서 실현할 수 있음에도 불구하고 스스로 乙의 물건을 가져왔는데 이는 자구행위의 보충성의 원칙에 반한다. 또 자구행위는 청구권의 이행을 직접 추구하는 충족수단이 아니라 채권자로서의 지위를 확보하는 청구권의 보충수단이다. 따라서 甲의 행위처럼 청구권보전의 범위를 벗어나 스스로 채권을 '충족'시키는 행위(사안에서 석고상을 몰래 가져온 행위)는 자구행위가 될 수 없다. 우리나라의 대법원 판례는 이러한 甲의 행위에 대하여 절도죄의 성립을 인정하였다.

♣ 참고조문

제23조(자구행위) ① 법정절차에 의하여 청구권을 보전하기 불능한 경우에 그 청구권의 실행불능 또는 현저한 실행곤란을 피하기 위한 행위는 상당한 이유가 있는 때에는 벌하지 아니한다.

Ⅳ 피해자의 승낙

피해자의 승낙이란 피해자가 가해자에게 자기법익에 대한 침해를 허락하는 경우, 그 가해행위의 형법상 불법을 배제시키는 제도를 말한다. 피해자의 승낙이 있으면 비록 범죄의 구성요건에는 해당하나 위법성이 조각되어 벌하지 아니한다. 그러나 피해자의 승낙이 있다고 해서 무조건 위법성이 조각되는 것이 아니라 다음과 같은 요건을 충족하여야 비로소 유효한 피해자의 승낙이 되어 위법성이 조각된다

첫째, 법익을 처분할 수 있는 자의 유효한 승낙이 존재하여야 한다. 이때 승낙을 할 수 있는 주체는 피해자가 되는 것이 원칙이다. 그리고 이러한 승낙은 자유로운 상태 하에서 승낙능력이 있는 자에 의한 승낙이어야 한다. 따라서 협박이나 속임수(기망), 기타 강제로 받아낸 승낙은 유효한 승낙이 되지 못한다.

둘째, 법익의 침해자(가해자)는 피해자의 승낙이 있다는 것을 알고 있어야 하고 승낙은 가해행위를 하기 전이나 적어도 가해행위 당시에는 존재하고 있어야 한다. 예를 들어 A가 운명을 비관해 죽고 싶었으나 도저히 자살을 할 용기가 없어 친구 B에게 자기를 죽여달라고 부탁하러 갔는데, 미처 A가 부탁을 하기도 전에 B가 그 전에 있던 개인적인 원한으로 A를 살해하였다면, 비록 A의 내심의 승낙이 있었다고 하더라도 가해자인 친구 B는 이러한 승낙을 알지 못하였으므로 처벌이 상대적으로 가벼운 촉탁·승낙에 의한 살인죄(1년 이상 10년 이하의 징역)로 처벌되지 않고 처벌이 무거운 보통살인죄(사형, 무기 또는 5년 이상의 징역)로 처벌된다.

셋째, 승낙은 위에서 말한 것처럼 가해행위를 하기 전이나 적어도 가해행위 당시 존재하여야 한다. 따라서 A가 자기만 보면 유달리 짖어대는 B의 개가 너무 미워서 총으로 사살해 버렸는데 다음날 B가 이를 알고 자기 개를 사살한 것에 대한 승낙을 하였다 하더라도 이는 유효한 승낙이 될 수 없고 손괴죄(형법 제366조 참조)가 성립하는 것이다.

마지막으로 피해자의 승낙에 의해서 가해자의 행위가 위법성이 조각되려면 이러한 가해행위가 사회적으로 용인될 수 있는 것이어야 한다.

사례연구 — 부정확한 설명과 피해자의 승낙

• **사안의 내용** 甲은 산부인과 전문의 수련과정 2년차인 의사이다. 그런데 어느 날 환자 乙을 검진하던 중 환자 乙의 복부에서 만져지는 혹을 자신의 실력을 과신한 나머지, 초음파 검사 등 乙의 병증이 자궁外 임신인지, 자궁근종인지를 판별하기 위한 정밀한 진단을 실시하지 아니한 채 乙의 병증을 자궁근종으로 오진하고 이에 근거하여 乙에게 자궁적출수술을 할 것을 강력히 권하였다. 이에 乙은 자신의 병을 자궁근종으로 오신하고(자궁外 임신일 경우에는 자궁적출수술을 할 필요가 없다) 자궁적출수술을 허락하여 자궁을 제거하였다. 그런데 의학지식이 전혀 없는 乙이 자궁外 임신에 대하여 의사 甲으로부터 충분한 설명을 받았더라면 자궁적출수술을 허락하지는 않았을 것이다. 甲의 죄책은?

• **사안의 해결** 산부인과 전문의 甲은 자신의 과실에 의하여 자궁外 임신을 자궁근종으로 오인하였고, 또 임부(姙婦) 乙에게 이에 대한 충분한 설명도 없이 자궁적출의 불가피성만을 강조하여 이에 착오를 일으킨 乙의 승낙에 의해 자궁적출을 하였으므로 이러한 승낙은 부정확 또는 불충분한 설명을 근거로 이루어진 것이라 볼 수 있다. 따라서 위 산부인과 전문의 甲의 행위는 피해자의 승낙의 요건을 갖추지 못하였으므로 위법성이 조각되지 않는다. 그러므로 산부인과 전문의 甲은 업무상과실치상죄에 해당한다.

참고조문

제24조(피해자의 승낙) 처분할 수 있는 자의 승낙에 의하여 그 법익을 훼손한 행위는 법률에 특별한 규정이 없는 한 벌하지 아니한다.

제257조(상해) ① 사람의 신체를 상해한 자는 7년 이하의 징역, 10년 이하의 자격정지 또는 1천만원 이하의 벌금에 처한다.

제268조(업무상 과실·중과실치사상죄) 업무상 과실 또는 중대한 과실로 인하여 사람을 사상에 이르게 한 자는 5년 이하의 금고 또는 2천만원 이하의 벌금에 처한다.

V 원인에 있어서 자유로운 행위

형법 제9조는 "14세가 되지 아니한 자의 행위는 벌하지 아니한다"고 규정하고 동법 제10조 제1항 제2항은 "심신장애로 인하여 사물을 변별할 능력이 없거나 의사를 결정할 능력이 없는 자는 벌하지 않는다. 심신장애로 인하여 전항의 능력이 미약한 자의 행위는 형을 감경한다"고 규정하여 원칙적으로 책임능력이 없거나 미약한 자의 행위는 벌하지 않거나 그 형을 감경한다고 하고 있다. 이것은 범죄를 저지른 행위자에 대한 비난가능성이 없으면 형벌을 과하지 않는다는 의지를 표현한 것이라 할 수 있다. 예를 들어 6살 된 아이가 옥상에서 놀다가 실수로 화분을 떨어뜨려 지나가던 행인에게 상해를 입혔다면 아이의 행위는 상해죄의 구성요건에 해당하고, 위법하다. 그러나 아이의 행위에는 비록 구성요건에 해당하고 위법하지만 범죄로 인정되어 처벌받기 위한 마지막 조건인 책임, 다시 말하면 비난가능성이 없어 벌할 수 없다.

그런데 예외적으로 범죄행위 당시 책임능력이 결여되어 있는 자의 행위에 대하여 형법 제9조와 제10조를 적용하여 형을 면제하거나 감경하지 않고 처벌하는 경우가 있다. 즉, 행위자가 고의·과실로 자기를 심신상실 또는 심신미약의 상태(책임이 없는 상태)에 빠지게 한 후 이러한 상태에서 범죄를 실행하는 경우 이를 "원인에 있어서 자유로운 행위"라고 하여 완전한 책임능력이 있는 자의 범죄와 동일하게 처벌한다.

◘ 사례연구 — 만취한 상태에서 상해를 입힌 경우

• **사안의 내용** 甲은 평소 자신을 업신여기며 괴롭혀온 乙에 대하여 많은 불만을 가지고 있었다. 그러나 乙은 힘도 세고 동네의 불량배로 소문이 나 있었으므로 감히 대꾸도 하지 못하며 살고 있었다. 그러던 어느 날 또다시 乙로부터 심한 모욕을 받은 甲은 乙을 혼내어 주기로 마음을 먹었다. 그러나 여전히 乙이 두려웠던 甲은 용기를 내기 위하여 마시지 못하는 소주를 한병 마시고 만취한 상태에서 깜깜한 乙의 집 앞 골목에 숨어 있다가, 집으로 돌아오는 乙을 야구 방망이로 힘껏 후려쳐 乙에게 상해를 입혔다. 甲의 죄책은?

• **사안의 해결** 甲은 비록 책임능력이 없는 만취한 상태에서 乙에게 상해를 입혔지만 갑이 스스로 술을 마셔 책임능력이 없는 상태를 야기한 것에 대한 책임을 져야 하고, 따라서 甲의 죄책은 상해죄에 해당한다.

✤ 참고조문

제10조(심신상실자) ① 심신장애로 인하여 사물을 변별할 능력이 없거나 의사를 결정할 능력이 없는 자의 행위는 벌하지 아니한다.

② 심신장애로 인하여 전항의 능력이 미약한 자의 행위는 형을 감경한다.

③ 위험의 발생을 예견하고 자의로 심신장애의 상태를 야기한 자의 행위에는 전2항의 규정을 적용하지 아니한다.

Ⅵ 미 수

어떤 범죄의 '실행행위에 착수'한 자가 그 실행행위를 종료하지 못하였거나 의도했던 결과를 발생시키지 못한 경우를 미수라고 한다. 미수죄는 크게 장애미수, 중지미수, 불능미수로 나누어진다.

먼저 장애미수란 행위자가 범죄의 실행행위에 착수를 하였는데 의외의 장애로 인하여 자신의 의사에 반하여 범죄를 완성하지 못한 경우를 말한다. 절도를 하려고 남의 집 안방에서 장롱을 뒤지던 중 갑자기 주인이 나타나서 범죄를 완성하지 못하면 장애미수가 된다.

다음으로 중지미수란 범죄의 실행에 착수한 자가 그 범죄가 기수(범죄의 완성)에 이르기 전에 스스로 범행을 중지하거나 자신의 행위로 인한 결과의 발생을 방지한 경우를 말한다. 강도를 하려고 지나가는 노인에게 칼을 들이대고 협박을 하던 중 갑자기 노인과 비슷한 연배의 아버지가 생각나서 강도행위를 중지한 경우가 이에 해당한다.

마지막으로 불능미수란 범죄의 의사로 실행에 착수했으나 처음부터 결과의 발생은 불가능하고 다만 위험성이 있기 때문에 미수범으로 처벌되는 경우를 말한다. 소화제를 독약으로 잘못 알고 이를 먹여 사람을 살해하려 했다면 이는 결과의 발생이 불가능하므로 불능미수가 된다.

◘ 사례연구 — 강간하려던 여자의 간청으로 행위를 중지한 경우

• 사안의 내용 甲은 친구 乙로부터 乙의 가게 종업원으로 일하고 있는 丙女를

소개받아 둘이서 밤늦도록 술을 마시다가 갑자기 나쁜 마음이 생겼다. 그래서 갑자기 甲이 丙女를 강간을 하려고 하였으나 丙女는 완강히 반항을 하며 다음에 만나 친해지면 甲의 요구를 받아 줄 테니 집으로 보내 달라고 간청을 하였다. 이에 甲은 그 말을 믿고 자신의 차에 丙女를 태워 丙女를 집에까지 바래다주었다. 甲의 죄책은?

• **사안의 해결** 甲은 丙女를 강간하려다가 다음에 만나 친해지면 요구를 들어주겠다는 丙女의 간곡한 부탁으로 자의로 범행을 중지하였다. 이러한 丙女의 부탁은 사회통념상 범죄를 더 이상 실행시키기 곤란할 정도의 장애라고 보여지지는 않는다. 따라서 甲은 스스로 범행을 중단한 것이 되고 甲의 행위는 강간죄의 중지미수에 해당한다.

참고조문

제26조(중지범) 범인이 자의로 실행에 착수한 행위를 중지하거나 그 행위로 인한 결과의 발생을 방지한 때에는 형을 감경 또는 면제한다.

Ⅶ 공동정범

공동정범이란 2인 이상의 사람이 공동의 범행계획에 따라 각자 범죄의 실행단계에서 그 기능을 분담하여 이행함으로서 성립하는 범죄를 말한다. 공동정범이 성립하면 비록 범행의 일부만을 실행했더라도 공동정범 각자는 그 죄의 정범으로 처벌한다.

예를 들어 甲과 乙이 丙을 살해하기 위하여 甲은 丙을 숲속으로 유인하고 乙이 혼자서 丙을 살해하였다면 甲이 비록 丙을 직접 살해하지는 않았더라도 공동정범이 되어 살인죄의 정범으로 처벌된다(기능적 행위지배설에 따름).

공동정범이 성립하기 위해서는 먼저, 범죄를 공동으로 실현하려는 의사가 있어야 한다. 여기서 공동실현의사란 2인 이상의 사람이 공동으로 수립한 범행계획에 따라 공동으로 범죄를 실현하려는 의사를 말한다. 이러한 범죄의 공동실현의사가 없으면 공동정범은 성립하지 않는다. 아울러 이러한 공동의사의 범위는 각자가 인식했던 공동의 범행계획 내에서만 다른 공동자의 행위에 대하여 책임을 진다. 예컨대, 甲과 乙이 절도의 공동의사로 범행에 나아갔는데, 乙이 계획에 없던 살인을 하였다면 甲에게는 살인의 공동실현의사는 없었으므로 절도죄의 책임만 지게 된다. 그리고 공모자 상호간의 공동의 실행행위가 있어야 한다. 공동의 실행행위란 전체적인 공동의 범행계획을 실현하기 위하여 공모자 상호간에 역할을 분담하여 범죄 실현에 본질적인 기능을 수행하는 것을 말한다. 이때의 실행행위에는 공모자 각자가 해당 범죄의 전부 또는 일부를 실행한 경우뿐만 아니라 범죄를 실현하는 직접적인 행위는 아닐지라도 전체계획에 의하여 범죄를 실현하는데 불가결한 요건이 되는 기능을 분담하였을 경우에는 공동의 실행행위가 있는 것으로 본다. 금고를 여는데 직접 참가하지는 않았더라도 금고를 열기 위한 불가결의 요건이 되는 금고의 열쇠를 복사해 준 경우, 절도를 함에 있어서 직접 절취행위에 참여하지는 않았지만 밖에서 망을 보아준 경우에는 공동의 실행행위가 있다고 보아 공동정범이 성립되어 각 범죄의 정범으로 처벌받게 된다.

공동정범이 성립되면 비록 범죄의 일부만을 실행했더라도 공동의 범행결의 안에서 발생한 결과 전체에 대하여 단독으로 범행을 한 것과 동일하게 책임을 진다. 다시 말하면 공동정범은 각자를 그 죄의 정범으로 처벌한다.

◘ 사례연구 — 강도를 공모하였으나 강간에는 합의하지 않은 경우

• **사안의 내용** 甲・乙・丙 세 사람은 같이 강도를 하기로 공모를 하고 어느 날 새벽 A女의 집에 침입하였다. A女의 안방에 침입한 甲은 전화선으로 A女를 묶고 주먹과 발로 수 회 구타한 후 반항을 억압하였다. 이어 甲과 乙은 범행을 은폐하기 위하여 甲은 A女의 팔을 잡고 乙은 그 사이 A女를 강간하였다. 이를 본 丙은 甲과 乙에게 빨리 가자고 재촉하여 그 집을 나왔다. 후에 세 사람은 강도강간죄로 기소되었는데 丙은 자신의 죄가 강도강간이 아니라 강도죄라고 항변하였다. 丙의 주장은 받아들여지겠는가?

• **사안의 해결** 甲・乙・丙 3인은 강도의 공동범행결의 하에 A女의 집에 침입하여 폭행・협박으로 금품을 빼앗았으므로 강도죄의 공동정범은 성립되어 각자는 강도죄의 정범으로 처벌받게 된다. 그런데 문제는 강간행위에 있다. 하지만 직접 강간행위를 하지 않고 A女의 팔을 잡고 있던 甲에게도 강간죄의 공동정범이 성립한다. 왜냐하면 공동정범은 범행을 실현하는데 직접적인 행위뿐만 아니라 그 범행을 실현하는데 불가결한 행위를 한 경우에도 성립하기 때문이다. 따라서 甲은 강간죄를 실행하는데 필요불가결한 행위인 폭행행위를 분담하였으므로 乙과 더불어 강도강간의 죄책을 지게 된다. 그렇다면 丙 역시 강도강간죄의 죄책을 지게 되는가?

공동정범이 성립하기 위해서는 공동의 범행실행계획의 범위 내에서 범행이 이루어져야 각자는 다른 공모자의 행위에 대하여 정범의 책임을 진다. 그런데 甲・乙・丙 3인의 공동범행실행계획의 범위 내에는 강도의 결의만 있었지 강간의 계획은 처음부터 없었다. 그러므로 丙은 이러한 공동범행결의 밖에 있는 甲과 乙의 강간행위에 대하여는 책임을 지지 않아도 된다. 따라서 丙은 강도강간죄의 공동정범이 아니라 강도죄의 공동정범이 된다.

참고조문

제333조(강도) 폭행 또는 협박으로 타인의 재물을 강취하거나 기타 재산상의 이득을 취득하거나 제3자로 하여금 취득하게 한 자는 3년 이상의 유기징역에 처한다.

제339조(강도강간) 강도가 부녀를 강간한 때에는 무기 또는 10년 이상의 징역에 처한다.

제297조(강간) 폭행 또는 협박으로 부녀를 강간한 자는 3년 이상의 유기징역에 처한다.

제30조(공동정범) 2인 이상이 공동하여 죄를 범한 때에는 각자를 그 죄의 정범으로 처벌한다.

제 3 장 형법각론

I 개인적 법익에 대한 죄

1. 살 인 죄

살인죄란 사람을 살해함으로써 그 생명을 침해하는 것을 내용으로 하는 범죄를 말한다. 살인죄가 성립하기 위해서는 사람의 생명을 박탈해야 한다. 그러므로 배속에 있는 태아나 죽은 자는 사람이 아니므로 살인의 죄의 객체(대상)에 해당하지 않고 살아 있는 자, 즉 자연인만이 살인죄의 객체가 된다. 살인죄를 알기 위해서는 무엇이 사람인가를 알아야 하고 그러기 위해서는 사람의 시기와 종기를 먼저 살펴볼 필요가 있다.

사람이 되기 전의 태아는 앞서 본 바와 같이 살인의 죄의 객체가 되지 못하고 낙태죄(형법 제269조, 270조 참조)의 객체가 될 뿐이다. 그런데 임신한 임산부에게 폭행을 가하여 태아가 사망한 경우 이것이 낙태죄인지 살인죄인지가 문제된다. 이것은 결국 사람의 시기 즉, 언제부터 사람으로 보는가의 문제로 귀착된다.

사람의 시기에 관하여 크게 i) 진통설, ii) 일부노출설, iii) 전부노출설, iv) 독립호흡설 등의 견해가 대립하고 있으나 우리 나라 형법학계의 통설과 판례는, 분만을 위하여 자궁경부와 자궁구가 열리기 시작하는 개방진통시에 사람이 된다는 진통설을 취하고 있다. 따라서 분만을 위한 진통이 개시된 임산부에게 폭행을 가하여 뱃속의 아기가 사망하였다면 이는 낙태죄가 아니라 살인죄가 된다.

사람의 종기에 관해서도 학설은 i) 호흡정지설, ii) 맥박종지설, iii) 뇌사설로 나뉘어 지나 사람의 종기에 관한 통설은, 심장의 고동인 맥박이 영구적으로 정지한 때 사람이 사망한 것으로 보는 맥박종지설을 취하고 있다. 이러한 맥박종지설을 취하고 있는 결과 뇌기능이 종국적으로 정지했으나 인공장치에 의하여 인위적으로 맥박이 뛰고 있는 사람은 사망한 것으로 볼 수가 없어 장기이식을 어렵게 하는 원인이 되고 있다.

살인죄의 수단과 방법에는 제한이 없다. 즉, 칼로 사람을 찌르는 것과 같은 적극적인 행위(작위)에 의하여 살인죄를 범할 수도 있고, 아버지와 아들, 유치원 교사와 유아의 관계에서처럼 어떤 사람을 돌보아야 할 의무가 있는 자(이를 형법에서는 보증인적 지위에 있는 자라고 한다)가 그 사람을 돌보지 않고 소극적으로 방치(부작위)하여 사망에 이르게 함으로서 살인죄를 범할 수도 있다. 예를 들어 소풍 나온 유아가 물에 빠져 허우적거리고 있는 것을 목격한 유치원 교사가 그 아이의 어머니와의 나쁜 감정 때문에 유아를 방치하여 익사케 하였다면 이는 부작위에 의한 살인죄가 성립된다. 이 이외에 어떤 사람을 협박하여 자살하게 한 경우도 위계·위력에 의한 살인죄(형법 제253조 참조)가 성립된다.

살인의 죄에 있어 착수시기는 행위자가 살해의 의도를 가지고 타인의 생명을 위태롭게 하는 행위를 직접 개시한 때 실행의 착수가 인정된다. 사람을 살해하려고 낫을 들고 사람에게 접근했을 때, 권총으로 사람을 겨누었을 때 실행의 착수가 인정된다. 한편, 살인죄의 기수시기는 가해자의 행위로 인하여 피해자가 사망한 때, 즉 맥박종지설에 의하면 맥박이 종지한 때이다.

사례연구 — 사람의 시기와 살인죄 여부

• **사안의 내용** 조산사 甲은 임부(姙婦) 乙이 난산으로 정상분만이 어려운 상태임에도 불구하고 혼자서 乙의 분만을 도울 수 있을 것이라 오신하여 산부인과 전문의의 지시나 진찰을 받게 하지 않고, 수십 회에 걸쳐 산모의 배를 훑어 내리고 자궁수축제를 10여회 주사한 결과 분만중인 태아를 질식사하게 하였다. 甲의 죄책은?

• **사안의 해결** 조산사 甲이 사망에 이르게 한 태아는 분만 중인 태아 즉, 사람이다. 따라서 조산사 甲의 행위는 업무상 과실치사죄에 해당한다.

참고조문

제250조(살인) ① 사람을 살해한 자는 사형, 무기 또는 5년 이상의 징역에 처한다.

✤ 참고조문

제268조(업무상 과실 · 중과실치사상죄) 업무상 과실 또는 중대한 과실로 인하여 사람을 사상에 이르게 한 자는 5년 이하의 금고 또는 2천만 원 이하의 벌금에 처한다

2. 폭 행 죄

폭행죄란 사람의 신체에 폭행을 가함으로써 성립하는 범죄를 말한다. 앞에서 말한 바와 같이 폭행죄란 사람의 신체에 폭행을 가함으로써 성립하는 범죄이다. 따라서 폭행죄가 성립하려면 폭행이 있어야 하는데 폭행의 개념에는 크게 i) 최광의의 폭행, ii) 광의의 폭행, iii) 협의의 폭행, iv) 최협의의 폭행의 4가지가 있다.

i) 최광의의 폭행이란 그 대상을 불문하고 모든 형태의 유형력행사를 말한다. 내란죄나 소요죄, 다중불해산죄가 이에 해당한다.

ii) 광의의 폭행이란 사람에 대한 직접 · 간접의 유형력의 행사를 의미한다. 공무집행방해죄, 특수도주죄, 강요죄에 있어서 광의의 폭행이 있을 것이 요구된다. 이 경우 폭행에는 사람의 신체에 직접적으로 유형력을 행사하는 직접폭행과, 물건에 대한 폭행이 간접적으로 사람의 신체에 대하여 작용하는 간접폭행이 있는데 파출소의 마당에 인분을 뿌리는 행위는 그 냄새로 인하여 파출소에 근무하는 순경들의 신체에 간접적으로 영향을 줄 수 있으므로 간접폭행이 되어 공무집행방해죄가 성립된다.

iii) 협의의 폭행이란 사람의 '신체'에 대한 유형력행사를 말한다. 폭행죄의 폭행이 바로 협의의 폭행이다. 예를 들어 사람의 모발을 자르거나 폭언을 수 차례 반복하는 행위, 장난 전화를 하는 행위, 돌을 던져 옷자락을 스친 경우 등은 사람의 신체에 대한 유형력의 행사이므로 폭행이 될 수 있다.

iv) 최협의의 폭행이란 상대방의 반항을 불가능하게 하거나 현저히 곤란하게 할 정도의 유형력행사를 의미한다. 강도죄나 강간죄에 있어서 이러한 폭행이 있을 것이 요구된다.

이상과 같은 폭행개념 중에서 본 죄의 폭행은 협의의 폭행, 즉 사람의 신체에 대한 폭행이다.

사례연구 — 상대방을 향하여 맥주병을 던진 경우

• 사안의 내용 甲과 乙은 밤에 동네 가게 평상에 앉아 술을 마시다가 서로 시비가 붙었다. 몇 차례 언성을 높이며 실랑이를 하던 甲이 갑자기 앞에 놓여 있던 맥주병을 乙을 향해 던졌으나 빗나가 을은 맞지 않았다. 갑의 죄책은?

• 사안의 해결 폭행죄에 있어서 폭행은 사람의 신체에 대한 유형력의 행사이다. 따라서 폭행죄가 성립하기 위해서는 이러한 유형력의 행사만 있으면 족하고 반드시 상대방이 명중될 필요는 없다. 위의 예에서 甲은 乙을 향해 맥주병을 던졌고 이는 사람의 신체에 대한 유형력에 해당하여 甲의 행위는 폭행죄가 된다. 그런데 폭행죄는 피해자가 처벌을 원치 않으면 처벌을 할 수 없는 반의사불벌죄이지만, 甲은 야간에 이러한 행위를 하였으므로 형법이 아니라 폭력행위등처벌에관한법률이 적용되어 乙의 고소가 없이도 기소될 수 있다.

참고조문

제260조(폭행) ① 사람의 신체에 대해 폭행을 가한 자는 2년 이하의 징역, 500만원 이하의 벌금, 구류 또는 과료에 처한다.
③ 피해자의 명시한 의사에 반하여 공소를 제기할 수 없다.

3. 중상해죄

중상해죄란 사람의 신체를 상해하여 생명에 대한 위험을 발생하게 하거나, 불구에 이르게 하거나, 불치나 난치의 질병에 이르게 함으로써 성립하는 범죄이다. 상해죄는 7년 이하의 징역, 10년 이하의 자격정지 또는 1천만 원 이하의 벌금형에 처해지는데 반해 중상해죄는 1년 이상 10년 이하의 징역형으로 중하게 처벌하고 있다. 이는 피해자가 상해로 인하여 계속적으로 현저한 피해를 받게 되는 중대한 결과가 발생하였기 때문이다.

중상해죄가 성립하기 위해서는 상해행위로 i) 생명에 대한 위협, ii) 불구, iii) 불치 또는 난치의 질병이라는 중한 결과가 발생하여야 한다.

i) 생명에 대한 위험을 발생하게 한다는 것은 생명에 대한 구체적 위험을 의미하며 보통 치명상을 가한 경우를 의미한다. 주의할 것은 중상해죄는 생명에 대한 위험을 가한 때에 성립하는 범죄이므로 중상해로 인하여 사람이 사망에 이르면 이는 중상해죄가 성립하는 것이 아니라 고의 또는 과실 여부에 따라 살인죄 내지 상해치사죄가 성립한다.

ii) 불구란 신체의 전체 조직상 중요부분이 절단되거나 그 고유한 기능이 상실된 경우를 말한다. 이때 절단 또는 상실되는 신체는 신체의 외형적 부분에 한하고 신체 내의 장기의 상실은 포함되지 않는다고 보는 것이 일반적인 견해이다. 또 하나 문제되는 것은 중요부분의 개념이다. 중요부분의 개념에 관하여 객관설과 주관설이 있는데, 객관설은 피해자 개인의 사정을 고려하지 않고 신체조직상 기능을 객관적으로 판단하여 결정해야 한다고 한다. 이에 반해 주관설은 직업 등 피해자의 구체적인 생활관계를 고려하여 규범적으로 판단하여야 한다고 한다. 예를 들어 일반인에게는 중요부분이라고 볼 수 없는 새끼 손가락의 끝마디 일부분이 야구선수인 박찬호에게는 중요부분이 된다. 박찬호 선수에게 이러한 상해를 가한 경우, 객관설에 의하면 신체조직의 중요부분에 대한 상해가 아니어서 보통의 상해죄가 되지만 주관설에 의하면 피해자의 직업 등을 고려하게 되므로 중요부분이 되어 중상해죄가 성립한다. 동일한 상해를 가하였는데도 불구하고 주관설에 의하면 피해자별로 중상해의 의미가 달라져서 불합리하다. 따라서 객관설이 타당하다.

iii) 불치 또는 난치의 질병이란 치료의 가능성이 없거나 현저히 곤란한 질병을 말한다. 예를 들면 가해행위로 인하여 정신병이 발생하였다던가, 기억상실증이 생긴 경우가 불치 또는 난치에 해당한다.

중상해죄는 고의범이다.

◘ 사례연구 — 에이즈환자가 잠자리를 같이 한 경우

• **사안의 내용** 술집 종업원인 甲女는 문란한 성생활로 인하여 에이즈에 감염되었다. 고통과 좌절의 나날을 보내던 甲女는 갑자기 혼자 죽기는 억울하다는 생각이 들어 자기를 감염시킨 남자들에게 복수를 하기로 마음먹고 에이즈를 퍼뜨릴 목적으로 수많은 남자들을 유혹하여 잠자리를 같이 한 후 에이즈를 감염시켰다. 甲女의 죄책은?

• **사안의 해결** 甲女는 자신이 에이즈에 감염된 사실을 알고도 고의로 이를 전염시키기 위하여 수많은 남자들과 잠자리를 같이 하여 이들에게 에이즈를 유포시켰다. 현대 의학으로 볼 때 에이즈는 불치 또는 난치의 병이 확실하므로 甲女의 죄책은 중상해죄에 해당한다.

✤ 참고조문

제257조(중상해) ① 사람의 신체를 상해하여 생병에 대한 위험을 발생케 한 자는 1년 이상 10년 이하의 징역에 처한다.

② 신체의 상해로 인하여 불구 또는 불치나 난치의 질병에 이르게 한 자도 전항의 형과 같다.

③ 자기 또는 배우자의 직계존속에 대하여 전2항의 죄를 범한 때에는 2년 이상의 유기 징역에 처한다.

제265조(자격정지의 병과) 10년 이하의 자격정지를 병과할 수 있다.

4. 유 기 죄

유기죄란 나이가 어리거나 고령자 또는 질병으로 인하여 도움이 필요한 사람을 보호하여야 할 의무가 있는 자가 이를 방치함으로써 성립하는 범죄이다. 이러한 방치의 결과 피부조자(도움이 필요한 자)가 사망하게 되면 유기치사죄가 성립한다.

유기죄의 주체는 도움이 필요한 자를 보호할 법률상·계약상의 의무가 있는 보호의무자이다. 따라서 이러한 의무가 없는 자가 유기를 하면 유기죄는 성립하지 않는다. 이처럼 특정한 신분을 가지고 있어야만 범죄를 행할 수 있는 범죄를 형법에서는 신분범이라 한다. 예를 들어 추운 겨울, 자신의 집 앞에 쓰러져 있는 걸인을 보호하지 않아 걸인이 동사하였다면, 이러한 행위는 도덕적으로는 비난받을 수는 있어도 걸인에 대한 보호의무가 없기 때문에 형법상 유기죄는 성립하지 않는다. 그러나 의사가 자신이 돌보는 환자의 생명이 위태로움을 알고도 적절한 조치를 하지 않아 환자가 사망하였다면 의사에게는 계약상 보호의무가 있어 유기치사죄가 성립하고, 아들이 아버지의 생명이 위태로운데 이를 의사에게 데려가지 않아 사망하였다면 이는 민법상 보호의무 있는 자가 보호를 게을리 한 것이므로 유기치사죄가 성립한다.

유기죄의 객체는 나이가 어리거나 고령인 사람 또는 질병으로 인하여 도움이 필요한 사람이다. 이때 도움이 필요하다는 것은 다른 사람의 도움이 없이는 자기의 생명·신체에 대한 위험을 스스로 극복할 수 없는 사람을 말한다. 따라서 생명·신체의 위험이 아닌 경제적으로 심각한 위기에 빠진 사람을 방치하는 것은 유기에 해당하지 않는다.

유기죄에 있어서 구성요건적 행위는 유기이다. 유기란 보호가 필요한 사람을 보호가 없는 상태에 둠으로써 그 생명·신체에 위험을 가져오는 행위를 말한다. 이러한 유기에는 협의의 유기와 광의의 유기가 있다. 먼저 협의의 유기란 도움이 필요한 사람을 적극적으로 보호 없는 상태로 옮김으로써 그의 생명·신체에 위험을 가져오는 행위를 말한다. 다음으로 광의의 유기란 도움이 필요한 사람을 종래의 상태대로 두고 그대로 떠나거나 생존에 필요한 조치를 취하지 않는 것을 말한다. 병든 노모를 산 속에 버리는 행위는 협의의 유기가 되고, 반대로 병든 노모를 집에 두고 이사를 하였다면 광의의 유기가 된다.

유기죄는 고의범으로서 유기의 고의가 있어야 한다. 여기서 고의란 자기가 보호의무자이며, 아울러 도움이 필요한 자를 유기한다는 인식과 의사를 말한다.

◘ 사례연구 — 딸에게 수혈을 거부한 경우

• **사안의 내용** 열렬한 A종교 신자인 甲女는 자신의 11세 된 딸 乙이 교통사고를 당하여 출혈과다로 생명이 위태롭게 되어 당장 수혈을 하지 않으면 생명을 잃을지도 모른다는 의사의 경고를 무시하고 종교상의 신념을 이유로 수혈을 거부하여 결국 乙은 사망하였다. 그런데 乙 역시 같은 이유로 수혈을 원하지 않았다. 甲女의 죄책은?

• **사안의 해결** 甲女가 법률상 보호의무 있는 자신의 딸 乙의 생명이 위태로움에도 불구하고 자신의 종교적 신념을 이유로 수혈을 방해하여 乙이 사망하였다면, 이는 결과적으로 피부조자(도움이 필요한 자)를 위험한 장소에 두고 떠난 것(광의의 유기)과 다름이 없다. 그리고 비록 乙 스스로도 수혈을 거부하였다고 하나 11세에 불과한 乙에게는 사리를 변별할 능력이 없다고 보아야 한다. 甲女의 유기행위의 결과 乙이 사망하였으므로 甲女는 유기치사죄를 범한 것이 된다.

♧ 참고조문

제271조(유기) ① 노유, 질병 기타의 사정으로 인하여 부조를 요하는 자를 보호할 법률상 또는 계약상 의무 있는 자가 유기를 한 때에는 3년 이하의 징역 또는 500만원 이하의 벌금에 처한다.

제275조(유기등 치사상) ① 제271조 내지 제273조의 죄(유기죄, 존속유기죄, 영아유기죄, 학대죄, 존속학대죄)를 범하여 사람을 상해에 이르게 한 자는 7년 이하의 징역에 처한다.

② 자기 또는 배우자의 직계존속에 대하여 제271조 또는 제273조의 죄를 범하여 상해에 이르게 한 때에는 3년 이상의 유기징역에 처한다. 사망에 이르게 한 때에는 무기 또는 5년 이상의 징역에 처한다.

5. 협 박 죄

협박죄란 사람을 협박함으로써 성립하는 범죄이다. 따라서 사람이 아닌 법인에 대해서는 협박죄가 성립하지 않는다. 또한 협박죄의 객체인 사람은 협박을 받음으로써 공포심을 일으킬 만한 정신능력이 있어야 한다. 그러므로 유아나 술에 만취하여 있는 사람, 정신병자는 본죄의 객체가 되지 않는다.

협박죄의 구성요건적 행위는 사람을 협박하는 것이다. 여기서 협박이란 해악(나쁜 결과의 발생)을 고지하여 상대방에게 공포심을 일으키는 것을 말한다. 이때 협박이 되기 위해서는 해악이 행위자에 의하여 발생할 수 있는 것이어야 한다. 따라서 자신의 말을 듣지 않으면 벼락에 맞아 죽는다고 하는 것은 행위자가 이를 실현할 수 없으므로 협박이 될 수 없다.

해악은 행위자가 직접 가할 필요는 없고 제3자에 의한 해악의 고지도 포함한다. 마찬가지로 상대방에 대한 해악의 고지 뿐만 아니라 상대방과 밀접한 관계에 있는 사람에 대한 해악의 고지도 협박이 된다. 빚을 갚지 않으면 제3자인 폭력배를 시켜 딸을 납치하겠다고 해악을 고지하는 경우가 이러한 예에 해당한다.

협박은 상대방이 현실적으로 공포심을 느낄 정도의 해악의 고지가 있어야 한다(협의의 협박). 그러므로 해악을 고지하였으나 상대방이 현실적으로 공포심을 느끼지 않았다면 협박이 될 수 없다. 이러한 경우 미수죄가 성립될 수 있다. 아울러 행위자에게는 상대방에게 해악을 고지하여 공포심을 일으킨다는 인식과 의사가 있어야 한다. 그러나 실제로 자신이 고지한 해악을 실현할 의사가 있을 필요는 없다. 따라서 채무자에게 빚을 갚지 않으면 딸을 납치하겠다고 해악을 고지하였으나, 사실은 채무자가 빚을 갚지 않더라도 채무자의 딸을 납치할 생각이 없었던 경우에도 상대방이 공포심을 일으켰다면 이는 협박이 된다.

협박죄 역시 위법성조각사유가 있으면 협박죄는 성립하지 않는다. 다시 말해 해악의 고지가 합법적인 권리의 행사로서 사회상규에 반하지 않는 경우에는 위법성이 조각되어 협박죄가 성립하지 않는다. 예컨대 노사분규 현장에서 노동자들이 임금을 인상하여 주지 않으면 파업을 하여 손해를 입히겠다고 경영자를 협박하는 행위는 사회상규에 반하지 않는 정당행위로써 위법성이 조각되어 범죄가 성립 되지 않는다.

협박죄는 반의사불벌죄이다. 그러므로 피해자가 명시적으로 처벌을 원하지 않으면 가해자를 처벌할 수 없다.

사례연구 — 해약의 고지와 사회통념

• 사안의 내용 甲女는 자신의 남편 乙이 같은 집에 세들어 사는 丙女(20세)와 불륜관계에 빠지자 丙女로 부터 사과를 받으려고 하였으나 丙女가 나타나지 않자 丙女의 아버지와 언니에게 "丙女를 빨리 찾아내어 해결을 해야 할 것이 아닌가, 그렇지 않으면 丙女를 간통죄로 고소할 것이다. 딸이 가정파괴범이다. 시집을 보내려고 하느냐, 안 보내려고 하느냐"라고 말하였다. 甲女의 죄책은?

• 사안의 해결 협박죄에 있어서 협박이라 함은 사람으로 하여금 공포심을 일으킬 정도의 해악을 고지하는 것을 말한다. 아울러 협박죄가 성립하기 위해서는 적어도 발생 가능한 것으로 생각될 수 있는 정도의 구체적인 해악의 고지가 있어야 한다. 또한 해악의 고지가 있었다 하더라도 그것이 사회의 관습이나 윤리관념 등에 비추어 볼 때에 사회통념상 받아들여 질 수 있는 정도이면 협박죄는 성립하지 않는다. 따라서 甲女의 행위는 사회통념상 받아들여질 수 있는 것이므로 甲女의 행위는 협박죄가 되지 않는다.

참고조문

제283조(협박) ② 사람을 협박한 자는 3년 이하의 징역, 500만원 이하의 벌금, 구류 또는 과료에 처한다.
③ 피해자의 명시한 의사에 반하여 공소를 제기할 수 없다.

제286조(미수범) 미수범은 처벌한다.

6. 체포 · 감금죄

체포 · 감금죄란 사람을 체포 또는 감금함으로써 성립하는 범죄이다. 여기서 체포란 사람의 신체에 대하여 직접적이고 현실적인 구속을 가하여 그 신체활동의 자유를 박탈하는 것을 말하고, 감금이란 사람을 일정한 장소 밖으로 나가지 못하게 하여 신체활동의 자유를 장소적으로 제한하는 것을 말한다.

감금죄의 객체는 사람이다. 여기서 감금죄의 객체, 즉 감금죄의 대상이 될 수 있는 사람은 당장 현실적으로는 신체활동의 자유가 없지만 곧 신체활동을 할 수 있을 것으로 기대되는 모든 사람으로서 자고 있는 사람이나 술에 취한 사람도 본죄의 객체에 해당한다.

감금죄의 수단과 방법에는 제한이 없다. 그러므로 어떠한 형태로든 사람의 신체활동을 제한하면 감금죄는 성립한다. 예컨대 사람을 방에 가두는 행위가 감금죄가 되는 것은 물론, 나무꾼이 목욕 중인 선녀의 옷을 감추는 행위 역시 감금죄가 성립된다. 또한 사람이 방에 있는 줄 모르고 방문을 밖에서 잠갔는데, 후에 방안에 사람이 있다는 사실을 알고도 방문을 열어 주지 않았다면 이것도 역시 감금죄가 된다.

감금죄는 사람을 감금함으로써 곧 성립하는 것이 아니라 감금상태가 일정시간 계속 되어야 성립한다(이에 대하여 감금죄는 감금행위 즉시 성립한다는 견해도 있다). 따라서 사람을 감금했는데 이 사람이 즉시 탈출하였다면 이는 감금죄의 미수가 될 뿐이다. 이처럼 어떤 행위가 일정시간 계속되어야 성립하는 범죄를 형법에서는 계속범이라 한다.

◘ 사례연구 — 하차요구에 불응하여 운전을 계속한 경우

• 사안의 내용 화물자동차의 운전사인 甲은 어느 날 고객이 주문한 화물을 싣고 혼자서 운전하여 가던 중 乙女(17세)의 태워 달라는 부탁을 받고 운전석 옆에 태웠다. 한참을 가다가 갑자기 乙女를 강간하려는 욕심이 생겨 乙女의 하차 요구에도 불구하고 고속으로 50㎞나 운행을 계속하여 乙女를 여관방으로 끌고 가서 강간을 하려고 하였다. 그러나 乙女가 화장실에 들어가서 화장실 문을 잠그고 소리를 질러 그 목적을 이루지 못하였다. 甲의 죄책은(강간미수는 논하지 않는다)?

• 사안의 해결 甲은 강간의 목적으로 乙女를 자동차에 감금하고 50㎞나 달렸다. 이는 일정한 시간 동안 감금상태가 계속되었다고 볼 수 있다. 따라서 甲의 행위는 감금죄가 된다. 덧붙여 甲이 乙女를 감금하기 위하여 협박을 하였다 하더라도, 감금죄에 있어서 폭행·협박은 감금죄에 흡수되어 별개의 죄가 성립하는 것이 아니므로 甲의 행위는 감금죄라는 하나의 죄가 된다.

✤ 참고조문

제276조(체포, 감금) ① 사람을 체포 또는 감금한 자는 5년 이하의 징역 또는 700만 원 이하의 벌금에 처한다.

제280조(미수범) 미수범은 처벌한다.

제282조(자격정지의 병과) 10년 이하의 자격정지를 병과할 수 있다.

7. 강 간 죄

강간죄란 폭행·협박을 수단으로 부녀를 강간함으로써 성립하는 범죄이다. 부녀를 강간함으로써 성립하는 범죄이므로 '부녀'가 아닌 남자는 강간죄의 객체(대상)가 될 수 없다. 여기서 부녀란 음행의 상습이 있거나 종전부터 성관계를 가져오던 부녀도 포함된다. 다만 법률상의 처는 강간죄의 객체가 될 수 없다는 것이 통설과 판례의 태도이다. 따라서 처를 강간을 하면 강간죄가 아니라 강요죄가 성립한다. 그러나 최근 여성계를 중심으로 부부간에 있어서도 강간죄의 성립을 인정하자는 주장이 제기되고 있다.

이러한 강간죄에 대하여 강제추행죄는 폭행·협박으로 '사람'을 추행함으로써 성립하는 범죄이다. 강제추행죄의 객체는 사람이므로 남자도 그 객체가 될 수 있다. 이점에서 강간죄와 차이가 있다.

강간죄에 있어서 폭행과 협박은 상대방의 반항을 불가능하게 할 정도이거나 반항을 현저히 곤란하게 할 정도에 이르러야 한다(통설). 그러므로 이 정도의 폭행과 협박이 없으면 강간죄는 성립할 수 없다. 다만 강제추행죄에 있어서 폭행·협박의 정도에 대하여 통설은 강간죄의 그것과 동일하다고 하나, 판례는 강간죄에서의 폭행·협박의 중간 정도에 해당하면 충분하다고 한다.

강간죄와 강제추행죄에 있어서 실행의 착수시기는 폭행과 협박을 개시한 때에 실행의 착수가 인정된다. 따라서 폭행과 협박을 한 후 강간이나 강제추행을 하지 못하면 이들 죄의 미수가 된다. 반면에, 강간이나 강제추행의 의사를 가지고 그 대상에게 접근하였으나 아직 폭행이나 협박을 하지 않았다면 이는 예비·음모가 된다. 예비·음모의 죄는 형법에 특별히 처벌규정이 있는 경우에 한하여 처벌하는데, 형법에는 강간죄나 강제추행죄는 예비·음모에 관한 처벌규정이 없으므로 불가벌이다. 새벽 세시 경, 잠든 사촌 여동생(18세)을 강간할 목적으로 사촌 여동생의 방에 침입하여 가슴과 엉덩이를 만지다가 갑자기 비명을 지르는 바람에 달아난 사례에서 우리나라 대법원 판례는 아직 강간행위에 착수하지 않았으므로(폭행과 협박이 없었으므로) 강간행위에 대해서는 강간미수가 아니라 무죄를 선고하였다.

강간죄는 남자의 성기가 여자의 성기에 삽입되는 순간 기수가 된다. 성기의 완전삽입이나 사정을 할 필요는 없다.

사례연구 — 성전환한 여자를 강간한 경우

• 사안의 내용 　甲과 乙은 밤길을 걷다가 우연히 호객행위를 하고 있던 丙을 보았

다. 순간 두 사람은 丙을 강간하기로 마음먹고 자동차로 납치한 후, 수 차례 구타하여 반항을 억압하여 번갈아 丙을 강간하였다. 그러나 丙은 3년 전에 일본에서 성전환 수술을 한 자로 외관상으로는 여자였지만 사실은 남자임이 밝혀졌다. 甲과 乙의 죄책은?

• 사안의 해결　　강간죄는 부녀를 강간함으로써 성립하는 범죄이다. 이와 같이 강간죄의 객체는 부녀이므로 甲과 乙의 행위가 강간죄가 되려면 丙이 부녀로 인정되어야 한다. 판례에 의하면 성전환 수술을 한 남자가 여성으로 인정되기 위해서는, 기본적인 성염색체의 구성이나 본래의 내·외부적인 성기의 구조, 정상적인 남자로서 생활한 기간, 성전환수술을 한 경위, 시기 및 수술 후에도 여성으로서의 생식능력 여부, 그리고 이에 대한 사회일반인의 평가와 태도 등 여러 요소를 종합적으로 검토되어야 한다. 이러한 점들을 고려해 볼 때 사회통념상 丙을 여자로 볼 수 없어 甲과 乙의 강간죄는 성립할 수 없다. 다만 강제추행죄는 그 객체를 부녀에 한정하지 않고 사람이 그 객체이므로 甲과 乙의 행위는 강제추행죄에 해당한다.

✤ 참고조문

제297조(강간)　폭행 또는 협박으로 부녀를 강간한 자는 3년 이상의 유기징역에 처한다.

제298조(강제추행)　폭행 또는 협박으로 사람에 대하여 추행한 자는 10년 이하의 징역 또는 1천500만원 이하의 벌금에 처한다.

제300조(미수범)　미수범은 처벌한다.

제306조(고소)　고소가 있어야 공소를 제기할 수 있다.

8. 혼인빙자간음죄

혼인빙자간음죄란 혼인을 빙자하는 것과 같이 위계로써 음행의 상습이 없는 부녀를 기망하여 간음함으로써 성립하는 범죄를 말한다.

혼인빙자간음죄의 객체는 음행의 상습이 없는 부녀이다. 음행의 상습이 없는 부녀란 불특정인을 상대로 성관계를 하지 않는 부녀를 말한다. 따라서 누구와도 쉽게 성관계를 가지는 부녀라면 음행의 상습이 없는 부녀라고 할 수 없다. 이와는 달리 특정인을 대상으로 성생활을 한다면 비록 도덕적으로는 비난의 대상이 될지언정 본죄의 객체가 될 수 있다. 예를 들어 甲의 현지처 乙은 甲이라는 특정인을 상대로 성생활을 하는 이상 도덕적으로는 비난받을 수 있어도 불특정인을 상대로 성생활을 하는 것이 아니므로 음행에 상습 없는 부녀에 해당하여 본죄의 객체가 된다. 한편, 여기서의 부녀는 반드시 처녀일 필요는 없으나 적어도 20세 이상의 부녀이어야 한다. 만약 부녀가 20세 미만일 경우에는 형법 제302조(미성년자 등에 대한 간음)나

형법 제305조(미성년자에 대한 간음, 추행)의 죄로 처벌받기 때문이다.

혼인을 빙자한다고 함은 진실로 혼인을 할 의사가 없는데도 불구하고 마치 혼인의사가 있는 것처럼 가장하는 것을 말한다. 그러므로 성관계를 가질 당시에는 진실로 혼인을 할 의사가 있었으나, 후에 마음이 바뀌었거나 기타 사정으로 혼인을 하지 못하게 되었다면 이는 혼인을 빙자한 것이 아니다. 참고로 혼인빙자는 위계의 한 예에 해당한다. 위계란 상대방을 속여서 진정한 결혼을 전제로 한 성관계인 것처럼 착오에 빠뜨리는 것을 의미한다.

◘ 사례연구 — 밤에 남편으로 가장하여 성관계를 가진 경우

• **사안의 내용** 甲은 무직자로서 평소 같은 동네에 살고 있는 乙女를 짝사랑하고 있었다. 그러나 수 차례의 甲의 구애에도 불구하고 乙女는 다른 남자와 결혼을 하고 말았다. 이후에도 乙女 주위를 배회하던 甲은 마침내 乙女의 남편이 부재중이란 것을 알고, 밤에 남편으로 가장하여 乙女의 집에 들어가서 성관계를 시도했다. 그런데 깜깜한 방에서 잠이 덜 깬 乙女는 甲을 남편으로 오인하고 이에 응하였다. 甲의 죄책은?

• **사안의 해결** 甲은 乙녀를 기망하여 진정한 결혼을 전제한 성관계인 것처럼 즉, 남편인 것처럼 위계를 써서 乙녀의 집에 들어가서와 성관계를 가졌으므로 甲의 행위는 혼인빙자 간음죄와 주거침입죄에 해당한다. 만약 乙녀의 잠이 덜 깬 상태를 심신상실 또는 항거불능상태로 볼 수 있다면 甲의 행위는 준강간죄가 될 수도 있다.

♣ 참고조문

제304조(혼인빙자 등에 의한 간음) 혼인을 빙자하거나 기타 위계로써 음행의 상습이 없는 부녀를 기망하여 간음한 자는 2년 이하의 징역 또는 500만원 이하의 벌금에 처한다.

제306조(고소) 고소가 있어야 공소를 제기할 수 있다.

9. 명예훼손죄

명예훼손죄란 공연히 사실 또는 허위의 사실을 적시하여 사람의 명예를 훼손함으로써 성립하는 범죄이다. 명예훼손죄의 객체는 사람의 명예이다. 이때 명예란 사람의 가치에 대한 사회적 평가를 말한다. 그리고 명예는 긍정적인 가치가 있는 것이어야 한다. 따라서 부정적인 가치는 명예가 될 수 없다. 예를 들면 소매치기 A는 소매치기 성공률 100%를 자신의 명예로 생각하고 있었는데, B가 어느 날 사람들을 모아놓고 "A의 성공률은 조작된 것이다. 내가 전에 A가 실패하는 것을 보았다" 라고 말하여 A의 명예가 실추되었다 하더라도 이는 긍정적 가치가 있는 명예가 아니기 때문에 명예훼손죄가 되지 않는다.

명예훼손죄의 주체는 모든 자연인이다. 그러므로 정신병자나 유아도 명예의 주체가 된다. 나아가 이러한 자연인뿐만 아니라 법인도 명예의 주체가 된다. 만약 甲이 갓 태어난 신생아 A를 사실은 사생아라고 말한다든지, 법인인 B회사가 정기적으로 탈세를 한다고 말하였다면 이들 신생아나 법인은 명예의 주체이므로 甲은 명예훼손죄를 범한 것이 된다.

명예휘손죄의 구성요건적 행위는 공연히 사실 또는 허위의 사실을 적시하는 것이다. 공연성이란 불특정 또는 다수인이 인식할 수 있는 상태를 말한다. 여기서 불특정인이란 거리를 지나가는 통행인이나 공원에서 쉬고 있는 사람들처럼 한정된 범위에 속하는 사람이 아닌 사람을 일컫는다. 이러한 불특정 또는 다수인이 인식할 수 있는 상황이라면 반드시 이러한 사람들이 적시한 사실을 현실적으로 인식하지 않아도 공연성이 인정된다. 예를 들어 대학병원 대기실에서 "이 병원의 의사들은 모두 무능하며 전문의 자격을 갖고 있는 사람은 하나도 없다"고 크게 외쳤으나 모여 있던 사람들이 모두 TV시청에 정신이 팔려 이 소리를 듣지 못하였다 하더라도 이는 다수인이 인식할 수 있는 상황이었으므로 공연성이 인정된다. 그런데 판례는 공연성과 관련하여 비록 적시한 사실을 듣고 있는 상대방이 특정된 1인이더라도 이 사람이 다른 사람에게 말을 옮길 가능성이 있으면 공연성을 인정하고 있다(전파성 이론).

명예훼손죄의 구성요건인 사실의 적시는 구체적이어야 하며 피해자가 특정되어야 한다. 사람의 사회적 평가를 저하시킬 수 있는 내용의 것이면 이미 널리 알려진 사실이라도 무방하다. 그리고 이러한 사실의 적시는 진실한 사실이나 허위의 사실을 모두 포함한다. 다만 허위의 사실을 유포하여 명예를 훼손한 경우에는 형이 가중된다. 적시된 사실이 '구체적' 사실이 아니면 명예훼손죄는 성립되지 않는다. 따라서 "A는 치사한 사람이다"라는 말은 구체적 사실의 적시가 아니어서 명예훼손이 되지 않는다. 그러나 모욕죄가 성립될 수는 있다.

명예훼손죄는 사실의 적시로 인해 사람의 명예가 실제로 훼손될 필요는 없고 명예가 훼손될 우려가 있기만 하면 성립한다. 이처럼 실제 결과가 발생하지 않아도 그러한 결과가 발생할 우려가 있기만 해도 벌하는 범죄를 형법에서는 위험범이라 한다(위의 대학병원 대기실의 사례).

명예훼손죄도 위법성 조각사유가 있으면 벌하지 않는다. 예를 들어 명예훼손의 당사자인 피해자의 승낙이 있다던가, 검사가 법정에서 피고의 범죄 사실을 입증하기 위하여 피고의 악행을 거론하는 경우가 이것이다. 또한 적시한 사실이 공공의 이익을 위한 경우에는 역시 벌하지 않는다. 예를 들어 하급자가 상급자의 수뢰사실을 폭로하는 행위는 건전한 공직기강 확립이라는 위한 공공의 이익이 있으므로 명예훼손죄가 되지 않는다.

◘ 사례연구 — 특정소수인에게 특정인의 명예를 훼손한 경우

• **사안의 내용** 甲은 동네 어귀에서 동네사람 丙과 乙의 시어머니 丁이 있는 자리에서 乙女에 대하여 "시커멓게 생긴 놈하고 매일 같이 붙어 다닌다. 점방(가게) 마치면 여관에 가서 누워 자고 아침에 들어온다"라고 말하였다. 甲의 죄책은?

• **사안의 해결** 甲의 행위는 乙이라는 피해자가 특정되어 있고 乙의 문란한 성생활이라는 구체적 사실의 적시도 보인다. 그러나 공연성이 인정되기 위해서는 불특정 또는 다수인이 인식할 수 있어야 하는데, 甲의 말을 듣고 있는 사람은 丙과 丁이라는 특정소수인에 불과하다. 그러나 이러한 경우에도 판례는 특정소수인이 사실을 옮길 가능성을 가지고 있으면 공연성이 인정된다고 한다. 따라서 시어머니 丁은 며느리의 문란한 성관계를 전파할 가능성이 없으나, 이웃사람 丙은 충분히 이를 전파할 가능성이 있으므로 공연성이 있다. 따라서 甲의 행위는 명예훼손죄가 된다.

✤ 참고조문

제307조(명예훼손) ① 공연히 사실을 적시하여 사람의 명예를 훼손한 자는 2년 이하의 징역이나 금고 또는 500만원 이하의 벌금에 처한다.
② 공연히 허위의 사실을 적시하여 사람의 명예를 훼손한 자는 5년 이하의 징역, 10년 이하의 자격정지 또는 1천만 원 이하의 벌금에 처한다.

제312조(피해자의 의사) ② 본죄는 피해자의 명시한 의사에 반하여 공소를 제기할 수 없다.

10. 주거침입죄

주거침입죄란 사람의 주거, 관리하는 건조물, 선박이나 항공기 또는 점유하는 방실(점포, 사무실, 투숙중인 호텔방 등)에 침입함으로써 성립하는 범죄이다.

이와 같이 주거침입죄에 있어서 주거는 사람이 계속적으로 거주하는 장소뿐만 아니라 별장과 같이 일정기간만 사용하는 것도 포함된다. 그러므로 주거용 차량, 선박, 항공기 등도 주거가 될 수 있다. 본죄의 행위는 침입하는 것이다. 침입이란 주거하고 있는 사람의 의사에 반하여 들어가는 것을 말하며, 신체의 침입을 의미하므로 밖에서 안을 들여다보거나 돌을 던지는 것처럼 신체가 들어가지 않으면 침입이 아니다. 나아가 신체가 완전히 들어가야 주거침입이 되고 팔이나 머리를 안으로 들여놓는 것처럼 신체의 일부가 주거에 들어가는 것 역시 침입이라고 할 수 없다. 그러나 판례는 신체의 일부만이 주거에 들어가도 주거침입죄가 성립한다고 한다.

주거권자의 의사에 반하여 들어가야 침입이 된다. 따라서 주거권자의 동의가 있으면 침입이 아니다. 한 가옥에 여러 사람이 함께 살고 있으면 모두가 동의권을 가지므로 이들 모두의 동의가 있거나 최소한 주거에 들어오는데 다른 구성원들의 추정적 승낙 즉, 만약 동의를 구하였더라면 승낙했을 가능성이 있어야 비로소 주거침입죄는 성립하지 않게 된다.

남편의 부재중 처가 내연의 남자를 집으로 끌어들여 간통을 하였다면, 이러한 내연의 남자의 초대에 공동의 주거권자인 남편의 추정적 승낙을 기대할 수 없으므로 간통죄는 물론 주거침입죄가 별도로 성립한다. 한편, 비록 주거권자의 동의가 있었다 하더라도 위법한 목적으로 타인의 주거에 들어갔다면 주거침입죄가 성립한다. 범죄를 저지를 목적으로 주거권자의 동의를 얻어 주거에 들어간 경우가 여기에 해당한다. 그리고 임대차인 경우에는 주거권은 당연히 임차인에게 있다.

주거침입죄는 신체의 전부가 주거에 들어가야 기수가 된다. 다만 주거침입죄는 계속범이어서 침입 즉시 기수가 되는 것이 아니라 주거에 침입한 후 일정한 시간이 지나야 주거침입죄의 기수가 된다.

◘ 사례연구 — 집주인이 세입자의 집에 강제로 들어간 경우

• **사안의 내용** 甲은 乙에게 계약기간 2년에 임차보증금 1,000만원으로 乙에게 가옥을 임대해 주었다. 계약기간 2년이 만료하자 甲은 임차보증금 1천만 원을 돌려주고 乙에게 집을 비워 달라고 요구하였다. 그런데 乙은 보증금을 돌려 받은 이후에도 집을 비워주지 않고 계속 살고 있었다. 이에 화가 난 甲은 乙의 제지에도 불구하고 乙의 방에 들어가서 거세게 항의하였다. 甲의 죄책은?

• **사안의 해결** 甲의 행위는 주거침입죄가 된다. 乙의 주택임대기간이 만료했고 甲이 임대보증금을 반환했다고 하더라도 乙이 주거를 개시한 것은 유효한 임대차계약에 의한 적법한 주거의 개시였으므로 乙은 여전히 유효한 주거권자이기 때문이다.

참고조문

제319조(주거침입) ① 사람의 주거, 관리하는 건조물, 선박이나 항공기 또는 점유하는 방실에 침입한 자는 3년 이하의 징역 또는 500만원 이하의 벌금에 처한다.

제322조(미수범) 미수범은 처벌한다.

11. 친족상도례

우리 형법은 강도죄와 손괴죄를 제외한 재산죄에 대하여 친족간의 범죄는 형을 면제하거나 고소가 있어야 공소를 제기할 수 있는 특례를 인정하고 있다. 이를 친족상도례라고 한다. 법은 가능한 한 가정내의 일에는 간섭을 원치 않기 때문에 이러한 특례를 두고 있다.

친족간의 범죄에 대하여 형을 면제하는 이유에 대하여 통설은 친족간의 상도행위는 범죄 그 자체는 성립하지만 친족이라는 특수관계를 고려하여 형벌만 면제되는 것이라고 한다.

형법은 친족상도례가 적용되는 범죄를 절도죄, 사기죄, 공갈죄, 횡령죄, 배임죄 및 장물죄로 한정하고 있다. 따라서 강도죄와 손괴죄는 친족상도례 규정이 적용되지 않아 친족간에 강도죄나 손괴죄를 범하면 형이 면제되지 않고 처벌된다.

친족상도례가 적용될 수 있는 친족 또는 가족의 범위는 직계혈족, 법률상 배우자, 동일한 주거에서 동거하는 동거친족과 가족이다. 그리고 친족상도례가 적용되기 위해서는 재물의 소유자와 점유자 쌍방과 행위자가 친족관계에 있어야 한다. 다시 말해 재물의 소유자와 그 점유자가 다를 경우 행위자는 이들 모두와 친족관계가 있어야 친족상도례가 적용되는 것이다. A가 아버지가 가지고 있는 카메라를 훔쳤는데, 사실 그 카메라는 아버지의 친구인 B의 소유일 경우 카메라의 점유자인 아버지와는 친족관계에 있지만 카메라의 소유자인 B와는 친족관계에 있지 않으므로 친족상도례가 적용되지 않는다. 덧붙여 친족이 아닌 자가 친족의 범죄에 가담한 경우에는 친족이 아닌 자에게는 친족상도례가 적용되지 않는다. 예를 들어 A가 자기의 아내 B의 금반지를 훔치는데 A의 친구 C가 가담하였다면, C는 B의 친족이 아니므로 A는 절도죄로 처벌되지 않으나 C는 처벌된다. 반대로, 친족이 친족 아닌 자의 범죄에 가담한 경우에는 친족에게는 친족상도례가 적용된다. 예컨대, A가 C의 집에서 절도를 하는데 이에 가담한 C의 아들 B에게는 친족상도례가 적용된다. 따라서 A만이 처벌되며, B는 처벌받지 않는다.

◘ 사례연구 — 자기 어머니의 반지를 훔치는 친구를 도와준 경우

• **사안의 내용** 같은 반인 중학생 甲과 乙은 유흥비가 필요하였으나 이를 마련할 방법이 없었다. 그래서 궁리 끝에, 甲이 자기 집에 가서 돈을 훔치자고 말을 하자 乙은 이를 흔쾌히 동의하여 甲과 乙이 함께 집으로 돌아가 어머니가 마침 시장에 가고 없는 틈을 타서 시가 10만원 상당의 금반지 1개를 훔쳐 나와 이를 유흥비로 탕진하였다. 甲과 乙의 죄책은?

• **사안의 해결** 친족상도례는 강도죄와 손괴죄를 제외한 재산범죄에 있어서 일정한 범위내의 친족관계에 있으면 처벌하지 않는 것을 말한다. 甲은 어머니의 반지를 절취하였으므로 친족상도례가 적용되어 처벌받지 않는다. 그러나 乙의 행위를 살펴보면, 친족의 범죄에 친족이 아닌 자가 가담한 형태이므로 친족이 아닌 乙에게는 친족상도례가 적용되지 않는다. 따라서 甲의 행위는 절도죄는 성립하지만 처벌받지 않을 뿐이고, 乙은 이러한 규정이 적용되지 않아 절도죄로 처벌받게 된다.

12. 강 도 죄

강도죄란 폭행 또는 협박으로 타인의 재물을 강취하거나 기타 재산상의 이익을 취득하거나 제3자로 하여금 이를 취득하게 함으로써 성립하는 범죄이다.

강도죄의 객체는 타인의 재물 또는 재산상의 이익이다. 여기서 재물이란 절도죄에 있어서의 재물과 마찬가지로 관리가 가능하면 유체물 이외의 무체물도 재물이 된다는 것이 일반적인 견해이다. 그리고 강도죄의 재물은 타인소유 타인점유의 재물이어야 하며 유체물 및 관리 가능한 동력을 포함한다. 관리 가능한 동력이란, 비록 유체물과 같이 형태를 띠고 있지는 않으나 전기처럼 인위적으로 관리할 수 있는 재산적 가치가 있는 것을 말한다. 한편, 재산상의 이익이란 재물 이외의 일체의 재산적 가치가 있는 이익을 말한다. 예를 들어 대형식당에 채소를 독점 공급하는 권리는 재물은 아니지만 재산적 가치가 있는 이익이라 할 수 있다. 따라서 이러한 독점 공급권을 폭행 또는 협박으로 빼앗았다면 강도죄가 성립한다.

강도죄의 구성요건적 행위는 폭행 또는 협박으로 타인의 재물을 강취하거나 기타 재산상의 이익을 취득하거나 제3자로 하여금 이를 취득하게 하는 것이다. 이때 폭행·협박의 정도는 상대방의 반항을 불가능하게 할 정도의 것이어야 한다(최협의의 폭행). 따라서 강도의 고의로 폭행·협박을 하였으나 상대방의 반항을 억압하지 못했다면 강도미수가 된다.

예컨대, A가 강도의 고의로 지나가는 B에게 폭행·협박을 하였으나 B는 A가 행색이 초라하고 병색마저 돌아 측은한 마음에 A에게 돈을 주었다면, B의 반항을 억압하였다고 볼 수 없으므로 A의 행위는 강도미수가 된다.

강도죄의 행위자는 폭행·협박에 의하여 스스로 재산상의 이익을 취득하거나 제3자로 하여금 취득하게 하여야 한다. 그밖에 강도죄가 성립하기 위해서는 폭행·협박으로 타인의 재물을 강취하거나 재산상 이익을 취득한다는 인식과 의사, 즉 고의가 있어야 한다. 아울러 권리자를 영구히 배제하고 타인의 재물 또는 재산상 이익에 대하여 소유권자와 유사한 지배를 행사하려는 의사, 즉 불법영득의사가 있어야 한다.

◘ 사례연구 — 폭력배를 동원하여 저당권을 말소한 경우

• 사안의 내용 甲은 사업관계로 乙에게 3천만원 상당의 채무를 지면서 그 담보로 자신의 공장에 저당권을 설정하였다. 그러나 IMF사태가 터지는 등 예상외의 경기불황으로 사업이 부진해서 채무의 변제기가 훨씬 지나도록 변제를 하지 못하자 乙은 甲에게 공장을 내 놓으라고 요구하였다. 그러나 甲은 자신의 생명과도 같은 공장을 乙에게 줄 수 없어 고민하던 중 폭력배인 丙을 시켜 乙이 저당권을 말소하게 해 달라고 부탁하였다. 이에 폭력배 丙이 저당권을 말소하지 않으면 죽인다고 협박하자 乙은 생명에 위협을 느낀 나머지 저당권을 말소하여 주었다. 甲과 丙의 죄책은?

• 사안의 해결 丙의 행위는 폭행·협박으로 乙의 저당권이라는 재산상의 이익을 침해하여 제3자인 甲에게 주었으므로(저당권이 말소됨으로써 甲은 그 만큼의 재산상 이익이 생긴다) 강도죄가 성립한다. 그리고 甲은 丙에게 이러한 강도행위를 사주하였으므로 강도교사죄가 된다.

✤ 참고조문

제333조(강도) 폭행 또는 협박으로 타인의 재물을 강취하거나 기타 재산상의 이익을 취득하거나 제3자로 하여금 이를 취득하게 한 자는 3년 이상의 유기징역에 처한다.

✤ 참고조문
제342조(미수범) 본죄의 미수범은 처벌한다.
제346조(자격정지의 병과) 본죄를 범하여 유기징역에 처할 경우에는 10년 이하의 자격정지를 병과할 수 있다.

13. 사 기 죄

사기죄란 사람을 기망하여 재물의 교부를 받거나 재산상의 이익을 취득하거나 제3자로 하여금 취득하게 함으로써 성립하는 범죄이다.

사기죄의 객체는 재물 또는 재산상의 이익이다. 재산상의 이익이란 재물 이외의 일체의 재산상의 이익을 말한다. 예컨대 타인을 속여 노무의 제공을 받는 행위, 채무의 면제를 받는 행위, 채무변제의 기일을 늦추는 행위 등이 재산상의 이익이다.

본죄의 행위는 기망행위이다. 기망행위란 허위의 의사표시를 하여 타인을 착오에 빠뜨리는 일체의 행위를 말하며, 다른 사람을 착오에 빠지게 할 정도의 기망이어야 한다. 따라서 누구라도 쉽게 허위임을 알 수 있는 단순한 거짓말은 기망이 아니다. 플라스틱 그릇을 조선백자라고 기망하여도 이는 누구나 거짓임을 쉽게 알 수 있으므로 기망이 될 수 없다. 구체적 기망의 사례를 살펴보면 과장광고에 있어서 중등품을 상등품이라고 하는 행위, 합격률을 높여서 학원광고를 하는 행위처럼 상관행상 일반적으로 인정되는 범위내의 과장광고(추상적 과장광고)는 기망행위가 되지 않으나, 불량한 약을 특효약이라고 속여서 광고하는 행위, 원료의 성질이나 제조회사, 공적기관의 보증을 속이는 과장광고(구체적 과장광고)는 거래상 중요한 사실로서, 구체적으로 증명할 수 있는 사실을 허위로 광고한 것이므로 기망이 된다.

사기죄에 있어서 피기망자(기망을 당하는 사람)는 재산에 대하여 처분 내지 관리행위를 할 수 있는 권한이나 지위에 있는 자이어야 하며, 피기망자가 재산상의 피해자와 동일인일 필요는 없다. 예컨대, A가 친구 B의 집을 방문하여 친구 B가 자신에게 노트북을 가져오라고 부탁하였다고 B의 어머니 C를 기망하여 노트북을 받아서 이를 처분한 경우를 가정해 보자. 이 때 피기망자인 C는 아들의 노트북에 대한 처분 내지 관리의 권한이 있는 사람이지만 재산상의 피해자(사례에서 B)와 동일인은 아니다. 비슷한 사례로 A가 거짓 증거로 법원을 기망하여 가옥반환 청구소송에서 승소하여 B의 가옥을 빼앗은 경우(소송사기) 피기망자는 A의 거짓증거에 속은 법원이고, 재산상의 피해자는 가옥을 빼앗긴 B로 양자는 동일하지 않다. 이런 경우에도 사기죄는 성립하는 것이다.

한편, 사기죄가 성립하려면 기망에 의하여 잘못된 판단을 하게 된 피기망자가 스스로 재물이나 재산상의 이익을 제공하는 처분행위가 있어야 한다. 이러한 처분행위의 유무는 사기죄와 절도죄를 구별하는 기능을 한다. 예컨대 A가 B에게 노트북을 팔겠다고 기망하여 이에 속은 B가 건네주는(처분행위) 돈 50만 원을 가로챈 경우 A의 기망행위에 속은 B의 처분행위가 있으므로 사기가 된다. 그러나 만약 A가 B의 돈 50만 원을 몰래 가로채었다면 B의 처분행위가 없으므로 절도가 된다. 그런데 속아서 하는 처분행위일지라도 처분행위는 처분하는 자의 자의에 의해서 이루어져야 한다. 예를 들어 A가 자신이 경찰이라고 B를 속여 물건을 압수하려 할 때, B가 정말로 A가 경찰이라 믿고 정당한 공무집행을 한다고 생각하여 물건을 내주었다면 B의 행위는 자의성이 있으므로 A는 사기죄가 되지만, 물건을 내주기 싫지만 경찰이 압수를 하는 바람에 할 수 없이 물건을 건네주었다면 이는 자의에 의한 처분이 아니어서 절도가 된다. 처분행위를 하는 자와 기망을 당한 자는 동일인이어야 한다.

재산상의 손해가 발생하여야 하는가? 판례에 의하면 사기죄의 본질이 기망에 의한 재물편취·부당이득이 있는 이상 피해자에게 재산상의 손해가 발생할 것을 요하지 않는다고 한다. 피해자가 기망에 의하여 소유권을 취득하기 어려운 부동산을 매수하여, 그 후 국가에 대하여 민사소송을 제기함으로서 소유권을 확보하여 사실상 재산상의 손해가 없었다 하더라도 사기죄는 성립한다(대판 1994.10.21, 94도2084). 그러나 일반적인 학설의 경향은 재산상의 손해가 발생하여야 사기죄가 성립한다고 한다.

행위자 또는 제3자는 피기망자의 처분행위로 인하여 재산상의 이익을 취득하여야 한다. 이때 행위자가 얻은 재산상의 이익은 피해자가 입은 재산상의 손해에서 직접 비롯된 것이어야 한다. 따라서 A가 B를 기망하고 그 대가는 C로부터 받은 경우에는 직접성이 인정되지 않으므로 사기죄가 성립하지 않는다.

사기죄는 사기의 고의로 기망행위를 개시한 때 착수가 되며, 피해자에게 재산상의 손해가 발생한 때 기수가 된다. 예를 하나 들어보기로 하자. 몇 년 전 상해보험에 가입해놓고 보험금을 타기 위하여 고의로 자기의 다리를 달리는 열차 밑으로 넣어 발목을 절단한 사건이 있었다. 과연 이 사람은 사기죄를 범한 것인가? 결론적으로 말하면 사기죄를 범한 것이 아니다. 사기죄의 착수시기는 기망행위를 개시한 때부터인데 보험사기에 있어서 착수시기는 보험금을 청구한 때 사기죄의 착수가 인정된다. 그러나 이 사람은 보험금의 청구를 미처 하기 전에 전모가 드러났고, 이를 예비로 처벌하려고 해도 사기죄는 예비의 처벌규정이 없으므로 무죄가 된다.

본죄도 주관적 구성요건으로 고의와 불법이득의사를 요구한다.

◘ 사례연구 — 과장광고와 사기죄

• **사안의 내용** L백화점 숙녀의류부장 甲은 신상품을 출하하면서 이 상품이 세일기간 전에는 50만원에 판매되던 것인데 세일기간을 맞이하여 특별히 20만원에 판다고 광고하여 소비자들을 유인하여 막대한 수입을 올렸다. 그런데 이 상품은 실제 50만원에 판매된 적이 없고 단지 소비자들을 현혹시키기 위한 거짓임이 밝혀졌다. 甲의 죄책은?

• **사안의 해결** 일반적으로 상품을 광고하는데 있어서 다소의 과장광고는 상관행상 허용될 수 있다고 하겠으나 甲의 행위는 거래에 있어 중요한 사실에 관하여 구체적 사실을 신의성실의 의무에 비추어 비난받을 정도의 방법으로 허위로 고지한 경우에는 과장, 허위광고의 한계를 넘어 사기죄의 기망행위에 해당한다.

참고조문

제347조(사기) ① 사람을 기망하여 재물의 교부를 받거나 재산상의 이익을 취득한 자는 10년 이하의 징역 또는 2천만 원 이하의 벌금에 처한다.
② 전항의 방법으로 제3자로 하여금 재물의 교부를 받게 하거나 재산상의 이득을 취득하게 한 때에도 전항의 형과 같다.

제352조(미수범) 본죄의 미수범은 처벌한다.

제353조(자격정지의 병과) 10년 이하의 자격정지를 병과할 수 있다.

14. 점유이탈물횡령죄

점유이탈물횡령죄는 유실물, 표류물, 매장물 또는 타인의 점유를 이탈한 재물을 횡령함으로써 성립하는 범죄이다. 점유이탈물횡령죄는 타인이 현재 점유하고 있지 않는 재물을 횡령한다는 점에서는 같으나 횡령죄와는 달리 신임에 의한 위탁관계가 없다는 점에서 구별된다.

행위객체는 유실물・표류물・매장물 기타 점유이탈물이다.

점유이탈물이란 점유자의 의사에 의하지 않고 그 점유를 떠난 타인소유의 재물을 말한다. 잘못 배달된 우편물이나 바람에 날려 온 이웃의 세탁물이 점유이탈물이다. 주인 없는 물건, 즉 무주물은 타인의 재물이 아니므로 본죄의 객체가 아니다. 그리고 비록 잃어버린 물건이라 할지라도 타인의 실력적 지배가 미치는 장소 내에 있는 물건은 그 장소의 관리자의 점유에 속하므로 점유이탈물이 아니다. 예컨대, 당구장 안에서 A가 잃어버린 반지를 당구장 종업원 B가 주워서 끼고 다녔다면, 이 반지는 당구장 주인의 실력적 지배가 미치는 당구장 내에서 주운 것이므로 당구장의 관리인인 당구장주인의 점유가 있는 것이어서 점유이탈물이 아니다. 따라서 B는 절도죄의 책임을 진다.

유실물이란 잃어버린 물건 또는 분실물을 말하며, 표류물이란 점유를 이탈하여 바다나 하천에 떠서 흐르고 있는 물건을 말한다. 물에 침몰되어 있는 물건도 표류물로 본다. 그리고 매장물이란 토지나 해저 또는 건조물 등에 묻혀 있는 물건으로서 점유이탈물에 준하는 것을 말한다. 점유이탈물횡령죄의 주관적 구성요건으로 고의와 불법영득의사가 있어야 한다.

◘ 사례연구 — 옆좌석 손님이 두고 내린 물건

• **사안의 내용** 甲은 업무 차 고속버스를 타고 서울에서 광주에 도착했다. 그런데 내릴 때 옆을 보니 옆자리의 승객이 잊고 내린 가방이 보여 주위를 둘러보아도 아무도 없었고 고속버스 기사도 승객이 가방을 두고 내린 사실을 모르고 있는 것 같아 이를 자신이 가졌다. 甲의 죄책은?

• **사안의 해결** 甲이 주운 가방은 점유이탈물에 해당한다. 그런데 만약, 고속버스 기사가 이를 발견하였다면 가방의 점유는 고속버스 기사가 가지게 되고 甲의 행위는 이러한 점유를 침탈한 것이 되어 절도가 되겠지만, 고속버스 기사는 이를 알지 못한 것으로 보인다. 따라서 甲은 점유이탈물횡령죄를 범한 것이다.

✤ 참고조문

제360조(점유이탈물횡령죄) ① 유실물, 표류물 또는 타인의 점유를 이탈한 재물을 횡령한 자는 1년 이하의 징역이나 300만원 이하의 벌금 또는 과료에 처한다.
② 매장물을 횡령한 자도 전항의 형과 같다.

15. 배 임 죄

배임죄란 타인의 사무를 처리하는 자가 그 임무에 위배하는 행위로써 재산상의 이익을 취득하거나 제3자로 하여금 이를 취득하게 하여 본인에게 손해를 가함으로서 성립하는 범죄이다. 타인의 사무를 처리하는 자가 배임죄의 주체가 된다.

배임죄는 이중매매의 문제에서 많이 나타나고 있다. 부동산 매매에 있어서 우리 민법은 부동산의 매수인이 혼자서 자신의 앞으로 소유권을 이전할 수는 없고, 매도인과 함께 등기를 이전하도록 하고 있다. 따라서 부동산의 매도인은 등기이전사무에 협력할 의무가 있다. 즉 매도인은 매수인의 사무를 처리하는 자가 되는 것이다. 매도인이 이러한 임무에 위배하여 재산상의 이익을 취득하거나 제3자에게 취득하게 하면 배임죄가 성립한다.

한편, 뒤에 부동산을 매수한 자가 자신 보다 앞서 부동산을 매수한 자가 있다는 사실을 안 경우에는 구체적인 경우에 따라 배임죄의 공동정범 또는 공범(교사범 또는 종범)이 된다.

사례연구 — 이중으로 집을 매도한 경우

• **사안의 내용** 甲은 자신의 집을 乙에게 1억에 매도하여 중도금까지 받은 상태에서, 丙이 1억 2천만 원을 줄 테니 자신에게 그 집을 팔라고 요구하자 아직 乙 앞으로 소유권명의이전이 되지 않은 점을 이용하여 丙에게 이중으로 매도하였다. 그런데 丙은 甲의 집이 이미 乙에게 매도된 사실을 알고 있었다. 甲과 丙의 죄책은?

• **사안의 해결** 甲은 부동산을 매도하고 乙로부터 잔금까지 받았다. 부동산의 매매에 있어 매도인이 잔금까지 받게 되면 소유권등기이전의무가 발생하는데 이러한 의무는 매수인이라는 타인에 대한 사무가 된다. 이러한 타인의 사무를 처리할 의무가 있는 甲이 이에 위배하여 부동산을 丙에게 이중으로 매도하여 乙에게 손해를 입혔으므로 갑의 행위는 배임죄가 된다. 한편, 丙은 甲의 집이 乙에게 팔린 사실을 알고 있었으므로 (악의) 배임죄의 공동정범이나 공범이 될 수 있다.

참고조문

제355조(배임) ② 타인의 사무를 처리하는 자가 그 임무에 위배하는 행위로써 재산상의 이익을 취득하거나 제3자로 하여금 이를 취득하게 하여 본인에게 손해를 가한 때에도 전항(횡령죄)의 형과 같다.

참고조문

제358조(자격정지의 병과) 10년 이하의 자격정지를 병과할 수 있다.
제359조(미수범) 미수범은 처벌한다.

16. 장 물 죄

장물죄란 장물을 취득・양도・운반・보관 또는 이를 알선함으로써 성립하는 범죄이다. 장물죄의 주체는 본 범의 정범・공동정범・합동범을 제외한 모든 자이고, 객체는 장물이다. 통설과 판례에 의하면 본범의 피해자가 점유를 상실한 재물에 대하여 사법상의 추구・회복하는 것을 곤란하게 하는 데에 장물죄의 본질이 있다고 한다.

구성요건적 행위는 장물을 취득・양도・운반・보관 또는 이러한 행위를 알선하는 것이다.

여기서 취득이란 점유를 이전함으로써 재물에 대한 사실상의 처분권을 획득하는 것을 말한다. 현실적으로 장물을 취득했을 때 기수가 되며 취득 당시 장물이라는 것을 알아야 한다. 장물을 취득하기 위한 계약당시에는 장물인 것을 몰랐으나 이를 인도할 대 장물인 것을 알았다면 역시 장물취득죄가 된다. 한편, 양도라 함은 장물인 것을 알지 못하고 취득한 후에 장물인 것을 알면서 제3자에게 주는 것을 말한다. 현실적으로 점유이전이 있을 때 기수가 되며 장물을 받는 사람이 장물인 것을 알고 받든 모르고 받든 장물양도죄는 성립한다. 그리고 장물의 소재를 장소적으로 이전하는 것을 운반이라 하며, 보수를 받고 운반하든 무상으로 하든 장물운반죄는 성립한다. 보관은 위탁을 받고 장물을 자기의 점유 하에 두는 것으로서 장물인 것을 알고 현실적으로 보관을 시작한 때 기수가 된다.

알선이란 장물의 취득・양도・운반・보관을 매개하거나 주선하는 것을 말한다. 사실상의 알선행위만 있으면 알선에 의한 계약의 성립 여부를 불문하고 기수가 된다는 것이 통설이다. 주관적 구성요건으로 장물이라는 것을 알고도 본죄를 실현한다는 고의가 있어야 한다.

사례연구 — 친구가 훔친 컴퓨터를 판 경우

• **사안의 내용** 대학생 甲은 친구 乙로부터 중고 컴퓨터를 10만원에 구입하였다. 그런데 얼마 후에 이 컴퓨터가 사실은 乙이 丙으로부터 훔친 것이라는 것을 알게 된 갑은 乙을 찾아가서 돈을 환불해 줄 것을 요구하였으나 거절당했다. 고민을 하던 甲은 이를 다른 친구 丁에게 말을 하였고 丁은 마침 컴퓨터가 필요한 자기의 친구 戊를 甲에게 소개시켜 장물인 것을 모르는 戊에게 다시 팔았다. 甲과 丁의 죄책은?

• **사안의 해결** 甲은 장물인 컴퓨터를 취득할 당시에는 장물인 사실을 몰랐으므로 장물취득죄는 성립하지 않는다. 그러나 이를 戊에게 다시 팔 당시에는 장물인 것을 알고 있었으므로 장물양도죄가 성립한다. 그리고 丙은 이러한 甲의 장물양도를 알선하였으므로 장물알선죄가 성립한다.

참고조문

제362조(장물의 취득, 알선 등) ① 장물을 취득, 양도, 운반 또는 보관한 자는 7년 이하의 징역 또는 1천 5백만 원 이하의 벌금에 처한다.
② 전항의 행위를 알선한 자도 전항의 형과 같다.

17. 손 괴 죄

손괴죄란 타인의 재물, 문서 또는 전자기록 등 특수매체기록을 손괴 또는 은닉 기타 방법으로 그 효용을 해함으로써 성립하는 범죄이다.

행위객체는 타인의 재물, 문서 또는 전자기록 등 특수매체기록이다.

여기서 말하는 재물은 유체물 및 관리가능한 동력을 의미하고 이러한 재물은 동산, 부동산을 불문하며 경제적 가치가 있을 것을 요하지 않는다. 문서는 공용서류에 해당하지 않는 모든 종류의 문서가 포함된다. 그리고 특수매체기록은 사람의 지각으로 인식할 수 없는 방식에 의하여 만들어진 기록을 말한다. 예를 들면 반도체기억집접회로, ROM, RAM, 자기디스크 등이 이러한 특수매체기록이라 할 수 있다.

재물 · 문서 · 특수매체기록은 타인의 것이어야 한다. 특히 문서의 경우 다른 사람의 소유이기만 하면 자기의 명의로 작성되든, 타인의 명의로 작성되든 모두 손괴죄의 객체가 된다.

구성요건적 행위는 손괴 · 은닉 기타 방법으로 그 효용을 해하는 것이다. 손괴는 재물 등에 직접 물리적 힘을 가하여 못쓰게 만드는 것이다. 반드시 물체가 소멸될 필요는 없으며 그 물건의 원래 목적으로 쓰지 못하게 할 정도면 된다. 현미경

렌즈를 사포로 갈아 버리는 행위, 고가의 경주마의 다리를 부러뜨리는 행위도 여기에 포함된다

은닉은 재물 등을 숨겨서 그 발견을 곤란하게 하거나 불가능하게 하여 사용하지 못하게 하는 것이며, 기타 방법이라 함은 손괴·은닉 이외의 방법으로 재물 등의 이용가치나 효용을 해하는 일체의 행위를 말한다. 예를 들어 식기에 방뇨하여 기분상 다시 사용하지 못하게 하는 행위, 새장 안에 있던 새를 풀어주는 행위, 보석을 강물에 던져 버린 행위 등이 기타 방법의 예가 된다. 손괴죄의 착수시기는 손괴·은닉 기타방법으로 재물에 대한 효용을 침해할 때 착수가 되고, 실제로 재물 등이 이용가치가 감소되었을 때 기수가 된다.

◘ 사례연구 — 차용증을 몰래 숨긴 경우

• 사안의 내용 甲은 친구인 乙의 집에 놀러 가서 한참 대화를 나누다가 乙이 전화를 받으러 잠시 자리를 비운 뒤 무심히 책상 위를 보니, 일전에 乙에게서 100만원을 빌리고 자신이 작성해 준 차용증이 보였다. 그런데 최근 갑자기 경제사정이 더욱 악화되어 乙에게 채무를 변제하지 못해 고민하던 甲은 이를 乙의 책장 구석에 있는 낡은 책 사이에 숨겼다. 甲의 죄책은?

• 사안의 해결 甲의 행위는 손괴에 해당한다. 甲은 타인의 문서를 은닉함으로써 그 효용을 침해하였기 때문이다. 甲이 차용증서를 숨길 때 손괴죄의 실행에 착수를 한 것이며 실제 乙이 그 문서를 이용하지 못하게 되었을 때 기수가 된다.

✤ 참고조문

제366조(재물손괴등) 타인의 재물, 문서 또는 전자기록 등 특수매체기록을 손괴 또는 은닉 기타 방법으로 그 효용을 해한 자는 3년 이하의 징역 또는 700만원 이하의 벌금에 처한다.

제371조(미수범) 미수범은 처벌한다.

18. 권리행사방해죄

권리행사방해죄란 타인의 점유 또는 권리의 목적이 된 자기의 물건 또는 전자기록 등 특수매체기록을 취거, 은닉, 손괴하여 타인의 권리행사를 방해함으로서 성립하는 범죄이다.

행위객체는 타인의 점유 또는 권리의 목적이 된 자기의 물건 또는 전자기록 등

특수매체기록이다. 이 때의 점유는 적법한 점유이어야 한다. 따라서 자기의 물건을 훔쳐가서 점유하고 있는 자를 찾아가 그 물건을 취거(가져 옴)하는 것은 권리행사방해죄가 되지 않는다.

권리행사방해죄의 구성요건에 있어서 '타인의 권리의 목적'이라 함은 자기의 소유물이 타인의 제한물권이나 채권의 목적이 되어 있는 것을 말한다. 예컨대 자신의 집을 A에게 전세권 설정을 하였다면, 이는 자신의 집이 A라는 사람의 전세권(제한물권의 일종)의 목적이 된 것이다.

구성요건적 행위는 취거 · 은닉 또는 손괴하여 타인의 권리행사를 방해하는 것이다. 여기서 취거라 함은 점유하고 있는 사람의 의사에 반하여 점유자에게서 이를 빼앗아 자기 또는 제3자의 수중에 두는 것을 말하고, 물건을 찾기 힘들게 하거나, 찾는 것이 불가능하도록 숨기는 것을 은닉이라 한다. 그리고 손괴란 물건의 전부나 일부에 물리적으로 손상을 가하는 행위를 말한다.

사례연구 — 빌려준 트럭을 강제로 가지고 온 경우

• **사안의 내용** 甲은 자신 소유의 소형트럭을 乙에게 5만원을 받고 하루 빌려주었다. 그런데 예기치 않게 트럭이 필요하게 되어 乙에게 돈을 반환하고 트럭을 돌려줄 것을 요구하였다. 그러나 乙 역시 트럭이 꼭 필요했고, 당장 새 트럭을 빌릴 곳도 마땅치 않아 반환을 거부하자, 甲은 乙에게 5만원을 던져주고 강제로 자신의 트럭을 가지고 왔다. 甲의 죄책은?

• **사안의 해결** 甲의 트럭은 乙이 사용할 권리의 목적이 되어 있다. 그런데 甲은 자신의 트럭을 강제로 취거함으로서 乙의 트럭을 사용할 수 있는 권리를 방해하였다. 따라서 甲의 행위는 권리행사방해죄가 된다.

참고조문

제323조(권리행사방해) 타인의 점유 또는 권리의 목적이 된 자기의 물건 또는 전자기록 등 특수매체기록을 취거, 은닉 또는 손괴하여 타인의 권리행사를 방해한 자는 5년 이하의 징역 또는 700만원 이하의 벌금에 처한다.

Ⅱ 사회적 법익에 대한 죄

1. 현주건조물방화죄

현주건조둘방화죄란 불을 놓아 사람이 주거로 사용하거나 사람이 현존하는 건조물·기차·전차·자동차·선박·항공기 또는 광갱을 소훼(불 태움)함으로써 성립하는 범죄이다.

행위객체는 사람이 주거로 사용하거나 사람이 현존하는 건조물·기차·전차·자동차·선박·항공기 또는 광갱이다. 여기서 사람이란 범인 이외의 모든 사람을 말한다. 범인이 혼자 사는 자신의 집에 방화한 때에는 일반건조물방화죄(제166조)가 성립한다. 건조물이란 반드시 주거용일 필요는 없고 사람이 살 수 있는 것이면 그 구조나 규모, 재료 여하는 불문한다. 예컨대 토굴이나 천막 등도 건조물이 된다. 그리고 광갱이란 광물을 채취하기 위한 지하설비를 말한다.

구성요건적 행위는 목적물을 불태우는 것이다. 이 때 불태운다고 하는 것은 직접 불을 놓는 것은 물론, 불이 난 것을 보고 이를 쉽게 끌 수 있는 데도 불구하고 이러한 불을 끌 의무 있는 자가 불을 끄지 않으면 이것도 부작위에 의한 방화가 된다. 따라서 초등학교 숙직교사가 밤에 교실을 둘러보다가 조그만 불이 난 것을 보고 귀찮아서 끄지 않아 학교가 전소하였다면 이 교사는 불을 꺼야 할 의무가 있는 자이므로 방화죄의 책임을 진다.

현주건조물방화죄는 목적물에 직접 점화한 것은 물론, 매개물에 발화한 경우에는 목적물에 불이 붙지 않아도 실행의 착수가 인정된다. 집을 태우기 위하여 매개물인 신문지에 불을 붙이면, 목적물인 집에 불이 옮겨 붙지 않아도 방화죄의 실행은 개시된 것이다. 그리고 불이 방화의 매개물을 떠나 목적물에 옮겨 붙어 독립하여 연소를 계속할 수 있는 상태에 이르렀을 때 방화죄는 기수가 된다는 것이 판례의 태도이다. 신문지를 매개물로 하여 집에 불을 붙여, 더 이상 신문지의 불을 갖다 대지 않아도 집이 독립하여 연소가 되면 범죄는 기수에 이른다.

사례연구 — 부모집을 방화한 경우

• **사안의 내용** 甲은 부모에게 용돈을 요구하였으나 거절당하자 홧김에 자기 집 헛간 지붕 위에 올라가 라이터로 불을 놓고, 이어서 본 채, 사랑채의 지붕위로 차례로 올라가 각각 불을 놓아 헛간 지붕 60평방 센치미터 가량 그리고 본 채 지붕 1평방미터 가량을 태웠다. 甲의 죄책은?

• **사안의 해결** 현주건조물방화죄는 범인 이외의 사람이 주거로 사용하거나 사람이 현존하는 건조물 · 기차 · 전차 · 자동차 · 선박 · 항공기 또는 광갱을 불태움으로써 성립하는 범죄이다. 그런데 甲은 부모의 집에 불을 놓음으로써 이런 요건을 갖추었고, 사안에서 보면 더 이상 라이터라는 매개물이 없이 집이 불탄 것으로 보여 甲의 행위는 현주건조물방화죄의 기수가 된다.

참고조문

제164조(현주건조물 등에의 방화) ① 불을 놓아 사람이 주거로 사용하거나 사람이 현존하는 건조물, 기차, 전차, 자동차, 선박, 항공기, 또는 광갱을 소훼한 자는 무기 또는 3년 이상의 징역에 처한다.

제174조(미수범) 미수범은 처벌한다.

2. 내국통화 위조 · 변조죄

통화위조죄란 행사할 목적으로 통용하는 대한민국의 화폐 · 지폐 또는 은행권을 위조 또는 변조함으로써 성립하는 범죄이다.

행위객체는 통용하는 대한민국의 통화이다. 통화란 국가 또는 발행권한이 부여된 기관에서 발행된 가격이 표시된 지불수단으로서 강제통용력이 인정된 것을 말한다. 그러므로 통용기간이 경과하여 교환기간 중에 있는 구화(옛날 돈)는 강제통용력이 없으므로 통화가 아니다(통설).

통용이란 법률에 의하여 강제통용력이 인정되는 것을 말하며 사실상 국내에서 사용되고 있는 유통과는 구별된다. 우리나라의 원화는 법률에 의해 강제통용력이 인정되고 있는 통화이고 일본의 엔화는 강제통용력은 없지만 사실상 유통되고 있는 화폐이다.

구성요건적 행위는 위조 또는 변조하는 것이다. 위조란 통화발행권이 없는 자가 진정한 통화의 외관을 지닌 물건을 만드는 것을 말한다. 이때 위조화폐는 일반인이 보아서 진화로 오인할 정도의 외관을 갖추면 되고, 반드시 진화와 식별이 불가능할 정도일 필요는 없다. 전자복사기로 만원 권을 앞·뒤로 복사하여 비슷한 크기로 자른 것은, 객관적으로 보아 진정한 통화로 오인할 정도에 이르지 못하여 통화위조죄 및 위조통화행사죄의 객체가 될 수 없다(판례). 변조는 진화를 가공하여 그 가치를 변경하는 것을 말한다. 이러한 변조화폐는 일반인이 보아 진화로 오인할 정도의 외관을 갖추어야 한다.

주관적 구성요건으로는 고의 이외에 행사할 목적이 있어야 한다. 행사할 목적이란 진정한 화폐처럼 사용하겠다는 목적을 말한다. 따라서 행사할 목적이 없이 단지 장난삼아 위조통화를 만들었다면 본죄는 성립하지 않는다.

◘ 사례연구 — 만원권 지폐를 복사하여 사용한 경우

• **사안의 내용** 회사원 甲은 도박으로 거액의 채무를 지게 되자 채무를 변제하는데 쓸 계획으로, 칼라 스캐너를 이용하여 만원권 지폐 1,000장을 만들어 이중 일부는 유흥비로 탕진하고 나머지는 채무를 변제하는데 충당하였다. 甲의 죄책은?

• **사안의 해결** 甲은 칼라 스캐너로 만원 권을 대량 위조해 내었다. 칼라 스캐너는 그 정밀성으로 보아 일반인이 쉽게 그 진위를 구별하지 못하는 것이 보통이므로 진화로 오인할 정도의 외관을 갖추고 있다고 보아야 한다. 이외에 甲은 위조통화를 채무의 변제에 충당할 목적으로 제조했으므로 행사할 목적도 가지고 있다. 따라서 甲은 내국통화 위조·변조죄의 죄책을 진다.

✤ 참고조문

제207조(통화의 위조 등) ① 행사할 목적으로 통용하는 대한민국의 화폐, 지폐 또는 은행권을 위조 또는 변조한 자는 무기 또는 2년 이상의 징역에 처한다.
제209조(자격정지 또는 벌금의 병과) 본죄를 범하여 유기징역에 처할 경우에는 10년 이하의 자격정지 또는 2천만 원 이하의 벌금을 병과할 수 있다.
제212조(미수범) 미수범은 처벌한다.

Ⅲ 국가적 법익에 대한 죄

1. 수 뢰 죄

수뢰죄란 공무원 또는 중재인이 그 직무에 관하여 뇌물을 수수·요구 또는 약속함으로써 성립하는 범죄를 말한다.

수뢰죄의 주체는 공무원 또는 중재인만이 될 수 있는 진정신분범이다. 따라서 이러한 신분에 있지 않은 자가 직무에 관하여 청탁을 받고 뇌물의 수수나 요구 또는 약속을 하여도 수뢰죄는 성립하지 않는다. 국가나 지방자치단체의 사무에 종사하는 자로써 그 사무의 내용이 단순한 기계적 · 육체적인 것에 한정되어 있지 않은 자를 말한다. 법령에 의하여 중재의 직무를 담당하는 자를 말하며 단순한 사적인 조정자는 중재인에 포함되지 않는다.

수뢰죄의 객체는 뇌물이다. 이때 뇌물이란 직무에 관한 부정한 보수로서의 모든 이익을 말한다. 구성요건적 행위는 직무에 관하여 뇌물을 수수 · 요구 또는 약속하는 것이다. 여기서 수수란 뇌물을 취득하는 것을 말하며 뇌물수수의 동기나 뇌물의 용도는 불문한다. 다만 이 경우 영득의 의사가 있어야 한다. 따라서 반환의사로 일시 받아둔 것은 수수가 아니나, 영득의사로 수수한 것이면 후에 반환하여도 수수가 된다. 그리고 수수는 직무행위의 전후를 불문한다. 한편, 요구란 취득의 의사로 상대방에게 뇌물의 공여를 청구하는 것을 말한다. 뇌물의 요구는 일방적인 행위로 충분하며, 상대방이 반드시 이에 응하였을 필요는 없다. 그리고 요구가 있으면 충분하고 현실적으로 금품의 교부까지 있을 필요는 없다. 따라서 뇌물을 요구하였는데 상대방이 이를 거절한 경우에도 수뢰죄는 성립한다.

약속이란 양당사자 사이에 뇌물의 수수를 합의하는 것을 말한다. 이러한 뇌물은 약속 당시에 현존할 필요는 없고 후에 이러한 뇌물을 받을 것이 기대될 수 있기만 하면 된다. 그리고 일단 약속이 되면 후에 이러한 약속을 해제하더라도 본죄는 성립한다.

주관적 구성요건으로 고의가 있어야 한다. 그리고 이러한 고의만 있으면 그 대가로서 직무를 집행할 의사는 필요하지 않다.

◘ 사례연구 — 부정입학의 대가로 돈을 받은 경우

• **사안의 내용** 국립대학 입시담당자인 甲은 乙로부터 그의 딸을 부정 입학시켜 주는 대가로 1천만 원을 받았다. 그러나 이러한 사실이 사전에 드러나서 乙의 딸은 입학시험에서 낙방하였다. 甲과 乙의 죄책은?

• **사안의 해결** 甲은 국립대학의 입시담당자로써 수뢰죄의 주체인 공무원이다. 이

러한 甲이 직무수행의 대가로 금품을 제공받았으므로 수뢰죄가 성립한다. 그리고 乙의 행위는 형법 제133조에 의하여 증뢰죄가 된다.

✤ 참고조문

제129조(수뢰) ① 공무원 또는 중재인이 그 직무에 관하여 뇌물을 수수, 요구, 또는 약속한 때에는 5년 이하의 징역 또는 10년 이하의 자격정지에 처한다.

② 공무원 또는 중재인이 될 자가 그 담당할 직무에 관하여 청탁을 받고 뇌물을 수수, 요구 또는 약속한 후 공무원 또는 중재인이 된 때에는 3년 이하의 징역 또는 7년 이하의 자격정지에 처한다.

제133조(뇌물공여 등) ① 제129조 내지 제132조에 기재한 뇌물을 약속, 공여 또는 공여의 의사를 표시한 자는 5년 이하의 징역 또는 2천만 원 이하의 벌금에 처한다.

② 전항의 행위에 공할 목적으로 제3자에게 금품을 교부하거나 그 정을 알면서 교부를 받은 자도 전항의 형과 같다.

2. 사전수뢰죄

공무원 또는 중재인이 될 자가 그 담당할 직무에 관하여 청탁을 받고 뇌물을 수수・요구 또는 약속을 함으로써 성립하는 범죄가 사전수뢰죄이다.

행위주체는 공무원 또는 중재인이 될 자이다. 공무원・중재인이 될 것이 확실할 것은 요하지 않으나 그것이 예정되어 있거나 기대될 수 있으면 된다.

객체는 뇌물이다. 이때 뇌물이란 직무에 관한 불법한 보수 또는 부당한 이익을 말한다. 이익이란 수령자의 경제적・법적・인격적 지위를 유리하게 해주는 것을 말한다. 뇌물과 직무 사이에 대가관계가 있어야 한다. 이익은 재산적 이익뿐만 아니라 모든 유・무형의 이익이 포함된다. 금원, 양복, 자동차, 시계 등과 같이 재산적 가치가 있는 물건은 물론 향응의 제공, 이성간의 정교나 성행위도 뇌물에 해당한다. 명예욕이나 호기심을 만족시켜 주는 것은 이에 의하여 비재산적 이익이 객관화되었다고 할 수 없으므로 뇌물이 아니라고 해야 한다(이견이 있음). 이익은 부당해야 하므로 대가성이 없는 사교적인 의례로서의 선물은 뇌물이 아니다.

담당할 직무에 관하여 청탁을 받고 뇌물을 수수・요구 또는 약속하는 것이다. 담당할 직무란 장차 공무원・중재인이 되었을 때 담당할 것으로 예정되어 있는 직무를 말한다.

청탁이란 장래 직무와 관련된 일정한 행위를 해 줄 것을 의뢰하는 것을 말한다. 그러나 청탁을 받은 직무행위가 반드시 부정할 것을 요하지는 않는다.

본죄는 공무원·중재인이 될 자가 뇌물을 수수·요구·약속하면 성립하지만, 나아가 현실적으로 공무원·중재인이 되었을 때 처벌할 수 있다.

◘ 사례연구 — 부정입학의 대가로 돈을 받은 경우

• **사안의 내용** 甲은 시의원 입후보자로서 누구나 인정하는 당선이 확실시되는 사람이었다. 이를 안, 모은행 지점장 乙은 甲을 찾아가서 시장에 당선되면 자신의 은행을 시금고로 선정해 줄 것을 부탁하면서 2천만원을 甲에게 제공하였다. 그리고 선거 결과 甲이 시장에 당선되었다. 甲의 죄책은?

• **사안의 해결** 甲은 시장 입후보자로서 공무원이 될 것으로 예정된 자이다. 이러한 甲이 시장의 담당직무로 볼 수 있는 시금고의 선정을 청탁받으면서 돈을 받은 것은 사전수뢰죄에 해당한다. 결과적으로 甲이 시장에 당선되었으므로 객관적 처벌조건도 구비하였기 때문에 사전수뢰죄가 성립한다.

찾·아·보·기

ㅅ

ㅇ

ㅈ

ㅎ

[저 자 약 력]

박정기
일본 고베대학 법학박사
현 부경대학교 법학과 교수
제2편 제1 · 2장, 제3편 집필

김선복
스위스 취리히대학 법학박사
현 부경대학교 법학과 교수
제1편, 제6편 집필

고명식
부산대학교 법학박사
현 부경대학교 법학과 교수
제2편 제4장, 제5편

최명구
독일 오스나부르크대학 법학박사
현 부경대학교 법학과 교수
제2편 제3장 집필

정병윤
부산대학교 법학과 법학박사
현 부경대학교 법학과 강사
제4편 집필

생활과 법률

2001년 3월 10일 초판 발행
2009년 8월 6일 제2판 6쇄발행

저 자 박 정 기 · 김 선 복
고 명 식 · 최 명 구
정 병 윤
발행인 배 효 선
발행처 도서출판 法 文 社

경기도 파주시 교하읍 문발리 526-3 우 413-756
등 록 1957년 12월 12일 제2-76호(倫)
전 화 031-955-6500~6, 팩 스 031-955-6525
e-mail(영업) : bms@bobmunsa.co.kr
(편집) : edit66@bobmunsa.co.kr
홈페이지 http://www.bobmunsa.co.kr
조 판 한 미 문 화 사

정가 18,000원 ISBN 89-18-01099-0